Je suis un chercheur d'or

Édition : Jennifer Tremblay et Matisse Larocque
Illustrations : Stéphanie Dupuis
Infographie : Marie Gouret
Révision : Jocelyne Cormier
Correction : Lise Duquette et Odile Dallaserra

Données de catalogage disponibles auprès de
Bibliothèque et Archives nationales du Québec

DISTRIBUTEURS EXCLUSIFS :

Pour le Canada et les États-Unis :
MESSAGERIES ADP inc.*
Téléphone : 450-640-1237
Internet : www.messageries-adp.com
* filiale du Groupe Sogides inc.,
filiale de Québecor Média inc.

Pour la France et les autres pays :
INTERFORUM editis
Téléphone : 33 (0) 1 49 59 11 56/91
Service commandes France Métropolitaine
Téléphone : 33 (0) 2 38 32 71 00
Internet : www.interforum.fr
Service commandes Export – DOM-TOM
Internet : www.interforum.fr
Courriel : cdes-export@interforum.fr

Pour la Suisse :
INTERFORUM editis SUISSE
Téléphone : 41 (0) 26 460 80 60
Internet : www.interforumsuisse.ch
Courriel : office@interforumsuisse.ch
Distributeur : OLF S.A.
Commandes :
Téléphone : 41 (0) 26 467 53 33
Internet : www.olf.ch
Courriel : information@olf.ch

Pour la Belgique et le Luxembourg :
INTERFORUM BENELUX S.A.
Téléphone : 32 (0) 10 42 03 20
Internet : www.interforum.be
Courriel : info@interforum.be

03-22

Imprimé au Canada

Dépôt légal : 2022
Bibliothèque et Archives nationales du Québec

ISBN (version papier) 978-2-7619-6009-0

Gouvernement du Québec – Programme de crédit d'impôt pour l'édition de livres – Gestion SODEC – www.sodec.gouv.qc.ca

L'Éditeur bénéficie du soutien de la Société de développement des entreprises culturelles du Québec pour son programme d'édition.

Conseil des arts du Canada | Canada Council for the Arts

Nous remercions le Conseil des arts du Canada de l'aide accordée à notre programme de publication.

Financé par le gouvernement du Canada | Funded by the Government of Canada | Canada

Nous reconnaissons l'aide financière du gouvernement du Canada par l'entremise du Fonds du livre du Canada pour nos activités d'édition.

GUILLAUME DULUDE

Je suis un chercheur d'or

LES MÉCANISMES DE LA COMMUNICATION ET DES RELATIONS HUMAINES

LES ÉDITIONS DE L'HOMME

À mes parents, Cécile Dansereau, Pierre Dulude,
que j'aime et envers qui j'ai une infinie reconnaissance.

À Chloé Dulude, ma sœur que j'adore et que j'admire.

À Isabelle David, ma grand-mère bien-aimée,
et à Fernand Dansereau, qui m'a pris si souvent dans ses bras
alors que j'avais peine à avancer.

« Le langage le plus énergique est celui
où le signe a tout dit avant qu'on parle. »

Jean-Jacques Rousseau
L'Essai sur l'origine des langues (1781)

AVANT-PROPOS

Les particules vivantes

Les proies et les prédateurs ont des comportements qui leur sont spécifiques. Mais, à leur façon, ils veulent survivre et avancer, et ainsi évoluent vers ce qu'il y a de mieux. Les proies se tiennent souvent en groupe. L'avantage du groupe est qu'il est plus impressionnant et peut plus facilement décourager les prédateurs. Plusieurs dizaines d'individus possèdent ensemble plusieurs dizaines d'appareils de détection du danger opérant simultanément. Par exemple, les proies de la plaine africaine ont des yeux de chaque côté de leur crâne, ce qui leur permet de voir à presque 360 degrés. Leur cortex visuel possède des cellules spécialisées dans la détection des mouvements, et ce, à une grande distance. Ainsi, un groupe de gnous peut détecter toute forme de mouvement irrégulier dans la nature à des kilomètres à la ronde, qu'importe les dénivellations du terrain. Les impalas, eux, se tiennent dans les plaines ouvertes pour qu'ensemble ils puissent être plus efficaces pour repérer les prédateurs. Leurs habiletés de communication forgées par des centaines de milliers d'années de sélection naturelle sont hors pair. L'état de détente des impalas se traduit par le fait qu'ils broutent. Toutefois, leurs oreilles bougent sans arrêt, de manière à détecter toute forme de son irrégulier, et aussi pour capter les communications des autres animaux aux alentours.

Par exemple, l'ibis hagedash, bruyant oiseau de la savane africaine, et les babouins lancent des cris caractéristiques lorsqu'ils repèrent un prédateur. Ils communiquent ainsi le danger à toute la savane.

En revanche, les prédateurs sont des animaux qui tolèrent généralement mieux la solitude et l'indépendance. Ils ont les moyens de défense physiques pour survivre seuls. Leurs yeux, sur le devant de leur crâne, leur donnent une vision binoculaire. Ils perçoivent bien les distances et les reliefs. Leur priorité n'est pas la détection des mouvements de l'environnement comme source de menace, mais plutôt l'analyse soutenue d'une cible choisie.

Les odeurs, aussi subtiles soient-elles, transportées par le vent seront immédiatement détectées par tous les animaux de la savane qui se trouvent sur cette ligne d'odeur. Sur un groupe de 100 individus, si un seul d'entre eux détecte une odeur suspecte provenant d'une bête menaçante se situant à plus d'un kilomètre, il détalera en un éclair. Par instinct de survie, les 99 autres le suivront immédiatement, et ce, même si aucun d'eux n'a, dans les faits, senti la menace.

Pour les animaux, tous les sens sont essentiels à l'écoute de l'ensemble de l'environnement, qui signifie ici le traitement et la prise en charge cérébrale d'une information. Un animal dont les sens sont déficients n'entendra pas de façon efficace les informations transmises par ses partenaires et par l'environnement. Il pourra alors plus difficilement détecter les signes ou les informations nécessaires pour trouver, par exemple, les meilleurs sites de pâturage ou encore le meilleur partenaire de reproduction. Sans écoute, sa fragilité est multipliée, tout comme les risques qu'il court quotidiennement.

Lors de mes premières expéditions, je n'étais pas conscient de toutes les variables de la communication chez les animaux.

Mon écoute était nulle. J'étais frustré de ne jamais voir de bêtes. J'ignorais que je les faisais fuir bien avant de les approcher! Mon ignorance, mon inconscience et mon inattention me donnaient l'impression qu'il n'y avait rien d'intéressant sur cette Terre et que je perdais mon temps. Je me considérais alors comme une âme en peine dans un environnement ennuyant.

En 2005, j'ai décidé de m'éduquer en ce sens. J'ai été initié à la survie nomade par les Hadzabés de Tanzanie, l'un des derniers peuples de chasseurs-cueilleurs nomades au monde. Lorsqu'ils marchent dans la savane, leurs connaissances et leur conscience de cet environnement sont cent fois supérieures aux miennes. Après un mois à vivre parmi eux, je n'avais plus la même vision du monde. Mes sens et ma conscience étaient nettement plus développés. J'étais maintenant ébahi de la richesse de mon environnement, lequel, pourtant, n'avait pas changé.

À la suite de cette expérience, j'ai tenté ma chance en solo au Kenya. Après deux jours, j'avais épuisé mes provisions et l'énergie commençait à me manquer. Je m'étais imposé le défi de survivre avec les moyens les plus traditionnels possible, soit un arc et quelques flèches.

Un jour, j'aperçois un groupe d'impalas de l'autre côté d'une colline. Il faut que je m'en approche pour être à portée de tir, soit à moins d'une quarantaine de mètres. Mon arc à la main, je franchis discrètement la colline sans être vu ni senti par le troupeau. Le vent est l'un des facteurs les plus importants, car il suit les courbes du paysage. Son parcours peut aussi être difficile à prévoir; une dénivellation mal anticipée aura pour conséquence de le faire tourbillonner et donc de disperser mon odeur sur 360 degrés. Je repère quelques oiseaux perchés. Je me dis que si je rampe dans un certain angle, ils ne me verront pas. J'aperçois aussi plusieurs babouins et quelques macaques assis sur les branches d'un baobab. Ils ne peuvent pas me voir ou me sentir puisque j'ai fait mon approche avec un vent de face, derrière des buissons qui me cachent en tout temps. Pas de girafes à l'horizon : elles sont de véritables tours de contrôle. Elles voient tout, à plusieurs kilomètres de distance, et sont aussi de nature très curieuse. Si l'une d'elles fixe l'horizon dans une certaine direction, les autres animaux en déduiront qu'un prédateur approche. Les animaux sont capables d'interpréter l'*orientation de l'attention*.

Je rampe lentement vers le troupeau, dissimulé dans les hautes herbes. C'est une solution à double tranchant. Cette végétation me permet de me fondre dans l'environnement, mais un autre prédateur peut avoir eu la même idée, et je ne le saurai que si je tombe face à face avec lui. Tout est une question d'évaluation du risque.

Lorsque je dépose un pied, un genou ou une main par terre, je m'assure de n'émettre aucun son ni de faire vibrer le sol. Comme c'est la fin de la journée, le soleil est bas derrière moi, aveuglant légèrement les impalas. Les grillons commencent à chanter allègrement. C'est à la fois un avantage et un inconvénient : ces insectes sont des agents doubles qui peuvent me trahir. Leur chant couvre le bruit de mes déplacements. Par contre, s'ils sentent ma présence ou la vibration du sol, ils cesseront immédiatement de chanter. S'ils sont trop nombreux à le faire simultanément, le niveau de décibels généré par leur chant diminuera, informant immédiatement tous les animaux de la plaine d'un danger imminent.

Je suis à 60 mètres des impalas, donc encore trop loin pour tirer. Tout en rampant, je peux admirer l'efficacité de leur système de collaboration. Alors que les mâles broutent, les femelles observent autour et montent la garde ; lorsque les mâles relèvent la tête, les femelles broutent à leur tour. Il est donc extrêmement difficile de faire le moindre geste sans être détecté par les 200 oreilles et yeux aux aguets. J'attends patiemment, progressant à quatre pattes, un pas de 20 centimètres à la fois, au ralenti. Je me déplace un peu comme le fait un caméléon.

Après deux heures vingt minutes d'approche lente, l'estomac dans les talons, je me trouve à environ 45 mètres de mes proies. J'y suis presque ! J'aperçois un buisson d'acacias assez touffu ; je m'en approche en me déplaçant sur le dos, l'arc posé sur le ventre, les pieds en premier, pour garder un contact visuel avec ce qui se passe. Cette façon de faire me permet de demeurer caché pour préparer mon tir. Derrière le buisson, je ne suis qu'à 40 mètres du troupeau. À cette distance, je n'ai absolument aucune marge de manœuvre : je ne dois produire aucun son ni aucune vibration. Je me prépare mentalement à armer mon arc. Lentement, très lentement, ne quittant pas les impalas des yeux, je saisis une flèche et je l'encoche, après avoir mouillé la corde avec ma salive pour la rendre plus molle à cet endroit. Cette action produit un léger bruit. Heureusement, les impalas n'ont rien entendu. La sueur coule dans mes yeux, mais je n'y prête pas attention. Rien ne peut me déconcentrer. Chaque geste doit être conscient et ne perturber aucun élément dans l'environnement. Mon cœur bat la chamade. Je suis à quelques secondes d'un succès de chasse. D'un repas complet. De plusieurs repas complets ! J'attends le moment parfait pour tendre la corde, celui où, pendant un bref instant, aucun animal ne sera aux aguets. J'aurai alors entre une et trois secondes pour me lever au-dessus du buisson, tirer la corde de mon arc, viser et lâcher la flèche.

Juste au moment où je m'apprête à exécuter ma manœuvre, une femelle sursaute, lève la tête et regarde dans ma direction, les oreilles tendues vers moi. Elle a entendu ou senti quelque chose. J'arrête tout mouvement. Je me croyais caché par les acacias, pourtant l'animal me regarde droit dans les yeux entre les feuilles, comme s'il pouvait me voir à travers elles. Comment est-ce possible ? Je reste immobile, espérant qu'il se détende. Au moindre doute, il donnera un signal d'alerte... et tout sera terminé. Il m'observe toujours. Cela dure une quinzaine de minutes. Puis, il baisse la garde et continue de brouter. Ouf!

J'attends toujours le moment propice, celui où tous les impalas seront occupés et détendus. Mais le soleil se couchera bientôt ; si je tarde, il fera trop sombre et je ne verrai pas assez clair pour tirer une flèche éthique, c'est-à-dire une flèche qui ne ferait pas que blesser un animal.

Je suis prêt à armer mon arc et à décocher un tir sur un vieux mâle qui se trouve à environ 40 mètres. Il est toujours préférable de tuer un mâle âgé qui a pu se reproduire un bon nombre de fois et propager sa génétique. Les grillons chantent bruyamment et je suis invisible ! Toutes les conditions sont enfin réunies. C'est maintenant ou jamais. Tout à coup, une douleur vive gêne ma concentration : une fourmi me mord le côté de la main. Je la balaye discrètement, les yeux toujours rivés sur ma cible. Si petite soit-elle, la morsure est douloureuse, car certaines fourmis transportent une toxine dans leurs mandibules.

Les impalas ont une ouïe extrêmement fine et, à cette distance, ils pourraient facilement entendre le son du frottement de mes mains ou celui d'une inspiration ou d'une expiration trop rapide.

Malheur ! Je m'aperçois que je me trouve directement sur un nid de fourmis au sein duquel les soldats ont clairement déclenché l'alarme. La communication entre les fourmis est de nature chimique. Ces dernières transmettent des messages complexes et incroyablement précis sur les tâches à accomplir en équipe.

Celle qui m'a mordu et que j'ai balayée de la main a communiqué ma présence. En moins de cinq secondes, une armée de fourmis ont communiqué entre elles les informations nécessaires pour m'attaquer et ont déjà un plan élaboré contre moi. Elles sortent de leur nid par centaines. Elles savent exactement où je suis et à quelles parties de mon corps s'en prendre. Elles se ruent sur mes mains et me mordent férocement. Malgré la douleur provoquée par les morsures de plus en plus nombreuses, je reste silencieux, les yeux toujours braqués sur ma future victime, qui continue heureusement de brouter devant moi.

Les petits insectes montent sur moi par centaines, d'abord sur mes chaussures, puis dans mes pantalons. Ils mordent mes mollets, remontent rapidement vers mes bras et grimpent sur mon arc. La panique me gagne. Je dois les chasser ! C'est impossible de me concentrer ! Je dépose mon arc et mes flèches dans les herbes à côté de moi, pour libérer mes mains. Un grillon qui chantait se tait immédiatement, alertant les autres autour, lesquels, en quelques secondes, cessent de chanter à 50 mètres à la ronde. Ce retentissant silence est, depuis des millénaires, un implacable prédicteur de danger. Je tente tant bien que mal de garder mon calme tout en essayant de gérer les nombreux éléments autour de moi. Mes gestes, quoique silencieux, sont visuellement détectables.

« Wouah ! » Un babouin m'a repéré. Venant des arbres, son cri ressemble quelque peu à un puissant jappement. Je ne peux pas le voir, mais lui, oui. Son acuité visuelle est environ 20 fois plus efficace que celle de l'humain. Les impalas lèvent la tête et cessent de brouter. Ils expirent bruyamment, une manière d'alerter les autres groupes qui peuvent se situer à plusieurs centaines de mètres de là. Le troupeau entier regarde dans ma direction, les oreilles pointées vers l'avant, immobile. Comment ont-ils su, tous en même temps, que je me trouvais exactement là ? Les babouins crient maintenant à tue-tête. Ils m'ont détecté. « Nooon ! Taisez-vous ! » me dis-je, alors que mes yeux sont remplis de sueur.

Je lève délicatement un pied pour tenter de m'éloigner du nid de fourmis. Un son, une vibration de trop : un premier impala prend la fuite, suivi par les autres. En moins de trois secondes, ils ont tous disparu.

Entre le moment où j'ai chassé la première fourmi de ma main et celui où le troupeau d'impalas s'est enfui, il ne s'est pas écoulé plus de 12 secondes. Deux heures trente minutes d'approche minutieuse anéanties en 12 secondes par la nature grâce à la communication entre ses agents. Le soleil se couche, et je vais encore une fois m'endormir le ventre vide. Je devrai tenter ma chance de nouveau demain. Il est grand temps que j'allume un feu et que je monte mon campement. Certains animaux possèdent des yeux qui percent la nuit, particulièrement ceux que l'on a intérêt à garder loin de soi.

Alors que je regarde danser les flammes, je repense à ce qui vient de se produire. La communication est un système de survie précis et complexe. Les particules, les cellules, les insectes et les autres animaux sont en constante interaction pour déterminer la direction générale de leurs mouvements. Les premiers hommes communiquaient avec la même précision que les impalas. L'humain s'est développé d'une façon unique ; il s'est transformé, il a transformé son environnement et il a transformé ses rapports sociaux. Mais il y a une chose qui ne change pas : à la vitesse de l'éclair, les réseaux de neurones du cerveau humain communiquent, analysent et distribuent les informations pendant une communication. Ces informations sont en interaction avec le cerveau d'une autre personne. Cette interaction est constante, continue et infiniment rapide. C'est à nous, humains, de suivre la cadence de cet orchestre.

Lorsque nous communiquons avec un autre humain, des milliers de signes et d'informations sont là, sous nos yeux. Notre sensibilité, nos connaissances et surtout notre conscience détermineront les éléments que nous détecterons et qui nous permettront de nous ajuster en temps réel, de créer les occasions favorables et de nouer les relations que nous souhaitons. Cette conscience des multiples variables de la communication est déterminante afin qu'une conversation, une rencontre ou une relation ne nous donnent pas l'impression qu'il n'y a rien d'intéressant sur cette Terre, que nous perdons notre temps, que nous sommes une âme en peine dans un environnement ennuyant.

Les particules humaines

Nous entrons dans une pièce. Nous la balayons du regard. Plusieurs personnes sont déjà présentes. Notre cœur bat depuis que nous avons payé notre stationnement, il y a plusieurs minutes déjà. Cette rencontre est importante, car elle peut changer beaucoup de choses, pour nous et pour l'autre. C'est le but, *changer quelque chose, aller quelque part.*

Nous savons que nous sommes attendus et que la personne que nous cherchons est déjà là. Il suffira d'un regard pour déterminer si c'est bien elle que nous sommes venus rencontrer. Pourtant, nous ne l'avons jamais vue. Mais les cerveaux en présence enverront des milliers de signaux, notamment par les yeux. En observant les gens qui sont devant nous, au moment où nous avons déjà croisé une dizaine de regards, sans même le nommer consciemment dans notre esprit, nous savons que c'est, ou que ce n'est pas, la personne que nous cherchons. Nous ressentons une sorte de certitude quasi instantanée. Notre attention est aiguisée. Nous cherchons des yeux un regard, un signal qui nous montre que le courant passe. Un courant dans le sens de reconnaissance de type prérelationnel. Cette analyse dure moins d'une seconde. Le contact visuel se poursuit une seconde de plus et il y a confirmation du signal. Sans nous connaître, nous nous sommes reconnus.

Cela n'est que le début. Des milliers de processus mentaux seront, consciemment ou non, utilisés tout au long de cette rencontre. Chacun d'eux aura son importance et changera le processus suivant, tant pour soi que pour l'autre. Aucun processus mental, aucune pensée n'épargnera notre interlocuteur. Nous pouvons bien tenter de cacher certaines choses. Nous avons l'impression que notre enveloppe corporelle, notre tête, notre boîte crânienne sont un contenant étanche. *Ce sont mes pensées. Elles sont à moi, c'est mon bien. Je les garde pour moi si je veux bien et je les présente comme je le veux bien.* Or, il est impossible de travailler en vase clos. Il faut maintenant une conscience d'équipe, une conscience de l'interaction. *Une conscience en mouvement.* Le temps où nous pensions que nous avions du temps pour penser à notre argument, que nous pouvions donner l'impression à notre interlocuteur que nous étions d'accord avec lui, que nous pouvions cacher notre anxiété, que nous pouvions le convaincre avec un argument est terminé.

Le cerveau est un instrument sensible, précis, puissant. C'est lui qui, ultimement, devra synthétiser la relation, laquelle ne s'établit pas à coups de volonté. C'est le cerveau qui déclare que certaines conditions sont remplies. La rapidité et la précision de notre instrument peuvent être déconcertantes. Le cerveau ne demande qu'à être utilisé mais, comme pour n'importe quelle machine, c'est son utilisateur qui en exploite le plein potentiel. Un cerveau que l'on entraîne augmente sa conscience ; il devient de plus en plus vigilant, rapide, courageux, organisé, méthodique, déterminé.

Nos réalisations humaines sont le fruit des relations et des interactions sociales. Celles-ci résultent de l'addition de mécanismes et de comportements précis, et non d'un hasard ou du fruit de tentatives aléatoires. Je crois que la communication interpersonnelle nécessaire pour prendre en considération les multiples enjeux actuels est maintenant trop complexe pour la réduire à une simple habileté naturelle ou à un don.

Il est temps de passer à la prochaine étape de l'évolution de la communication humaine.

Alors qu'il est relativement aisé de s'entendre sur le fait que le monde se complexifie, il est plus difficile de relier cette complexité aux moyens permettant de l'aborder par le biais des habiletés de communication appropriées. Pourtant, cela va de soi pour plusieurs tâches. Par exemple, il paraît évident que les habiletés nécessaires pour conduire une formule 1 dans un virage à 257 km/h n'ont rien à voir avec celles requises pour rouler à 30 km/h en ligne droite. De la même façon, les habiletés nécessaires pour réaliser un temps de 9,79 secondes au 100 mètres sont bien différentes de celles qui permettent de le courir en 18 secondes, ou encore de s'adonner à un jogging matinal. Bien que, dans tous les cas, il s'agisse conceptuellement de « course à pied », le niveau de performance implique une conscience technique et un entraînement différents. La catégorisation de l'activité, c'est-à-dire la façon de l'identifier verbalement, est donc une grossière illusion. Le défi réside dans la compatibilité entre l'énergie que l'on veut générer pour accomplir une tâche et la conscience technique nécessaire pour y arriver.

Il en va de même avec les interactions et les relations humaines. Le niveau technique de nos communications doit être à la hauteur de nos projets, ce qui représente un réel défi parce que nous avons tendance à sous-estimer la difficulté de la plupart de nos objectifs. Les projets que nous qualifions de « normaux » ou même de « faciles » exigent souvent une conscience technique plus élevée que ce que nous croyons. À cela s'ajoute le fait que les communications quotidiennes impliquent, elles aussi, un niveau d'exigence technique minimal. Pourtant, nous n'avons aucune idée de ce à quoi correspond concrètement ce minimum d'habiletés. En d'autres mots, les dialogues, les rencontres, les interactions sociales et la construction de relations constituent un monde complètement flou, ce qui revient à une mauvaise évaluation de nos objectifs combinée à des stratégies de communication aléatoires. Le résultat ne peut être autrement que proportionnellement aléatoire.

Pour un grand nombre d'activités, il est facile de percevoir les impacts d'un apprentissage ou de mesurer la maîtrise d'une technique. Par exemple, un athlète améliorera sa vitesse grâce à un entraînement rigoureux, à des exercices bien dirigés et à des critères de succès précis. Les habiletés humaines ou sociales ne sont pas comprises et enseignées avec la même précision et la même clarté, ce qui explique sans doute le terme *soft skills* (compétences sociales-habiletés relationnelles). Or, les composantes de l'interaction humaine ne sont pas floues, et encore moins *soft*. En fait, les variables d'une interaction et leurs effets sont précis, et nous arrivons à en mesurer de plus en plus. La science a effectivement beaucoup apporté à la compréhension des mécanismes de communication interpersonnelle. Nous avons pourtant de la difficulté à nous servir de ces connaissances et à les utiliser au profit de communications plus efficaces dans notre quotidien.

Nous nous intéressons de plus en plus à l'environnement et aux ressources naturelles, ce qui est une bonne chose, mais il est, selon moi, encore plus urgent de nous intéresser aux humains qui consomment et gèrent ces ressources, car nous ne pouvons pas dissocier les changements environnementaux des comportements humains.

Chez les humains, particulièrement ceux qui vivent dans les sociétés modernes et industrialisées, le mal de vivre se manifeste par différents symptômes, diverses formes d'anxiété ou la dépression. L'isolement et la difficulté à créer des relations sont directement reliés à ces pathologies. Une grande partie de la perception que les gens ont d'eux-mêmes, de leur potentiel, de leurs talents et de leur valeur est directement liée à leurs impacts relationnels et à leur capacité à créer, à développer, à maintenir des relations, et surtout à atteindre des objectifs importants. Moins une personne possède d'habiletés de communication efficaces, plus elle aura tendance à douter d'elle-même. Qu'il soit conscient ou non, le doute de soi, qui empêche d'oser, est l'une des racines les plus coriaces de la stagnation et de la paralysie. Bien que les enjeux de communication et de relations ne puissent expliquer l'ensemble des insatisfactions individuelles et collectives des humains, on ne saurait toutefois nier que les partenariats, les projets, le partage des idées et des ressources sont directement en lien avec les relations humaines.

Dans l'histoire de l'humanité, l'accès aux données scientifiques et aux connaissances n'a jamais été aussi facile qu'à l'heure actuelle. Pourtant, qu'il s'agisse de psychologie comportementale ou de neurosciences, on parvient difficilement à combiner les données sur les comportements humains pour créer des concepts cohérents et viables en matière de communication humaine. Encore moins des stratégies concrètes et applicables dans notre quotidien. Toutefois, les personnes qui nous inspirent, celles qui communiquent avec une apparente aisance, avec confiance, calme, énergie, existent bel et bien. Les relations positives, harmonieuses, stimulantes, les équipes de travail inspirantes, efficaces et créatives existent aussi. La science peut sans doute décrire et même mesurer les effets de ces relations, mais je suggère que nous nous intéressions aux processus internes qui les génèrent.

Il m'est apparu de plus en plus difficile de dissocier l'humain des éléments, des particules et de l'Univers. Chacune des composantes physiologiques, comportementales ou cognitives de l'humain est fascinante et indépendamment complexe. Mais avec le temps et le travail, on peut s'y retrouver quelque peu. Diviser les composantes de l'humain en concepts, en sous-concepts, indépendants les uns des autres, est certes plus rassurant que de vouloir s'approprier un ensemble cohérent, surtout lorsque vient le temps de concilier les connaissances brutes et le sens. Je ne suis pas le seul à rechercher cette unification, ou du moins cette cohérence au sein de la conscience.

Au fur et à mesure que je découvrais le fonctionnement des comportements humains, je n'ai eu d'autre choix que d'admettre que notre conception des relations humaines, leur développement et les stratégies que les humains ont élaborées pour collaborer efficacement sont de moins en moins adaptés au contexte social, technologique et économique actuel. Nous ne sommes plus capables de suivre la musique. Pour toutes ces raisons, j'ai voulu revisiter les fondements de la communication humaine, particulièrement en ce qui a trait aux mécanismes impliqués et à la façon de les manier pendant une interaction. Plusieurs théories, stratégies ou éléments soulevés dans ce livre entrent en contradiction avec ce qui est véhiculé dans le vaste monde de la communication humaine et avec plusieurs croyances répandues. Ce livre traite non seulement des processus fondamentaux présents lors de toute interaction humaine, mais il décrit aussi comment la conscience de ceux-ci, combinés aux bons comportements et engagés au bon moment, a le pouvoir de changer les conversations, les relations et les enjeux qui unissent les humains. Il y sera question des mécanismes qui montrent comment deux cerveaux humains interagissent et sont même conçus pour être en mouvement directionnel commun. Encore plus intéressant, je veux démontrer qu'ils sont faits pour travailler ensemble, selon des lois d'interaction et de mouvement que l'on peut organiser et gérer.

Mon objectif est de faire en sorte que le lecteur qui le désire puisse amorcer concrètement la transformation de sa manière de communiquer dans son quotidien personnel et professionnel, et surtout qu'il ait envie de reconsidérer la réalisation d'ambitions ou de rêves abandonnés.

INTRODUCTION

Le mouvement dans l'Univers cosmique

Jusqu'à encore très récemment, nous avions une vision immuable de notre Univers, de notre nature en tant qu'humains. Un concept magnifiquement cristallisé, parfait et immonde à la fois.

La théorie de l'Univers statique a été proposée par Albert Einstein qui, en 1917[1], a ajouté la *constante cosmologique* à sa théorie de la relativité générale de manière à expliquer l'aspect fixe de l'Univers. La constante cosmologique renvoyait au fait que l'Univers est immuable et isotrope, c'est-à-dire que sa structure à grande échelle reste la même, peu importe la direction de l'observation. Cette conception a été renforcée par celle de l'état stationnaire, un autre modèle cosmologique élaboré par Fred Hoyle et ses collègues dans les années 1940 et duquel découlait le *principe cosmologique parfait.* Celui-ci énonçait que l'Univers est identique à lui-même en chacun de ses points et à toutes les époques. Cela supposait donc que sa densité d'énergie doit être constante et, par conséquent, qu'il faut que l'Univers soit statique ou bien en expansion, mais avec un mécanisme qui permette de garder sa densité stable et identique dans le temps. Cela revenait donc également à la stabilité parfaite. Ces conceptions suggéraient une forme de protestation et de résistance face à la notion du mouvement et de la transformation continuels du monde. Si l'Univers est une boîte immuable et définie, il comporte donc forcément des limites théoriques définies. Ce serait dans ce carré de sable que nous, humains, vivrions et dans lequel nous travaillerions à nous orienter. Même si le carré de sable est immense, sa stabilité semble, au moins, une bonne nouvelle. Cette conception s'apparente à notre perception de la divinité, perception qu'il ne faut surtout pas ébranler à moins de chercher la guerre. Il y a quelque chose de fiable, sur quoi nous pouvons compter, que ce soit l'Univers ou Dieu ; il faut bien que l'incertitude cesse quelque part pour que nous puissions oser avancer !

Si tout est statique, il n'y a qu'à trouver sa place dans cet Univers, place qui se veut forcément tout aussi statique. Nous serions donc également statiques, tant physiquement que psychologiquement.

L'humain a besoin de repères fiables, un besoin qui se manifeste d'ailleurs par d'innombrables conceptions qui alimentent quotidiennement nos espoirs d'immuabilité. Il est commun d'entendre dans les milieux corporatifs et organisationnels que les gens cherchent à être « sur leur X », ce qui correspond à l'idée d'occuper le bon emploi, d'être à la bonne place professionnellement, d'exercer la fonction dans laquelle nous nous sentons valorisés, qui nous reflète. Cette place qui comble tous les doutes. Nous cherchons effectivement cette paix, ce sentiment d'avoir enfin trouvé la place qui nous attend, comme un morceau dans un casse-tête. Cela suggère aussi que cette place parfaite a été fabriquée *pour* nous, témoignant de l'amour qu'aurait l'Univers à notre égard. *Il ne m'a pas oublié.* Car nous avons le sentiment que cet Univers peut nous oublier ; nous en sommes donc des victimes. Notre vision des relations amoureuses montre le même espoir et la même conception des choses. Trouver l'amour, *la* bonne personne pour soi. « *The One.* » Enfin *ma* place dans une relation. Le statisme permet par conséquent d'obtenir une ou des réponses définitives. Il est extrêmement difficile pour l'humain de résister à cette conception rassurante de l'Univers statique. Et peut-être aussi pour Einstein.

Récemment, la méthode, la technologie et le courage aidant, cette vision de l'Univers fixe a dû être abandonnée. Les preuves mathématiques et les observations scientifiques quant au *comportement* de l'Univers n'ont pas laissé d'autre choix. Oui, parce que l'Univers se *comporte*. Cela contraste avec l'idée de la perfection statique et divine qui propose à l'humain de cultiver sa foi et de suivre quelque chose de plus fort que lui. C'est d'ailleurs la raison pour laquelle nous nous rebellons contre la science, dans le but de neutraliser tant bien que mal son impact perturbateur. Si la science amène la connaissance, elle amène aussi plusieurs mauvaises nouvelles, du moins à court terme. Elle propose de nouvelles responsabilités. Si nous avons accès à de nouvelles connaissances fiables sur le monde, cela implique nécessairement que nous pouvons de moins en moins nous fermer les yeux et avoir la foi. Nous devons de plus en plus compter sur nos choix.

À notre plus grand désarroi, la lame affûtée de la science est impitoyable, sans pitié pour les zones de confort des humains. Dans les années 1920, le phénomène de l'expansion de l'Univers est découvert par Edwin Hubble, qui a montré que les galaxies s'éloignent les unes des autres à une vitesse proportionnelle à leur distance. Apparemment capable de concilier religion et science, le chanoine physicien belge Georges Lemaître se prononcera dans le même sens et mettra pour la première fois de l'avant la théorie de l'« atome primitif » voulant que l'Univers ait pris naissance dans une région extrêmement dense et qu'il s'est ensuite dilaté. Cela entraîna plus tard la loi de Hubble-Lemaître, caractérisant la vitesse d'éloignement des galaxies les unes des autres. L'aspect intéressant de ces deux expériences, soutenant l'idée que la science est *impitoyable* ou *fiable*, est que, par des méthodes différentes et sans partage de résultats, elles sont toutes deux arrivées à la même conclusion.

C'est à force d'études, d'expériences et de théories que la science a permis le constat suivant : tout possède un mouvement.

On appelle ainsi « Big Bang » la dilatation et le mouvement de l'Univers à partir de la singularité initiale. Il s'agit de l'événement qui a créé les galaxies, les étoiles, les planètes, et qui a engendré la répartition des particules dans l'Univers. Chacune des parties de ces systèmes est composée de plusieurs types de particules aux caractéristiques définies, de divers types d'atomes et de molécules, qui rappellent étrangement la structure des planètes et des galaxies. Ces systèmes sont donc soumis aux mêmes lois physiques. Si l'Univers est mouvement, cela signifie qu'il possède une histoire propre à lui-même. Une histoire qui se poursuit et qui continue d'avancer. Les étoiles sont en mouvement, elles orbitent autour du centre de leur galaxie. Certaines étoiles ont des planètes qui orbitent autour d'elles. Certaines planètes possèdent des lunes, elles aussi en mouvement orbital. Et l'espace est rempli d'objets plus petits, eux aussi en déplacement constant. Est-ce à cette échelle que les mouvements s'arrêtent ? Est-il possible d'obtenir quelque chose de fixe si on regarde plus petit ? Bien sûr que non. À une échelle beaucoup plus réduite, on sait que chaque objet physique est composé d'atomes. Ces derniers sont formés de protons autour desquels « gravitent » des électrons. De plus, les atomes sont constamment dans une sorte d'état de « vibration » plus ou moins important, selon leur nature et leur énergie.

À tout moment, dans l'Univers, un objet est en mouvement.

Admettons que nous observions un vase posé au centre d'une table. Notre première intuition est la suivante: «Ce vase est fixe. Si je ne le touche pas, il reste là.» Or, c'est faux. Si on ne le touche pas, ce vase se déplace tout de même dans l'espace à la même vitesse que la Terre, soit 107 000 km/h! Tout comme nous, d'ailleurs. Il est aussi constitué d'atomes, qui sont constamment en mouvement. À l'échelle humaine, les objets qui nous paraissent immobiles ne le sont pas. Croire à leur immobilité est illusoire. Si nous choisissons de ne pas modifier leur trajectoire, l'Univers cosmique se charge de diriger leur mouvement. Dans l'Univers cosmique, nous avons tout de même le privilège d'avoir l'option suivante: laisser celui-ci mener la cadence ou modifier la trajectoire d'un objet.

L'énergie dans l'Univers cosmique

Le «Big Bang» est la théorie la plus reconnue quant à la question de l'origine de l'Univers cosmique. De celui-ci proviennent toute la matière et toute l'énergie contenues dans l'Univers cosmique. Le terme «énergie», tel qu'il sera abordé plus loin, est très large et fait référence à plusieurs phénomènes. Simplement dit, l'énergie est une *capacité à agir*. Qu'il soit question de produire un mouvement, de la chaleur, de la lumière, du son ou de transmettre une information, la possibilité d'avoir de tels résultats dépend de l'énergie disponible. Il est nécessaire de noter que l'énergie a également la capacité d'être *transférée* et *transformée*. On sait même, depuis qu'Einstein a publié la très célèbre formule, que l'énergie (E) peut être transformée (=) en masse (m), et vice versa! Cette équation illustre le pont entre la masse des objets et l'énergie qu'on pourrait potentiellement obtenir de ceux-ci. C'est de ces caractéristiques que découlent, par exemple, le train à vapeur et les centrales hydroélectriques. Dans le premier cas, l'énergie thermique est transformée en mouvement. Dans le second, le mouvement est transformé en énergie électrique.

Les humains qui ont décidé d'intervenir sur le sort de certains éléments (charbon, rivières, etc.) sont parvenus à rediriger l'énergie disponible pour parvenir à leurs fins. Une fois acheminée à nos villes, l'énergie électrique obtenue à partir du mouvement de l'eau permet d'offrir l'électricité à des milliards d'êtres humains, qui la transformeront à leur tour en chaleur, en mouvement ou en lumière. Le défi est toujours de trouver les méthodes permettant d'extraire un maximum d'énergie d'une source. Celle-ci doit être exploitée de la meilleure façon possible afin d'obtenir les résultats souhaités. Ainsi, à force de chercher les meilleurs moyens, nous sommes passés de l'éclairage à la bougie aux ampoules DEL, ou des machines à vapeur à la pile électrique. Si nous faisions le choix conscient de ne pas chercher à modifier la trajectoire de certains objets et que nous laissions l'Univers cosmique mener la cadence, il serait impossible d'obtenir l'énergie disponible, impossible de parvenir à de nouvelles fins, impossible d'évoluer. Bien sûr, sans les connaissances et les outils nécessaires, nous ne pouvons pas extraire toute l'énergie offerte par une ressource. Il faut beaucoup de savoir-faire pour transformer le mouvement des rivières en électricité, tout comme il en a fallu pour obtenir les mécanismes permettant le fonctionnement des machines à vapeur.

Le problème de l'univers humain

Le cerveau humain est l'objet le plus complexe de l'Univers cosmique et le chef d'orchestre de l'univers humain. Lors de sa création, il a été doté de milliards de neurones capables de capter un nombre incalculable d'informations à chaque instant. Il a la capacité de sentir, de réfléchir, de vivre des émotions et d'interagir avec son environnement. Le mouvement des informations à l'intérieur de l'Univers humain est analogue à celui des objets dans l'Univers cosmique. Si nous n'intervenons pas consciemment sur la position et l'utilisation des informations présentes dans le cerveau, celui-ci s'en charge tout seul. Il n'a pas besoin de choix conscients pour fonctionner. Nous sommes donc toujours face au choix de décider de l'utilisation faite des informations présentes ou non. L'énergie disponible à travers les informations qui sont véhiculées dans le cerveau humain est analogue à celle disponible dans le mouvement de certains objets dans l'Univers. Choisir d'exploiter consciemment les informations permet d'obtenir plus d'énergie, laquelle peut être transformée, par exemple, en émotions positives, en apprentissages, en autonomie, en sens, en relations de qualité et en expériences de vie significatives. C'est, entre autres, le rôle de la psychologie de définir des méthodes permettant d'obtenir l'énergie disponible. En ce sens, les interactions sociales ont un pouvoir déterminant sur la quantité d'énergie disponible chez les humains.

L'humain a les connaissances nécessaires pour alimenter des villes en électricité grâce au mouvement de l'eau. Pourtant, le même contrôle des ressources n'existe pas encore lorsqu'il s'agit du cerveau. Nous n'avons pas appris à utiliser les informations disponibles de façon à maximiser l'énergie que nous pourrions obtenir.

La solution de l'univers humain

Il faut reconnaître les similitudes entre l'Univers cosmique et l'univers humain pour parvenir à écrire les lois qui permettront l'obtention d'un maximum d'énergie. Le cerveau est composé des mêmes atomes que les étoiles. L'Univers et notre univers sont davantage semblables qu'ils ne sont différents. Les interactions entre les atomes et les molécules suivent certaines règles. Par exemple, chacun est en «quête» d'une position énergétiquement avantageuse, avec un maximum de stabilité.

Les communications et les interactions entre les différents êtres vivants ont toujours été régies par la quête d'un gain contre un minimum de pertes. Les plantes ont la forme la plus avantageuse possible pour ainsi capter un maximum de lumière sur chacune de leurs feuilles en diminuant leurs efforts. Les mammifères, eux, ont développé des méthodes de chasse ou de fuite qui maximisent leurs chances de survie. Dans le cas des humains, il s'agit de développer les lois de l'interaction et de la communication qui généreront les formes énergétiques les plus avantageuses, c'est-à-dire qui réduiront au minimum la perte et le gaspillage d'énergie tout en maximisant les gains. Cela se traduit par des effets que nous reconnaissons et que nous recherchons, par exemple le sens, l'autonomie, la qualité de vie, les relations, la croissance, etc. Ce sont des conséquences directes de l'énergie obtenue et transformée par l'univers humain.

Dans cet ouvrage, nous verrons:

- comment les interactions humaines influencent l'énergie disponible;
- quelles stratégies de communication précises et conscientes sont reliées à la capacité d'augmenter l'énergie des humains;
- que le cerveau est capable de prendre le contrôle de l'énergie disponible pour que nous parvenions à nos fins;
- que l'augmentation de l'énergie humaine générée à partir des processus conscients influence significativement

l'autonomie, le leadership, le sens de la vie et des expériences, l'identité, la qualité des relations interpersonnelles, l'innovation, bref, les marqueurs de la qualité de vie les plus importants.

NOTE

1. Einstein, Albert. (1917). *Kosmologische Betrachtungen zur allgemeinen Relativitätstheorie*, Sitzungs. König. Preuss. Akad, 142-152.

PARTIE I

À LA RECHERCHE DE L'OR

I

DEVENIR UN CHERCHEUR D'OR

Le petit chercheur d'or

Je suis né à Saint-Basile-le-Grand, un petit village québécois. Mes parents y avaient fait construire une maison dans un quartier peu développé. Les routes étaient en gravier. À 4 ans, ma seule et unique préoccupation était de trouver de l'or parmi les cailloux gris.

Je ne peux vraiment pas expliquer pourquoi. Je n'étais pas un enfant qui aimait la stimulation ou le divertissement. D'aussi loin que je me souvienne, j'étais un chercheur, stimulé par la capacité de *faire* quelque chose d'actif, de poursuivre un but, de travailler à atteindre un objectif. Il y a toujours eu en moi cette certitude que quelque chose attend d'être découvert. Je n'ai jamais aimé la facilité. Comme si, sans recherche, sans travail bien fait, ce qui touchait mon regard avait peu de valeur. La recherche et l'amour du rare, du beau et de l'émerveillement : c'était tout ce qui m'importait, du lever au coucher du soleil. J'ai encore la sensation de l'enthousiasme qui me gagnait chaque matin quand j'ouvrais les yeux car, chaque jour, j'avais l'espoir de trouver la première, voire la seule pépite précieuse. Mes parents m'avaient bien prévenu qu'il n'y avait pas d'or dans la rue. Évidemment, ils voulaient me protéger de la déception. Mais, pour une raison inconnue, je ne pouvais accepter qu'il n'y en ait pas. Ainsi, tous les jours, à genoux sur le gravier, je cherchais de l'or. J'examinais chaque caillou, individuellement, dans l'espoir de trouver une petite quantité du minéral doré incrusté dans le gris.

Je ne pouvais m'empêcher d'observer un à un les petits cailloux que je touchais avec mes doigts. Je voulais absolument reconnaître ce que chacun avait à offrir, je lui trouvais des qualités et des caractéristiques uniques. Je voyais en lui mille et une beautés. Et je ressentais déjà l'excitation de montrer celles-ci à mes parents. Quel bonheur ! Ce faisant, le caillou cessait immédiatement d'être ordinaire, banal. Pas question donc de m'en défaire, car il y avait assurément, déjà, une sorte de lien entre lui et moi. Je devais le respecter, en prendre soin, comme s'il était vivant. Mon père avait même construit des étagères spéciales pour ranger mes cailloux. Mon lit était au centre de toutes ces pierres qui, en échange du privilège d'avoir été découvertes par moi, veillaient sur moi pendant la nuit.

Tous les jours, je déposais mes nouvelles trouvailles dans mon seau en plastique jaune, avec les centaines d'autres cailloux gris du jour. Même si je ne trouvais pas d'or, mes journées étaient magnifiques. Car j'avais une certitude : il y avait une mer de découvertes devant moi. Et je savais comment voir la beauté des cailloux. *C'était mon pouvoir.* C'était le bonheur et le succès assurés.

Mes parents étaient peu excités, mais ils faisaient de leur mieux pour partager ma joie. « Regardez celui-là ; il y a cette forme qui ressemble à un coquillage sur ce côté et sur l'autre il brille ! » Ils embarquaient dans le jeu : « Oh ! Il est très beau, celui-là ! Il est vraiment... différent de tous les autres que tu nous as montrés jusqu'ici ! »

Un jour, alors que le voisin d'en face avait organisé une vente-débarras, j'ai repéré un jouet particulièrement intéressant. N'ayant pas d'argent, j'ai eu l'idée de choisir trois de mes pierres préférées et de faire du troc. Trois pierres uniques contre un jouet. Il s'agissait d'une transaction très importante et émotive pour moi. C'était, à mon sens, un échange tout à fait équitable. Mon père m'avait accompagné. Avant qu'il ait eu le temps de dire quoi que ce soit, j'ai fait mon offre : « Je voudrais bien avoir ce jouet. Je te donne mes trois plus belles pierres en échange. » Je manifestais la confiance d'un homme qui avait 40 lingots d'or à proposer. J'affichais un petit sourire en coin en sortant de ma poche les cailloux gris. De manière à rendre l'échange encore plus intéressant, je les ai déposés délicatement sur la table sous leur meilleur angle, à côté du jouet. Les deux adultes se sont lancé un coup d'œil, mal à l'aise.

Mon père a glissé 5 $ à côté des cailloux. « Inutile, me suis-je dit. Ce bout de papier n'ajoute absolument rien. » Le voisin s'est emparé de l'argent, a laissé mon offre sur la table et m'a tendu le jouet. Il n'avait pas pris les pierres. Ma conclusion : « Cet homme est aveugle. Tant mieux pour moi. » Je suis reparti avec le jouet et mes cailloux, prenant conscience qu'il était avantageux de faire affaire avec une personne qui ne voit rien.

Deux ans plus tard, par un après-midi de juillet particulièrement chaud et ensoleillé, il m'était impossible d'aller à la recherche de nouvelles pierres aussi loin que d'habitude. Je souffrais d'une douloureuse insolation dans le cou et sur les bras, et ma mère m'avait interdit de m'exposer au soleil. Je devais donc demeurer à l'ombre de la maison. C'était ennuyant puisque j'étais déjà passé à cet endroit ! Il n'y avait plus rien à découvrir. Et en plus, sans soleil, rien ne brille ! « Où est-ce que je pourrais bien chercher ? Où est-ce que je n'ai pas regardé ? » Je me suis mis à creuser de petits trous dans la terre et le gravier environnant pour voir ce qui se cachait sous la surface, plus profond, plus sale. Et j'ai retourné une pierre ensevelie par la boue…

L'or y était.

Mon cœur s'est arrêté. C'était le miracle que j'attendais depuis tout ce temps. Je me suis levé d'un bond, les yeux écarquillés, fixés sur le cube doré. Je ressentais un grand émerveillement, le plus intense de ma courte vie. J'ai regardé désespérément autour de moi, cherchant une personne avec qui vivre ce précieux moment. Ma respiration était saccadée, mes yeux s'emplissaient d'eau et mon menton s'est mis à trembler. J'ai reposé mes genoux boueux au sol, tout en m'approchant lentement du trou… pour ne pas effrayer ma pépite. Je retenais mes larmes du mieux que je pouvais. Je ne voulais pas sourire, ni rire ni crier. Je ne souhaitais aucune distraction qui pourrait altérer cette rencontre. J'étais figé dans le silence absolu. Quelque chose en moi s'est immédiatement détendu. Une première vraie détente d'enfant : la certitude absolue que tout irait bien, pour toujours. À cet instant, mon cœur, mon âme, mon corps entier ne voulaient que remercier quelque chose ou quelqu'un qui avait préparé toute cette aventure, juste pour moi. Lentement, j'ai saisi la minuscule pépite entre mes doigts tremblotants et je l'ai déposée dans le creux de ma paume gauche, la protégeant ensuite du vent avec ma main droite, comme si je tenais un oisillon. Dans l'ombre, agenouillé dans le gravier, je me suis mis à pleurer à chaudes larmes, chuchotant à ma pépite : « Tu étais là. »

C'était un morceau de pyrite d'un centimètre cube, dont les faces étaient parfaitement polies et les arêtes, nettes.

Alors que personne n'y voit rien, alors que tout semble stérile, il y a bel et bien quelque chose de merveilleux qui se cache dans la masse grise. Comme n'importe quel paléontologue ou archéologue pourra le confirmer, la recherche nécessite une technique. Sans technique, sans méthode, sans minutie, les découvertes ne sont pas possibles. Un archéologue fouille le sol en s'assurant de ne pas passer à un millimètre d'une découverte qui changerait son sort, et peut-être même celui de l'humanité entière. Il est possible de creuser au mauvais endroit, de revenir bredouilles, alors que nous étions pourtant à un cheveu de découvrir quelque chose qui aurait tout changé. Et nous ne pouvons pas nous permettre de passer à côté de ce qui doit être découvert. Peut-être est-ce là que réside notre responsabilité dans la communication humaine.

La conscience de la solitude

Pendant mon enfance, à une multitude d'occasions, j'ai consciemment pris des décisions pour améliorer la façon dont les gens se sentaient autour de moi.

À 7 ans, j'ai accepté d'être l'amoureux de Nadine. Accepté dans le sens de « contrat ». Nous étions au Pensionnat des Sacrés-Cœurs, à Saint-Bruno, au Québec. Elle était pensionnaire et semblait voir peu ses parents. Il y a de ces personnes dont la souffrance suinte littéralement des pores de leur peau. Nadine était une enfant mal aimée. Elle faisait l'objet d'intimidation et de moqueries dans la classe et dans la cour de récréation, et jouait toujours seule. Elle semblait provenir d'un milieu défavorisé. Son matériel scolaire était usé, son manteau et sa salopette de neige, troués et délavés. Elle avait une verrue sur le dessus de la main, ce qui lui valait le dégoût des autres enfants. Elle tentait tant bien que mal d'établir des contacts en souriant, mais sans succès.

Juste à regarder Nadine, je sentais mon cœur se briser. Je *savais* qu'elle était mal aimée. Sa solitude me faisait tellement souffrir que j'étais incapable de supporter d'en être complice. Je m'efforçais de la regarder et de lui sourire, de la saluer, de la faire sentir spéciale. Évidemment, je suis devenue la personne de qui elle attendait d'avoir l'attention quotidiennement. Je ne l'aimais pas vraiment, je n'avais pas d'affinités avec elle. Mais je savais que le fait qu'elle se sente aimée par moi atténuait sa douleur. J'ai donc joué à être son amoureux pendant un an. Cela l'a transformée. J'étais sûr que l'impression d'être aimée changeait tout pour elle. Que ma présence lui faisait oublier momentanément sa profonde solitude. Mais je m'en voulais de ne pas ressentir envers elle ce qu'elle éprouvait pour moi. De ne pas l'aimer réellement. J'étais mal à l'aise face à moi-même. Moi qui voulais lui faire du bien, qui voulais *me* faire du bien, je devais accepter de faire quelque chose de répréhensible. Je lui mentais, et c'était mal. J'ai encore l'image d'elle qui dort, la tête sur mes genoux, pendant les longs trajets d'autobus scolaire. Je la regardais, je caressais ses cheveux noirs, l'estomac noué. Je m'étais attribué une responsabilité démesurée. J'étais un père de 7 ans.

Faire en sorte que les autres se sentent bien apaisait ma propre souffrance; c'était pour moi un plaisir, et même un défi. Il y avait bien sûr un coût à cette mission, mais aussi une joie: le pouvoir de faire ressortir le meilleur des autres en les valorisant. Étant très sensible à l'état émotionnel d'autrui, il m'est apparu évident que plusieurs enfants de ma classe n'étaient pas appréciés à leur juste valeur. Par exemple, je sentais qu'Ariane avait beaucoup étudié pour la dictée et qu'elle était déçue de ses résultats. Je sentais que Philippe avait été humilié après avoir été réprimandé par notre enseignante. Je cherchais une façon de contribuer à deux choses : faire voir à mes amis que je savais comment ils se sentaient, et leur montrer qu'ils méritaient un cadeau juste pour *être* qui ils étaient.

À 8 ans, j'ai donc démarré une entreprise de cadeaux pour féliciter mes amis « d'être eux » et leur dire que je les aimais. Je confectionnais moi-même des bijoux à partir de pierres : une broche avec une agate, un pendentif orné d'un quartz rose, une bague surmontée d'une améthyste. Pour chacun, je créais un objet unique, à son image. Je possédais une polisseuse à pierre à la maison et des bases de bijoux de différentes couleurs ; j'assemblais le tout en pensant à chacun. En peu de temps, j'ai créé une trentaine de ces parures. Lucie, notre enseignante, commençait à s'inquiéter. Les enfants de sa classe avaient l'air de rappeurs arborant des bijoux dorés. Il semble bien que ma propre solitude autant que celle des autres m'accablent depuis toujours, d'aussi loin que je me souvienne.

L'apprentissage de la communication

J'ai rapidement été forcé de prendre conscience du fait que la communication interpersonnelle est une activité stratégique en soi. J'étais un enfant extrêmement anxieux et j'évitais maladivement les conflits. Je me fiais continuellement à ma mère pour me défendre. Lorsque les choses ne se passaient pas comme je le souhaitais avec mes camarades, je n'avais pas la force de m'affirmer et de faire valoir mon point de vue ou mes demandes. Je revenais à la maison en pleurant et je demandais l'aide de ma mère pour qu'elle négocie à ma place avec mes amis. Elle devait donc leur parler, pendant que j'étais caché derrière elle, attendant qu'elle règle le litige. Évidemment, mes copains commençaient à avoir peur de moi, sachant que je pouvais appuyer sur le bouton rouge de l'autorité à la moindre contrariété, ce qui nuisait à mes relations amicales.

Dès le début de l'école primaire, j'étais anxieux pour une raison précise : l'amitié. Je l'ignorais à ce moment-là, mais mon but n'était pas de créer des relations, mais bien d'éviter le sentiment de solitude. Dès mon réveil, j'étais hanté par la crainte de me retrouver seul à la récréation. Je me suis alors fixé un objectif : me faire le maximum de nouveaux amis chaque jour. C'était ma mission. Lorsque ma mère revenait me chercher à la fin de la journée, je lui dévoilais avec fierté le nombre de mes nouveaux copains.

« J'ai trois nouveaux amis aujourd'hui ! »

Un jour, après une de mes journées particulièrement fructueuses, elle m'a demandé : « Est-ce que tes nouveaux amis *savent* qu'ils sont tes amis ? »

Effectivement, je n'avais pas cru bon de les en informer. Devaient-ils forcément être au courant ? En fait, je leur avais donné une sorte de promotion unilatérale. Mes exigences étaient simples : une seule conversation avec un autre enfant marquait le début d'une nouvelle amitié. Et cette illusion avait réussi à me rassurer.

— C'est mieux d'avoir moins d'amis et de jouer plus avec ceux que tu aimes, m'avait expliqué ma mère. Concentre-toi sur ceux que tu préfères. Reste avec eux plus longtemps. Qui est ton ami préféré ?

— Hum ! Jonathan.

— Alors, joue davantage avec lui. OK ?

— OK.

— Et aussi… il faut qu'un enfant accepte d'être ton ami avant que tu dises qu'il est ton ami. OK ?

— OK, OK.

D'un côté, cela m'avait soulagé d'arrêter de cumuler des amis quotidiennement. Mais de l'autre, cette nouvelle approche signifiait qu'il fallait que j'endure les mêmes jour après jour. Pire encore, que je règle les conflits moi-même, ce qui était très anxiogène. J'allais apprendre que les relations nécessitent du travail, et aussi une prise de risques.

J'avais finalement un meilleur ami : Jonathan. Il est de coutume pour deux personnes de mutuellement s'entendre sur le fait qu'ils sont les meilleurs amis l'un pour l'autre. Jonathan était donc au courant de ce titre. Comme tous les enfants de notre âge, nous nous disputions souvent. J'en discutais avec ma mère. Elle voyait que j'en souffrais beaucoup et voulait m'aider de son mieux. Elle avait donc décidé de m'enseigner à parler à Jonathan. Cela consistait à m'exprimer et à « tenir mon bout », comme elle disait, même s'il n'était pas d'accord avec moi et qu'il était fâché en raison de ma résistance à ses pressions.

Tous les soirs, après mes devoirs, je m'entraînais avec elle à parler à mon meilleur ami. Nous faisions des mises en scène. Parfois, je jouais Jonathan ; d'autres fois, c'était ma mère qui tenait son rôle. Pas de stratégies très avancées sur le plan psychologique mais, encore aujourd'hui, je sais que l'habileté que j'ai alors développée était probablement la plus importante : faire face aux communications. Choisir de communiquer. Faire face à ce que je ressentais. Plus difficile encore, faire face à ceux que j'aimais le plus. Faire face au risque de déplaire. Tout faire pour ne pas éviter de parler.

J'étais anxieux à l'idée d'aller à l'école, car je savais que je devais tenir la conversation à laquelle je m'étais entraîné la veille. Pour un enfant, comme pour un adulte, parler de quelque chose d'important à une personne qui compte n'est rien de moins qu'un acte de courage, autant que de se rendre dans une tribu cannibale ou d'affronter des soldats armés.

Je devais commencer à me méfier de ma mère. Chaque fois que je revenais à la maison et que j'avais le malheur de lui raconter un fait qui impliquait une insatisfaction à l'égard d'un ami, j'étais foutu.

— Est-ce que tu t'es exprimé ?

— Non...

— Alors, on va travailler ça ce soir et tu le lui diras demain.

Merde !

À une certaine période, nous consacrions presque autant d'efforts à exercer mon affirmation de moi qu'à travailler mes tables de multiplication. Et il ne s'agissait pas uniquement de m'entraîner. Ma mère faisait un suivi rigoureux le lendemain, lorsque je revenais de l'école. Aussitôt que je mettais le pied dans la voiture, elle s'empressait de me demander : « Alors, comment a été ton affirmation ? Tu as fait ce que nous avons travaillé ? »

Et je devais lui raconter. Je n'avais pas le choix. Je devais m'exprimer SANS ARRÊT, avec tout le monde : amis, professeurs, surveillantes de récréation et même directeur d'école. Et les sujets de discussion étaient aussi de plus en plus élaborés.

Un après-midi, je suis revenu de l'école préoccupé par une remarque que mon enseignante m'avait faite. Elle avait douté de ma parole lorsque j'avais affirmé que j'avais lu le chapitre d'un livre.

— Est-ce que tu l'as lu, ce chapitre, oui ou non ?

— Oui.

— Et elle ne t'a pas cru ?

— Non.

— Pourquoi, d'après toi ?

— Je ne sais pas. Je fais toujours mes devoirs. D'autres ne l'ont pas lu, mais moi oui. C'est injuste !

— Donc, elle ne croit pas que tu dises la vérité ?

— Ben… non…

— Eh bien, devine quoi…

— Quoi ?

Ma mère m'a jeté un coup d'œil que je connais maintenant très bien.

— Je vais communiquer, j'imagine…

— Ouiiii !

— Mais qu'est-ce que tu veux que je lui dise ? C'est mon enseignante !

— Et alors ?

— Ben alors, c'est elle qui a raison : c'est la prof !

— Ça ne change rien, ça, Guillaume.

— Oui, mais de quoi je vais lui parler ? Je n'ai rien à discuter… C'est elle qui a raison : c'est la prof ! Ce n'est pas grave, maman ! Je ne veux pas…

— Ce n'est pas grave, hein ?

— Non.

— Pourquoi tu fais la baboune, alors ?

— Je fais pas la baboune.

— Oui, tu fais la baboune. Tu es triste parce qu'elle ne te croit pas. Oui ou non ?

Elle avait parfaitement raison.

— … Oui.

— Ta prof, ce n'est pas une personne ? Ce n'est pas un humain ? Elle doit toujours être parfaite et ne jamais faire d'erreur ?

— Ben non… c'est pas ça que j'ai dit non plus !

— Guillaume, est-ce que tu aimerais ça que, moi et papa, on te demande d'être parfait tout le temps ? Est-ce que tu crois que tu serais heureux ?

— … Non.

— Est-ce que tu trouves que c'est gentil de demander aux adultes et aux professeurs d'être toujours parfaits?

J'ai réfléchi un instant.

— Non.

— Est-ce que tu aimes ton enseignante?

— Oui.

— Alors, tu ne peux pas lui demander d'être parfaite. Ce n'est pas correct. Tu comprends cela?

— OK.

— Je sais que c'est difficile, mais elle a le droit de faire des erreurs. Et elle a le droit de corriger son erreur.

J'ai soupiré. J'ai hoché la tête.

— Tu as le droit de demander à lui parler, tu as le droit de t'exprimer, tu as le droit de parler du sujet que tu veux. Et elle, elle a le droit d'avoir fait une erreur, comme tout le monde.

Bizarrement, la conversation modifiait complètement mon point de vue. Effectivement, personne ne peut être parfait. Et imposer la perfection est cruel. Jamais je n'avais compris de cette façon ce rapport à une personne qui avait de l'autorité sur moi. Jamais je n'avais interprété mon silence comme étant complice d'une cruauté envers une autre personne.

— Et tu n'as pas aimé qu'elle dise quelque chose qui n'était pas vrai devant tout le monde. Oui ou non?

Elle avait parfaitement raison sur ce point aussi. J'avais été humilié.

— Oui, c'est vrai.

— OK. Maintenant, il y a un choix à faire. Es-tu prêt à prendre tes responsabilités? Je vais t'aider.

J'ai hésité longtemps. Car je savais exactement dans quel projet je m'embarquais et que la soirée finirait très tard. J'ai soupiré.

— OK.

— Bravo ! Alors, demain, tu vas lui demander de la rencontrer. D'accord ?

— Oui, OK… Mais de quoi je vais lui parler ?

— Tu vas lui parler du vrai sujet, du vrai problème.

J'ai regardé ma mère, les yeux interrogateurs, ne sachant pas quel était le *vrai* sujet.

— Tu vas lui parler de la confiance.

— Quoi ? De la *confiance* ? Maman, non ! S'il te plaît… Je ne peux pas parler de ça… Je ne peux pas parler de la confiance à ma prof… Maman ! Un enfant n'est pas censé parler de ce genre de truc ! Ce n'est pas un sujet normal ! J'ai 8 ans !

— C'est décidé. Tu vas lui parler de la confiance. Ce sera bien.

— Merde !

— Quoi ?

— Rien.

Comme l'aurait affirmé Jules César en 49 av. J.-C., et mon père lorsqu'il me réveillait le matin, *Alea jacta est* : le sort en était jeté. Ma mère et moi avons passé la soirée à répéter et à répéter cette conversation. Définir ce que je souhaitais exprimer, définir comment je me sentais, définir ce que je voulais. Préparer mes respirations, me préparer à rester connecté à la conversation, préparer les phrases qui exprimaient ce que je voulais vraiment dire. M'entraîner à les formuler. Me préparer à prendre mon temps. Je n'ai pas dormi de la nuit tellement j'étais nerveux. Merde. Communiquer, c'est souvent très chiant.

Le lendemain, à 16 h, la cloche retentit. Les élèves se lèvent pour sortir de la classe. Je m'approche de mon enseignante, qui range ses effets dans son sac.

— Excusez-moi.

Elle lève les yeux, souriante.

— Oui, Guillaume.

— J'aurais besoin de vous parler.

Elle est surprise, mais se montre immédiatement intéressée.

— D'accord, Guillaume. Qu'y a-t-il ?

— J'aimerais aller parler dans un endroit plus privé, s'il vous plaît.

J'avais repéré le bon lieu pour nous asseoir et choisi le bon moment. Visiblement, elle ne comprend pas ce qui se passe.

— Euh ! Oui... D'accord... Je...

— Je propose d'aller dans le corridor, plus loin. Le groupe 43 est déjà sorti de la classe, alors nous serons tranquilles.

— Euh ! Oui...

Sans attendre, je me dirige vers la porte de ma classe ; mon enseignante me suit machinalement, comme si elle n'avait pas tout à fait conscience de ce qui se passe. Les rôles semblent étrangement inversés.

— Ici ? On peut s'asseoir ici ?

— Oui, d'accord.

Mon enseignante s'installe à côté de moi, au ralenti, en me surveillant, ne comprenant toujours pas qu'elle a été convoquée par un enfant.

— Qu'est-ce qui se passe, Guillaume ?

Mon cœur bat la chamade. Je prends une grande respiration. Elle attend. Je m'élance.

— Vous ne me faites pas confiance.

Ouf! Je l'ai dit. C'est bien. Mais je ne peux plus revenir en arrière. Parfois, en communication, il faut se mettre soi-même le bras dans le tordeur.

J'ai tout simplement parlé chinois. Elle reste là, à me regarder, les yeux écarquillés.

— Euh ! D'acc...

— J'ai réalisé que c'est un problème pour moi.

Son visage traduit mille et une questions. Elle ne s'attendait pas à ce genre de conversation.

— D'accord... Mais pourquoi dis-tu cela?

— À cause de ce que vous avez dit hier. Vous avez dit que je n'avais peut-être pas lu le chapitre du livre.

— Oui, oui... Je me rappelle...

— J'avais lu le chapitre.

— Oh... Oui, OK... Je vois.

— Et je vous ai dit que j'avais lu le chapitre. Mais, devant toute la classe, vous avez fait comme si vous ne me croyiez pas. Ça veut dire que si je vous dis quelque chose, vous pensez que je peux mentir. Ça veut dire que vous ne me faites pas confiance.

— Bien, Guillaume, j'ai confiance en toi... Je ne pensais pas que ça t'avait fait de la peine comme ça.

Aller jusqu'au bout de sa pensée.

Je prends une respiration.

— Ça m'a fait de la peine, mais ça m'a aussi fâché. Et ça m'a déçu, également. Les trois. Parce que je ne pensais pas que vous pensiez ça de moi.

— Guillaume, je comprends. Et je ne voulais pas te faire sentir comme ça. Tu sais, beaucoup d'élèves dans la classe ne font pas toujours leurs devoirs. Alors, parfois, je suis tannée de ça.

— Mais moi, je ne suis pas les autres dans la classe.

Mon enseignante prend un instant pour réfléchir.

— Oui, Guillaume. Tout à fait. Tu as raison. Si tu dis que tu as lu le chapitre, je te crois. Et c'est vrai que j'ai cru que tu ne l'avais pas lu. Je m'excuse de cela.

Je continue de l'écouter, en silence. Elle poursuit.

— ... D'accord?

S'assurer qu'il n'y a pas un élément qu'on ignore.

— Est-ce que c'est déjà arrivé que je vous aie dit quelque chose et que ce n'était pas vrai ?

— Hum ! Non...

— Est-ce que vous trouvez que je fais ce qui est demandé, d'habitude ?

— Oui ! Tout à fait, Guillaume ! Tu n'as pas à t'en faire.

Et une légère colère monte en moi. C'est une bonne chose, car cette émotion sert à faire respecter son territoire. Je suis en colère, car elle change légèrement de sujet pour rétablir la hiérarchie, donc pour retrouver son pouvoir habituel, en insinuant que je m'en fais, de façon générale. Elle l'a donc inconsciemment utilisée pour faire une insinuation qui l'avantage à ce moment-là de la conversation. De cette façon, elle peut éviter sa culpabilité en dirigeant la conversation vers un autre sujet, justifiant le fait qu'elle peut retrouver sa force et prendre soin de moi, donc retrouver son autorité. L'écoute de cette irritation me guide naturellement vers ma prochaine idée, mes prochaines intentions, mes prochains mots, ma prochaine phrase.

— Non, normalement, je ne m'en fais pas. C'est juste là.

— OK, oui, Guillaume. Je trouve que tu travailles très bien. Et je te fais confiance. Je m'excuse si j'ai insinué que tu n'avais pas fait le travail. OK ? Je vais faire attention.

Aller jusqu'au bout de sa pensée.

— J'aimerais que vous disiez à la classe que j'ai lu le chapitre.

— À tout le monde ? Tu crois que c'est vraiment nécessaire ?

— Oui.

— Pourquoi ?

— Parce que tout le monde peut faire des erreurs. Les enfants et les adultes peuvent en faire. Et quand on se trompe, on doit le dire.

Elle reste silencieuse un instant, réfléchit quelques secondes.

— Je comprends.

— Aussi…

— Oui…

— Parce que… parce que je ne veux pas que mes amis pensent que je ne fais pas le travail et que je mens. Sinon, ils ne vont pas me croire quand je dis quelque chose. Ils pourraient me dire : « Des fois, tu ne nous dis pas les vraies choses, alors… »

— OK, Guillaume, je comprends. Je vais en parler demain matin en commençant la journée.

— OK. Merci.

Je sens que les pendules sont maintenant remises à l'heure. La boule dans mon estomac est disparue. J'aime mon enseignante à nouveau. Je suis satisfait. Encore mieux, je suis fier de moi !

— Si vous trouvez encore que je n'ai pas fait le travail ou que vous pensez que je fais quelque chose de pas correct, j'aimerais mieux que vous m'en parliez avant, pas devant tout le monde. Ça me gêne.

— Oui, d'accord, Guillaume. On va faire ça.

— Ici, ça pourrait être notre endroit pour parler si on en a besoin ?

Mon enseignante me sourit.

— Oui, d'accord. Ici, c'est parfait !

Lorsque je suis monté dans la voiture, ma mère m'attendait avec impatience. Je sais qu'elle était aussi nerveuse que moi au sujet de cette conversation. Dès que je me suis assis, elle m'a regardé. J'ai hoché la tête en souriant. Elle n'avait pas besoin de demander de détails. Elle voyait que j'étais fier de moi. C'était, dans les faits, ce qui comptait. Rien d'autre.

Je croyais que, avec le temps, les conversations importantes seraient de plus en plus faciles. Mais non. Elles sont toujours aussi exigeantes, car les émotions sont les mêmes que celles que je ressentais lorsque j'avais 8 ans. Ma sensibilité ne s'est pas atténuée avec le temps. Ma façon de l'utiliser s'est transformée, cependant. La première habileté de communication que j'avais consciemment apprise était de *tout faire pour ne pas éviter la communication*.

La complicité

Dans mes temps libres, je dessinais principalement des animaux et des plans de robotique. J'imaginais des machines. Et je voulais les rendre réelles. J'étais surtout passionné par celles d'apparence humaine. Les androïdes. La technologie qui s'approche de la perfection humaine. La main était l'organe qui me fascinait particulièrement. J'étais obsédé par les mains. C'était, pour moi, le sommet de l'accomplissement biologique. Cette partie du corps humain pourvue de la parfaite combinaison de force, de délicatesse et de précision. Cet organe qui est l'extension matérielle de l'intention humaine, qui permet d'aller vers le monde, de le toucher, d'être en contact avec lui, de le découvrir, d'apprendre, de se lier à l'Univers.

Plusieurs théories considèrent que le développement de la bipédie chez les grands singes a fortement contribué au développement cérébral. La bipédie progressive a libéré les mains de leurs rôles de locomotion et de support. En se tenant de plus en plus debout, ces primates utilisaient davantage leurs mains, libres alors de découvrir le monde. Nous constatons que le développement de la boîte crânienne et l'augmentation du volume du cerveau sont liés à cette position debout et à l'utilisation des mains. Le cerveau s'est développé pour s'adapter au niveau croissant de stimulation, et ainsi traiter et organiser les nouvelles informations reliées aux découvertes réalisées grâce aux mains.

Par les mains, l'humain entre en contact avec l'inconnu ; il est forcé de s'y adapter, de s'y intéresser et de faire face à une certaine forme de peur. Il doit faire des liens entre les connaissances qu'il a déjà et celles qui se créent au contact des nouveaux éléments. Plus les mains manipulent, plus le cerveau reçoit de l'information. Celles-ci sont donc des portes d'entrée pour les informations, incitant le cerveau à les organiser et à les intégrer de façon plus efficace. Comme dans le cas d'un entraînement musculaire, c'est la demande de la tâche qui détermine le développement des cellules.

À l'âge de 11 ans, j'ai fabriqué une main robotisée qui m'a permis de remporter un concours scientifique. Elle possédait cinq doigts avec des phalanges munies de détecteurs de pression. J'en étais très fier. Mon père m'avait initié à l'ingénierie, à la mécanique et aux circuits électriques. Il possédait une entreprise d'enseignes lumineuses. Il y travaillait très tard, tous les soirs. Alors que l'usine fermait vers 17 h, nous restions plus longtemps et j'avais la chance, dès cet âge, d'utiliser toutes les machines disponibles. Avec le recul, je pose affectueusement l'hypothèse que la création d'une main androïde exprimait ma volonté d'être tant bien que mal en relation avec ce monde déstabilisant. Peut-être que cette main serait plus forte et courageuse que moi ? Ce difficile contact physique avec le monde se manifestait de multiples façons, dont la difficulté que j'éprouvais dans les sports.

Je n'ai effectivement jamais eu beaucoup d'habiletés dans ce domaine. J'étais – et je suis encore – exceptionnellement gauche dans tous les sports qui exigeaient de lancer et d'attraper un objet. Dans les cours d'éducation physique, j'étais celui qu'on choisissait en dernier pour faire partie d'une équipe. Les deux chefs me regardaient, les poings sur les hanches, ne sachant pas quoi faire. Chacun tentait alors de convaincre l'autre de me prendre.

Chef d'équipe 1 : Bon, ben... on vous laisse Guillaume.

Chef d'équipe 2 : Non, c'est OK, gardez-le. Nous avons assez de joueurs.

Chef d'équipe 1 : Qu'est-ce que tu racontes ? Il vous *manque* un joueur !

Chef d'équipe 2 : Oui, mais... C'est bon... Justement, avec Guillaume, ça va annuler votre joueur en plus !

Mon apport était négatif dans une équipe. Pour neutraliser cet effet, il lui fallait un joueur en plus. Contrairement à ce qu'on pourrait penser, je n'étais pas du tout victime d'intimidation. En fait, j'avais beaucoup d'empathie pour mes coéquipiers. Ma présence dans une équipe était effectivement un problème. Mais il y avait en moi l'espoir inaltérable qu'un jour j'allais finir par performer. J'allais y arriver.

Avec cet espoir en tête, je me donnais à fond dès la mise au jeu, et je le faisais tant pour moi que pour toute l'équipe. Sans aucune réelle stratégie, je courais dans tous les sens. Ma candide volonté de bien faire n'était, en réalité, que de l'agitation. J'étais en sueur et à bout de souffle en trois minutes. Je ne savais pas ce que je faisais. Je bougeais, je gigotais. Et quand on ne sait pas ce qu'on fait, on croise les doigts et on compense avec de la volonté et beaucoup trop d'amour. L'effort et l'espoir étaient mes principales stratégies. Parfois, et je dis bien *parfois*, un moment de communication magique se produisait : un joueur de mon équipe éprouvait une certaine pitié pour moi et me regardait avec l'intention de me faire une passe. Il est fascinant de constater la quantité d'informations transmise dans un seul regard, en une fraction de seconde.

Avant de me passer le ballon, mon coéquipier me fixe droit dans les yeux. Je peux lire dans son regard: «Je n'ai rien contre toi, Guillaume, tu le sais, mais tu es mauvais. Ça aussi, tu le sais. Je veux gagner cette partie, mais je veux vraiment t'encourager. Tu as une belle occasion de marquer facilement. Tu vois, juste devant toi, le filet est désert. Tous les défenseurs sont à l'autre bout du terrain. Alors, voilà la plus belle passe qu'un joueur puisse faire. S'il te plaît, pousse ce ballon directement devant toi, dans le but. Ce sera ta contribution, ton but à toi. Et nous serons tous contents pour toi et, par le fait même, nous pourrons tous nous sortir du malaise d'être complices de tes efforts vains. Fais-le pour toi, et fais-le pour nous.»

Je reçois le message dix sur dix. Des yeux, j'envoie également un message en retour, pour alimenter la complicité: «C'est bon, Vincent, tu peux me faire confiance. C'est aujourd'hui que je vais devenir bon. Tu ne le regretteras pas. Je ne t'abandonnerai pas. Je n'abandonnerai pas l'équipe. Et nous allons gagner cette partie ensemble. Ce sera génial. *Deal.*»

Il est intéressant de constater que, dans ces moments, tout semble se passer au ralenti. Vincent m'envoie le ballon délicatement, exactement comme ses yeux me l'avaient annoncé. Le ballon roule, extrêmement lentement, dans ma direction. Tellement lentement que j'ai le temps d'arrêter de courir pour me positionner *parfaitement* et me concentrer pour bien le frapper. La situation est tellement parfaite que mon anxiété monte en flèche en moins d'une seconde. Je m'aperçois que je n'ai plus *aucune raison valable* de manquer ce coup. Je suis donc totalement responsable d'un échec éventuel. Le ballon arrive en face de moi, en ligne directe avec le but qui est à moins de quatre mètres. L'anxiété me percute avec la force d'un uppercut. Face à cette appréhension, je contre-attaque avec l'énergie du désespoir. L'élan de ma jambe part de beaucoup trop loin en arrière pour ce qui est nécessaire. Mon visage est agressif. « C'est mon ballon ! Ce but est à mooooi ! » Mon coup de pied passe à côté du ballon. Mais vraiment complètement à côté. Cet élan ressemble davantage à un hybride entre un pas de ballet et une attaque de *kickboxing* accompagnée par une expression de détermination extrême. Nos adversaires s'emparent instantanément du ballon… et comptent un but.

Les joueurs de mon équipe ne peuvent tout simplement pas croire que j'ai manqué ce coup ridiculement facile : ils ont besoin d'une seconde pour digérer cette réalité. Je jette un coup d'œil à Vincent, qui regarde le sol, réfléchissant probablement à la façon dont il fait ses choix dans la vie. Nous restons tous un moment sans bouger, à nous observer les uns les autres. Mes coéquipiers ne sont pas fâchés contre moi – on est dans le même camp –, ils sont, en quelque sorte, complices de cet échec.

J'étais habitué à ce genre de situation. Ma stratégie habituelle consistait alors à riposter immédiatement en criant et en tapant des mains : « *Let's go*, les gars, on lâche pas ! » Puis je me remettais à courir – dans le mauvais sens.

Le moment décisif

J'avais 14 ans quand notre médecin de famille a semé l'idée dans la tête de ma mère que je ne faisais pas assez d'exercice, ce qui expliquait mes mauvaises expériences sportives. J'avais toutefois suivi des cours de natation à la piscine Seigneuriale de Saint-Bruno, et je savais nager avec un style passablement bon. C'était le seul sport dans lequel je me débrouillais. Pas de ballon, rien à lancer ni à recevoir. Plus émotionnellement sécuritaire. Je ne devais rien à personne, pas de pression sociale. Je n'avais pas à prendre soin de l'eau.

Vous connaissez maintenant la proactivité légendaire de ma mère… Dès le lendemain de ma visite chez le médecin, elle m'inscrivait dans un club de natation de compétition, Les Hippocampes, à Saint-Hubert.

Lorsque tu es un garçon de 14 ans de 1,83 m, tu veux être un requin, un tigre, un barracuda ou un crocodile. N'importe quoi avec des dents. Mais pas un hippocampe, l'une des seules espèces animales chez qui c'est le mâle qui porte les bébés et accouche. Le cerveau doit alors trouver la façon de survivre dans une réalité qui lui est imposée. « Un hippocampe, c'est quand même un bel animal… »

L'entraîneur-chef qui devait m'évaluer m'a demandé de nager quatre longueurs dans quatre styles différents. Dès la première, il a clairement vu mon niveau : « Je pense qu'il y a une espèce d'hippocampe avec des dents… en Océanie. » On m'a alors classé dans le groupe C, avec des nageurs de 8 à 11 ans. Principalement des filles. J'étais un bébé hippocampe. Je me suis dit que l'entraîneur avait fait erreur et qu'il s'apercevrait rapidement que je devais être changé de groupe. Mais non, il ne s'était pas trompé. En entrant dans l'eau, j'ai immédiatement été placé devant les faits : je ne pouvais même pas suivre les fillettes de 9 ans, moi qui les dépassais d'une tête. Je ne pouvais pas l'accepter. Mais, par-dessus tout, je n'y comprenais rien. Comment pouvaient-elles être à ce point supérieures ? Elles qui étaient plus petites que moi, moins fortes physiquement, dont les bras et les jambes étaient moins longs que les miens, elles avançaient comme des torpilles.

Cela a été l'un des points tournants de ma vie. J'ai pris soudainement conscience de deux notions fondamentales : l'énergie et la technique.

Le phénomène que j'avais sous les yeux était remarquable : les humains peuvent contrôler l'énergie, la diriger et la canaliser au profit d'une tâche désirée. Il était même possible de mesurer indirectement, mais très objectivement, cette aptitude. Le but d'un nageur est de parcourir une distance X en un minimum de temps. Le temps est donc la variable-témoin d'une synergie de processus témoignant de l'efficacité d'un humain dans son environnement.

Pour comprendre ce qui se passait, je regardais nager les autres sous l'eau. Je les voyais exécuter les mêmes mouvements que moi. Je ne remarquais absolument rien de particulier. « Mais je fais exactement la même chose qu'elles ! » me disais-je. Quel était leur truc ? J'ai également observé le groupe élite A, le plus rapide du club. Il était composé de nageurs de mon âge ou plus vieux, plus expérimentés et qui faisaient de la compétition à un haut niveau depuis plusieurs années. Des flèches humaines qui fendaient l'eau ! Ils traversaient facilement la piscine en 12 secondes... en style papillon ! Lorsqu'ils nageaient, une vague se formait devant leur tête, comme devant un bateau à moteur. C'était carrément surhumain. C'était l'une des plus belles choses que j'aie jamais vues. Ces athlètes avaient accès à quelque chose qui les rendait capables de voler sur l'eau. Leur interaction, leur communication, leur relation avec l'eau n'avaient rien à voir avec les miennes. Quelque chose d'invisible se déroulait devant moi, sous la surface de l'eau, mais que ma conscience ne pouvait déceler. Devant ce phénomène, je me disais : « Et pourquoi pas moi ? Pourquoi est-ce que je ne pourrais pas nager comme ça ? »

C'est ainsi que ma quête de l'énergie et de la technique a débuté.

La quête

« Comment arrivent-ils à nager si vite ? » C'est ce que je demandais à tous les entraîneurs. Et tous avaient la même réponse floue et irritante : « Ah ! Ce sont les années d'entraînement. » L'entraînement de quoi, au juste ? L'entraînement est un terme général, ce n'est pas un comportement défini, applicable dans l'instant présent. C'est un *concept.* À chaque mouvement, les bons nageurs *font* quelque chose qui les fait avancer. Je voulais désespérément connaître leur secret.

Autre réponse vague qu'on me servait fréquemment : « Ah ! Eh bien, ça, c'est la technique ! » Mais la technique, c'est aussi un concept ! Il semblait que personne n'était capable de faire un lien entre ces concepts obscurs et une action concrète.

— Mais, Guillaume, la natation, c'est tout ça ! De l'entraînement, des exercices, de la technique, des corrections, etc. Ça prend du temps. Ça viendra progressivement.

— Oui, mais il doit bien y avoir des études scientifiques qui décrivent ce qu'il faut faire pour nager vite !

— Oui… c'est sûr.

— Bon ! Et alors ? Ça dit quoi, ces études ?

— Bien… Ça dit ce que tout le monde te dit. Ce n'est pas magique. Sinon, tout le monde gagnerait une médaille olympique !

Leur argument était valable. Si nous avions une recette applicable directement dans l'eau, il serait facile pour n'importe qui de performer à un haut niveau. Même si la science a décortiqué mille et une variables relatives à la natation, lorsque nous sommes dans l'eau, d'autres processus sont impliqués, mais lesquels ? Ils sont difficiles à définir, à conceptualiser, à simplifier.

Je n'avais jamais connu plus grande passion que celle de la natation. Je ne parlais que de cela. J'en rêvais. J'en discutais avec ma copine, avec mes amis et avec mes parents, qui commençaient à regretter de m'avoir incité à pratiquer ce sport, étant donné la place monumentale qu'il prenait dans ma vie et les coûts qu'il engendrait. Je discutais de techniques de nage, de stratégies de course. J'analysais des vidéos image par image, sans jamais avoir le sentiment que j'avais trouvé la clé de la vitesse. J'étais avide de rétroactions et de corrections de la part de mes entraîneurs. Le problème, c'est que leurs trucs fonctionnaient très peu… ou pas du tout. Même si je les appliquais à la lettre, je n'observais aucune différence significative ; l'application d'une correction unique ne générait jamais plus de vitesse.

C'est alors que, en parlant avec les autres nageurs, j'ai découvert un concept qui a changé mon rapport avec l'eau : l'*appui*, ou ce qu'ils appellent le *feeling* de l'eau. Ce terme désigne quelque chose de très particulier dans leur jargon : l'appui est en effet une création sensori-motrice qui apparaît progressivement à force d'entraînement. Il s'agit de la sensation de s'appuyer sur de l'eau « solide » dès le début de la traction. En d'autres mots, une bonne technique biomécanique de nage fait graduellement apparaître des appuis sous les mains et les pieds. Le nageur pousse sur ces appuis, puis fait glisser son corps. Ces derniers augmentent en solidité et en clarté au fur et à mesure de l'entraînement. Ils naissent donc d'une interaction constante avec l'environnement aquatique combinée au travail acharné. Ils sont déjà, en quelque sorte, dans l'Univers, attendant d'être utilisés par le nageur ; ils existent grâce à l'interaction de l'humain avec l'environnement.

Ce concept changeait complètement ce que je tentais de faire dans l'eau. Contrairement à tout ce que j'avais compris de la natation jusqu'à présent, il ne fallait pas bouger l'eau, ou même pousser sur l'eau. Il s'agissait plutôt de définir des appuis en collaboration avec elle, puis de faire glisser le corps par-dessus les appuis stables à partir desquels on se propulse. C'était pour moi une révolution, car sans le savoir, obsédé par mes mouvements et ayant écouté les mille et un conseils des entraîneurs, je ne nageais pas en tenant compte de l'interaction avec ma partenaire, l'eau. Je voulais être bon... tout seul! Je ne savais même pas qu'il fallait écouter l'eau, ni même qu'il y avait quelque chose à écouter.

L'eau est plus forte que le nageur. Nous n'avons pas le pouvoir de donner des ordres à des systèmes et à des lois physiques. Notre humble travail est de développer notre conscience pour nous soumettre aux règles qui fonctionnent déjà. J'avais été aveuglé par mes sens, mes émotions, mes buts et ma compréhension incomplète des systèmes complexes. Ma conscience limitée m'empêchait de distinguer les règles physiques et mécaniques déjà en place pour assurer mon déplacement dans l'eau. La qualité d'une interaction dépend avant tout des habiletés d'écoute, et surtout du fait que notre écoute puisse faire apparaître les éléments dont nous avons réellement besoin pour avancer. J'allais le découvrir, il s'agissait d'une leçon de communication.

Un nageur inefficace évolue dans la même eau qu'un bon nageur. Ils ont chacun deux bras et deux jambes. Mais le mauvais nageur ne sait pas comment s'appuyer dans l'eau. Il n'a pas conscience des règles d'interaction avec cet élément. Il ne les a pas apprises. Son cerveau n'a pas bâti la conscience de ces lois. À l'inverse, un nageur expérimenté utilise une petite quantité d'énergie en poussant sur un appui précis, puis il se laisse glisser, de la même façon qu'un coup de rame propulse un canot sur plusieurs mètres. Plus les règles d'interaction corps-eau sont respectées, plus l'énergie investie par le nageur est transformée en déplacement, sans gaspillage. Une belle technique de nage diffuse peu d'énergie de façon aléatoire, donnant l'impression que l'athlète se déplace sans effort et créant cette illusion divine de facilité et de talent.

L'eau agit selon des lois physiques qui lui sont propres. En tant que machine complexe, le corps humain est également soumis à d'innombrables lois physiques et biologiques. Pourtant, l'appui n'est ni dans l'eau ni dans les mouvements corporels en soi : il est le résultat de l'interaction particulière entre l'humain et l'eau. Autrement dit, c'est l'interaction qui fait apparaître de nouvelles variables.

Dans les meilleures journées, les appuis sont tellement clairs et solides que le nageur a l'impression de s'agripper à de véritables poignées ! C'est l'une des plus belles sensations qu'un nageur puisse ressentir. Vous êtes-vous déjà demandé pourquoi un nageur doit se raser le corps ? En réalité, il ne le fait que rarement, c'est-à-dire une ou deux fois par année, par exemple pour une compétition de la plus haute importance. Contrairement à ce que l'on peut croire, il ne se rase pas pour diminuer la résistance des poils dans l'eau, mais plutôt pour avoir une peau « aiguisée comme une lame de rasoir », de manière que ses terminaisons nerveuses détectent plus facilement les appuis et les amplifient. Une sorte d'hyperconscience kinesthésique.

J'ai découvert très vite que la confiance chez le nageur fluctue en fonction des appuis qu'il sent. Si, pendant son échauffement, il confie à son entraîneur « Je n'ai pas de *feeling* » ou « Je n'ai pas d'appuis », cela annonce généralement une mauvaise performance : pour un nageur, les appuis sont les repères fondamentaux. S'il ne les sent pas, il sera anxieux, car son énergie sera dissipée à chaque mouvement, lequel passera « dans le vide ». La natation est un sport dans lequel la performance est évaluée objectivement par un chronomètre. Si un nageur réalise un temps rapide, c'est que sa façon de s'appuyer dans l'eau a été efficace et sa technique, au rendez-vous.

Mon expérience de la natation a rendu explicite à mes yeux le besoin des humains de s'orienter avec des balises claires et fiables dans un monde extrêmement complexe. Un humain qui cherche ses repères, ou qui n'a pas confiance en ces derniers, ne peut atteindre son plein potentiel puisqu'il dissipera son énergie jusqu'à ce qu'il se noie.

Il arrivait, de temps à autre, que notre entraîneur invite un spécialiste technique qui venait observer les athlètes en train de nager. On nous filmait à l'extérieur de l'eau et sous l'eau. Lorsque je me suis vu en action pour la première fois sur vidéo, j'ai été sous le choc de constater le ridicule de ma technique de nage et mes erreurs plus que grossières, alors que, pendant toutes ces années d'entraînement, *je n'en avais pas été conscient.* « Quel imbécile je suis ! » me disais-je. Le spécialiste me faisait des commentaires et des suggestions de corrections techniques. Mais je n'écoutais rien, hypnotisé par l'horreur de la vidéo qui jouait en boucle. « Eh oui, Guillaume, ça, c'est toi. Pauvre imbécile inconscient. » Comment se fait-il que personne ne m'ait dit que mon recouvrement était trop bas, que ma tête était si haute, que mes hanches se baladaient de gauche à droite ?

Il y avait un monde de différence entre la façon dont je pensais nager et la réalité.

Les raisons pour lesquelles je ne nageais pas aussi vite que les autres étaient maintenant évidentes. Je me suis alors rendu compte que je savais exactement quoi corriger. Mes pistes d'amélioration étaient plus claires que jamais. J'étais plus conscient de mes gestes, et je suis revenu pour faire face à mes défis.

En pleine action, nous avons accès à certaines informations cérébrales de type sensori-moteur, mais nous ne pouvons pas avoir conscience de la réelle façon dont nous agissons parce que les sens nous bernent. Ce n'est pas parce que nous sommes rassurés par les sensations que nous avons dans l'eau que le mouvement exécuté est nécessairement adéquat.

L'art de nager consiste donc pour l'athlète à concilier l'objectivité technique et ses sensations. Plus un nageur est expérimenté, plus il est capable de faire les bons liens entre ses sensations et la façon réelle dont il nage : il se connaît. Il est plus *conscient* de lui. La conscience de soi est la base du développement de l'autonomie, de l'efficacité énergétique, du mouvement, de la communication.

Voir et sentir l'invisible

À 20 ans, je n'étais plus un hippocampe. Je m'entraînais avec les meilleurs nageurs du Canada au Stade olympique de Montréal. Malgré mon médiocre talent du début, je faisais maintenant partie des 25 sprinters canadiens les plus performants. J'étais entouré d'athlètes exceptionnels qui m'inspiraient à chaque entraînement. J'étais loin d'être le meilleur nageur, mais j'étais probablement celui qui comprenait le mieux la technique et qui était capable de l'expliquer avec une précision extrême.

Je n'avais qu'à voir une demi-traction d'un nageur, dans n'importe quel style de nage, pour savoir quels étaient ses problèmes techniques, ce qui expliquait ses pertes d'énergie ou de vitesse. En observant une seule traction, je pouvais littéralement être dans le corps et l'esprit d'un autre, sentir ce qu'il souhaitait faire, consciemment ou non, les sensations qui le renforçaient et qu'il tentait de conserver, celles qu'il n'aimait pas et qu'il essayait d'éviter par des compensations, les émotions qu'il ressentait à chaque étape de sa traction. Sans le savoir, je développais une forme d'empathie reliant le corps et l'esprit. Il m'apparaissait évident que cette empathie générale était la clé pour faire le lien entre les comportements et les processus mentaux.

La technique de nage était pour moi comme une toile d'araignée en trois dimensions : tirer sur un seul des fils fait bouger un système, tous les éléments étant interconnectés. Pour changer un mouvement technique, il faut savoir comment celui-ci est dynamiquement lié à certaines parties du corps et à certains mouvements précurseurs. Les liens entre ces éléments déterminent la bonne stratégie chez un nageur pour changer un comportement. Sur quels fils faut-il tirer ? Lesquels sont accessibles à un instant précis ? Quel ordre de priorité faut-il privilégier ?

La natation était une passion, mais comprendre précisément ce que fait un nageur, de son point de vue à lui, en était une aussi. Je voulais maintenant savoir comment modifier un comportement technique chez un nageur en utilisant une nouvelle forme d'empathie, celle qui réunissait les comportements observables et les comportements mentaux.

Un jour, après un entraînement, je me dirigeais vers le vestiaire en passant près des bassins où des cours de natation avaient lieu. Des adultes de tous les âges avaient pris leur courage à deux mains pour apprendre à bien nager.

La volonté d'apprendre m'a toujours profondément touché, car suivre un apprentissage est un stress et une preuve de courage. Il faut, dans un premier temps, accepter le fait que nous ne savons pas comment faire quelque chose que nous aimerions faire. Ensuite, il faut prendre le risque d'investir des ressources financières et du temps, faire des sacrifices, des efforts et vivre les émotions négatives générées par un apprentissage. Mais le plus difficile, c'est d'être mis devant le fait qu'on n'est pas compétent, peut-être même moins que ce qu'on avait imaginé. Ce processus implique d'échouer des dizaines et des dizaines de fois pour surmonter chaque petite étape. L'apprentissage est une bataille qui entraîne une succession de deuils et de multiples reconstructions.

Je ne pouvais m'empêcher de regarder les participants au cours apprendre à nager et suivre les recommandations de leurs professeurs. Ce spectacle était de plus en plus douloureux pour moi. Les nageurs s'essoufflaient vite, s'étouffaient. Je constatais que les exercices proposés n'avaient aucun sens des points de vue technique et psychologique ; les étudiants ne les réussissaient pas, les consignes de leurs professeurs ne respectaient rien de la mécanique de la natation. Par-dessus tout, ils confondaient les symptômes d'un problème technique et les causes. Ils ne semblaient pas non plus comprendre comment un humain vit les choses lorsqu'il est dans l'eau. Comment prend-il des décisions motrices ? Comment parvient-il à créer des comportements différents ? Quels sont ses points de repère ? En d'autres mots, les professeurs n'avaient pas une empathie adaptée à leurs étudiants.

Ces cours de natation, pour moi, étaient une aberration flagrante : les élèves ne s'amélioreraient jamais de cette façon. J'entendais une professeure dire : « Oui, c'est difficile. C'est normal, ça prend de l'entraînement. Lève le coude plus haut et tourne davantage la tête pour respirer. C'est mieux, Daniel. Ne lâche pas ! »

Mais ce n'était pas mieux, Daniel. Même pour une personne qui ne connaît rien à la natation, il était évident que ce n'était pas mieux. Daniel était mauve, à bout de souffle et découragé, mais il hochait la tête péniblement, coopératif. Mettre un étudiant entre les mains d'une autorité incompétente et inconsciente est une forme de doux esclavage. L'homme était de plus en plus découragé à chaque cours. Il n'arrivait pas à traverser la piscine de 25 mètres sans s'arrêter trois fois, s'agrippant désespérément au câble pour reprendre son souffle. Sa motivation fondait un peu plus chaque semaine.

Un jour, Daniel est sorti de l'eau complètement essoufflé, et il est venu s'asseoir à côté de moi. Il réfléchissait en fixant la piscine. Peut-être faisait-il des liens entre son incapacité à nager et le sentiment d'avoir échoué ailleurs : les humains relient souvent les échecs les uns aux autres. Comme moi, comme tout le monde, Daniel cherchait de l'or. C'était un de ces moments où l'on se pose sérieusement des questions : « Et s'il n'y avait pas d'or ici ? Et si, à l'intérieur de moi, il n'y avait rien, seulement une mer de cailloux gris, insipides, uniformes ? Et si, pendant toutes ces années, pour tous ces projets, pour tous ces espoirs, je n'avais été qu'un imbécile qui s'illusionnait sur sa propre valeur ? Et si, malgré mes efforts, mes souffrances et l'aide qu'on m'a apportée, je ne trouve pas d'or, alors je ne vaux rien de plus qu'un vulgaire caillou que je ne suis pas capable d'aimer. Et personne ne peut m'aimer. »

Il me jette un coup d'œil et fait un sourire. Je lui souris en retour.

— Je ne pense pas qu'on nage à la même vitesse, toi et moi. Tu fais partie du club de compétition, non ?

— Oui.

— Ah ! J'aimerais avoir commencé plus jeune pour avoir une chance de faire au moins une longueur sans mourir.

L'idée d'être complice d'une telle dévalorisation et d'un tel désespoir est au-dessus de mes forces.

— Bon… Je sais qu'on ne se connaît pas, mais est-ce que tu me permets de te dire ce que je pense de ton crawl ? Tu es bon.

— Arrête! Je suis super mauvais! Je suis en train de me noyer après un tiers de longueur. Toi, t'es bon. Vous, les vrais athlètes, vous êtes bons. Je ne sais pas comment vous faites...

— Il y a beaucoup de choses mauvaises, mais toi, tu n'es pas mauvais du tout. Je suis capable de voir d'ici que tu fais plein de bonnes choses. Mais tu les fais mal toutes ensemble. Alors, ça ne paraît pas que tu peux bien nager en ce moment. Tu fais certaines choses qui empêchent ta technique d'être efficace. Les trucs qu'on te donne sont infaisables. Le problème, ce n'est pas toi. Ce sont les consignes qu'on te donne, la façon dont on te le montre. Moi, je pense que tu es à un cheveu de traverser la piscine. Tu voulais apprendre à nager dans quel but?

— Je voulais faire du triathlon, mais... on oublie ça.

— Oui, effectivement, si tu perds ton énergie de cette façon, je vais dire comme toi: on oublie ça. Mais je pense qu'il y a des solutions. Tu peux envisager de faire des triathlons si tu ne meurs pas tous les 12 mètres! Pour réussir à nager, il faut savoir quoi faire à chaque instant. Et si tu ne poses pas les bons gestes au bon moment, ça ne fonctionnera pas. Ce n'est ni moi, ni toi, ni ta prof qui inventons les règles. C'est comme ça.

Daniel est silencieux, il réfléchit. Il a envie de me croire. Il ne demande que ça.

— Ben... ça fait trois fois que je recommence ce niveau. Je me suis rendu aux trois quarts de la piscine, une fois. Je ne sais pas quoi faire de plus.

— Tu ne peux pas savoir comme je te comprends. Je suis exactement comme toi. Les autres athlètes avec qui je m'entraîne, je les trouve aussi super bons. Et j'admire la façon dont ils nagent, moi aussi. Moi, je n'ai pas vraiment de talent comme eux, mais j'ai conscience de ce que je fais dans l'eau.

Alors, on n'a pas besoin de tant de talent que ça pour que ça marche.

Daniel boit mes paroles. Mais je peux aussi voir l'ambivalence en lui : l'effort de réactiver l'espoir de réussir, et la terreur d'échouer à nouveau. *Échouer encore plus.*

— Et tu peux me dire quoi faire pour y arriver ?

— Oui. Assez rapidement, je pense. Mais pour ça, il va falloir que tu fasses exactement ce que je te demande, avec 100 % de ton attention.

Daniel et moi allons plus loin, dans un bassin où il n'y a personne et à l'abri des regards. À 20 ans, je n'avais pas encore commencé mes études formelles en psychologie. Ma vision du coaching était instinctive. Ce n'est que plus tard que j'ai développé le langage qui expliquait rationnellement et scientifiquement mes intuitions.

Daniel est anxieux socialement, ce qui inhibe une partie importante de la détection des informations proprioceptives (relatives aux sens) dont il a besoin pour nager. Je dois donc neutraliser son anxiété au maximum, au moins à court terme. Plusieurs éléments doivent être mis en place. En voici quelques-uns dont j'ai tenu compte dans ma stratégie auprès de lui :

- Rapidement, notre relation doit être assez forte pour neutraliser une partie de son anxiété sociale. Pour ce faire, je dois, par exemple, prendre soin de le regarder comme l'homme qu'il veut être, et non comme il se perçoit. Il doit lui-même se voir beau dans mes yeux, plutôt que de dépendre de mon approbation.
- Une personne qui éprouve beaucoup d'anxiété sociale se juge et s'autoanalyse continuellement. Son cerveau, son corps et ses sens sont paralysés et forment des boucles d'autovérification. Cela fait en sorte que son système n'est

pas mobilisé pour le mouvement et le déplacement. Il est orienté vers l'autoanalyse et vise à éviter les erreurs plutôt qu'à avancer vers un but. Il s'agit d'un système d'analyse du risque, donc à l'antipode du mouvement. Et l'eau, tout comme la vie, dit la vérité et fait ressortir ce processus. Si notre système fonctionne de façon trop statique, l'eau (ou la vie) répond mal. Il n'y a alors aucune réelle collaboration ou interaction avec elle (ou la vie).

- Pour donner un accès efficace à un maximum d'énergie et au mouvement, je dois être assez sévère avec Daniel. Un ton trop gentil peut faire croire à l'élève qu'on tente de l'encourager ; son cerveau interprète cette attitude comme de la protection, ce qui favorise l'anxiété et l'autoanalyse. Si je prends soin de lui, il croira qu'il n'est pas assez fort pour surmonter le défi. Je dois envoyer les bons messages à chaque instant. J'utiliserai un ton assez sec et directif, sans devenir antipathique. Je prends une posture qui exprime que je suis là pour lui et que notre relation est active. Je prends soin de réduire au minimum les expressions verbales ou non verbales qui seront interprétées comme de la gentillesse ou comme une volonté de diminuer ses émotions négatives. Daniel doit lui-même apprendre à ne pas se déstructurer en raison de ces dernières. Il y a des moments pour s'occuper des émotions, et d'autres où on ne peut les laisser guider les actions et les choix. L'énergie qui était auparavant consacrée à l'autoanalyse sera maintenant disponible et redirigée dans les circuits corticaux, focalisés sur l'atteinte d'objectifs.
- Pour orienter cette nouvelle énergie accessible, je dois lui donner des tâches et des consignes précises à exécuter. La précision et la faisabilité dans l'instant présent : voilà les

clés pour diriger l'énergie émotionnelle et cognitive. Si mes instructions ne sont pas claires et précises, il doutera de lui-même pendant quelques millisecondes au moment de l'exécution de la tâche, la rendant ainsi complètement inefficace et faisant ressortir l'autoanalyse anxieuse.

- Il est important que les consignes concernent des actions mentales ou physiques, et qu'il sache quels sont les effets recherchés. S'il est capable d'adopter le comportement approprié, son cerveau générera de la dopamine, un neurotransmetteur important dans l'apprentissage, qui donne l'énergie nécessaire pour répéter le comportement.
- Je dois m'assurer que Daniel génère le maximum de vitesse, le plus rapidement possible, ce qui fera apparaître de nouvelles variables dans sa conscience et lui permettra de faire plus facilement des liens entre les instructions. Plus sa vitesse augmentera, plus sa conscience kinesthésique fera de même, laquelle est une forme d'énergie qui sera investie dans encore plus de vitesse, créant ainsi un effet d'autoentraînement qui aura tendance à augmenter de lui-même.

Ce jour-là, Daniel est arrivé au bout de la piscine en neuf minutes, victorieux. Il m'a regardé en souriant, l'air de dire : est-ce que c'est une blague ? Est-ce un truc ? Est-ce un miracle ?

— As-tu raccourci la longueur de la piscine ?

— Non, c'est toi qui t'es déplacé comme une torpille !

Daniel s'est mis à pleurer. C'était comme si je lui avais injecté un pouvoir magique. En vérité, je n'avais pas *fait* grand-chose. Lui, il avait fait ce qu'il devait. Il avait respecté davantage de règles pour nager. Il avait tout fait lui-même. Moi, j'avais juste activé les bons éléments. Je l'avais seulement aidé à mieux organiser ses comportements mentaux et physiques.

Mais même pour faire peu, il faut voir clair.

Même si le discours de Daniel paraissait défaitiste, il *savait* qu'il était capable de nager, mais il n'avait pas la conscience technique nécessaire pour actualiser ce projet. Tout ce temps à souffrir pendant ses cours de natation ! Il l'acceptait parce que quelque chose lui disait qu'il avait en lui ce qu'il fallait. Le réel problème, c'était d'accéder à ce potentiel. La volonté de créer un comportement ou même de simuler un potentiel à partir de rien nous empêche d'y accéder réellement. C'est le drame du potentiel humain. Nous nous plaisons à jouer à Dieu. Nous voulons être déjà tout-puissants. Cependant, au lieu de nous éduquer, au lieu de découvrir les lois et les règles établies, au lieu de les écouter, de les comprendre, de les respecter, nous créons du chaos.

Si sa professeure avait vu Daniel traverser la piscine, elle se serait ruée pour le féliciter d'avoir levé son coude plus haut et d'avoir mieux tourné la tête pour respirer car, effectivement, il l'avait fait. Mais il n'a jamais *essayé volontairement* d'exécuter ces deux gestes. Il s'agissait en réalité du *résultat* de ce qu'il avait réellement accompli au niveau mental et moteur, des processus d'action. J'avais donc dirigé ses processus mentaux volontaires vers des éléments plus porteurs. Il est sage de distinguer un *processus* d'un *résultat.* Si on ne le fait pas, cela provoque *toujours* un conflit, c'est-à-dire des oppositions énergétiques créant une forme d'annulation, et donc des états statiques compensés par l'anxiété et la détresse.

Mon but, avec Daniel, avait été de manipuler les variables les plus déterminantes pour faire ressortir ses capacités. Je n'avais donc pas vraiment essayé de lui enseigner quelque chose, j'avais simplement *créé un effet* en tentant de dissiper à jamais son doute quant à sa capacité de nager. C'était merveilleux de le voir fier de lui à ce point. De voir une personne crier victoire de tous ses poumons. Un cri qui dit: «Je le savais! Il y avait de l'or ici, dans cette mer grise! Cet or est à moi! L'or, *c'est moi.*»

La natation me confirmait le plaisir que nous éprouvons sans cesse à découvrir un pouvoir, un talent, une capacité que nous portons en nous. Il n'y a aucune autre expérience humaine plus intense.

Cette histoire me fait penser à certains récits qui nous rappellent ce que nous devons continuellement traverser pour rester en mouvement. Des contes qui nous touchent depuis notre tendre enfance, où un personnage central imparfait, menant une vie difficile et misérable, travaille dur et donne tout ce qu'il a, et même ce qu'il n'a pas. Il relève des défis, souffre et apprend à se connaître. Nous le voyons dans toute sa vulnérabilité faire face à ses démons, affronter les monstres jusqu'à la limite de son souffle. Et alors qu'il a tout donné, il apprend qu'il est un prince – ou une princesse – et qu'il possède toutes les richesses du monde. Il n'a jamais cherché à être noble ou même riche. C'est sa récompense pour avoir écouté, pour avoir fait face à lui-même, et surtout pour avoir accepté d'apprendre et d'accéder à son potentiel. Cette transformation de sa condition est le couronnement de l'accès à son identité. Il n'y a rien de plus beau dans cette humble et difficile vie terrestre que de voir un humain accéder à une partie de lui-même dont il a toujours rêvé.

Le tour du monde

Comme il y a une façon d'interagir avec l'eau, il y a également une façon d'interagir avec un autre humain.

Une phrase que l'un de mes entraîneurs répétait sans cesse me revient souvent à l'esprit: «Tu ne peux pas battre quelqu'un de meilleur que toi en travaillant moins que lui. » Je faisais de la compétition avec des athlètes bien meilleurs que moi, plus talentueux, qui souvent n'avaient pas de contraintes financières et qui possédaient les moyens de se consacrer en priorité à leur sport. Je n'étais pas de taille, et je ne pouvais pas en faire plus. Parce que je me suis blessé lors d'un camp d'entraînement en Floride, je n'ai pas pu participer à une compétition obligatoire pour bénéficier des bourses dont j'avais besoin pour survivre dans ce monde coûteux qu'est le sport d'élite. J'ai été placé devant un mur, ce qui m'a forcé à passer à la prochaine étape de ma vie. C'était la fin de la natation. Cette blessure a été le premier domino d'une chaîne d'événements qui allaient me pousser sur un nouveau chemin.

Pendant plusieurs mois, j'ai plongé dans une profonde léthargie, cherchant la façon d'avancer malgré la déception et l'absence totale de sens qui me clouaient au sol. J'avais exactement 6785,42 $ dans mon compte bancaire. Cet argent était destiné à la natation. Or, il ne servirait désormais plus à rien. Si j'étais moi-même une ressource pour l'Univers, je n'avais rien à lui offrir. Si j'avais un quelconque potentiel, j'en étais maintenant complètement inconscient et je n'y avais plus accès.

Mon identité d'athlète avait, depuis plusieurs années, envahi entièrement mon champ de vision. Si je n'étais pas un nageur, je n'étais plus rien. J'ai erré, cherchant désespérément un appui dans ce monde flou. Dans ces moments-là, tout comme l'eau, l'énergie nous glisse entre les doigts jusqu'à ce que nous en soyons vidés. Je me suis alors rappelé que, depuis l'enfance, je voulais vivre une vie à la Indiana Jones. Évidemment, dit de cette façon, cela paraît bizarre. Nos rêves prennent souvent une forme d'apparence banale et enfantine. Ce qui est bien, c'est que notre esprit peut, avec une seule image mentale, retrouver le filon d'un désir enfoui.

Je m'imaginais dans la forêt, entouré d'animaux ou marchant dans la savane, cherchant un secret.

Je me suis lancé le défi de faire le tour du monde, sac au dos et avec un petit budget. J'ai mis sur pause mon baccalauréat en communication... puis j'ai quitté ma copine. Avec ce que l'on accepte de perdre vient la pression de ne pas revenir les mains vides. Je *devais* réussir ce défi. Je *devais* réussir ce projet. Son sens était plus fort que la peur, je ne pouvais plus reculer. Même mourir était une meilleure option que de renoncer ou d'échouer.

Je suis revenu de mon périple le 19 avril 2005, soit un an après mon départ. J'avais fait le tour du monde. Il me restait 433 $ en poche. À ce stade, il était difficile pour moi de reconnaître les réels gains réalisés grâce à ce voyage. Après avoir contracté la malaria deux fois, au Kenya et en Ouganda, m'être fait opérer à la jambe sans anesthésie en Russie, avoir écouté les gens de dizaines de cultures me parler de leur vision du monde et de leurs dieux, avoir fait naufrage sur les côtes africaines infestées de requins, m'être caché d'un lion dans mon hamac rempli d'eau et de ma propre urine, avoir senti une paix intérieure et un niveau de présence que je n'aurais jamais pu imaginer, avoir parcouru une trentaine de pays en solitaire à dormir dans la rue, dans des parcs, sur le toit des maisons et des édifices, chez les gens, dans la forêt : après tout cela, quelque chose de fondamental s'est tout de même révélé à moi. Et la peur s'est éteinte. J'étais prêt à prendre de nouvelles responsabilités en ce qui me concernait. Après un an de voyage avec peu d'argent, je réalisais que la communication, tant avec moi-même qu'avec les autres, avait été, et de loin, mon atout le plus significatif. Cette constatation a confirmé les intuitions que j'avais eues dans le passé et fait naître d'autres questions sur lesquelles je devais maintenant me pencher : comment les relations et les communications humaines fonctionnent-elles réellement ? Comment la communication optimise-t-elle l'accès au sens et au potentiel ?

L'université

J'ai pris mon courage à deux mains et j'ai terminé mon baccalauréat en communication dans le but de m'inscrire par la suite à une maîtrise dans le même domaine. En prévision de ces études, j'ai rencontré de potentiels directeurs et directrices de mémoire. Quelle ne fut pas ma surprise lorsque je leur ai parlé de mes champs d'intérêt ! Par exemple :

Directeur : On ne fait pas ça, ici.

Moi : On ne fait pas ça… Dans le sens de…

Directeur : La communication interpersonnelle, nous n'étudions pas ça.

Moi : Mais c'est bien le Département de communication ?

Directeur : Oui, mais pas ces communications-là.

Moi : Quelles communications, alors ?

Directeur : Les autres types de communications. Les communications de masse, les médias, la communication organisationnelle, la communication marketing… Plusieurs angles…

Moi : Mais la communication humaine ? Par exemple, en ce moment, nous parlons…

Directeur : Hum…

Moi : Non ?

Directeur : Non.

Moi : Wow ! D'accord.

Directeur : Mais, par curiosité, qu'est-ce que tu veux faire, ou plutôt qu'est-ce que tu veux étudier dans la communication interpersonnelle ?

Moi : J'aimerais définir un protocole, une méthode pour interagir efficacement avec les humains. Être efficace, créer des relations, ce genre de choses.
Directeur : Oh *boy* ! Ha ! ha !
Moi : Quoi ?
Directeur : Rien de moins !
Moi : Ben oui ! Quoi ?
Directeur : Non, non…
Moi : Bien… Qu'est-ce que…
Directeur : Tu comprends que tu n'es pas le premier à vouloir faire des techniques de communication, j'imagine. Ha ! ha !
Moi : Je sais bien, mais les techniques ne fonctionnent pas vraiment, et je ne comprends pas que nous n'ayons rien trouvé de mieux.
Directeur : Eh bien, c'est peut-être parce que ça ne se fait pas, Guillaume. Tu sais, lorsqu'une personne parle, il y a des millions de significations possibles à un message. Tu sais ce qu'est le constructivisme ? Tu as vu ça au bac ?
Moi : Voyons donc ! Le constructivisme… C'est purement théorique et non fonctionnel. Et le langage verbal n'a rien à voir avec les relations. C'est justement ça, l'aberration. Le constructivisme…
Directeur : D'accord, alors on tombe dans le langage non verbal, le langage du corps, les gestes et tout et tout…
Moi : Non, pas nécessairement. Je ne pense pas que ce soit ça non plus.
Directeur : Bon, regarde. De toute façon, ce n'est pas mon domaine, alors…
Moi : …
Directeur : Ce champ d'études semble relever plus de la psychologie que de la communication. Je te suggère d'aller en psycho. Il y a plus de chances, là. Mais encore…

Moi: Écoutez. Je viens à peine de finir un bac en *communication* et pas en *psychologie*. Et ça m'a tout pris pour le finir. Alors, je ne vais pas recommencer trois ans d'études au complet, quand même!

Mon bac en communication s'était révélé une épreuve éprouvante étant donné le profond ennui qu'il avait suscité chez moi. Mais je n'avais d'autre choix que de recommencer mes études, en psychologie cette fois, ce qui me donnait l'impression d'être de retour à la case départ. Il était cependant possible que ce premier bac de même que mon voyage autour du monde aient été des phases préparatoires pour la suite, une sorte d'entraînement. Sans le savoir, je commençais un nouveau cycle d'études qui allait se terminer 14 ans plus tard.

Pour nous aider à nous engager dans nos choix, la vie se charge généralement de nous préserver de ce genre d'informations.

Dès le début de mes études en psychologie, j'ai travaillé dans plusieurs laboratoires. J'ai eu la chance d'être en contact avec des chercheurs inspirants et de faire partie de l'équipe du Dr Robert Vallerand (Ph. D), l'un des chercheurs les mieux établis au monde dans le domaine de la motivation[1, 2]. Il est également l'auteur de la théorie de la passion obsessive et de la passion harmonieuse, qui découle de la théorie de la motivation autodéterminée[3]. Il a démontré qu'il existe bel et bien deux types de passions, lesquelles sont en lien avec des fonctionnements émotionnels différents et impliquent des impacts spécifiques sur la qualité de vie, l'anxiété et la performance.

Le bachelier en psychologie doit déjà choisir selon quelle approche et sur quel sujet de thèse il travaillera… longtemps. C'est un choix difficile pour tous les étudiants au doctorat. Le Dr Vallerand connaissait mon intérêt pour la communication interpersonnelle. Après un entraînement, il s'est permis de me donner un conseil : « Je sais que tu t'intéresses aux phénomènes sociaux, à la communication humaine. Tu dois bien jouer tes cartes pour les prochaines étapes de tes études. Et tu devras être patient. La communication, c'est vaste ! C'est comme s'attaquer à l'humain au complet ! Je pense que si tu veux vraiment aller plus loin dans ce domaine, il te faudra sortir des sentiers battus ou des carcans classiques. Écarte-toi de ce qu'on appelle la "communication". Fais les choses différemment, pars du microscopique et ensuite va au plus large. Et non l'inverse. Sinon, tu te feras piéger comme tout le monde, tu resteras bloqué dans les mêmes pièges et tu ne verras rien de plus. Tu n'auras rien de plus à dire. Toutefois, si tu pars du plus petit, du plus humble, du plus précis, tu pourras voir et nommer les choses de façon différente, te positionner. Montrer les choses comme tu les vois, toi. »

Il avait raison. Il y avait bien quelque chose de grossier et de caricatural dans la vision que nous avions de la communication interpersonnelle. Sa pensée allait directement dans le sens de mon intuition.

J'allais enfin découvrir comment fonctionne la science, comment fonctionne le cerveau. Encore plus important, j'allais apprendre où s'arrête la théorie et où commence la pratique.

NOTES

1. Vallerand, R. J. (2015). *The psychology of passion : A dualistic model*. Series in Positive Psychology.
2. Vallerand, R. J. (1997). Toward a hierarchical model of intrinsic and extrinsic motivation. In *Advances in experimental social psychology* (Vol. 29, 271-360). Academic Press.
3. Ryan, R. M., & Deci, E. L. (2001). On happiness and human potentials : A review of research on hedonic and eudaimonic well-being. *Annual Review of Psychology*, 52(1), 141-166.

II

BILAN DE NOTRE COMMUNICATION

Communication et relations : où en sommes-nous ?

Nous savons que nous avons besoin les uns des autres pour avancer et survivre. Nous savons qu'il faut travailler en équipe. Nous voulons collaborer. Nous voulons influencer. Nous voulons créer et maintenir des relations significatives. Pour obtenir ce que nous désirons, nous devons bâtir des liens et créer des partenariats. Lorsque nous ouvrons notre agenda, chaque case horaire occupée correspond, la plupart du temps, à une tâche ou à une rencontre impliquant d'autres personnes. Interagir socialement est ce que nous faisons toute la journée. Respirer, marcher, regarder, réfléchir et interagir avec les autres. Paul Watzlawick, théoricien de la communication, disait : « On ne peut pas ne pas communiquer. » Il n'existe pas de non-communication[1, 2]. Autrement dit, tout ce que nous faisons, ou ne faisons pas, que ce soit conscient ou non, envoie des messages qui influencent les autres. Les seuls choix qui s'offrent à nous sont quoi communiquer, comment et quand.

Parmi la centaine de pays que j'ai eu la chance de visiter jusqu'ici, je n'ai encore jamais rencontré un seul humain ou une seule communauté prétendant que les relations ne sont pas importantes. Il s'agit de l'un des rares concepts qui font vraisemblablement l'unanimité. D'un autre côté, nous sommes forcés d'admettre que l'aspect concret de la communication et des relations auquel nous sommes exposés quotidiennement contraste fortement avec l'idéal auquel nous nous accrochons. Théoriquement, la communication et les relations sont des thèmes positifs. Dans la réalité, toutefois, elles sont de réels défis et souvent des sources importantes d'anxiété ainsi que de pertes de temps et d'énergie.

Comme nous n'avons pas appris comment communiquer efficacement et précisément, nous le faisons « un peu comme ça vient », toute la journée, et nous ne pouvons établir de lien clair entre les stratégies de communication utilisées dans un dialogue, les impacts directs sur la relation et encore moins l'effet sur des tendances sociales. Nous acceptons d'emblée les conséquences, ou l'absence de conséquences, de nos communications. Voici quelques exemples de situations que nous vivons quotidiennement :

- Un travailleur autonome rencontre un client potentiel. Un, peut-être deux rendez-vous ont lieu dans un magnifique restaurant. Malgré cela, les discussions n'aboutissent pas à une collaboration, à un contrat, à une vente ou à une relation d'affaires. Ce n'est pas ce qu'ils désirent, mais ils acceptent leur situation.
- Deux amoureux sont de moins en moins proches et affectueux l'un envers l'autre. Leur relation bat de l'aile. Depuis plusieurs années, ils se disent que ce n'est qu'une

mauvaise passe. Ils rentrent à la maison de plus en plus tard. Les discussions captivantes et les activités stimulantes sont de plus en plus rares, voire totalement absentes. Les échanges concernent de plus en plus des enjeux logistiques relatifs au foyer. Ce n'est pas ce qu'ils désirent, mais ils acceptent simplement le fait que, dans un couple, il y a des hauts et des bas.

- Un gestionnaire rencontre un employé. C'est la troisième fois qu'il doit aborder le même problème avec lui. Il sait d'avance que ça n'ira pas bien. Il est déjà anxieux et irrité à cause de cet entretien qui lui enlève toute motivation d'aller travailler.
- Depuis trois mois, deux personnes correspondent via un site de rencontres. Elles décident de se voir pour la première fois. Elles ont très hâte. À la suite de ce premier rendez-vous, il n'y a aucun retour d'appel, les échanges cessent. Ça n'a pas « cliqué », elles s'attendaient à plus. Et hop ! Au suivant !
- Un chef d'entreprise explique au conseil d'administration les orientations stratégiques pour les prochains mois. Comme beaucoup de gens, il se sent comme un imposteur dans son rôle. Il a peur de ne pas être assez compétent, ou que les membres de son équipe se rendent compte qu'il n'est pas à la hauteur. Il a toutefois le sentiment que la rencontre s'est bien passée. Il en est soulagé. Quatre mois plus tard, deux des membres du conseil ont quitté l'entreprise, les orientations sont remises en question, les gens sont divisés et vivent des conflits, les projets stagnent. Le chef d'entreprise a perdu sa crédibilité : tous remettent en question ses paroles et ses choix.
- Un couple a évité plusieurs sujets de conversation au fil du temps. Comme le fait d'aborder ces questions

épineuses provoquait encore plus de disputes et d'émotions négatives, leur meilleur choix, à court terme, a été d'éviter d'en parler. Avec le temps, les discussions difficiles se sont multipliées. Leurs interactions consistent maintenant, pour tous les deux, à marcher sur des œufs.

- Deux amis de longue date doivent revenir sur une situation qui leur a déplu. Ils en discutent pendant des heures, ce qui les épuise. La conversation doit prendre fin. Ils se sourient et se serrent la main. Par contre, sans s'en parler, ils ne ressentent pas le soulagement qu'ils recherchaient. Les deux personnes restent anxieuses, sachant que la même situation se présentera de nouveau. Malgré leur bonne volonté, leurs efforts et le temps qu'ils ont consacré à cette rencontre, la conversation a échoué.

Les exemples d'interactions humaines consciemment ou inconsciemment insatisfaisantes sont infinis. Nous acceptons ces réalités puisqu'elles sont vécues par tous et finissent par devenir normales, tout comme la souffrance et l'insatisfaction qui en découlent. En d'autres mots :

- Ne pas vivre l'expérience positive que nous souhaitons avec une personne est considéré comme « normal ».
- Avoir le sentiment de perdre son temps avec une personne est considéré comme « normal ».
- Le fait que nos échanges ne mènent pas au résultat souhaité est considéré comme « normal ».
- Subir une conversation ou avoir hâte qu'elle se termine est considéré comme « normal ».
- Endurer à long terme des émotions négatives dans une relation avec une personne significative est considéré comme « normal ».

D'une part, nous avons appris à nous accommoder des impacts, quels qu'ils soient, des conversations que nous avons, et, d'autre part, il existe une anxiété inhérente aux conversations importantes. Nous avons créé une forme d'acceptation et d'endurance en fonction de notre niveau d'habileté de communication. L'anxiété engendrée par des communications interpersonnelles est normale, car nous souhaitons maintenir une relation positive avec la personne en face de nous, en dépit de la conversation importante que nous souhaitons avoir avec elle. D'autres questions fondamentales s'imposent alors:

- Comment fonctionne une relation humaine? *Réellement? Techniquement?*
- Comment créons-nous une relation humaine forte et positive le plus efficacement possible?
- Quels sont les mécanismes précis, les comportements qui sont responsables de la relation chez un humain?
- Quels sont les mécanismes précis qui sont responsables de ce qu'on appelle la «confiance entre deux personnes»?
- Quelles sont les actions à poser dans l'instant présent qui favorisent l'augmentation de la force de cette relation?
- Inversement, y a-t-il des comportements, si subtils soient-ils, qui empêchent la relation de se développer positivement?

S'il nous est impossible de répondre à ces questions, il est par conséquent impossible de développer notre capacité à obtenir des résultats de communication plus satisfaisants et une confiance en notre aptitude à créer des relations.

Ce à quoi les humains aspirent

Lors d'une conférence, je commence souvent par poser les questions suivantes à l'auditoire : « Quels sont vos défis de communication lors d'une rencontre avec une personne ? » et « Que feriez-vous de mieux si vous aviez de meilleures habiletés de communication et habiletés relationnelles ? » Voici ce que les participants répondent de façon récurrente :

- Créer de la confiance, en soi et chez l'autre.
- Garder l'attention de son interlocuteur.
- Trouver les bons mots, être clair dans ses propos.
- Écouter l'autre, le comprendre.
- Éviter les « débordements émotionnels », rester en contrôle.
- Ne pas stimuler les émotions négatives de l'autre personne.
- Savoir quoi faire lorsqu'une personne s'oppose à ce qu'on dit.
- Intéresser l'autre à ce qu'on veut dire ou faire.
- Se faire comprendre, faire passer son message.
- Créer l'ouverture.
- Dégager du calme.
- Influencer les autres.
- Trouver une solution aux conflits.
- Susciter la collaboration, mobiliser.
- Savoir quoi faire lorsqu'une personne veut éviter de parler d'un sujet.
- S'assurer d'être sur la même longueur d'onde.
- Réagir adéquatement lorsqu'une personne résiste à un argument.
- Comprendre les comportements non verbaux.
- Être à l'aise, même pendant les silences.

Ces éléments sont soulevés à toutes les conférences et formations que j'ai la chance de donner, ce qui veut dire que nous pouvons clairement déceler les défis sur lesquels nous concentrer.

Les gens s'orientent dans le monde en ayant recours à la catégorisation. Lorsque vient le temps de définir et de nommer des enjeux relatifs à la communication et aux relations, les préoccupations humaines sont généralement divisées en deux catégories principales, soit la *vie personnelle* et la *vie professionnelle*. Bien qu'elles soient relativement arbitraires et non représentatives du réel fonctionnement humain, ces deux grandes sphères sont liées à des préoccupations stéréotypées. En voici quelques exemples :

Vie professionnelle :

- Développer des partenariats d'affaires porteurs, positifs et durables.
- Collaborer avec des collègues de façon efficace et harmonieuse.
- Se sentir efficace et performant au travail.
- Réaliser des projets dont on est fier.
- Être apprécié et reconnu pour ses contributions.
- Être un leader, un gestionnaire, un chef d'équipe inspirant et mobilisateur.

Vie personnelle :

- Développer une relation amoureuse positive et épanouissante.
- Maintenir une relation amoureuse positive sur une longue période de temps.
- Surmonter des phases douloureuses et des enjeux de couple difficiles dans une relation à long terme.

- Aider ses enfants à se développer positivement.
- Maintenir des relations positives et constructives avec ses enfants et les membres de sa famille, même pendant les périodes difficiles.
- Avoir un cercle d'amis sincères et de confiance.

Ces préoccupations ont toutes des répercussions directes sur notre qualité de vie. Il est par ailleurs intéressant de constater que l'élément commun de ces enjeux et de ces préoccupations est l'aspiration à une croissance, sous une forme ou sous une autre.

Le test de la réalité

Il existe des métiers et des professions dans lesquels la communication joue un rôle de première importance. Ces occupations exigent également une formation qui met particulièrement l'accent sur la communication : politicien, psychologue, enseignant, intervenant social, médecin, spécialiste du marketing, coach professionnel, vendeur, gestionnaire, représentant, consultant, etc. Habituellement, les personnes qui occupent ces postes sont déjà plus conscientes que les autres de la façon dont elles communiquent. Leur formation et leur expérience de travail les ont amenées à vouloir augmenter leurs habiletés de manière à être toujours plus efficaces sur le plan interpersonnel. Elles montrent donc souvent des habiletés de communication supérieures à la moyenne. Nous serions portés à croire qu'elles ont peu de choses à apprendre, voire pas du tout, en matière de communication humaine. Pourtant, il n'en est rien.

Dans le cadre de mes conférences, je fais la démonstration que l'on peut déterminer objectivement le niveau d'habileté de communication d'un individu. Je prends une sorte de mesure qui fera ressortir aussi bien ses forces que les éléments déficients de ses mécanismes et de ses stratégies. La manière la plus efficace de procéder est de filmer, pendant quelques minutes, une communication entre deux personnes. La vidéo ne ment pas. Elle provoque chez les participants de multiples prises de conscience et leur permet d'adopter de nouveaux comportements conscients et plus efficaces en matière de communication. L'un des exercices consiste à simuler une situation déjà vécue et lors de laquelle un participant aurait aimé avoir une approche ou une stratégie différente. Un deuxième participant joue le rôle de l'interlocuteur.

La première fois qu'un participant se voit en train de communiquer sur un écran, il est souvent choqué de l'écart entre la façon dont il s'est senti ou a perçu l'échange et la réalité. Généralement, des problèmes majeurs de communication surviennent dès les premières secondes, soit avant que les premiers mots soient prononcés. Cela peut paraître surprenant, mais plusieurs processus mentaux sont déjà activés bien avant la première expression verbale. Ceux-ci ont déjà des impacts sur l'interlocuteur avant même qu'il réfléchisse à ce qu'il dira ! Au cours du visionnement, j'attire l'attention du participant sur certains moments de la communication en faisant un arrêt sur image. Quoique très déstabilisant, cet exercice permet de révéler concrètement et précisément ses stratégies.

(*À l'écran, on voit le visage du participant en gros plan. Il prend le temps de regarder.*)

Moi : Qu'as-tu essayé de faire à ce moment de la conversation ?

Participant : Hum... J'allais lui expliquer la façon dont je vois cet enjeu. Il fallait bien que je commence la conversation

quelque part. Je voulais expliquer un peu le contexte, je crois.
Moi : Comment as-tu déterminé le bon *timing* et le bon sujet de conversation à cet instant précis ?
Participant : Je ne sais pas exactement... Le *timing*?
Moi : Est-ce que ton interlocuteur a montré un signal clair que son cerveau était en mode « réception d'information » ?
Participant : Un signal ? Euh ! Non, pas vraiment. Est-ce qu'il y a un signal si clair que ça ?
Moi : Eh oui ! Il y a, en fait, plusieurs signaux très clairs.
Participant : Ah bon !
Moi : À ce moment précis, avait-il l'air intéressé par ce que tu allais dire ?
Participant : Hum ! Pas vraiment.
Moi : Est-ce que tu te sentais détendu à ce moment ?

(*Le participant observe son expression faciale sur l'écran.*)
Participant : Ha ! ha ! Non, c'est plutôt le contraire. Regarde mon visage ! Je ne savais pas que mes yeux bougeaient comme ça. Et que mes mains bougeaient autant.
Moi : Est-ce que tu te sentais intéressant à ce moment précis ?
Participant : Ben, je dirais... pas vraiment, non. J'espérais que j'allais l'être avec ce que j'allais dire. Ha ! ha !
Moi : OK ! Avais-tu du plaisir ?
Participant : Non. J'espérais que j'allais en avoir bientôt, aussitôt que j'allais avancer mon argument, mon explication, et qu'il comprendrait mon point de vue.
Moi : Est-ce que cette communication s'est passée comme tu le souhaitais ?
Participant : Pas vraiment, non. Mais je pense que si j'avais eu plus de temps, j'aurais pu faire débloquer la conversation.

(*C'est ce que les participants disent toujours: «Il ne me manquait que quelques secondes pour faire débloquer tout ça!» Je remets la vidéo en marche, puis je l'arrête quelques secondes plus tard, sur l'image d'une expression faciale tendue.*)

Moi: Regarde-toi à l'écran un instant. As-tu l'air du leader que tu veux être?

Participant: Pas du tout.

Moi: As-tu remarqué que l'autre personne, même si elle n'a pas parlé, ne t'écoute pas depuis déjà sept secondes?

Participant: Ah oui? Euh! non, j'avais pas remarqué.

Moi: Cela était un test de communication. Tu le savais et tu devais communiquer le mieux possible, n'est-ce pas?

Participant: Oui.

Moi: La question qui tue: Le fait que tu n'as pas l'air du leader que tu veux être, est-ce parce que *tu n'as pas ce qu'il faut pour être un grand leader*, ou parce que *tu n'as pas fait ce qu'il fallait* à chaque seconde?

Il ne sait pas quoi répondre. Il doute de lui-même. Il est incapable de dire s'il *n'a pas* ce qu'il faut ou s'il *ne fait pas* ce qu'il faut. Je dois souvent démontrer que l'absence de connaissances précises en matière de communication humaine est dommageable, car elle alimente le doute.

Cet exemple montre précisément la pire confusion qu'un humain puisse ressentir: ne pas être en mesure de différencier nature et comportement.

Un humain ne peut pas être fier de lui s'il ne peut pas consciemment expliquer les résultats de ses comportements. S'il ne comprend pas, son système se retourne contre lui: il *est* l'erreur. C'est la racine de l'autodévalorisation, le plus grand cancer émotionnel qui existe.

Cet exemple ne visait pas à illustrer des mécanismes de communication complexes, mais plutôt à démontrer que l'interaction humaine, telle que nous la connaissons, consiste en une série de tentatives aléatoires à chaque tour de parole. De la manière dont elle est comprise, enseignée ou actuellement pratiquée, la communication interpersonnelle n'a pas de structure, de logique, de mécanismes précis ou de fondements techniques clairs applicables dans la réalité.

La communication et les émotions négatives

Aucune ressource n'étant infinie, notre temps de vie, nos ressources financières, matérielles et naturelles sont eux aussi limités. Nous entendons rarement dire: « J'ai beaucoup trop de temps, trop d'argent et trop d'énergie! » Le contraire, toutefois, est monnaie courante. Nous nous reposons rarement. Comment expliquer que nos emplois et nos activités quotidiennes requièrent peu d'endurance cardiovasculaire, peu de force physique et peu de consommation calorique, mais que nous soyons constamment exténués? Comment pouvons-nous être si fatigués en bougeant si peu? Ce qui coûte cher n'a rien à voir avec les dépenses caloriques, mais plutôt avec l'utilisation des différents systèmes physiologiques impliqués dans notre fonctionnement mental. Les émotions négatives et l'utilisation de notre système nerveux sont d'ailleurs des conséquences de l'activation de plusieurs de ces systèmes physiologiques. Les communications humaines exigent beaucoup d'énergie cognitive et émotionnelle. Une seule conversation générant des émotions négatives déclenche des processus physiologiques et psychologiques qui altèrent immédiatement notre niveau d'énergie. Certaines conversations peuvent drainer notre énergie pour le reste de la journée, d'autres, pour le reste de la semaine, du mois ou même de l'année. Une communication entraîne donc des conséquences non seulement dans l'instant présent, mais également dans le futur.

Si nous estimons à deux par jour le nombre de communications potentielles à propos de préoccupations importantes, cela fait 14 conversations susceptibles soit d'augmenter notre énergie, soit de la diminuer. Si une seule conversation négative a le pouvoir de diminuer notre niveau d'énergie pendant une semaine, imaginez les risques que notre cerveau doit prendre lorsqu'il se trouve en face d'une personne alors qu'il n'a pas de stratégies claires qui garantissent le succès de la communication… 14 fois par semaine.

En revanche, les communications qui augmentent la qualité de la relation et qui nous permettent d'atteindre un objectif significatif créent un retour énergétique supérieur à la dépense. Le sentiment de compétence en matière de communication est en soi une source d'énergie importante. Mais, du moins pour l'instant, comme nous communiquons généralement avec un sentiment d'efficacité faible, avec une capacité réduite d'atteindre des objectifs concrets, nous récupérons très rarement l'énergie investie. Or, l'énergie n'est pas infinie. Et nous connaissons très bien les conséquences qu'entraîne le manque d'énergie nécessaire pour affronter notre prochaine journée. Notre cerveau l'a appris.

L'impuissance

L'impuissance se vit dans une situation où il n'y a ni les stratégies ni les ressources nécessaires pour faire face à un défi, obtenir ce qui est désiré et utiliser ou résorber une émotion négative. Ce sentiment est fortement associé à la détresse.

Les recherches montrent que l'impuissance est acquise chez l'animal, tant chez le rat, le chien que le singe, lorsqu'il ne parvient pas à obtenir un renforçateur ou qu'il est incapable d'éviter une punition.

Prenons l'exemple de cette expérience très connue dans laquelle un rat affamé, placé dans une cage, est soumis à deux conditions expérimentales. Dans le premier cas, deux leviers sont à sa portée. Lorsque le rat appuie sur le premier, il est électrocuté par le plancher de sa cage. Lorsqu'il active le deuxième, il obtient de la nourriture. Dans ces conditions, il doit apprendre à associer chaque levier à la conséquence correspondante. Après quelques essais sur chacun des leviers, il n'actionne que le second. Il a compris la règle. Son taux de sérotonine, un neurotransmetteur relié aux émotions positives, reste élevé.

Dans la seconde condition expérimentale, les deux leviers entraînent des décharges électriques, et le rat reçoit, en plus, des décharges électriques aléatoires. Après avoir essayé les deux leviers à de multiples reprises, s'être particulièrement agité et avoir reçu des chocs de toutes parts, le rat abandonne tout essai, s'immobilise au fond de la cage et endure les chocs aléatoires. Ses cellules cérébrales sont vidées de sérotonine. On appelle ce phénomène l'« impuissance acquise », créant une déplétion sérotoninergique, soit une chute radicale du niveau de sérotonine cérébrale.

Cette expérimentation montre que l'absence de stratégies et d'options pour éviter une souffrance crée l'impuissance, et que cette dernière génère une augmentation des émotions négatives, dont l'anxiété. L'anxiété élevée et prolongée – la meilleure amie de la dépression – mène rapidement à un état dépressif en raison de l'épuisement physique et de la chute de sérotonine. L'impuissance est l'un des facteurs les plus importants qui empêchent le fonctionnement humain optimal.

Émotions négatives initiales + Incapacité à changer
la situation non désirée
↓
Impuissance
↓
Diminution de sérotonine
↓
État dépressif

L'objectif des stratégies de communication est d'éviter l'impuissance pour pouvoir se situer en zone de puissance. Si l'impuissance augmente au cours d'une communication, tout le système cérébral réagira, ce qui aura des conséquences non seulement émotionnelles, mais également comportementales clairement perceptibles.

La communication telle qu'elle est vécue au quotidien revêt donc une connotation davantage négative que positive : elle est associée à des situations interpersonnelles difficiles ou à des sujets problématiques que nous ne savons pas comment traiter.

« Il faut que je te parle… »
« Je dois te voir dans mon bureau. »
« Aurais-tu quelque chose à me dire ? »

Les émotions négatives ressenties avec une forte intensité créent une association entre les enjeux interpersonnels et les processus de communication. Au contraire, celles qui sont faiblement ressenties ne sont, très souvent, pas détectées consciemment. Cela n'empêche toutefois pas le cerveau de créer cette association, ce qui nous porte à éviter certaines situations sociales, certains sujets de discussion, tout au long de notre vie. Le fait d'esquiver des situations de communication augmente les émotions négatives et, inévitablement, encourage l'association entre les enjeux interpersonnels et les processus de communication.

Après 10, 20, 30, 40 ans de communication basée sur l'évitement des émotions négatives, nous avons appris à notre cerveau à avoir peur de la communication. Émotionnellement et cognitivement parlant, cela a du sens. C'est la raison pour laquelle on entend souvent dire: «Je suis une personne qui n'aime pas les conflits», ou encore: «C'est moi le patron, il fera ce que je vais décider.» Ces deux phrases illustrent la même stratégie: l'évitement des émotions négatives; la première, par évitement des responsabilités et de l'engagement, la seconde, par évitement en exerçant un contrôle sur autrui.

Utilisons une analogie sportive. Un nageur qui n'a jamais développé de techniques efficaces et qui a progressivement surmonté son anxiété à être dans l'eau a appris, à force de se débattre, à éviter la noyade. Il ira dans l'eau s'il n'a pas le choix, et trouvera même le moyen de sourire si on le lui demande. Cependant, il y éprouvera difficilement de l'aisance, de la confiance, et encore moins du plaisir. Sa technique de nage ne lui permet pas ce luxe.

Lorsque nous avons du plaisir avec un interlocuteur et que les émotions de chacun sont essentiellement positives, nous ne pensons jamais à notre communication. Nous vivons le moment présent positivement et nous considérons que cet état est tout simplement normal. Des émotions positives partagées, c'est bien ce que nous voulons!

La sérotonine a des implications importantes sur tout le système cérébral. Ce neurotransmetteur est, entre autres, responsable des émotions positives et de fonctions exécutives comme la planification et la capacité à faire des choix. Lorsqu'une personne souffre de dépression, l'antidépresseur qu'on lui prescrira sera probablement un inhibiteur spécifique de recapture de sérotonine. Cette molécule augmentera artificiellement le niveau de sérotonine chez elle. Toutefois, si elle n'apprend pas à fonctionner différemment et ne parvient pas à optimiser son fonctionnement de manière à ne plus générer des niveaux élevés d'impuissance, son état général ne s'améliorera pas. Malheureusement, c'est une situation que l'on voit souvent. Prenons le cas d'une personne en arrêt de travail pour dépression ou épuisement professionnel (c'est exactement la même chose, mais les gens ont moins honte de parler d'épuisement professionnel, car ce terme laisse croire qu'il ne s'agit que de fatigue liée à un trop grand effort au travail). Le médecin lui prescrit des antidépresseurs. Après plusieurs mois de convalescence et de médication, elle tente un retour progressif au travail. Trois semaines plus tard, son état se détériore à nouveau et elle retourne à la maison. « Retour trop tôt », dira-t-on. Faux. L'impuissance a rapidement refait surface. Pourquoi en serait-il autrement, puisque la personne n'a acquis aucun outil stratégique supplémentaire pour lui permettre de rester en zone de puissance dans son quotidien ?

L'intelligence émotionnelle

Les habiletés émotionnelles et cognitives permettant l'interaction entre les humains ont récemment reçu une attention plus marquée. Plusieurs chercheurs ont tenté de cerner les composantes nécessaires à l'interaction humaine positive, possiblement devant le manque de satisfaction quant aux théories purement cognitives liées aux habiletés typiquement associées au quotient intellectuel. Le concept d'intelligence émotionnelle a permis une nouvelle ouverture sur la compréhension du développement de l'efficacité humaine dans son quotidien.

Les chercheurs en psychologie sociale Peter Salovey et John D. Mayer sont les créateurs du concept d'intelligence émotionnelle (IE) : l'« habileté à percevoir et à exprimer les émotions, à les intégrer pour faciliter la pensée, à comprendre et à raisonner avec les émotions, ainsi qu'à réguler les émotions chez soi et chez les autres[3, 4] ». Selon les auteurs, l'intelligence émotionnelle est distincte des autres concepts ou habiletés psychologiques et est essentielle pour comprendre les comportements sociaux des humains. *L'intelligence émotionnelle*, livre à succès écrit par Daniel Goleman, chroniqueur scientifique au *New York Times*, et publié en 1995 a propulsé le concept d'intelligence émotionnelle au sommet des préoccupations tant dans le grand public que chez les gens d'affaires et les scientifiques[5]. Depuis maintenant plus de 20 ans, différentes firmes offrent des solutions dans le domaine de l'IE, lequel est devenu une industrie de plusieurs milliards de dollars[6].

Le concept d'IE et sa popularisation ont entraîné plusieurs conséquences positives, entre autres celle d'avoir conscientisé le public à l'existence des émotions, ce qui n'est pas un mauvais départ, et à ses impacts sur notre fonctionnement social. L'IE a également enclenché un processus de responsabilisation du public face à ses propres émotions, de conscientisation face à celles des autres, et a favorisé une meilleure compréhension de la relation entre les émotions et les comportements sociaux. L'intelligence émotionnelle implique forcément une gestion consciente de l'information émotionnelle, de son interprétation et d'un comportement adapté dans l'instant présent. Du moins, il s'agit là de l'objectif théorique de ce concept.

Récemment, le concept d'intelligence émotionnelle a toutefois frappé un mur. Premièrement, il est trop général pour être scientifiquement bien défini ; en plus, il implique beaucoup d'autres sous-composantes psychologiques. En effet, les habiletés relationnelles défendues par l'IE impliquent une multitude de systèmes cognitifs, motivationnels, émotionnels, et donc un grand nombre de fonctions psychologiques humaines déjà complexes en elles-mêmes[7, 8, 9, 10].

Le plus important réside toutefois dans le fait que des analyses factorielles relativement simples (mais qu'il fallait quand même exécuter) révèlent que le quotient de l'intelligence émotionnelle était, en fait, une fraude scientifique. Cela risque d'en décevoir plus d'un, mais il ne montre pas de propriétés psychométriques valides. Un type d'intelligence ne peut pas simplement être inventé de la sorte, c'est-à-dire sans répondre à certains critères scientifiques de base. L'IE constitue, en fait, un « thème de marketing » (*theme-based marketing*).

Cela est important parce que ce concept n'expliquerait pas plus clairement comment une personne perçoit, comprend et gère les émotions mieux que ne le font déjà les habiletés cognitives générales (facteur G) combinées à la personnalité, la plupart du temps au trait de personnalité *agréable*. Les personnalités montrant une forte agréabilité ont tendance à être empathiques, collaboratives et à l'écoute[11]. Le concept d'IE n'apporterait, en fait, rien de neuf ni de théoriquement distinct. Il n'existe donc pas réellement. Comme d'ailleurs toutes les autres formes de pseudo-intelligence qui sont véhiculées depuis plusieurs années. En matière d'intelligence, il n'y a que le QI qui existe en tant que concept valide d'intelligence, et il est le meilleur prédicteur du succès scolaire et professionnel, parmi toutes les variables de psychologie connues. Howard Gardner a amené la théorie des intelligences multiples en 1983. Malgré l'engouement et l'attachement que nous maintenons à l'égard de ce concept attrayant, celui-ci n'a jamais trouvé de véritables appuis scientifiques. En effet, il est difficile d'accepter que, dans les faits, nous n'avons pas tous le même QI. Ainsi, il ne suffit pas de créer artificiellement de nouvelles formes d'intelligence pour défendre l'idée d'égalité selon laquelle nous sommes tous « intelligents de différentes façons ». La science et les faits sont malheureusement impitoyables. Point.

Les faux concepts qui sont vendus en vrac au public sont, de façon incroyablement décourageante, fort nombreux. L'*estime de soi* en est aussi un bon exemple. Il s'agit d'un concept aussi inexistant que celui d'intelligence émotionnelle puisqu'il n'est, encore une fois, que la combinaison de traits de personnalité, plus spécifiquement une corrélation avec un bas trait de névrotisme (-.65) et une corrélation positive avec le trait extraversion (.35), combiné avec quelques autres habiletés spécifiques[12]. J'aborderai plus précisément le sujet des traits de personnalité un peu plus tard.

Indépendamment du fait que l'IE n'est pas un concept scientifique valide, il est important de mentionner qu'il met de l'avant la description des émotions ou même leur détection, mais ne nous renseigne pas sur la façon concrète de les utiliser dans nos communications et nos échanges importants.

En d'autres mots, dans un contexte où une personne en arrive à reconnaître sa propre émotion ou celle de son interlocuteur, la façon d'utiliser cette information de façon appropriée dans l'instant présent implique une multitude d'autres compétences et connaissances. Il est naïf de penser que le fait de nommer verbalement une émotion sans tenir compte de plusieurs autres facteurs soit une stratégie suffisante pour créer des relations et atteindre des objectifs.

Nous restons, encore une fois, sans réponse quant à la façon de générer des relations et des dialogues constructifs.

Les trucs et les outils de communication

J'ai pu constater que la performance et l'efficacité ne sont pas que de simples questions de perception. Il existe des signes indéniables et facilement observables qui témoignent de l'efficacité réelle dans l'accomplissement d'une tâche. Voici quelques exemples relatifs à la natation : ne pas être capable de traverser une piscine, s'étouffer lors d'une respiration, être à bout de souffle après avoir parcouru cinq mètres, avoir peur de se noyer, etc. Ces indicateurs sont clairs quant au niveau de compétence du nageur. S'ensuit alors un choix évident : entamer une démarche pour augmenter ses habiletés, ou accepter son niveau d'habileté et en assumer les conséquences.

Nous adoptons toutefois une attitude complètement différente en ce qui concerne les habiletés de communication. Nous confondons les habiletés d'une personne à communiquer et ses traits de personnalité ou ses talents innés. Nous pensons que notre efficacité de communication et notre capacité à influencer les autres sont inférieures ou supérieures à la moyenne parce que nous sommes « comme ça ».

Recourons encore une fois à une analogie sportive. Au tennis, nous pouvons voir les mouvements des bras, observer les déplacements, suivre la balle des yeux. Nous pouvons également constater qu'un des joueurs a marqué un point. La détection consciente de ces mouvements est possible parce que la performance sportive est en lien avec des actions-comportements-mouvements consciemment perceptibles. Pour ce qui est de la communication interpersonnelle, notre perception est tout autre. La raison est simple : les actions, les comportements et les mouvements de communication sont difficilement identifiables. C'est normal, le cerveau est extrêmement rapide et il induit des comportements qui sont si subtils que nous n'arrivons pas à les percevoir ni à les interpréter, et encore moins à les utiliser. Nous ne l'avons pas appris. Cette incapacité de détecter de façon consciente des comportements et des composantes précises de la communication nous fait attribuer, par défaut, les performances de communication à la *nature* d'une personne plutôt qu'aux *comportements* qui les ont générées.

Il y a des individus qui communiquent efficacement, par exemple certains politiciens, le voisin à qui on ne peut rien refuser, des personnes qui attirent naturellement les confidences, d'autres avec qui on se sent rassuré et paisible, d'autres encore qui dégagent du charisme et s'expriment avec éloquence. C'est un fait, ces gens existent. Maintenant, la seule et unique question sur laquelle nous devrions porter notre attention est celle-ci : qu'est-ce que ces personnes compétentes *font* ? Quels sont leurs comportements réels ? Et non ce qu'elles pensent faire ou ce qu'elles ont l'air de faire d'un point de vue externe. Comment génèrent-elles ces comportements de façon précise ? Auraient-elles des trucs ?

Mais qu'est-ce qu'un truc ? Essentiellement, il s'agit d'une action simple qui permet de passer directement d'une variable A vers une variable B. Cela implique qu'il y a un point de départ précis, un mouvement directionnel et un impact prédéterminé.

A vers B vers C vers D = E

Par exemple, la combinaison des trucs suivants peut servir à attacher ses chaussures :

A- Former une oreille de lapin avec un lacet.

B- Former une oreille de lapin avec l'autre lacet.

C- Croiser les deux oreilles de lapin deux fois.

D- Tirer l'une des oreilles de lapin à travers l'espace créé.

E- Constater le résultat : on a attaché ses chaussures.

Cette succession d'actions simples exécutées l'une à la suite de l'autre nous mène vers l'objectif que nous recherchons avec confiance. La combinaison des étapes A à D peut être appelée « outil », c'est-à-dire un ensemble de variables simples qui mènera au résultat recherché de façon fiable (par exemple, 90 % de taux de réussite). Les outils ou les techniques s'appliquent à des phénomènes simples, car ils peuvent être conceptualisés sous la forme de sous-composantes prédéterminées.

Si la technique des oreilles de lapin nous menait au succès seulement 50 % du temps, nous en déduirions immédiatement que le truc est mauvais, car il ne prendrait pas en charge les bonnes variables ou étapes nécessaires à la formation de la boucle. Nous ne lui ferions pas *confiance*. Notre confiance en un processus est donc directement liée au taux de réussite. Elle réside dans l'évaluation statistique de sa conséquence.

À la lumière de mes travaux et de mes expérimentations en communication interpersonnelle, je peux affirmer que les outils, les trucs ou les techniques simples ne fonctionnent pas dans la communication humaine. Aucun « truc » ne peut permettre de résoudre des problèmes complexes comme ceux inhérents à la communication humaine.

La simplification à outrance, ou l'art de créer des malaises

La plupart des individus sont intéressés non pas par la théorie de la communication interpersonnelle, mais bien par la pratique. Des centaines de méthodes, de trucs et de techniques de communication existent sous différentes appellations, et je vois fréquemment des gens qui tentent de les mettre en application. Souvent, l'utilisation d'un truc est évidente, et cela provoque un malaise. Oui, parce qu'on s'en rend compte, assurément. Soit on s'en aperçoit consciemment, ce qui provoque le plus grand des malaises, soit, sans qu'on en ait explicitement conscience, le cerveau, lui, constate qu'il se passe quelque chose de louche avec cet interlocuteur et se défend immédiatement en évitant certains sujets de conversation ou en mettant fin à un échange. Voyons quelques exemples de trucs et de techniques répandus.

Poser des questions ouvertes

Poser des questions pour faire parler l'autre et montrer qu'on s'intéresse à lui est une technique répandue. Les questions ouvertes sont, semblerait-il, celles que l'on doit privilégier. Contrairement aux questions fermées, auxquelles on répond par oui ou non et qui ne permettent pas d'élaborer sa pensée, elles obligent la personne à expliquer ses propos et à se dévoiler. Les questions sont toutefois des stratégies à double tranchant. Elles peuvent effectivement nous aider à connaître davantage quelqu'un et à obtenir une information, mais la plupart du temps elles nuisent gravement à la communication. Il est habituellement évident qu'une personne utilise la technique de la question ouverte. Plusieurs signes la trahissent : le temps entre la fin de la réponse et le début de la question suivante, le manque de lien entre ce qui vient d'être dit et la nature de la question, le mouvement de son diaphragme (elle prépare mentalement la prochaine question), ses mouvements oculaires avant la formulation d'une question, son expression faciale de même que son intonation. Comme nous l'approfondirons plus tard, formuler une question efficace et pertinente implique de respecter des règles. En effet, poser une question, ouverte ou fermée, ne fait pas avancer la discussion et n'enrichit pas la relation si d'autres variables ne sont pas considérées et synchronisées. Même les personnes qui ne sont pas particulièrement intéressées par la communication humaine reconnaissent la mauvaise utilisation d'une question : « La question sort de nulle part. Ça a l'air faux. Ça paraît forcé et pas sincère. Ça ne m'inspire pas confiance, ça ne donne pas le goût de se dévoiler. Je me sens manipulé. Il me tape sur les nerfs... Je ne l'aime pas... »

Communiquer selon les types de personnalité

Nous sommes très conscients de la complexité du cerveau humain et nous cherchons désespérément des moyens de nous orienter face à celle-ci. Au cours des dernières années, les tests de personnalité se sont multipliés et ont gagné en popularité auprès du public et des organisations. Plusieurs de ces tests catégorisent les gens selon des profils de personnalité typiques. Malgré la grande variété des tests, le principe reste le même : cerner une personnalité avec un profil type. Les participants reçoivent un résumé de leur personnalité qui utilise différentes appellations-couleurs, par exemple « analytique » vert ou « expressif » rouge.

La personnalité est effectivement un élément important qu'il est possible de mesurer. Par contre, beaucoup de tests de personnalité populaires n'ont jamais réellement été validés et ne mesurent pas vraiment les traits qu'ils prétendent mesurer. De plus, leur fiabilité est rarement contrôlée. La fiabilité d'un test correspond à sa capacité à donner les mêmes résultats lorsqu'il est passé plus d'une fois. Par exemple, un thermomètre médical est fiable s'il donne la même température pour une même personne dans les mêmes conditions. Bref, plusieurs tests sont complètement inefficaces. De plus, il est courant d'entendre affirmer qu'un profil type est associé à un type de communication ou à l'emploi de certaines stratégies. J'ai souvent entendu dire, par exemple : « Avec une personne analytique, il s'agit de fournir beaucoup de détails. » C'est aussi réducteur qu'inexact. Cet appariement arbitraire entre un type de personnalité (encore faudrait-il que cette notion soit valide) et une stratégie rigide et stéréotypée ne prédit aucun effet tangible tant au niveau de la qualité de la relation que de l'efficacité de la communication, de la mobilisation générée dans le dialogue ou de la capacité à créer un impact positif.

Cela dit, comme nous le verrons plus loin, il existe effectivement cinq traits de personnalité reconnus scientifiquement et qui se mesurent avec une grande fiabilité. Par contre, la communication avec des individus de différentes personnalités est un processus interactif dans l'instant présent qui ne dépend pas de la catégorie de personnalité, uniquement du comportement dans l'instant présent. Nous verrons comment !

Utiliser les reformulations

Cette technique consiste à reformuler ce que l'autre personne vient tout juste de dire. Les raisons justifiant son utilisation sont souvent imprécises. Essentiellement, il s'agit de désamorcer les refus et les objections de l'interlocuteur, de rehausser la relation, de s'assurer de bien comprendre ce que l'autre nous a dit, de lui démontrer que nous avons bien reçu ce qu'il nous a communiqué, etc. Il est souvent conseillé de commencer la reformulation par : « Si je comprends bien... »

L'emploi de cette technique est logique et même louable, mais elle est difficile à maîtriser, car elle *a l'air* d'un truc. Rares sont ceux qui utilisent une telle façon d'échanger dans la vie quotidienne, alors le faire paraît faux et forcé dans le contexte d'une discussion importante. On risque de se faire répondre : « Est-ce que tu joues au psychologue ? » ou « Pourquoi répètes-tu ce que je viens de dire ? » L'autre pourrait facilement se sentir manipulé.

Parler au « je »

Le truc qui consiste à commencer ses phrases par « je » est aussi très répandu. Il est censé augmenter notre capacité à nous exprimer clairement et librement sans envenimer une conversation houleuse. Rappelons que toute forme de stratégie de communication détectée par notre interlocuteur aura une répercussion négative immédiate. Une personne qui surutilise le « je » se fera rapidement débusquer, consciemment ou non. Le sous-texte implicite perçu par l'interlocuteur sera le suivant : « J'ai le droit de dire ce que je veux parce que je parle au "je". Je me respecte et j'ai le droit parce que c'est "je". Tu dois donc accepter ce que je dis et tu ne peux m'attaquer pour cela. » L'emploi abusif du « je » constitue une forme d'évitement des conflits et des émotions négatives, et sert de bouclier. Il n'est pas rare que celui qui y a recours prétende que l'autre est de mauvaise foi et qu'il n'a donc rien à se reprocher puisqu'il a parlé à la première personne. Il jouit de l'immunité de l'authenticité ! Quelqu'un qui surutilise le « je » et qui subit les foudres de son interlocuteur se considérera comme une victime, alors que, dans les faits, il a véritablement couru après une réaction négative de la part de son interlocuteur. En plus de violer plusieurs lois et mécanismes de communication, que je présenterai plus loin dans cet ouvrage, l'interlocuteur se défend, et une escalade d'émotions négatives s'ensuit. Si certaines personnes soutiennent que cette méthode fonctionne, nous leur répondons que l'efficacité de leur communication n'est pas liée à l'utilisation du « je », mais plutôt à d'autres mécanismes qu'elles ont, sans en avoir conscience, bien employés.

Prenons ici pour exemple les communications de Barack Obama, que ce soit lors de ses allocutions publiques ou dans les négociations qu'il a menées en privé. Les effets positifs de ses interventions n'étaient pas dus au fait qu'il parlait au « je ».

L'efficacité interpersonnelle est composée d'ingrédients qui soutiennent les mots, dont le « je ».

Être authentique

Plusieurs approches s'appuient sur le concept d'authenticité : être soi-même à chaque instant, parler du fond du cœur, dire sa vérité et s'ouvrir à l'autre. Ces intentions sont très louables et positives, mais les gens qui tentent d'être authentiques n'obtiennent pas nécessairement de meilleurs résultats, l'authenticité étant un critère très général qui n'est pas spécifiquement associé à des comportements de communication précis. En raison du manque de structures et de repères dans la notion d'authenticité, nous considérons qu'il s'agit davantage d'une valeur que d'un comportement, et encore moins d'une stratégie de communication. De plus, tout comme le fait de parler à la première personne, l'authenticité est un concept potentiellement nuisible dans les communications, car elle est véhiculée comme une sorte d'immunité diplomatique. De la même façon que le « je », elle fait souvent office de bouclier.

Valoriser les champs d'intérêt

Cette technique veut que, pour créer une relation de confiance, par exemple avec un client, il est souhaitable de se servir d'indices pour amorcer des sujets de conversation positifs qui mettent en valeur les champs d'intérêt de l'interlocuteur.

Prenons un exemple. Un représentant entre dans le bureau d'un client. Il aperçoit une photo où celui-ci apparaît sur son voilier. Le représentant commence la conversation en s'écriant : « Vous faites de la voile ! »

Cela peut paraître ridicule, mais cette méthode est réellement et sérieusement enseignée à des millions de représentants aux quatre coins du globe. Des dizaines de techniques comme celle-ci de même que des protocoles de conversation scénarisés sont enseignés aux vendeurs, aux représentants et aux conseillers financiers pour faire en sorte que le client se sente bien, et surtout qu'il signe le contrat souhaité. Non seulement personne ne se sent à l'aise d'appliquer ces techniques, mais elles paraissent forcées et fausses. De pareilles stratégies ne fonctionnent plus aujourd'hui, car nous les connaissons tous.

Les techniques de communication servent essentiellement à *faire faire* quelque chose à l'interlocuteur. Elles vont à l'encontre de l'établissement d'une relation. Depuis une quinzaine d'années, le niveau d'éducation, l'accès à l'information, l'exposition constante aux images et à la sollicitation ont nettement augmenté la capacité des gens à détecter toute forme de manipulation et diminué leur tolérance à celle-ci. De façon générale, aussitôt qu'un individu détecte une tactique, sa confiance ainsi que la crédibilité qu'il accorde à son interlocuteur disparaissent.

•••

Les stratégies de communication présentées précédemment ne sont que quelques exemples de celles qui sont largement véhiculées. Comme nous le verrons, le cerveau capte et traite des milliers d'informations chaque seconde. Il n'est pas dupe. Il faut donc acquérir une méthode de communication en phase avec notre réel fonctionnement cognitif et cérébral. Travailler de façon authentique revient à rester sur le mince fil des réels processus pertinents dans la communication. Si cela est bien fait, rien ne détonnera, et le processus de communication sera, dans les faits, authentique. La communication consiste donc à être honnête concernant les réels processus psychologiques en cours et à y faire face durant l'interaction.

Il est impossible d'associer le comportement humain à quelque chose d'aussi simpliste qu'un « outil ». Qui oserait penser que les performances d'Usain Bolt sont explicables uniquement par la longueur de ses jambes ou par la qualité de ses chaussures ? La seule façon de devenir compétent dans une tâche complexe comme la communication humaine est de comprendre les mécanismes qui la composent et… de s'entraîner.

Nous devons nous appuyer sur les structures et les règles des comportements cérébraux ainsi que sur les lois physiques pour optimiser nos comportements relationnels. Il n'y a aucune autre voie.

Au sujet de la science

Il est important de comprendre le rôle de la science dans l'étude du comportement humain, et particulièrement en communication interpersonnelle. Il existe des milliers de recherches rigoureuses qui se penchent sur le comportement humain, mais j'ai senti, avec les années, que nous ne savions pas exactement comment utiliser cette science dans notre vie, dans nos défis quotidiens. Alors que l'étude et la mesure d'un phénomène relèvent de la connaissance scientifique, l'exécution d'une action ou d'un comportement dans l'instant présent n'est pas, elle, du ressort de la science, mais bien du sport et de l'art.

La science permet de mieux comprendre les phénomènes complexes qui nous entourent et les relations entre les variables qui les composent. Les humains ont progressivement mis en place, à travers ce qu'on appelle la science, une façon de raisonner, de conceptualiser des variables, de construire des hypothèses, des protocoles expérimentaux, des théories, des stratégies d'analyse, etc. La science n'est pas une réponse en soi, mais une façon d'interagir et de réfléchir. Elle nous oriente de façon fiable dans cet Univers complexe.

Un scientifique est une personne qui réfléchit à propos d'un phénomène. Il a appris la méthode et le raisonnement scientifiques. Plus spécifiquement, il les a, avec les années, adaptés à un champ de recherche. Le scientifique met donc en place une stratégie pour aller plus loin dans sa compréhension d'un phénomène et le faire connaître par le biais de publications scientifiques qui sont révisées par ses pairs. En effet, les articles scientifiques crédibles sont toujours revus par d'autres chercheurs indépendants. Chaque phrase, chaque virgule et chaque chiffre y sont analysés, critiqués et vérifiés. Ce travail est essentiel pour reconnaître la fiabilité des connaissances acquises et transmises, sans parti pris et indépendantes des résultats obtenus. Sans cette procédure, les résultats d'un article ne peuvent être considérés comme crédibles. Ce n'est pas de la « bonne » science.

Un chercheur possède l'habileté et le souci de ne rien tenir pour acquis. Il doute sans cesse. Même lorsque ses résultats sont significatifs et qu'il en est satisfait et fier, il craint que des facteurs ou des variables n'aient pu lui échapper. C'est cette attitude qu'un scientifique doit adopter. C'est la raison pour laquelle il conclut tous ses articles par une autocritique et partage les limites de son étude, et ce, peu importe les résultats. Un bon scientifique est conscient que le savoir ne connaît pas de réponse définitive et inébranlable. Un bon scientifique est précis et humble.

Il existe des standards préétablis qui font consensus dans le milieu scientifique. Le but d'un chercheur est d'obtenir des résultats dits significatifs. Lors d'une expérimentation, des analyses statistiques sont planifiées de manière qu'il soit possible d'interpréter les résultats des tests. Elles visent à déterminer si les résultats obtenus sont en lien – ou non – avec le phénomène que l'on tente d'étudier, ou s'ils ne sont que le fait du hasard. Pour qu'un résultat scientifique soit considéré comme significatif, les analyses statistiques doivent montrer qu'il est dû à 95 % au réel phénomène que l'on veut mesurer, et non au hasard. Cela veut aussi dire que les scientifiques acceptent qu'il y ait au maximum 5 % de risques que les résultats soient l'effet du hasard.

Lorsqu'un chercheur obtient des résultats significatifs, il est très heureux : il s'agit souvent du fruit de plusieurs années de travail et d'études. Il pourra publier ses recherches dans des revues scientifiques, lesquelles seront déterminantes dans la progression de sa carrière. En effet, plus il publiera d'études dans des revues prestigieuses, plus il aura de chances d'accéder à des postes de chercheur convoités, et cela aura des répercussions sur le financement des projets de recherche de son laboratoire. Les chercheurs, comme tout le monde, subissent la pression du résultat.

La science est un microscope qui tente de comprendre les relations entre des éléments minuscules et des concepts complexes. Elle avance lentement, résolument. La précision, voilà la plus grande qualité du chercheur. Il se doit d'être extrêmement minutieux tant en ce qui concerne l'élaboration de concepts et de théories que dans le choix des instruments de mesure et des types d'analyses, dans la sélection des participants et dans les manipulations expérimentales.

La psychologie, quant à elle, est une science qui fait face à un défi supplémentaire : tenter de traduire directement un résultat scientifique en comportements-stratégies applicables dans la réalité des humains, dans leurs contextes naturels, est presque impossible.

La D^re^ Amy Cuddy, de la Harvard Business School, a publié des dizaines d'études, dont l'une sur la position corporelle « en puissance[13] ». Elle soutient que le fait de lever les bras dans les airs ou de mettre ses poings sur ses hanches augmente le niveau de testostérone plasmatique, et que cet effet a pour résultat de rendre une personne plus confiante et plus convaincante devant son interlocuteur. Cette attitude devrait, par exemple, augmenter ses chances d'être engagée lors d'une entrevue d'embauche. La Dre Cuddy a réussi à démontrer ces liens dans une expérimentation en laboratoire, selon les règles scientifiques, et elle a obtenu des résultats statistiquement significatifs, qui sont non seulement intéressants, mais scientifiquement valides puisqu'ils relient la posture, la réponse hormonale et l'impact social du comportement.

La Dre Cuddy est l'une des chercheuses les plus connues et les plus célèbres dans le monde en psychologie de la communication, entre autres grâce à ses conférences et à ses vidéos TED qui ont enregistré des millions de vues. Plusieurs ont tenté d'adopter la posture mise de l'avant dans l'étude, espérant des résultats significatifs dans leur vie : être plus confiants, être plus convaincants et être embauchés. Malheureusement, les effets ne se produisent pas comme en laboratoire. Les gens ne se sentent pas aussi confiants que le rapporte l'étude, et ils ne décrochent pas nécessairement l'emploi de leurs rêves grâce à cette technique. Le passage du laboratoire à la réalité ne se fait pas si facilement.

Les découvertes scientifiques en psychologie, appliquées dans notre quotidien, ne génèrent pas des résultats observables, tangibles, concrets et objectifs. La réalité n'est pas un contexte contrôlé. Elle est immensément plus complexe et comporte une multitude de variables absentes du contexte expérimental. Pour cette raison, malgré la quantité d'informations, de données scientifiques et de recherches auxquelles nous avons accès, il existe un écart considérable entre la recherche scientifique pure et la pratique concrète. Et on observe un malaise grandissant dans le monde de la communication interpersonnelle. Nous sommes tiraillés entre les données scientifiques et la façon de pratiquer la communication de manière efficace. Cela a fait naître un doute à l'égard de la science.

On peut faire un parallèle avec le monde du sport. Il existe une vaste littérature sur la performance individuelle d'un hockeyeur ou d'une équipe de hockey. Mais, pour l'instant, la science ne peut apprendre à un athlète comment jouer comme Wayne Gretzky ou Sidney Crosby. Les connaissances sont là, mais leur utilisation sous forme de comportements dans l'instant présent requiert des composantes différentes qui doivent être ajoutées aux connaissances scientifiques.

Ce qu'il faut savoir pour comprendre la suite

Seul face à un grand prédateur, un individu est en danger. En revanche, lorsqu'il est en groupe, il peut être un redoutable chasseur. Particulièrement à l'ère préhistorique, un humain isolé avait peu de chances de survie. Ses relations et sa capacité à développer des stratégies de communication constituaient une partie intégrante de sa survie. Le langage non verbal des hominidés de cette période consistait en des sons et des expressions faciales, des mouvements, des postures ainsi que des contacts physiques exprimant des états émotionnels, des demandes, des intentions et des oppositions : un ensemble de messages destinés aux autres membres du groupe.

La maîtrise du feu a joué un rôle de première importance dans le développement de l'espèce humaine. Les premières traces de son utilisation par l'*Homo erectus* remontent à plus d'un million d'années. L'humain a ensuite raffiné sa façon de l'utiliser. Grâce au feu, il était dorénavant craint de tous les autres grands prédateurs. Il les observait non plus pour s'en sauver, mais pour les affronter stratégiquement, ce qui a modifié la structure de la hiérarchie dans la savane. Ses nouveaux objectifs, de plus en plus difficiles à réaliser, impliquaient assurément une collaboration étroite entre les membres d'un groupe. C'est le début de l'ère des communications. C'est la naissance de la technologie.

L'humain est alors habité par un nouveau sentiment de sécurité. Tant que le feu brille à proximité, il est protégé par une enveloppe invisible. Cependant, il reste hypervigilant, son attention est inconstante, sensible au moindre distracteur.

Observer un singe vervet en train de se nourrir est une bonne façon de comprendre l'utilisation d'un système attentionnel hypervigilant. L'animal tient sa nourriture entre ses pattes, la regarde une seconde, prend une bouchée, jette un œil autour de lui, revient à sa nourriture un très court instant, regarde à nouveau autour de lui. Son attention est constamment divisée. Son anxiété est nécessaire à sa survie, ce qui influence entre autres le fonctionnement de son système limbique, centre des émotions. Plus l'attention est instable, plus les émotions le sont également.

Le chasseur peut se détendre pendant de longs moments, ce qui réduit l'anxiété et la vigilance qui le poussent, comme les animaux, à surveiller l'entourage et à être constamment alerte aux indices de dangers présents dans l'environnement. Ce changement d'attitude représente le passage d'une hyperactivation du système nerveux sympathique, relié à l'anxiété, au développement d'une vision stratégique plus posée et réfléchie, laquelle est reliée au système nerveux parasympathique. Une source d'énergie extérieure à l'humain vient donc changer l'utilisation de son système nerveux.

Les premiers humains, tout comme les animaux de la savane, ont un seuil de réactivité émotionnelle très bas, c'est-à-dire qu'il leur en faut peu pour réagir. Cela leur donne l'avantage de réagir rapidement au moindre signe de menace.

Nous sommes aujourd'hui très peu vigilants et notre seuil de réactivité est très élevé, ce qui nous rend extrêmement lents et peu dynamiques, et favorise un tonus corporel à l'apparence paresseuse. Mais c'est le prix à payer pour que nos ressources cérébrales se consacrent à des tâches cognitives plus complexes. Notre attention est donc de moins en moins divisée, de plus en plus stable et soutenue, et c'est précisément par l'action des processus attentionnels conscients et volontaires que les facultés intellectuelles de haut niveau se développent.

Ainsi, l'attention soutenue a rendu possibles l'introspection et le développement des processus réflexifs plus complexes, soit un muscle dont le développement n'a pas de limite connue.

Les premiers humains mangeaient la viande, les insectes et les végétaux crus. La mastication était longue et ardue. L'utilisation contrôlée du feu a permis d'attendrir les aliments et de créer une stimulation gustative supérieure. Le temps consacré à la mastication a énormément diminué, libérant les fonctions musculaires qui y étaient reliées. Les humains se mettent alors à interagir différemment. Autour d'un feu qui éclaire, qui protège, qui réchauffe les corps et qui cuit le repas que le groupe partagera, ils ont le temps, l'énergie, les conditions physiques et psychologiques nécessaires pour prendre contact avec de nouveaux besoins. Leur attention est moins sollicitée que jamais et maintenant centrée sur leurs propres expériences. Au fil des millénaires, ils seront de plus en plus disponibles pour dépeindre et partager la richesse de leurs expériences.

Le langage verbal apparaît environ 35 000 ans av. J.-C., et il dévoile des facultés humaines uniques : la pensée abstraite et l'imagination. On communique à propos des événements de la journée et on parle des autres membres de la tribu, non seulement dans le but de consolider des relations, mais aussi pour se forger une opinion. Les échanges ont également une fonction de divertissement.

Dans la plupart des communautés traditionnelles que j'ai eu la chance de visiter, les gens discutaient sans arrêt. Je me demandais comment les événements de la journée pouvaient alimenter tant de discussions. Les traducteurs qui m'accompagnaient m'ont expliqué que les membres des groupes se rappellent des souvenirs, des événements passés, des histoires drôles, des opinions et des débats épineux.

Pour des humains qui désirent communiquer, les sujets de conversation sont infinis.

Le fait de pouvoir se promener sur l'axe temporel des événements est un pas de géant : les humains s'approprient un monde imaginaire et virtuel. L'axe temporel marque le début de la communication du sens, c'est-à-dire du mouvement directionnel à l'intérieur du discours. Relier des événements passés à ceux qui se déroulent dans l'instant présent, et ultimement à ceux que nous pouvons imaginer dans le futur, voilà une nouvelle dimension dans la communication humaine.

Ces conditions nouvelles combinées au développement cérébral et de la communication ont permis de décupler l'imagination. L'humain prend de plus en plus plaisir à discuter du futur et de ses ambitions, et ce, avec de plus en plus de fluidité. Pour communiquer, un individu doit préalablement activer des réseaux neuronaux générant des intentions, des images, des événements sous forme de souvenirs, d'histoires, d'opinions qui entrent dans le champ de la conscience. Il doit ensuite traduire ces images en codes verbaux communs. Il n'espère alors qu'une chose : que les yeux des autres membres de sa communauté présents autour du feu brillent non pas uniquement en raison de la lueur des flammes, mais aussi grâce aux images mentales générées par son discours. Lorsque l'humain partage ce qu'il voit, ce qu'il vit, ce qu'il veut, il vise à faire découvrir aux autres ce qu'il porte en lui. Le but implicite du partage d'idées est non seulement de briser la solitude, mais aussi de répartir *la charge* d'une idée. Car le transport mental d'une idée qui suscite de fortes émotions a un coût. La maîtrise du feu a donc été l'une des grandes étincelles qui a permis d'accélérer l'accès au potentiel imaginaire et à la conscience humaine. Partager avec les autres ce qu'on porte en soi est devenu un besoin fondamental lié à la survie émotionnelle. L'histoire allait montrer que l'humain portait en lui bien plus que des récits de chasse.

L'évolution du cerveau et les stratégies relationnelles ont effectivement permis à l'humain d'imaginer des objectifs à atteindre dans le futur. Cela rappelle la volonté de prendre de l'expansion, comme l'Univers est occupé à le faire à chaque instant. Une telle destinée nécessitait une organisation plus précise des activités des membres d'un groupe. Des objectifs plus complexes allaient aussi de pair avec un niveau supérieur de cohérence interindividuelle et de communication. Le langage verbal a permis de synchroniser les efforts de plusieurs individus pour atteindre des objectifs, ce qui impliquait que les personnes concernées pouvaient s'orienter mentalement à travers des idées, percer le brouillard des multiples distractions mentales ou environnementales, et imaginer des référents suffisamment semblables et précis pour se comprendre et aligner leurs efforts. La poursuite d'objectifs à long terme requiert également la capacité de prioriser des actions dont les bénéfices ne seront générés que plus tard, au détriment d'actions qui promettent une récompense immédiate. En stimulant l'imaginaire et la créativité, nous avons déclenché le Big Bang de l'univers intellectuel humain. Contrastant avec les ressources matérielles qui sont limitées, difficilement accessibles et difficiles à conserver, l'imagination, les idées et les concepts sont infinis et facilement stockables dans la mémoire individuelle et collective.

Les humains ont compris que les idées possèdent une valeur, car elles représentent une expérience potentiellement positive quand elles prennent la forme de projets, d'objectifs, de possibilités et de connaissances. L'imagination, combinée au langage, permet d'attirer l'attention, d'augmenter sa propre valeur au sein d'un groupe, d'inspirer les autres, d'influencer la hiérarchie et la distribution des ressources. Le langage verbal a permis le développement de l'extraversion et celui de l'organisation mentale des concepts et des idées, c'est-à-dire la pensée abstraite, qui, à son tour, a participé au développement d'encore plus de mots et d'idées. L'un entraînant l'autre, le développement fut exponentiel. Il est donc raisonnable de penser que la conscience s'est elle aussi progressivement développée. Comme un muscle qui a été exercé, la conscience a pris de plus en plus d'expansion et a donc assuré la prise en charge de toujours plus d'informations, de mots, de concepts, d'images et de façons de fonctionner, tant individuellement que collectivement.

La multiplicité des boîtes fixes : le langage

L'Univers est plus grand que la plus immense des piscines. Plus grand que tous les océans réunis. Pour survivre dans cet Univers infini et hostile dont les repères sont flous et les lignes séparant les éléments, absentes, nos sens doivent entrer en jeu.

Ceux-ci recueillent des informations brutes qui doivent être interprétées par le cerveau.

Pour organiser les concepts, la cognition humaine fonctionne par catégorisation. Elle découpe le monde en boîtes définies sur lesquelles elle pose des étiquettes. Ces boîtes – ces catégories – n'existent pas réellement. Elles sont des balises d'orientation virtuelles. En augmentant sa capacité à détecter consciemment des stimuli dans l'environnement, le cerveau a également développé une capacité à catégoriser, gagnant en efficacité et en précision. En effet, le nombre de catégories est infini. Il est donc possible d'en créer continuellement, multipliant les balises d'orientation. Car, dans la psyché humaine, une information ne peut traîner comme un électron libre dans le néant. Elle doit absolument être classée. Le langage verbal permet donc la création d'*appuis* communs visant ultimement l'orientation et l'ajustement des actions en cours. Les mots sont des stimuli sonores qui ne sont, en quelque sorte, que des prétextes pour activer des réseaux neuronaux, soit des balises d'orientation virtuelles, dans un monde flou. Ils ne sont pas à l'extérieur de l'imagination humaine.

Les mots, les concepts, les catégories ou d'autres produits conceptuels générés par l'esprit peuvent être comparés à des dessins faits au marqueur sur la vitre d'une fenêtre. En regardant à travers la fenêtre, nous pouvons voir directement ce qui se trouve à l'extérieur, mais il est aussi possible de voir les dessins sur la vitre. Ceux-ci sont artificiels. Comme des bouées sur la mer qui guident la navigation, ils donnent des points de repère à travers notre regard. Nous concevons facilement que ces dessins et ce qui se trouve dehors sont deux choses bien différentes : la réalité concrète composée de particules, d'énergie et de mouvement, et les dessins figés sur la vitre.

Les gens qui partagent une même culture et une même langue ont beaucoup de symboles dessinés de la même manière sur leur fenêtre. C'est le propre d'une langue et d'une culture de faciliter une orientation commune. Il est intéressant de constater que la plupart des mots peuvent se traduire d'une langue à l'autre, mais il arrive qu'une expression n'ait pas d'équivalent dans une autre langue. Il existe des « trous » de traduction. Cela peut s'expliquer par le fait que la conscience des individus partageant une même culture par rapport à une chose est plus développée et soutenue que chez les membres d'une autre culture. Cela est aussi cohérent avec le fait que toute forme de tâche ou d'expertise spécialisée nécessite une conscience et un langage plus développés pour servir cette spécialisation. Il y a donc un lien direct entre la conscience et la précision du langage.

Lorsque deux personnes de culture différente se rencontrent, il est facile pour elles de traduire le mot « rapide », mais déterminer ce à quoi il fait concrètement référence pour chacune est un autre défi. La traduction est une chose, le *sens* en est une autre. Cela transparaît lorsqu'une collaboration est nécessaire. La collaboration implique donc des référents suffisants et communs pour organiser les actions. Mais les mots et les concepts resteront toujours des dessins sur la vitre des fenêtres, et même si deux personnes proviennent d'une même culture, partagent une même langue, des valeurs et un système d'éducation similaires, elles n'auront jamais *exactement* les mêmes dessins sur leurs fenêtres, car chaque humain est également unique.

Les humains et les ressources

La sédentarisation survenue lors de la période du néolithique, soit environ 9000 ans av. J.-C., a provoqué un grand bouleversement dans l'histoire de l'humanité et a prodigieusement accéléré son impact sur la Terre. En fait, elle a exacerbé une tendance déjà bien présente : la volonté d'accumuler les ressources.

Les chasseurs-cueilleurs étaient en mouvement constant et puisaient les ressources dans leur environnement immédiat. L'accumulation était peu souhaitable puisqu'un poids supplémentaire diminuait la capacité de se mouvoir efficacement, affectant donc les chances de survie. Ils transportaient le maximum de matériel sans toutefois affecter significativement les autres aspects fondamentaux de la survie nomade. Les tribus nomades de chasseurs-cueilleurs d'Afrique ont progressivement migré vers les autres continents entre l'an 125 000 et 30 000 av. J.-C. À leur arrivée, chacun de ces continents était peuplé d'une grande variété d'espèces. Leur disparition sur un territoire donné coïncide généralement avec l'arrivée des premiers humains[14]. Au moment où l'humain met le pied quelque part, son imagination s'active, son sens de la planification et de l'organisation est stimulé, de même que l'articulation de ses désirs et des moyens stratégiques qu'il prend pour les concrétiser. L'histoire a démontré qu'à partir du moment où l'humain conscientise quelque chose, il cherche soit à le posséder, soit à l'absorber, soit encore à en faire sa propriété ou à le garder sous son contrôle. Il désire ce qu'il y a de plus beau, de plus grand, de plus fort, de plus rare. Il possède l'intelligence et la conscience nécessaires pour l'obtenir avec de plus en plus d'efficacité. Il prend, jusqu'aux limites de ce qu'il peut, jusqu'à l'épuisement d'une ressource. Cette tendance de l'humain était présente bien avant la sédentarisation, mais celle-ci a changé l'utilisation des ressources naturelles, environnementales, relationnelles et énergétiques. Elle a provoqué la transformation de la structure sociale en culture de gestion des ressources.

C'est dans un contexte d'accumulation de ressources que l'écriture est apparue, pour enregistrer les échanges et les transactions. La pensée, le développement des techniques, la nécessité d'établir des ententes et des contrats ainsi que de produire divers écrits ont donné lieu à la création d'alphabets.

Au fur et à mesure que la connaissance et la conscience humaines prennent de l'expansion, un nouveau phénomène apparaît. Le contenu théorique devient progressivement la finalité. Les mots gagnent une nouvelle fonction. On peut les organiser en connaissances, qui ne sont pas des marchandises matérielles, mais qui sont pourtant considérées comme des richesses. Il y a en effet une valeur inhérente à un discours, à des idées, à une forme de contenu qui est principalement conceptuelle. C'est le discours de plus en plus idéologique, théorique ou argumentaire. Cette tendance s'est maintenue et développée au fil des siècles. L'accumulation de l'information crée implicitement l'illusion qu'elle est devenue une substance à conserver.

Nous sommes donc passés de l'utilisation de concepts qui se référaient concrètement à des actions, à de la matière, à des intentions et à des buts, à des concepts dont la valeur réside en eux-mêmes. Les connaissances sont devenues des ressources et un standard indépendants de la réalité tangible. La quantité de connaissances théoriques *détenues* par une personne est un standard social octroyant un certain pouvoir hiérarchique.

Il y a donc une tendance à l'accumulation de ressources et, depuis peu dans l'histoire, à l'accumulation de données verbales, théoriques, catégorielles et virtuelles. L'un des effets relatifs à la quantité de possessions d'un humain est que, à partir du moment où il se considère comme propriétaire d'une ressource, il a la préoccupation de la conserver. L'humain est de plus en plus angoissé, voire terrorisé par l'éventualité de toute forme de perte. Comme une partie importante de l'expansion humaine dépend de ressources externes, le succès d'une telle entreprise réside donc dans sa capacité à conserver ses ressources. L'humain associe sa propre valeur à des ressources qu'il craint de perdre à chaque instant.

Il y a cependant un paradoxe: les mots sont l'outil de la connaissance, donc de la richesse interne, mais ils sont aussi l'arme de choix pour anéantir la valeur de cette connaissance. Les mots et les idées peuvent démolir d'autres mots et d'autres idées. Cette idée que l'on chérit et que l'on considère comme notre possession n'est pas à l'abri de la destruction si un autre individu possède les arguments pour l'invalider. Toute interaction sociale peut être une menace pour ce type de propriété. Les discussions sont des occasions de pertes, car les mots et les idées sont des marchandises à protéger. Une conversation peut facilement tourner à l'humiliation si les arguments d'une personne clouent le bec de l'autre. Cet effet est décuplé si des témoins ayant une grande valeur sociale assistent à cet échec. L'humiliation correspond à une rétrogradation de la valeur d'un individu et à la chute d'un échelon dans la hiérarchie sociale. Il s'agit d'une perte d'énergie très significative, et les humains sont terrorisés par cette perspective.

Comme nous pouvions nous y attendre, les mêmes règles s'appliquent à l'argent, une autre ressource extérieure à l'humain, l'une des plus anxiogènes, car sa valeur est objectivée par la hiérarchie des chiffres. Les humains ont peu ou aucune tolérance aux rétrogradations énergétiques ou aux pertes. Comme leur volonté fondamentale est l'expansion, il est presque impossible pour eux d'accepter volontairement une quelconque rétrogradation, qu'elle soit financière ou d'une autre nature.

Le monde des mots et des concepts a été le terrain idéal du développement du monde virtuel. Internet est la plus formidable matrice d'information collective à laquelle chaque humain peut contribuer en ajoutant des fils au tissu des connaissances et des informations disponibles. Toutefois, Internet et les médias sociaux ne sont pas des outils de relations humaines. Ils se sont rapidement transformés en plateformes de promotion personnelle où les publications visent à obtenir de l'attention et de l'approbation sociale dont les rétroactions sont maintenant quantifiables. L'attention sociale, bien qu'elle soit un phénomène intangible, est aussi une ressource. Cette unité virtuelle est une forme de monétisation de l'attention et de notre *valeur sociale*. Mais les unités virtuelles n'ont absolument rien de tangible et sont difficilement transformables en ressources ou en énergie dans la réalité physique. Néanmoins, il est maintenant possible d'accumuler des « amis ». Il s'agit donc aussi d'une « possession », et l'éventualité de la perte de ces ressources génère de l'anxiété.

L'arrivée des médias sociaux ainsi que leur accessibilité marquent le retour de l'attention divisée, caractéristique des animaux en survie et des premiers hominidés qui, avant la maîtrise du feu, surveillaient leur environnement pour prévenir les dangers. Alors que ces grands singes étaient toujours hypervigilants face aux distracteurs externes, les humains sont aujourd'hui hypervigilants face aux signaux virtuels. Le cerveau est maintenant entraîné pour ce type de vigilance. Physiologiquement parlant, il est devenu extrêmement sensible à l'absence de renforcement de dopamine, une autre forme d'énergie exogène générée par les signaux sonores ou visuels des médias sociaux qui soulage, l'espace d'un court instant, l'anxiété de la dévalorisation sociale[15]. Si on n'a plus peur des prédateurs réels, on craint la douleur liée au sevrage créé par *l'absence* de dopamine. Lorsque les rétroactions virtuelles positives se font plus rares, l'anxiété prend, en quelque sorte, la place de la dopamine.

Un million d'années après la maîtrise du feu par l'*Homo erectus*, ayant favorisé une attention de plus en plus soutenue, la dépendance à l'accumulation d'indices liés à l'approbation sociale virtuelle semble entraîner un spectaculaire retour en arrière. Ce désapprentissage de l'attention soutenue influence le système attentionnel général, qui est de plus en plus divisé, de plus en plus sensible aux interférences et aux distracteurs, et qui affaiblit les capacités mnésiques et relationnelles, ce qui provoque une instabilité émotionnelle alarmante. Ce phénomène est entre autres lié à la vague massive de diagnostics de TDAH[16, 17].

Parallèlement, les humains ont mis au point la première fusée commerciale capable d'effectuer un aller-retour dans l'espace, faisant naître ainsi la possibilité concrète de voyages commerciaux et touristiques dans l'espace, rêve devenu accessible et engendrant d'autres possibilités imaginées et qui pourraient avoir des répercussions économiques et sociales majeures. Alors que les océans de la planète Terre sont inexplorés à 90 %, que les déchets envahissent tous les écosystèmes de la planète en raison de la tendance à l'accumulation et à la surconsommation individuelles, il est difficile pour l'humain de résister à l'idée d'un défi plus grand. L'espace est aujourd'hui un nouveau territoire infini à détenir. Depuis toujours, l'idée de posséder cet infini est extrêmement attrayante pour les humains. En ce sens, des programmes menés par la NASA préparent activement l'installation des premières civilisations humaines sur d'autres planètes, en tentant de créer des conditions atmosphériques et naturelles qui rendraient l'existence humaine viable. La réussite de ce projet est une question de quelques années. Posséder des planètes, et éventuellement les accumuler, sera une étape normale.

Seulement 12 000 ans après l'invention de l'écriture, il faut se rendre à l'évidence : les interactions humaines, la cognition et la conscience humaines, la gestion des ressources et celle de l'énergie sont intrinsèquement liées. Ce n'est que le début. La tendance de l'humain à l'expansion sous toutes ses formes peut laisser supposer qu'il est un pilleur, un voleur, un pollueur immature, enfantin et indigne. Mais l'humanité change, avance, se développe à coups d'insatisfactions. Et de conversations. C'est justement là que tout se joue. Étant donné la récence des nouveaux moyens de communication, du développement du langage verbal, du système économique et des possibilités technologiques, il y a lieu de croire que l'humanité en est à ses débuts en matière de gestion de paramètres, de variables, d'idées, de possibilités et, par conséquent, de responsabilités. La capacité à communiquer de manière à gérer des ressources efficacement doit donc être développée. Il s'agit d'une phase inévitable dans le processus évolutif humain qu'il est sage d'affronter avec courage et conscience.

NOTES

1. Watzlawick, P., & Dickens, T. (1980). The impossibility of not communicating. *Communication Studies.* London : Arnold.
2. Watzlawick, P., & Beavin, J. (1967). Some formal aspects of communication. *American Behavioral Scientist,* 10(8), 4-8.
3. Mayer, J. D., & Salovey, P. (1997). What is emotional intelligence. *Emotional development and emotional intelligence : Educational implications,* 3, 31.
4. Mayer, J. D., Salovey, P., & Caruso, D. R. (2000). *Models of emotional intelligence.* RJ Sternberg (ed.).
5. Goleman, D. (1995). *Emotional intelligence.* New York, NY, England.
6. Grewal, D., & Salovey, P. (2005). Feeling Smart : The Science of Emotional Intelligence : A new idea in psychology has matured and shows promise of explaining how attending to emotions can help us in everyday life. *American Scientist,* 93(4), 330-339.
7. Joseph, D. L., & Newman, D. A. (2010). Emotional intelligence : an integrative meta-analysis and cascading model. *Journal of Applied Psychology,* 95(1), 54.
8. Davies, M., Stankov, L., & Roberts, R. D. (1998). Emotional intelligence : In search of an elusive construct. *Journal of Personality and Social Psychology,* 75(4), 989.
9. Harms, P. D., & Credé, M. (2010). Remaining issues in emotional intelligence research : Construct overlap, method artifacts, and lack of incremental validity. *Industrial and Organizational Psychology,* 3(2), 154-158.
10. Pfeiffer, S. I. (2001). Emotional intelligence : Popular but elusive construct. *Roeper Review,* 23(3), 138-142.
11. Schulte, M. J., Ree, M. J., & Carretta, T. R. (2004). Emotional intelligence : Not much more than g and personality. *Personality and Individual Differences,* 37(5), 1059-1068.
12. Mar, R. A., DeYoung, C. G., Higgins, D. M., & Peterson, J. B. (2006). Self-liking and self-competence separate self-evaluation from self-deception : Associations with personality, ability, and achievement. *Journal of Personality,* 74(4), 1047-1078.
13. Cuddy, A. J., Wilmuth, C. A., & Carney, D. R. (2012). The benefit of power posing before a high-stakes social evaluation. *Harvard Business School working paper series# 13-027.*
14. Harari, Y. N. (2019). *Sapiens : A Brief History of Humankind*(p. 978-0099590088). Vintage.
15. Lissak, G. (2018). Adverse physiological and psychological effects of screen time on children and adolescents : Literature review and case study. *Environmental Research,* 164, 149-157.
16. Swing, E. L., Gentile, D. A., Anderson, C. A., & Walsh, D. A. (2010). Television and video game exposure and the development of attention problems. *Pediatrics,* 126(2), 214-221.
17. Ra, C. K., Cho, J., Stone, M. D., De La Cerda, J., Goldenson, N. I., Moroney, E., ... & Leventhal, A. M. (2018). Association of digital media use with subsequent symptoms of attention-deficit/hyperactivity disorder among adolescents. *Jama,* 320(3), 255-263.

PARTIE II

LA CONSCIENCE DYNAMIQUE

III

LA CONSCIENCE, L'ÉNERGIE ET LA COMMUNICATION

La conscience

La conscience est probablement l'un des sujets les plus complexes dont nous pouvons discuter tant en neurosciences qu'en philosophie, en religion et en psychologie. Il s'agit d'une question incontournable pour les humains puisqu'elle touche aussi bien le sens de l'existence humaine que les comportements les plus concrets.

La conscience est un concept qui peut être perçu, compris et étudié sous plusieurs angles. Elle revêt un aspect spirituel lorsque nous la considérons en tant qu'entité séparée du corps. En ce sens, elle se rapproche de l'idée de l'âme qui se dissocie du corps physique, et donc du cerveau. Cette vision n'est pas uniquement religieuse ou spirituelle, puisque des neuroscientifiques étudient maintenant les relations entre l'activation de certaines zones du cerveau et les expériences spirituelles. Le Dr Mario Beauregard compte parmi ces scientifiques qui, par exemple, étudient les relations entre les expériences de mort imminente (IME) (en anglais, *near-death experience*, NDE) et les activations dans différentes zones du cerveau[1,2]. Il soutient notamment qu'il est ridicule de considérer que la conscience réside dans une partie du cerveau. Il voit plutôt cet organe comme une antenne qui syntonise et rassemble des représentations, de l'énergie ainsi que l'âme. L'identité et la nature humaines ne se situeraient pas physiquement dans la boîte crânienne, mais dans d'autres endroits de l'Univers. Certains chercheurs définissent la conscience comme un processus cognitif relié à des zones cérébrales précises qui restent à être identifiées. D'autres approches s'intéressent non seulement à la conscience comme structure psychique, mais à son pendant, l'inconscient, en tant qu'immense entité. Selon les psychanalystes, l'inconscient peut s'harmoniser avec la conscience, qui est aussi un ensemble défini, ou s'y opposer. Il serait une zone où les mots, les images, les histoires et les souvenirs contenant des désirs, des pensées et des pulsions influenceraient le domaine conscient du fonctionnement individuel.

Depuis quelques années, le terme « conscience », très en vogue, est extrêmement vendeur, et est lié à la consommation. On parle, par exemple, de style de vie conscient, de la haute conscience de soi mêlée à la haute conscience de l'environnement. Cette image de marque est maintenant accolée à différents produits, styles de vie, activités et idéologies. Comme la conscience est devenue une valeur et un standard, elle permet de discriminer ceux qui sont conscients et ceux qui ne le sont pas, et différents nouveaux comportements émergent. Vient avec cette image de marque une responsabilité : les « conscients » doivent éduquer ceux qui ne le sont pas, ce qui renforce l'élite morale autoproclamée. Cette monétisation de la conscience sous forme de standard social est particulièrement dangereuse, car elle installe la confusion entre le réel développement de la conscience et l'achat d'un titre de supériorité.

Par exemple, il est actuellement bien vu de méditer afin d'élever sa conscience pour réussir dans différents domaines, même en affaires. La méditation est une immense industrie. Alors que la pratique de certaines formes de méditation montre des effets réels sur plusieurs plans, tant cognitifs qu'émotionnels[3, 4], elle ne favorise pas une conscience fonctionnelle supérieure et ne crée pas de comportements nouveaux. Tel qu'il est présentement véhiculé dans les médias, le concept de conscience est complètement déconnecté de toute réalité fonctionnelle.

Les stratégies superficielles ne sont pas une véritable conscience et elles n'impliquent pas le développement d'un type de conscience qui aurait des impacts réels à long terme sur notre vie et celle des autres. Le capitalisme vend ce que les gens veulent acheter. Si la conscience vend, ce sera donc la conscience que nous vendrons à toutes les sauces, à tous ceux qui en veulent.

La conscience en tant qu'outil de développement humain fondamental existe, pourtant. Il faut cependant développer une vision réaliste et concrète de cet outil.

Après avoir consacré une quinzaine d'années à étudier le comportement humain et les processus mentaux, je persiste à croire que notre vision de la conscience humaine est extrêmement limitante et qu'elle nous permet difficilement de nous en servir et de la développer. Notre cerveau utilise différents processus conscients. Certains permettent de « prendre conscience » d'une information, d'autres, de générer une vision globale d'un phénomène impliquant plusieurs variables. Mais il y a un autre volet de la conscience qui, lui, permet le mouvement. En ce sens, je propose une compréhension de la conscience comme processus interactif et dynamique impliqué dans tous les processus de communication humaine.

La conscience opérationnelle

Des chercheurs se sont penchés sur l'aspect cognitif de la conscience, soit la différence entre le traitement de l'information consciente et le traitement de l'information non consciente. Comment les informations que nous avons captées de façon consciente influencent-elles nos choix, nos comportements, nos émotions et l'atteinte de nos objectifs ? Comment les informations captées sans que nous en soyons conscients influencent-elles ces mêmes variables ? Pouvons-nous entraîner notre cerveau à capter plus consciemment les informations ?

Pour le moment, la science ne permet pas de réduire la conscience uniquement à des processus cognitifs définis et mesurables, car elle met aussi en cause les notions de perception, de regard sur l'Univers et sur soi, de recherche d'un sens ainsi qu'une volonté de voir, de découvrir, de prendre conscience de...

Nous cherchons à voir ce qui est vrai, sans le voile de nos biais cognitifs. Nous souhaitons par la conscience accéder à ce qu'il y a de plus beau, à ce qui a le plus de valeur, de puissance, d'importance. Une personne désirant développer sa conscience doit donc développer son habileté à voir ce qui est déjà là, sous ses yeux : à voir l'or ! Certains ont davantage de talent pour s'émerveiller. D'autres sont capables de voir de belles occasions là où tous voient l'échec et les difficultés. La conscience est ce qui distingue une personne figée dans le noir d'une autre qui a appris à voir, à s'orienter et à agir, à se servir d'une ressource qui était là, sous ses yeux.

Bien que je ne sois pas de l'école de ceux qui poursuivent la quête ultime de l'illumination, ni même de ceux qui croient que ce phénomène existe, je pense néanmoins que davantage de conscience peut permettre d'accéder à davantage de vérité, de beauté et de potentiel en soi et en l'autre.

Puisque ce qui m'intéresse particulièrement concerne le développement de stratégies de communication, j'opterai pour la définition suivante de la conscience: le phénomène qui témoigne de la prise en charge volontaire d'une information, d'une idée, d'une pensée, d'une connaissance ou d'une action, ainsi que de l'intention relative au comportement. Nous avons besoin de la conscience non seulement pour nous orienter la nuit, mais aussi pour avancer avec assurance. À cela s'ajoute une dimension nouvelle de la conscience, celle qui permet l'accès à l'énergie et qui crée le mouvement. La conscience *dynamique*.

La conscience comme outil

La conscience d'une information la rend utilisable et modifiable dans l'instant présent. Inversement, une information détectée de façon non consciente sera traitée par le cerveau, mais ne sera pas consciemment utilisable et restera indépendante de notre volonté. Lorsque nous communiquons avec une personne, les opérations conscientes et non conscientes se chevauchent.

La conscience étant un processus cognitif très lent et coûteux en termes d'énergie, le cerveau ne peut se permettre d'être conscient de tout. Il dirige donc son attention consciente vers les priorités complexes ou nouvelles. Lorsque notre attention consciente analyse une situation, une information ou une pensée nouvelle, le cerveau ne traite que cette information précise. Il s'agit d'un système sériel, c'est-à-dire qu'il ne s'occupe que d'une information à la fois. Contrairement au système automatique (souvent non conscient), qui peut traiter superficiellement des dizaines d'informations en même temps, le système attentionnel conscient est plus précis et analyse l'information plus profondément. Les processus conscients et les processus automatiques doivent collaborer. Par exemple, lorsque nous conduisons une voiture, la plupart de nos mouvements et de nos décisions ne nécessitent pas d'attention consciente. Nous pouvons aller tout droit, virer à gauche, mettre le clignotant, changer de vitesse, voir les véhicules freiner, tout cela en nous focalisant mentalement sur la nouvelle présentation que nous allons faire dans 30 minutes devant un public exigeant... La plupart de ces tâches ont été tellement répétées qu'elles demandent peu d'attention et de conscience. L'attention consciente devient alors disponible pour des tâches nouvelles, plus complexes et qui exigent un plus grand niveau de ressources mentales. La préparation de notre exposé requiert notre attention consciente, puisqu'il s'agit d'une tâche non automatique, complexe, unique. Il en va de même pour toutes les communications interpersonnelles. Chaque communication est unique et n'a lieu qu'une seule fois dans l'histoire de l'Univers. Nous ne pouvons donc pas compter sur les processus automatiques pour la mener. Nous avons besoin des processus conscients à chaque instant[5].

La conscience et les mots sont d'excellents amis. Pour s'orienter, prendre des décisions, prioriser l'information, le cerveau a tendance à faire le lien entre l'information captée par les sens et des mots, lesquels sont reliés à d'autres mots, puis à d'autres encore, etc. Depuis notre enfance, les mots ont catégorisé et découpé le monde en concepts théoriques de manière que nous puissions partager des référents communs et mieux nous orienter. Le terme « cognition verbale » sous-entend que le cerveau travaille à relier ses perceptions à des mots, mais aussi à des concepts, à des théories, à des phrases, à des arguments. Ces notions font partie de nos pensées, de la façon dont nous raisonnons. Le traitement des informations verbales dont nous pouvons nous rendre compte dans l'instant présent relève de la conscience verbale. Lorsque nous lisons, pensons ou parlons, ces processus sont généralement très conscients. Par exemple, le fait de se rendre compte qu'on est en train de prononcer des mots, le fait de réfléchir en parlant dans sa tête, le fait même de lire ces lignes, tout cela relève d'une conscience verbale. Définir une pensée ou un concept avec des mots, ou encore s'y référer, dépend aussi de la conscience verbale. Celle-ci est une conscience relativement simple des mots et des concepts qui est absolument nécessaire, mais qui traite les boîtes fixes. Il s'agit d'une conscience statique[6, 7].

La métacognition

Certains processus exigent une conscience plus développée ou plus complexe, parce qu'ils traitent des informations qui sont en interaction les unes avec les autres. La métacognition est une catégorie de processus cognitifs de plus haut niveau, car elle fait appel à un niveau plus élevé de conscience. Les processus métacognitifs sont responsables du regard que l'on porte sur des processus cognitifs moins élaborés sur le plan de la conscience. En quelque sorte, il s'agit de processus cognitifs qui analysent et observent d'autres processus cognitifs. Par exemple, la mémoire à court terme est un processus cognitif, tandis que la *perception* de notre mémoire à court terme est un processus métacognitif. L'attention soutenue est un autre bon exemple de processus cognitif. Le processus métacognitif pourrait être la *confiance* que nous avons de notre attention soutenue ou de la gestion de notre attention soutenue. Les processus métacognitifs sont reconnus pour nécessiter davantage de conscience que les processus automatiques et les processus cognitifs conscients simples.

Imaginons qu'une personne souhaite comprendre la façon dont elle se sent par rapport à une situation sociale en particulier. Un processus cognitif conscient simple pourrait consister à ce qu'elle pose son attention sur sa sensation émotionnelle lors d'une réunion. Par contre, l'*interprétation* de ses émotions négatives nécessitera davantage de ressources conscientes et impliquera donc un processus métacognitif.

Les processus métacognitifs sont aussi étroitement liés aux processus verbaux, car ils ont besoin des mots pour exister. Même si la métacognition implique davantage de conscience, il s'agit quand même d'une conscience qui traite des boîtes fixes, c'est-à-dire des mots, des images et des phrases[8, 9, 10].

PROCESSUS COGNITIFS LIÉS À LA CONSCIENCE

Figure A Processus automatiques : la personne vit ses émotions sans en être consciente.

Figure B Processus conscients simples : la personne se rend compte de ses émotions, elle pose volontairement son attention sur la sensation émotionnelle.

Figure C Processus métacognitifs : la personne s'interroge à savoir comment elle interprète cette émotion.

La conscience est impliquée dans les actions physiques, les gestes et les mouvements, ainsi que dans les sensations et les informations qui n'ont pas une forme verbale explicite.

Nous pouvons diriger consciemment notre attention sur notre respiration sans avoir à penser à un mot ou avoir recours à une image en lien avec celle-ci. Il est donc possible d'avoir une conscience des mouvements sans l'intermédiaire d'une référence verbale, et d'avoir une conscience motrice ou procédurale, c'est-à-dire en lien avec un mouvement plus ou moins complexe[11, 12, 13].

Contrairement aux mots qui, pour le cerveau, constituent des boîtes fixes, définies, claires et souvent accompagnées d'images, les mouvements sont plus flous, et il est plus difficile d'en avoir une conscience fine. Par exemple, dans le sport, l'apprentissage demande principalement des actions motrices, et non des concepts verbaux. L'apprentissage d'un mouvement rend nécessaires sa décortication et son exécution répétée et lente. Sans ces stratégies, un nouveau mouvement ne pourra être traité consciemment par le cerveau : l'apprentissage sera alors impossible ou prendra beaucoup plus de temps que nécessaire.

En résumé, la conscience est un processus de prise en charge volontaire d'informations qui permet la prise de décision, l'initiative, la planification et l'adaptation à l'environnement. La conscience verbale est certes la plus accessible et la plus importante pour nommer des stimuli, des objets, des cibles, des actions et des idées, mais la conscience non verbale est fondamentale pour apprendre à créer de nouveaux comportements et des gestes efficaces.

La communication interpersonnelle efficace implique des opérations conscientes nécessaires à l'analyse des mots ou d'autres données statiques. Elle fait également intervenir un traitement de l'information relative aux mouvements, aux gestes et aux comportements, des opérations non statiques. Mais est-ce que le dialogue et les relations humaines n'impliqueraient pas d'autres processus conscients qui expliqueraient mieux comment créer une relation authentique, énergisante, valorisante? Ou des processus en lien avec la genèse du sens dans nos conversations, ou qui déterminent notre potentiel individuel et d'équipe et permettent d'atteindre des objectifs tout en stimulant une croissance?

Mon hypothèse est qu'il y a assurément des processus conscients, quoique complexes, qui peuvent servir à créer les interactions humaines positives que nous voulons vivre.

Les limites de la conscience statique

Il existe une manière de distinguer ce qui est conscient de ce qui ne l'est pas : parler ou décrire une idée, une image mentale ou une expérience est une manifestation de la conscience. C'est pourquoi la conscience est souvent confondue avec la connaissance, qui prend également une forme explicite et verbale. Conséquemment, notre vision de la conscience est associée aux connaissances théoriques verbalisées, ou même aux gestes simples qu'il est possible de décrire verbalement. La conscience statique est composée d'éléments fixes en tant que représentations mentales. Comme je l'ai expliqué précédemment, ces représentations mentales ne sont que théoriques et servent d'orientation, mais elles n'existent pas dans la réalité.

L'addition ou la multiplication de composantes statiques ne peut pas créer un produit dynamique, c'est-à-dire un comportement, un mouvement ou de l'énergie dans l'instant présent. C'est pourtant ce que les humains recherchent. Une personne très savante n'est donc pas nécessairement plus consciente ou meilleure pour relever un défi tangible qu'une autre qui serait illettrée. Le fait d'avoir lu tous les livres et les articles scientifiques sur la communication ne permet pas de créer des relations avec les autres ou d'être un bon leader pour son personnel ou son équipe de travail. La conscience comporte un volet relatif à nos connaissances explicites et verbales, mais elle a également un côté plus flou et difficile à définir par le biais d'étiquettes et de concepts. Il m'est apparu évident que nous devions développer un modèle de la conscience plus fonctionnel et multidimensionnel pouvant expliquer des comportements complexes comme les interactions sociales. Une compréhension de la conscience comme phénomène interactif et en mouvement permettrait de propulser notre fonctionnement social et relationnel à un tout autre niveau.

Il existe une certaine hiérarchie dans l'implication de la conscience dans le traitement de l'information par le cerveau. Plusieurs opérations mentales ont été définies et mesurées, lesquelles sont liées à différents types de traitement de l'information. Les neurosciences ont mis ces processus en perspective grâce à des méthodologies strictes et épurées, de manière à réduire un maximum de biais statistiques ou interprétatifs. Ce découpage des micro-actions mentales est nécessaire en sciences. Mais comment utilisons-nous ces processus mentaux lors d'interactions humaines ? Comment nous servons-nous de notre conscience lors des dialogues ? Le fonctionnement humain général implique une synergie de processus mentaux à chaque instant, permettant l'adaptation de nos comportements et de nos décisions en lien avec un environnement complexe et changeant. Il est donc pertinent de développer une vision fonctionnelle de la conscience et des comportements humains pour communiquer et créer des relations.

En ce sens, on ne peut enseigner la communication interpersonnelle en priorisant la conscience verbale ou même une conscience non verbale simpliste. Cette façon de concevoir l'interaction humaine nous enferme dans des processus verbaux trop simples, limités et déconnectés de l'Univers qui, lui, ne parle pas le langage humain.

L'énergie

Le mot « énergie » est déjà associé à une panoplie de concepts et est souvent employé de façon très large ou ésotérique. C'est ce que j'appelle un terme « socialement brûlé », car il génère une certaine méfiance de la population en général ou une perception négative puisqu'il a été utilisé à toutes les sauces. On l'associe aux sensations d'énergie, à la motivation, à la stimulation, à la fatigue, à l'agitation, à l'extraversion, aux chakras, à la nourriture, aux calories, à l'électricité, à la spiritualité, aux combustibles, etc., bref, à mille et une choses qui n'ont rien à voir entre elles. Cependant, à force d'étudier le comportement humain, de tenter de l'influencer et de l'optimiser, j'ai dû me rendre à l'évidence que l'énergie existe bel et bien, et qu'elle correspond à plusieurs phénomènes et sensations dont nous faisons l'expérience quotidiennement.

Je définirai le terme « énergie » dans le contexte des relations humaines et de la communication interpersonnelle. Afin de bien comprendre les mécanismes et les principes dont il sera question plus loin, il est nécessaire d'approfondir un aspect de l'énergie bien spécifique : le mouvement.

L'Univers dynamique

Bien que la notion d'énergie soit vaste et complexe, on s'entend sur le fait qu'une de ses manifestations est le mouvement d'une masse. L'énergie transférée à une masse ou à une particule peut être décrite et mesurée selon des équations.

Le mouvement est une caractéristique inhérente aux particules qui composent l'Univers. Les objets qui nous entourent sont faits de particules en mouvement. Donc forcément, ces objets sont eux-mêmes en mouvement constant. Même ceux qui paraissent immobiles sous notre regard ne le sont pas, en réalité. Nos yeux ne détectent qu'une certaine gamme de mouvements dans un spectre d'amplitudes et de fréquences. En dehors de ce spectre, il est difficile, voire impossible, de les déceler. Par exemple, à l'œil nu, on peut observer un cheveu, qui a un diamètre de 0,000100 m, mais pas un globule rouge, dont le diamètre est de 0,000006 m (environ 100 fois plus petit !). Il en va de même pour les mouvements. On peut distinguer à l'œil nu les pas de course d'un cheval, mais pas les battements d'ailes d'une mouche. Les mouvements trop rapides ou de trop faible amplitude ne sont pas détectés consciemment – ou ne le sont pas du tout – par notre système cérébral. La chaise sur laquelle vous êtes assis est composée d'électrons et d'atomes, qui sont en mouvement, même si vous ne le sentez pas. Notre système solaire se déplace à 850 000 km/h dans l'Univers ; il est impossible de détecter ce spectaculaire mouvement avec nos sens, au quotidien, pendant que nous savourons notre tasse de café matinale. L'Univers est en continuelle expansion. La physique nous enseigne que le statisme n'existe pas.

L'électricité illustre bien comment l'énergie se manifeste par le déplacement des masses. Un atome ayant une charge positive doit être entouré d'un nombre suffisant d'électrons de charge négative pour être dans une forme énergétique stable. Le déplacement des électrons le long d'un fil électrique provient du débalancement des charges électriques des deux pôles, c'est-à-dire que l'un, trop négatif, veut se départir d'un surplus d'électrons, et que l'autre, trop positif, veut les acquérir. Selon la vitesse de déplacement des électrons et le volume d'électrons, la puissance de l'électricité varie. Cela démontre bien que l'énergie ne consiste pas en une « substance énergétique », mais plutôt en la capacité de mettre en mouvement des éléments déjà existants.

Une molécule d'eau est composée d'un atome d'oxygène et de deux atomes d'hydrogène. Une goutte d'eau contient des millions de molécules. La combinaison de gouttes peut former des courants et des torrents capables d'alimenter des turbines et de transformer ce mouvement en énergie utilisable. Par contre, une eau stagnante offrira plus difficilement une telle énergie. Le concept de monnaie fonctionne d'une façon comparable aux masses en mouvement. Ce que nous appelons «économie» est le déplacement d'argent dans un système défini. La valeur de l'argent est donc relative à son déplacement dans un système. Conséquemment, l'argent suit les mêmes règles que les autres manifestations de l'énergie. Comme la valeur de l'énergie transférée à une masse est nulle s'il n'y a pas de mouvement, l'argent n'a pas de valeur s'il demeure statique. Il ne vaut quelque chose que parce qu'il est échangé. C'est la raison pour laquelle une devise n'a aucune valeur dans un autre système économique. De la même façon, de l'argent qui ne «vit» pas dans le système économique ou financier, c'est-à-dire qui n'est pas en interaction avec d'autres flux monétaires, se dévalorisera avec le temps. Le dollar, l'euro ou le rouble (éléments statiques) n'ont donc aucune valeur s'ils sont sortis du système économique qui les met en circulation, en mouvement. En vase clos, déconnecté d'un système, l'argent ne vaut rien, tout comme des électrons, lorsqu'ils sont isolés, ne génèrent pas d'électricité et que l'eau stagnante ne crée ni rivière ni courant. L'humain est une particule comme les autres. Il doit posséder l'énergie nécessaire à sa mise en mouvement pour trouver sa valeur. Notre cerveau le sait. Notre conscience le sait.

Le mouvement comme seule constante

Depuis le début du développement de la pensée humaine et du langage, l'argumentaire ficelé, les connaissances et la rationalité ont une connotation sociale positive. Il est bien vu et valorisé d'avoir des choses à dire, idéalement des choses associées à une grande valeur. Le discours est un outil d'influence puissant. Une personne capable d'articuler une pensée et de l'exprimer par la parole sera mieux perçue qu'une autre qui est introvertie et qui éprouve des difficultés à s'exprimer verbalement. L'extraversion est effectivement un facteur clairement reconnu comme étant une composante fondamentale du leadership[14, 15, 16].

Par ailleurs, un employé chargé d'accomplir une tâche répétitive ne sera généralement pas socialement ou financièrement aussi valorisé qu'une personne dont le travail consiste à structurer, à planifier, à organiser ou à enseigner. C'est en partie logique, puisque des mouvements simples, surtout lorsqu'ils sont répétés à l'infini, nécessitent peu ou pas de conscience et ont une retombée limitée. Un geste simple transfère peu d'énergie, tandis que le maniement de structures et l'organisation de tâches impliquent davantage de ressources et d'énergie et peuvent transférer encore plus d'énergie. C'est justement le but de ce que nous appelons des « stratégies ». Une stratégie est une réflexion concernant la manipulation des variables d'un système dans le but de générer davantage de résultats. Dans notre cas, de l'énergie. Les actions simples nécessitent moins d'études, et il existe un grand nombre de personnes qui sont capables de les poser, contrairement aux activités nécessitant de profondes connaissances théoriques ou une grande intelligence conceptuelle.

J'ai remarqué que l'intelligence verbale et l'extraversion peuvent aussi jouer contre l'humain et son fonctionnement. Les individus ayant une habileté à verbaliser, à rationaliser et à argumenter sont parfois ceux qui ont le plus de difficulté à prendre et à assumer des responsabilités. L'expression

« grand parleur, petit faiseur » n'a certes pas été forgée sans fondement. Elle concerne spécifiquement la zone de confort d'une personne qui non seulement fait des promesses à tout un chacun, mais qui aussi se plaît à parler sans retombée énergétique concrète. Dans ce cas, parler signifie fournir des explications non demandées, travailler activement à avoir raison dans un contexte non approprié, étaler son savoir sans tenir compte de l'intérêt des autres, expliquer habilement des événements personnels en recourant à des excuses externes. Parler ne constitue pas nécessairement une communication : les mots peuvent n'être que du bruit socialement toléré, un amoncellement de variables fixes qui agissent davantage comme un poids que comme une source de mouvement. Le bruit sous forme de mots est souvent un voile qui cache l'anxiété d'une personne et la soulage momentanément. Faire du bruit est une soupape idéale permettant de ne pas poser une action concrète ou qui exige un certain engagement.

C'est la raison pour laquelle l'utilisation des mots, des concepts, des idées ou de toute autre forme de construction mentale a la fâcheuse tendance à inhiber l'action responsable et la prise de risques concrète, et donc elle ne génère pas d'énergie. Ainsi, les mots à eux seuls, aussi brillamment utilisés soient-ils, ne changent pas le monde et ne nous font pas nécessairement évoluer. Ils ne nous mettent pas en mouvement sans l'émergence du sens. Cette perception plutôt négative de la surutilisation de processus verbaux peut paraître surprenante. Toutefois, elle concorde avec des philosophies où le langage est perçu comme une grossière béquille qui contribue carrément à la souffrance humaine. Le bouddhisme se positionne d'ailleurs contre l'illusion de vérité véhiculée dans le langage verbal et toute représentation mentale fixe.

Le bouddhisme est une religion qui se consacre à l'atteinte d'un état suprême, le nirvana. Ce stade correspond à la fin des souffrances humaines, à la délivrance. Selon les moines bouddhistes, la méditation et le développement de la conscience mènent graduellement à la perception de la vérité, c'est-à-dire à la réalité en tant que mouvements. Les perceptions fixes véhiculées par le langage verbal seraient à l'origine de la souffrance humaine. Selon cette religion, toute construction mentale est une aberration empêchant l'humain d'être directement en contact avec l'Univers et la vérité. La démarche d'un moine bouddhiste est, par conséquent, d'en arriver à voir le monde en se plaçant au-delà de son identification sous forme d'étiquettes mentales, lesquelles emprisonnent l'humain dans des contraintes qu'il a créées lui-même pour se sécuriser. La cage dorée.

Les bouddhistes croient aussi que la perception de la réalité selon des concepts mentaux fixes n'est qu'illusion. Ils suggèrent plutôt de cultiver une vision du monde en mouvement continu, comme un continuel flot d'éléments en mouvement qui se situe en dehors de toute verbalisation. En d'autres mots, la réalité n'est que mouvement et transformation en dehors de toute étiquette fixe.

Si nous observons le ciel, il est possible que nous voyions ce que nous appelons un « nuage ». Quelques heures plus tard, il aura disparu. Selon les bouddhistes, il n'y a jamais eu de présence ou d'absence de nuage, c'est-à-dire de début et de fin à son existence. Avant le nuage, les molécules et l'énergie nécessaires pour composer le nuage existaient toutes déjà, sous une autre forme ; ces particules se sont regroupées et condensées dans le ciel jusqu'à ce qu'elles soient perceptibles, et se sont ensuite transformées en pluie. L'énergie, les éléments et l'existence ne peuvent donc pas être identifiés, arrêtés, fixés avec un mot ou un concept, puisqu'ils sont continuellement en mouvement. Les moines bouddhistes sont foncièrement d'accord avec le philosophe et chimiste français Antoine Lavoisier, qui disait que rien ne se perd, rien ne se crée, tout n'est que transformation. Il semble donc sensé de dire que les mots ont de grandes limites et que le mouvement est la seule constante.

La santé et le mouvement

Nous cherchons à nommer et à définir verbalement, conceptuellement et idéologiquement qui nous sommes, mais c'est quand nous nous mettons en mouvement que notre nature, nos talents, nos idées atteignent leur plein potentiel. Et les professionnels de la santé n'y sont pas étrangers.

Il y a un consensus en psychologie et en médecine concernant le mouvement chez l'humain. Les cellules du corps sont en constante transformation. Il est connu qu'un individu ayant un mode de vie sédentaire ressentira tôt ou tard les effets de son manque de mouvement et d'exercice. Ce principe s'applique également à la santé psychologique. Malgré des divergences majeures entre les approches, les psychologues s'entendent pour dire que le sens est l'un des éléments les plus importants de la vie des humains. Le sens des événements, le sens des émotions, le sens de nos pensées, de nos actions, de nos aspirations. *Le sens de notre vie*. Le sens désigne spécifiquement *le mouvement vers*, un processus qui crée un mouvement directionnel. Il est une source d'énergie fondamentale pour les humains. Un individu en perte de sens, et donc de mouvement, est grandement sujet à la détresse psychologique, pouvant entre autres se révéler par l'anxiété élevée et la dépression[17]. Remettre une personne en mouvement est donc une priorité en matière de santé. Retrouver la santé consiste à réactiver les systèmes générateurs de mouvement. Par exemple, l'une des stratégies fondamentales pour le traitement de la dépression est l'activation comportementale, qui consiste prioritairement à briser l'immobilité[18].

DÉPRESSION ET TRAITEMENT

La perte de sens — La remise en mouvement

Il existe des liens entre les problèmes d'ordre médico-physiologique d'un individu et sa santé psychologique. Il n'est pas rare qu'une personne qui éprouve un problème physique soit également affectée d'un trouble psychologique, et vice versa. Si elle est atteinte, par exemple, de fibromyalgie, elle voit diminuer sa mobilité, ses capacités et ses projets, et est susceptible de souffrir de troubles anxieux multiples et de dépression[19, 20, 21, 22].

L'humain, comme toute particule, comme tous les éléments de la nature, est fait pour le mouvement. La conscience, les relations humaines et la communication interpersonnelle suivent également cette loi.

L'énergie et la communication

L'énergie est le pinacle de toute communication interpersonnelle. Plus un dialogue nous donne accès à de l'énergie, plus les retombées seront positives. L'énergie totale dépend des conditions psychologiques créées à chaque instant, des types de buts et d'objectifs que nous recherchons et de la structure de la conversation permettant de générer un mouvement vers ces buts.

Les humains peuvent être proactifs, engagés et créatifs. Inversement, ils peuvent être passifs, anxieux, dépendants, évitants et apathiques. Le manque d'énergie est au cœur du malaise vécu par beaucoup de gens tant sur le plan individuel qu'organisationnel. Dans notre culture, la croyance la plus fortement enracinée en cette matière est que l'humain *crée* l'énergie dont il a besoin. Il la fabrique lui-même, il la fait apparaître à partir de son cerveau ou de ses entrailles. Des expressions courantes comme « avoir de l'énergie », « s'activer », « se stimuler », « se motiver » témoignent de cette mécompréhension du fonctionnement de l'énergie chez les humains et, par le fait même, de la motivation. Nous ne créons pas l'énergie, nous accédons à de l'énergie par diverses stratégies.

Un humain qui a accès à de l'énergie ressent *la hâte de*, *le goût de*, *l'intérêt de*; il a une meilleure capacité d'attention soutenue, un sentiment de puissance élevé plutôt qu'un sentiment d'impuissance, une volonté d'avancer vers quelque chose, l'amour et le respect de soi, la détermination de comprendre l'autre et de se comprendre lui-même, l'intention de trouver comment avancer. Des idées originales, de nouvelles possibilités, des occasions intéressantes et des solutions concrètes émergent. Lorsque deux personnes ont accès à cette énergie, le dialogue en est aussi chargé.

Rappelons-nous que l'énergie ne peut être créée de toutes pièces ni possédée. La seule façon d'en bénéficier est d'y accéder et de rester dans son flot. Comme pour la matière, l'énergie est accessible par le sens et l'orientation du mouvement. Sans cela, le potentiel humain, au même titre que celui d'un plan d'eau, reste latent et invisible. L'objectif fondamental du dialogue humain est d'accéder à un maximum d'énergie pour ensuite la convertir en mouvement dans une direction donnée. Il s'agit ici de comprendre comment ces mécanismes se manifestent.

La motivation

La motivation, qui fait l'objet de recherches scientifiques approfondies depuis plus d'une centaine d'années, est la disposition émotionnelle, mentale et physique permettant de passer à l'action. La science de la motivation, c'est celle de l'énergie humaine et de son mouvement.

Il existe des conditions spécifiques qui permettent aux humains d'accéder à un potentiel d'énergie dans l'instant présent.

Une seconde partie de l'énergie humaine provient de la nature des buts qui nous animent.

Un dialogue humain en lien avec un ou des objectifs clairs donne naissance à une structure qui dirige l'énergie et crée un mouvement directionnel, que nous appellerons le « vecteur », dont il sera d'ailleurs question tout au long de cet ouvrage.

La théorie de l'autodétermination (TAD) (Deci & Ryan, 1980, 1985b, 1991) a permis de démontrer que la motivation est la somme de plusieurs conditions contextuelles combinées à des conditions psychologiques internes. Cette théorie soutient que la motivation est en lien avec des besoins psychologiques fondamentaux inhérents à la nature humaine : *l'affiliation, l'autonomie et la compétence.* La satisfaction de ces besoins détermine l'expression du potentiel d'énergie dans tous les contextes. Au cours d'une communication interpersonnelle, ces trois facteurs sont directement impliqués.

L'**affiliation** renvoie au besoin d'*être en relation positive* avec les gens autour de nous, d'être appréciés des autres autant que de prendre soin d'eux, d'être connectés à eux. Plus une personne se sent connectée et en relation positive avec les autres, plus elle sera énergisée. Plus nos stratégies de communication augmentent la force et la qualité de la relation à chaque instant, plus l'énergie sera grande et accessible. À l'inverse, lorsque les processus de communication sont inefficaces, ils affectent négativement la qualité de la relation; l'énergie chute et l'anxiété des personnes impliquées augmente.

L'**autonomie** renvoie au besoin d'avoir la liberté dans ses choix et ses initiatives. L'humain autonome n'est pas inhibé ou manipulé par un facteur externe. Il peut exprimer sa vraie nature dans ses comportements et ses choix. Il sent qu'il a le pouvoir de prendre des décisions et de poser des actions. Lorsque son sentiment d'autonomie est affecté ou diminué, un humain aura immédiatement moins d'énergie disponible pour se mettre à une tâche ou aller de l'avant. La dynamique de communication ne doit donc jamais interférer avec l'autonomie des interlocuteurs.

La **compétence** est notre capacité à atteindre des objectifs, petits et grands. Elle est liée au sentiment d'efficacité dans les actions et les tâches que nous entreprenons. Si une personne est outillée pour accomplir une tâche et atteindre des objectifs, elle se sent compétente. L'atteinte d'objectifs génère des renforcements de dopamine, l'un des neurotransmetteurs directement reliés à l'énergie cérébrale et comportementale. Si, au contraire, elle constate que ses actions, ses tentatives, ses efforts ne portent pas de fruits et qu'elle est peu efficace pour atteindre ses objectifs, son sentiment de compétence s'affaiblit. Sa dépense en énergie est supérieure au retour dopaminergique, et le système est déficitaire. En effet, l'absence de renforcement de dopamine maintiendra une énergie faible et l'anxiété aura tendance à augmenter.

Les trois composantes fondamentales de la motivation sont toujours présentes. Il n'y a que le dosage de chacune qui varie. Une situation peut donc comporter une forte autonomie, un sentiment de compétence moyen et des relations interpersonnelles de faible qualité. Une autre peut présenter un haut niveau de relation positive et d'appartenance sociale, un haut niveau de compétence et un faible niveau d'autonomie. Dans tous les cas, l'addition de ces composantes déterminera le niveau de motivation total d'une personne, donc le potentiel de son énergie.

L'accès à l'énergie individuelle ainsi qu'à l'énergie potentielle de l'interaction dépend ultimement des stratégies que nous utilisons pendant la communication. Chaque sensation, chaque pensée, chaque intention, chaque geste a un impact non seulement sur notre propre énergie, mais également sur celle de notre interlocuteur.

Comme l'énergie est l'antidote de l'anxiété, l'accès à de plus en plus d'énergie fera progressivement diminuer l'anxiété en cours de dialogue. Plus celle-ci s'estompera, plus le cerveau passera d'un système d'évitement de l'anxiété à un système d'intérêt envers ses objectifs.

Nous examinerons bientôt les stratégies les plus importantes pour augmenter cet accès énergétique.

Créer un vecteur gagnant

L'un des plus grands problèmes de la communication survient quand elle comporte peu d'énergie, donc peu de sens, produisant par conséquent peu de mouvement. Ces manques déclenchent plusieurs béquilles cognitives et émotionnelles, lesquelles sont directement reliées à plusieurs problèmes relationnels. Voyons maintenant l'un des facteurs fondamentaux responsables de l'énergie dans une communication : les buts.

Les buts sont des constructions virtuelles dont nous nous servons pour orienter un mouvement directionnel. Ils agissent comme des phares qui percent le brouillard et nous guident à travers une mer agitée. La nature de nos buts et de nos objectifs est particulièrement importante, car elle a le pouvoir de décupler nos forces, notre persévérance, notre discipline, notre volonté, notre imagination pour surmonter les obstacles qui se dresseront devant nous. Elle crée la stabilité des relations humaines.

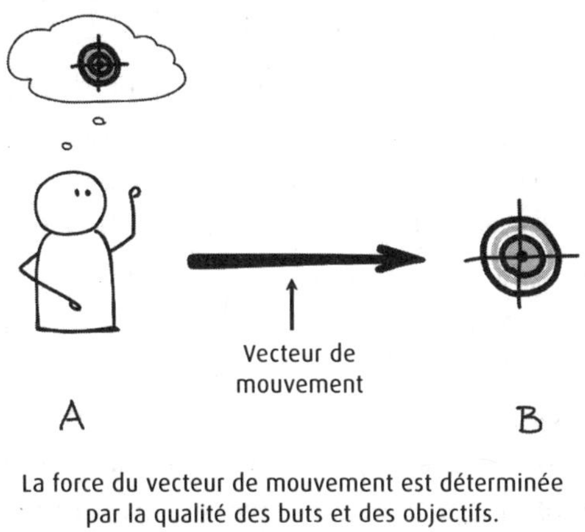

La force du vecteur de mouvement est déterminée par la qualité des buts et des objectifs.

L'énergie ne trouve son utilité que dans la mesure où elle est structurée et soigneusement dirigée. L'énergie nucléaire est dévastatrice si elle est répandue dans la nature, mais elle peut être une ressource énergétique extraordinaire lorsqu'une infrastructure la contrôle. Or, cette tendance à suivre une direction ne peut provenir que d'un alignement entre un point A et un point B. Le point A, c'est là où nous nous trouvons, et le point B, là où nous voulons aller. Sans but clair et important pour soi (un point B), l'énergie dont nous disposons sera dissipée et perdue. L'éparpillement et la perte d'énergie ne sont, en fait, qu'une agitation créant destruction et chaos. De plus, si l'agitation perdure trop longtemps, l'énergie manquera, et ce sera l'une des causes du découragement, de l'impuissance et de l'épuisement chez l'humain. L'accès à une énergie personnelle donne du pouvoir et du plaisir, mais implique surtout une responsabilité, celle de lui trouver un sens.

Le vecteur physique est la représentation d'une force et de sa direction. Les vecteurs servent à comprendre et à expliquer les mouvements des corps.

Le mouvement résultant d'un objet dépend des forces qui dominent.

Lorsque j'ai commencé mon entraînement de pilote, mon instructeur de vol, Aladdin (c'est vraiment son nom), m'a expliqué la façon de contrôler un Cessna 172 en tenant compte de plusieurs forces qui agissent sur l'appareil. Le vol d'un avion est possible grâce à la force de la portance des ailes et de la traction des moteurs. Verticalement, la force de portance, vers le haut, doit être supérieure à la force de gravité, vers le bas. Horizontalement, la force de traction des moteurs doit l'emporter sur la résistance de l'air. Ainsi, le mouvement d'un avion représenté grâce à des vecteurs nous montrerait que les vecteurs de portance et de traction sont plus puissants que les vecteurs de gravité et de résistance de l'air. *Ce qui propulse l'avion doit l'emporter sur ce qui le retient.*

Si un avion n'a pas de carburant, de source d'énergie, les moteurs ne peuvent le mettre en mouvement, et donc il ne peut pas prendre son envol.

Plus une personne bénéficie d'énergie, plus elle pourra se mettre en mouvement sur un vecteur clair et puissant. Pour l'humain, la mesure de l'énergie le mettant en mouvement se nomme le *sens.*

Plus le sens est grand, plus il y a d'énergie.

Par contre, il n'est pas possible de mesurer directement le sens. Il faut donc l'inférer par le biais d'autres manifestations présentes dans la communication humaine.

Générer le sens

Pour nous, humains, les buts et les objectifs que nous nous fixons sont à l'origine du mouvement directionnel, et donc du sens. Il s'agit alors de créer le vecteur gagnant, c'est-à-dire celui qui nous propulse vers un point B, soit le but, avec la plus grande puissance possible. Pour quelles raisons un but crée-t-il un mouvement chez l'humain ? La clé réside dans le *débalancement.*

Le mouvement d'un corps est généré par un débalancement. Tout comme le courant électrique est un déplacement d'électrons entre deux pôles dont le potentiel est débalancé, le vent n'est rien d'autre que des particules d'air en déplacement entre une zone de haute pression et une zone de basse pression. Il voyagera toujours de la première à la seconde. Plus l'écart entre les pressions est grand, plus le vent sera puissant.

Les buts qui génèrent le plus d'énergie sont en fait des représentations d'éléments que nous portons déjà en nous et que nous voulons voir se développer. Les buts générant une grande quantité d'énergie sont donc liés à notre propre nature. Ils sont des extrapolations de ce dont nous manquons. Les buts créant les vecteurs les plus puissants naissent quand nous imaginons des éléments dont nous manquons.

Tous les buts et objectifs que nous avons comportent un sens, lequel déterminera le potentiel d'énergie auquel nous accéderons. Cependant, l'énergie humaine n'est pas un phénomène uniforme. Elle se décompose en *énergie interne* et en *énergie externe.* En psychologie sociale, on parle de *motivation intrinsèque* et de *motivation extrinsèque.*

L'énergie interne

L'énergie interne est générée à partir de notre identité, du sens de nos actions et de nos buts. Il s'agit d'un processus personnel. Elle fait référence au sens personnel d'une action et d'un objectif, au plaisir autonome d'être en mouvement vers quelque chose de significatif pour soi, de s'adonner à une expérience constructive qui est elle-même génératrice d'énergie positive. L'énergie interne prend sa source dans notre propre nature, c'est-à-dire l'amour d'aller vers soi, à notre propre rencontre. Il s'agit alors d'aller vers quelque chose qui nous représente, qui révèle notre nature. L'énergie interne est liée à la *motivation intrinsèque*, c'est-à-dire issue de soi et directement en lien avec la croissance personnelle. L'individu n'agit pas sous l'emprise de l'anxiété, du désir de performance, de l'argent ou d'une récompense, de la recherche de la reconnaissance, ou pour projeter une image. L'énergie interne est autogénérée et relativement indépendante des facteurs externes; nous en sommes propriétaires[23].

Lorsque nous sommes animés par une motivation intrinsèque, les conséquences ou tout autre renforcement externe importent peu. Nous aurons tendance à l'exprimer de cette manière: « Faire cette activité, c'est *moi*! » ou alors « S'engager vers ce but, c'est *moi*! »

Tous les phénomènes liés à la *croissance* concernent également l'énergie interne, par exemple le sentiment de fierté que nous ressentons lorsque nous venons de comprendre quelque chose de nouveau, que nous avons le sentiment de nous améliorer dans l'exécution d'une tâche, que nous prenons conscience du travail accompli, ou encore que nous avons réussi à relever un défi. Il est relativement facile de percevoir si une personne est nourrie par la motivation intrinsèque pour aller vers un objectif: elle en parlera en affichant un large sourire et avec une énergie évidente. On sent que cet objectif ou cette activité lui apporte quelque chose de positif.

Les personnes qui ont une excellente connaissance d'elles-mêmes sont davantage capables de se fixer des objectifs et de s'adonner à des activités à motivation intrinsèque, récoltant automatiquement la source d'énergie la plus puissante. C'est la raison pour laquelle la motivation intrinsèque est directement liée au sens. Les personnes les plus résilientes, les plus persévérantes et qui réussissent de grands projets de longue haleine, tant dans les affaires qu'en arts ou en sciences, sont celles qui ont accès à ce type d'énergie interne.

À l'inverse, moins une personne a développé son identité, sa capacité à faire des choix correspondant à ce qu'elle aime vraiment, à ce qui a vraiment du sens pour elle, moins ce type d'énergie est accessible. Elle risque fortement d'être dépendante de sources d'énergie externes. Malheureusement, cela représente la majorité de la population des pays industrialisés, lesquels possèdent une puissante économie basée sur la consommation et la comparaison sociale.

L'énergie externe

Certains buts sollicitent davantage l'*énergie externe*, c'est-à-dire que nos actions visent à atteindre un objectif associé à un renforcement qui se situe à l'extérieur de soi. Les renforcements sont des sources d'énergie externes assez bien connues et courantes dans notre environnement, par exemple l'argent, l'attention sociale, une promotion, un psychotrope, la nourriture, certaines relations interpersonnelles, un statut social ou hiérarchique élevé. Ce sont des *motivations extrinsèques*. La motivation extrinsèque est divisée en sous-catégories qui caractérisent différents sous-types de motivations externes.

L'énergie externe possède deux caractéristiques principales. La première est qu'elle agit rapidement. Immédiatement, elle nous fait sentir bien ou soulage les émotions négatives, particulièrement l'anxiété. Ses sources vont d'un renforcement simple, comme une récompense en argent, à d'autres plus subtils, comme l'attention sociale ou l'approbation des autres. Dans tous les cas, l'avantage n'est toutefois que de courte durée, car la seconde caractéristique importante de l'énergie externe est qu'elle doit être renouvelée sans arrêt, se situant à l'extérieur de l'individu. Dans ce contexte, celui-ci n'est pas en mesure d'autogénérer l'énergie: celle-ci dépend d'une source externe qui s'épuise et qui doit être renouvelée sans cesse. Par conséquent, l'énergie externe est la principale cause de dépendance. Plus une personne dépend de ressources énergétiques externes, plus elle sera sensible aux dépendances en général, et plus son anxiété sera élevée.

Performer dans l'accomplissement d'une tâche est un but qui est souvent lié à l'image sociale. Or, l'attention et le jugement positif des autres constituent un renforcement externe. Si la performance est atteinte, celle-ci donnera immédiatement une dose d'énergie immense à court terme et, par le fait même, apaisera momentanément l'anxiété. Par contre, cette anxiété de performance reviendra rapidement et gagnera en force avec le temps, puisque le renforcement (attention sociale et valorisation externe) ne se situe pas à l'intérieur de la personne.

La motivation externe ne fournit pas nécessairement de l'énergie supplémentaire à court terme. Elle se contente d'*empêcher les pertes d'énergie.* Cette forme de motivation ne sert donc pas la croissance, mais devient une béquille qui permet de survivre à court terme en réduisant au minimum les risques de pertes. Pour toutes ces raisons, la motivation externe est fortement liée au maintien et à l'augmentation de l'anxiété, ce qui est parfaitement logique puisque l'anxiété sert à prévenir une perte ou une souffrance dans le futur. Dépendre principalement de sources d'énergie externes alimentera une anxiété de fond constante chez une personne. La dépendance n'est pas liée à la santé ni au développement positif des humains.

Voici quelques exemples de sources d'énergie externes dans lesquelles nous puisons souvent. Elles ne sont pas mauvaises en elles-mêmes, mais sont susceptibles d'entraîner une dépendance si la quantité d'énergie interne est insuffisante.

- L'attention, l'approbation, l'admiration et la validation des autres.
- Les produits consommables contenant une grande dose d'énergie à court terme : les glucides et les sources de sucres concentrés avec un indice glycémique élevé.
- L'argent.
- Toute forme de divertissement.
- L'achat et la consommation d'objets ou d'expériences.
- Les distracteurs divers : jeux vidéo, réseaux sociaux, etc.
- Les psychotropes divers : alcool, drogues, médicaments, etc.
- Les sensations fortes procurées par des activités.

Notre cerveau sait parfaitement d'où provient son énergie. Si la plupart de ses sources sont externes, cela lui indique que l'énergie permettant de survivre réside à l'extérieur de nous et que, par conséquent, nous n'en sommes jamais propriétaires. Nous en sommes dépendants. Par conséquent, notre cerveau vit avec une peur constante de *manquer* d'énergie. Il s'agit de la cause principale d'anxiété chez l'humain.

Il est impossible d'augmenter notre autonomie, de développer notre potentiel, le sens de notre vie et notre identité en nous appuyant uniquement sur les sources d'énergie externes. *Absolument impossible!*

Motivation interne ou externe?

La motivation n'est pas toujours purement interne ou externe. À l'intérieur de la grande catégorie des motivations existent plusieurs sous-types, dont certains comportent une certaine proportion de motivation interne et externe. Toutes ces motivations cohabitent dans un même esprit, dans un même comportement et dans un même but.

LA PROVENANCE DE L'ÉNERGIE
EN FONCTION DES TYPES DE MOTIVATION

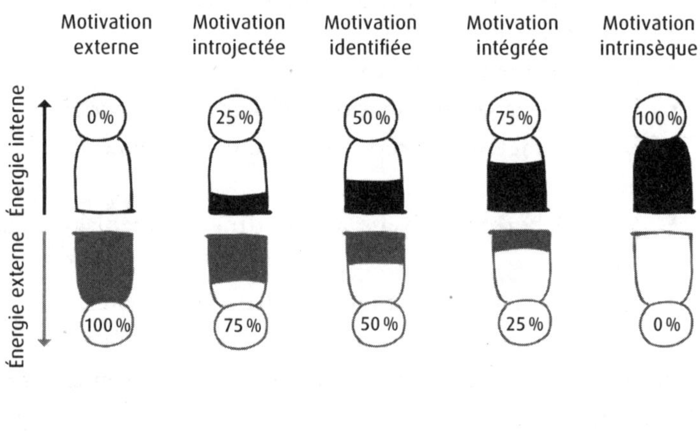

Motivation externe (100 % externe, 0 % interne)
Cette motivation est totalement contrôlée par un agent externe. Il peut s'agir d'un renforcement classique, par exemple une récompense en argent ou l'évitement d'une punition physique. Cette source d'énergie est de courte durée ; il faut donc répéter le comportement pour bénéficier à nouveau de la récompense ou éviter la punition. Le sens des buts externes est faible, il contient peu d'énergie, et le renforcement n'a qu'un faible impact qui doit être répété sans cesse.

Motivation introjectée (75 % externe, 25 % interne)
Cette motivation est fortement en lien avec la régulation de l'ego. La personne régule son énergie en fonction de la représentation d'elle-même qu'elle cherche à conserver. En d'autres mots, elle maintient son énergie grâce au regard des autres et à l'image qu'elle projette. Ce type de motivation est aussi lié à l'évitement continuel de la culpabilité et de la honte. Il crée et maintient une grande anxiété face à l'échec et à la déception quant à sa propre valeur. Il est rehaussé par les médias sociaux qui renforcent la préoccupation de l'image et l'évitement du rejet social.

Motivation identifiée (50 % externe, 50 % interne)
L'individu tire son énergie de la certitude que son comportement est en lien avec quelque chose de bon, de positif. Il bénéficie d'une certaine dose d'énergie interne puisqu'il accepte fondamentalement le bien-fondé d'une action et d'un but. Par contre, il devra un peu faire un effort volontairement pour s'engager dans cette action. L'anxiété peut aussi se manifester quand on a ce type de motivation, car elle comporte une certaine forme d'obligation. Or, en général, une obligation ou une règle qu'il faut respecter entraîne presque inévitablement l'anxiété d'échouer, de ne pas faire la bonne chose, de ne pas faire ce que nous devrions faire. Par exemple, si une personne

décide de prendre sa santé en main et de faire de l'exercice quatre fois par semaine, ses comportements sont motivés par des valeurs positives comme la santé et le bien-être. Elle croit fondamentalement que la santé est une bonne chose et qu'il faut s'en occuper. Par contre, le plaisir de faire de l'exercice ou de s'entraîner ne suscite pas beaucoup d'émotions positives. Une certaine dose d'énergie interne sera alors disponible, mais elle sera combinée à l'évitement de l'échec, par exemple. Dans ce contexte, la persévérance est plus difficile, quoique possible.

Motivation intégrée (25 % externe, 75 % interne)
Parmi les types de motivation dont une part est externe, celui-ci est le plus efficace et le plus stable sur le plan énergétique. Les comportements et les buts de l'individu sont intégrés à ses valeurs. Non seulement il croit que ceux-ci sont bons, mais il défend des valeurs et une part de son identité à travers ses objectifs. Même si ces derniers comportent une part de renforcement externe, l'énergie interne et le sens sont prioritaires. La personne qui a ce type de motivation aime ce qu'elle fait et les objectifs qu'elle poursuit. Elle y trouve plaisir et énergie. La persévérance et la résilience sont plus facilement accessibles.

Motivation intrinsèque (100 % interne)
La motivation intrinsèque est celle qui ne dépend pas de facteurs ou de renforcements externes. Le mouvement et l'implication personnelle dans l'activité constituent eux-mêmes le renforcement. Les buts implicites ne sont pas des renforcements externes, mais des sources d'inspiration qui nous alimentent dans l'instant présent. En d'autres mots, le seul fait de nous mettre en action dans une activité ou en mouvement vers un objectif nous renforce. Notre énergie ne vient d'aucun facteur externe. Agir nous place directement dans un vecteur de sens.

J'ai remarqué que lorsqu'une personne nous parle d'un but, d'une action ou d'une activité intrinsèque, nous sentons son énergie, sa joie, sa hâte, son enthousiasme. Lorsqu'elle se situe sur un tel vecteur de sens et de mouvement, elle a fortement tendance à sourire alors qu'elle en parle, contrairement à ce qu'on observe avec les autres types de motivation. La motivation intrinsèque est puissante, car elle renvoie directement à la croissance personnelle :

- « Faire cette activité me permet de me rencontrer moi-même. »
- « Quand je poursuis cet objectif, je me sens vivre. »
- « Faire ça, c'est moi, tout simplement. »
- « Mon action est la traduction d'une partie de moi. »

Inutile de dire que plus une personne est animée par des buts et des activités propulsés par la motivation intrinsèque, plus elle se développe, plus elle rayonne, plus la vie et les souffrances qu'elle cause en valent la peine.

VECTEUR D'ÉNERGIE : SENS FAIBLE ET MOUVEMENT ABSENT

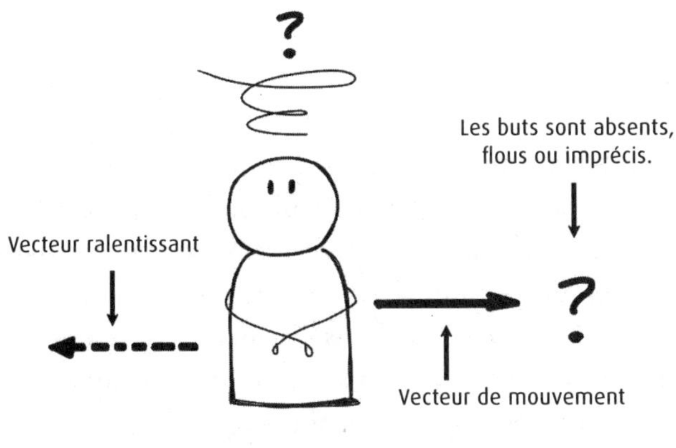

Le vecteur ralentissant nuit au mouvement directionnel. Si la force du vecteur de mouvement est déterminée par la qualité des buts, celle du vecteur ralentissant provient de facteurs comme l'anxiété et la peur. Comme l'illustration le montre, si le vecteur ralentissant et le vecteur de mouvement sont de force égale, cela crée une personne statique.

VECTEUR D'ÉNERGIE : SENS ET MOUVEMENT MOYEN

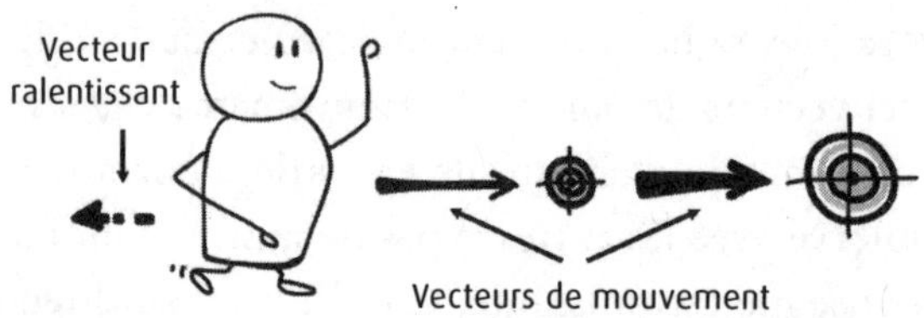

Les buts créés en fonction des types de motivation externe, introjecté, identifié, etc., sont mieux définis et plus précis. Cela engendre des vecteurs de mouvement plus solides et plus puissants que les vecteurs ralentissants.

VECTEUR D'ÉNERGIE : SENS ET MOUVEMENT ÉLEVÉ

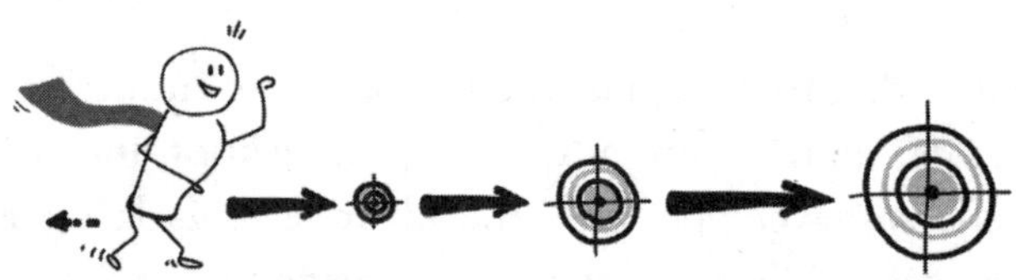

Les buts extrêmement importants sont issus des types de motivation intégré et intrinsèque. Ils sont précis, reliés entre eux et recèlent des éléments importants de la personne. Cela crée un mouvement solide, efficace et stable.

Comprendre nos motivations

Pour comprendre les motivations et le type d'énergie qui nous animent, il faut décortiquer nos buts, nos actions et nos tâches. Associer une tâche générale à un seul type de motivation fonctionne rarement, tout simplement parce que le monde est complexe, subtil et que notre cerveau est adapté à ces caractéristiques. Cette analyse nous permettra de comprendre la façon dont nous nous sentons dans une tâche que nous exécutons ou un objectif que nous poursuivons.

Pour survivre dans ce monde, nous devons nous assurer d'avoir accès à des ressources externes et tangibles, comme les ressources financières, naturelles et physiques, l'espace, l'amour des autres. Il n'y a là aucun problème. Par contre, ces motivations peuvent représenter un risque pour la qualité de vie et les relations interpersonnelles. Cela dépend essentiellement de la proportion des différents types de motivation derrière nos actions, nos buts et nos objectifs. En général, si nos actions et nos objectifs sont principalement stimulés par des motivations de types identifié, intégré et intrinsèque, nous nous situons dans une position psychologiquement très avantageuse, et notre énergie interne potentielle sera beaucoup plus facilement accessible. À l'inverse, si nos objectifs sont liés à des motivations externes et introjectées, nous sommes à risque puisque nous dépendons entièrement des sources d'énergie externes. L'anxiété élevée et la dépression sont, entre autres, des conséquences potentielles importantes liées à ces types de motivation.

La motivation intrinsèque est celle qui remplit le mieux les besoins fondamentaux des humains. Toutefois, elle est de loin la plus complexe, car elle implique une excellente connaissance de soi. Si nous ne cernons pas des objectifs qui stimulent la motivation intrinsèque, notre cerveau trouvera des objectifs qui sont facilement accessibles, une ressource externe.

Notre défi est de faire en sorte que la plus grande proportion de nos actions et de nos buts trouve sa source d'énergie dans des motivations identifiées, intégrées et intrinsèques. Ainsi, leur sens sera puissant et nous créerons un vecteur gagnant.

Le triangle de la stabilité relationnelle

Plus un dialogue est animé par des buts clairs, spécifiques, significatifs et partagés, plus l'énergie disponible chez les personnes impliquées dans la communication sera accessible. Le dialogue tombe alors en mouvement dirigé, lequel est, en grande partie, responsable de la stabilité des relations positives.

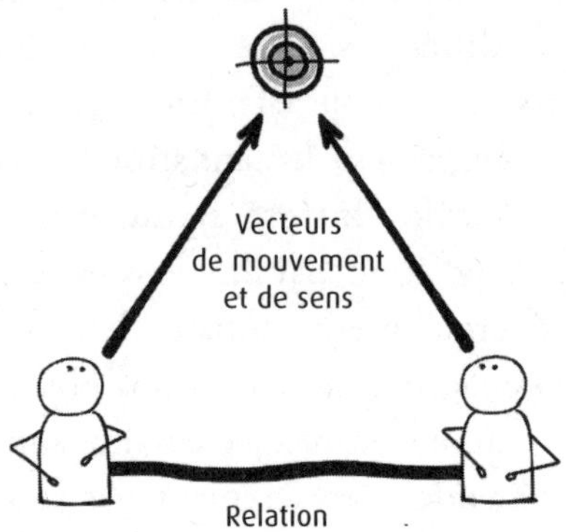

La stabilité dans la relation et la communication est assurée par des buts communs clairs, spécifiques, significatifs et partagés.

Le triangle symbolise bien la structure qui permet d'optimiser la qualité des relations. Une relation de qualité comporte trois points : deux individus et un but commun. Plus le but commun est clairement défini et important pour les deux interlocuteurs, plus la relation aura tendance à se développer positivement et demeurera stable. Cette stabilité provient du mouvement.

En effet, toute ressource énergétique disponible doit rapidement être orientée vers un but, sans quoi l'énergie sera dissipée et éparpillée. Ce gaspillage de ressources est ce qu'on appelle une « dévalorisation », soit une rétrogradation énergétique. Comme l'humain ne tolère aucune forme de perte d'énergie et de valeur, les cerveaux impliqués seront portés à se protéger contre la perte d'énergie-dévalorisation. L'anxiété est un symptôme courant de cette défense.

Moins le but est clair, important ou conscient pour les parties, plus le cerveau optera pour un but de survie : l'évitement du rejet de l'interlocuteur. En d'autres mots, la relation elle-même devient le but par défaut, comme une roue de secours. Cette dynamique entraîne l'instabilité émotionnelle et relationnelle.

COMMUNICATION EN L'ABSENCE DE BUTS

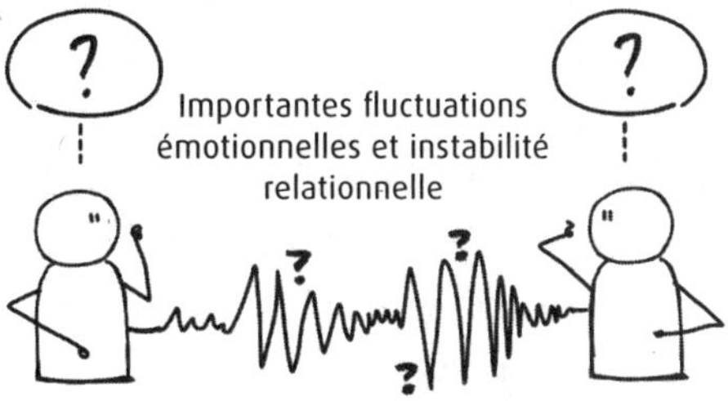

Lorsque les but sont absents, la structure en triangle n'est pas possible.

Le schéma ci-dessus illustre un phénomène relationnel malheureusement très répandu, celui où les buts insignifiants ou l'absence de buts entraînent d'importantes fluctuations émotionnelles pendant une communication, l'alternance rapide entre les émotions positives et les émotions négatives, ce qui crée aussi une instabilité relationnelle dans le temps. Dans ce scénario, les deux personnes sont en communication, en relation, mais comme elles n'ont pas de buts clairs, le maintien de la relation elle-même en devient un. Lorsque le cerveau ne se consacre pas à avancer vers un objectif, il choisit cet objectif compensatoire par défaut: la relation comme source d'énergie externe. Il s'agit d'une énergie de survie, aucunement reliée à la croissance.

Cette dynamique relationnelle est l'une des causes les plus importantes de détresse relationnelle.

Le danger des relations

Il peut paraître surprenant de classer les relations humaines dans la liste des sources d'énergie externes. Effectivement, les relations humaines ne sont habituellement pas abordées sous cet angle, mais plutôt comme des composantes uniquement positives. Ce n'est pourtant pas le cas: les relations ne sont jamais neutres et peuvent même être extrêmement dangereuses. Le marketing autour des relations est fait ainsi, car tout produit ou concept dont la population est dépendante est lucratif. Mais les relations humaines ne sont pas nécessairement positives et peuvent créer beaucoup de détresse, d'émotions négatives et de dépendance, exactement comme une drogue ou un divertissement.

Une personne qui ne s'investit dans aucun objectif important pour elle et qui, par conséquent, ne détient pas une source d'énergie et de motivation autogénérée est fortement sujette à la dépendance sous toutes ses formes.

La dépendance ne prend pas uniquement la forme classique et stéréotypée de l'alcoolisme ou de la dépendance au sucre, par exemple. Elle prend des formes subtiles et insidieuses qui gardent une personne en situation de survie émotionnelle, condamnée à dépendre de la présence ou de la consommation de ressources externes sans nécessairement être officiellement diagnostiquée comme étant dépendante.

Le seul fait d'être regardé, d'avoir l'attention d'une personne procure une énergie immédiate. L'un des trois piliers de la motivation humaine est précisément l'affiliation, variable qui implique fondamentalement des relations humaines. Les humains sont donc des sources d'énergie les uns pour les autres. Comme pour n'importe quelle ressource puissante, nous devons savoir comment l'utiliser pour en bénéficier pleinement. Il existe une mince ligne entre les relations de dépendance et les relations constructives. Pour créer des relations constructives, nous avons besoin de communiquer de la bonne façon.

Dépendance, manipulation et abus

La dépendance et la manipulation émotionnelle sont répandues, et même considérées comme normales dans nos communications et nos relations. La plupart du temps, ce n'est pas intentionnel. Nous avons une idée très stéréotypée des abus dans les relations humaines. Le viol, la violence conjugale, le manque de respect flagrant et explicite, la myriade de comportements de manipulation sont des exemples que nous osons nommer et dénoncer de plus en plus. C'est un bon départ. Mais si nous ne comprenons pas les variables relationnelles impliquées dans la mécanique des diverses formes d'abus, nous sommes condamnés à dénoncer sans toutefois y voir plus clair. En réalité, les racines de l'abus sont subtiles et directement reliées à des variables de la communication humaine. Les buts que nous avons – ou non – et la façon de les intégrer à la communication – ou non – jouent un rôle important dans ces phénomènes.

La dépendance, la manipulation émotionnelle et les diverses formes d'abus sont causées par le fait que :

- la relation est perçue comme une ressource en soi, donc comme une forme d'énergie externe ;
- la relation, ou la personne, est un moyen d'obtenir une autre ressource externe.

Dans les deux cas, la relation et la personne sont réduites à des moyens, donc à des instruments que l'on peut utiliser pour servir ses propres fins. Cette mécanique relationnelle est, par définition, une forme d'abus et est donc à l'antipode de la croissance positive d'un humain.

Lorsque nous percevons une personne comme une ressource, elle devient nécessairement un instrument, et donc une source d'énergie externe. Quand nous l'utilisons pour subvenir à un besoin personnel, nous la transformons en objet. Si nous sommes en relation avec quelqu'un principalement pour les avantages qu'il nous apporte, nous nous servons de lui comme moyen, c'est-à-dire comme instrument. Les avantages peuvent être matériels, mais ils peuvent aussi être émotionnels. Comme nous le faisons avec une bouée de sauvetage, nous nous servons de l'autre comme d'un instrument de survie émotionnel pour compenser notre dépendance. La dépendance émotionnelle réciproque provient donc du fait que les personnes en relation bénéficient principalement de l'énergie externe fournie par l'autre. Il s'agit d'une relation basée sur la co-instrumentalisation. Cette compensation est automatique.

L'exemple stéréotypé de cette dynamique est le couple dans lequel alternent l'intense passion et les conflits explosifs, l'anxiété et la colère l'un envers l'autre. Dans ce type de relation, ce sont des réactions émotionnelles normales puisque la relation elle-même est la source d'énergie externe dont ils sont tous les deux dépendants.

Il est fréquent que les deux membres d'un couple ne soient orientés vers aucun objectif important. Ils seront donc condamnés à dépendre principalement de la relation comme source d'énergie de survie. Or, nous pouvons contrôler une substance ou un objet, mais pas un autre humain. L'autre personne devient donc à la fois notre source d'énergie et une menace. Notre cerveau sait pertinemment qu'elle peut décider de rompre la relation. Cette rupture représenterait la perte de notre source d'énergie principale; cette éventualité génère donc une anxiété élevée.

Cette dynamique relationnelle ne s'applique pas uniquement aux relations amoureuses, mais aussi à toute relation dans laquelle les buts sont absents. Par exemple, les cerveaux de deux collègues ou de deux partenaires d'affaires n'ayant pas de buts clairs et importants n'auront pas d'autre choix que de compenser par une énergie de survie à court terme, c'est-à-dire leur relation et l'attention de l'autre. L'instabilité émotionnelle sera dans ces cas aussi un symptôme typique de ce type de relation.

Lorsque la relation devient le but de l'interaction, elle va directement et naturellement vers la dépendance. Cela est extrêmement coûteux sur le plan émotionnel et peut facilement mener à des dépressions ainsi qu'à de la violence verbale et physique. La dépendance est la meilleure amie de l'impuissance et de la détresse. C'est parfaitement logique. Si l'énergie interne et le mouvement n'ont pas été développés chez une personne, cette dernière sera condamnée à dépendre des relations comme source d'énergie de survie. Elle sera donc extrêmement sensible à toutes les formes et à tous les signes précurseurs de rejet, à la jalousie, et utilisera sans arrêt des stratégies pour s'assurer de ne jamais être laissée et abandonnée. Cela est souvent le cas chez ceux qui se disent « hypersensibles aux autres ». Il s'agit, dans les faits, de l'expression de la dépendance relationnelle et d'une instabilité émotionnelle élevée.

« J'ai peur de te perdre. »

Avant le début d'une communication importante, les personnes qui seront en dialogue doivent se poser ces deux questions fondamentales :

1. Quels sont nos buts individuels et communs ?
2. Est-ce que ces buts ont été consciemment formulés et partagés en début de communication de manière à créer un vecteur ?

S'il y a une trop grande asymétrie entre les personnes impliquées dans une communication quant à l'importance des buts, la relation et l'énergie seront affectées. Le scénario le plus souvent observé est que la personne la plus orientée vers un objectif et la plus motivée à l'atteindre sera continuellement blâmée par l'autre qui, dépendant principalement de la relation, se sentira menacé d'abandon ou de rejet. Cette anxiété l'amènera à solliciter continuellement l'attention de celle qui est davantage impliquée. Les blâmes qui lui seront adressés pourraient ultimement avoir l'effet de l'éloigner de son objectif. La culpabilisation de celle dont les objectifs sont clairs est l'arme la plus souvent utilisée par une personne dépendante de l'énergie externe.

Il n'est pas rare, dans un couple, qu'un des membres reproche à son partenaire de ne pas se soucier assez de lui, se sentant rejeté ou négligé, et vivant avec une anxiété constante d'être abandonné. La jalousie est un symptôme de cette anxiété, donnant lieu à des conflits et à un contrôle excessif pour garder l'attention de l'autre.

COMMUNICATION AVEC UNE ASYMÉTRIE DANS LES BUTS

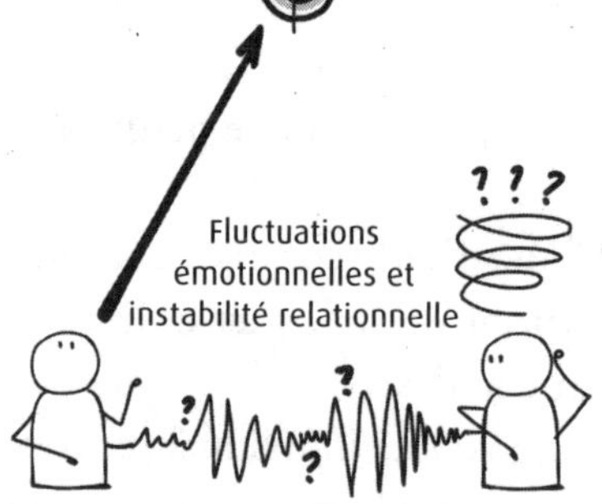

Nous l'avons vu, avoir des objectifs clairs est essentiel également dans le monde du travail. Il arrive fréquemment qu'une organisation me contacte pour obtenir une formation spécialisée en stratégies de communication en gestion de conflits. Les conflits de travail dans les équipes ou les services éclatent de toutes parts et ont un impact significatif sur la performance et la productivité des entreprises.

Face à ce défi, les leaders d'entreprise et les services de ressources humaines concluront que le manque d'habiletés de communication est responsable de ces conflits. Même s'il est indéniable que de meilleures habiletés de communication contribuent aux relations positives, les conflits révèlent surtout des déficits d'objectifs. Après investigation, il en ressort immanquablement que les objectifs de l'organisation et les objectifs d'équipe ne sont pas clairs, ou sont mal communiqués, ou encore sont perçus comme non importants, non prioritaires, peu motivants ou impossibles à atteindre. Ce seul facteur sera en grande partie responsable de la détresse relationnelle des employés ou d'une équipe. Il s'agit donc souvent d'un enjeu stratégique et de leadership.

Nous vivons le même problème avec les relations amoureuses : il est aujourd'hui difficile de maintenir une relation positive à long terme. Ce n'était pas le cas il y a 5000 ans. Même chose dans les sociétés qui vivent encore de façon traditionnelle, sans technologie et sans argent, où l'objectif commun du couple est clair et bien réel : fonder une famille forte pour former une tribu capable de perdurer et de survivre dans un contexte difficile ; manger aujourd'hui, chasser aujourd'hui, cueillir des fruits et aller chercher de l'eau. La survie physique a toujours été l'objectif de base commun et motivant de tous les membres d'une tribu. La survie est un défi d'équipe. Cet objectif extrêmement important et clair oriente les discussions, les échanges, l'écoute, l'imagination, les rôles sociaux, la distribution des tâches, la collaboration dans les couples au sein des familles et le leadership de certains. Il favorise la stabilité relationnelle.

Ainsi, dans ces sociétés, des discussions de couple commençant par « Je ne suis pas sûr d'être la bonne personne pour toi », « Je ne suis pas sûr que cette relation est ce que je cherche », « Je ne suis pas sûr de notre compatibilité » n'existent tout simplement pas. Un homme doit posséder des qualités lui permettant d'accomplir des tâches liées à son rôle social ; même chose pour la femme. Une fois que ces qualités de base sont confirmées, que les familles impliquées s'entendent sur la formation du couple et que l'homme et la femme consentent à s'unir, le reste est un engagement, une collaboration pour atteindre des buts communs, clairs et importants pour tous.

Aujourd'hui, dans les sociétés dites modernes, le couple n'a souvent aucun objectif défini, concret et réellement important. En effet, il est non seulement possible de survivre en célibataire, mais également d'accéder à pratiquement toute forme d'expérience humaine. Grâce à l'argent et à la technologie, nous pouvons manger, dormir en sécurité, travailler, nous divertir et même propager nos gènes en vivant seuls. Le couple est devenu une sorte de standard social relevant maintenant du divertissement et de la commodité. L'expérience du couple idéal que nous recherchons n'a donc rien à voir avec un processus relationnel qui demande une excellente connaissance de soi ainsi que des buts personnels et communs importants qui exigent des efforts et une construction.

Les discussions de couple ou d'équipe qui visent à créer des relations positives ne pourront donc pas exister sans mise en place d'objectifs importants pour les personnes impliquées, et dont l'atteinte justifie la collaboration et, par conséquent, la communication.

Comment utiliser les buts en communication

La fonction des interactions sociales, la croissance et l'accélération du mouvement sous une forme ou une autre sont les objectifs implicites des interactions sociales. La progression dans le mouvement et dans la croissance personnelle amène le sens et s'avère le seul antidote efficace contre l'ennui, la dépendance et la stagnation. Le secret d'une vie profondément significative et constructive réside dans la façon dont nous générons notre expansion, notre croissance et notre mouvement directionnel.

Le dialogue humain ne vise qu'une seule chose : la croissance mutuelle sous une forme ou une autre. Nos stratégies de communication doivent donc produire le maximum de croissance.

Comme ces objectifs sont implicites, ils ne sont habituellement pas conscients. Mais ils le seront pour vous maintenant. Il s'agit de mettre les stratégies en place lors d'un dialogue.

Début du dialogue : évaluation du potentiel

Lorsque des humains se rencontrent, ils évaluent automatiquement le gain en énergie que pourrait engendrer une interaction.

À chaque instant, le cerveau tente de déterminer si l'investissement en énergie laisse présager un gain. Si les systèmes d'évaluation cognitifs et émotionnels des deux interlocuteurs n'entrevoient aucun gain énergétique (peu importe sa nature), le dialogue n'aura pas lieu ou cessera rapidement. Cela n'est pas une question d'égoïsme ou d'altruisme. La gestion de l'énergie est une question de survie, et il est important de tenir compte de ce facteur dans les interactions humaines qui, en général, coûtent plus cher en énergie que ce qu'elles génèrent.

Dès les premiers instants de l'interaction, notre cerveau doit s'assurer que l'autre n'est pas une menace ou qu'il ne générera pas une perte. Si aucun risque n'est perçu, s'ensuit l'évaluation du potentiel de cette personne, de cette relation, de cette communication. Une fois que l'analyse préliminaire est terminée et qu'elle se révèle favorable, il faut poursuivre la progression de l'interaction. Il s'agit alors de tenter sa chance, lentement, progressivement. C'est ainsi qu'un dialogue s'amorce selon certains codes officiels déterminés par la culture et d'autres, par la biologie.

Deux situations typiques surviennent. La première est la communication planifiée. Il s'agit d'une rencontre à laquelle des personnes ont volontairement accepté de participer et qu'elles ont inscrite à leur agenda. Avant la rencontre, elles ont évalué qu'un gain était possible. Celle-ci vise donc à confirmer le potentiel de gain mutuel et à clarifier comment accéder à cette énergie.

La seconde situation concerne les rencontres non planifiées. Deux personnes tombent l'une sur l'autre par hasard et l'interaction débute. Dans ce cas, la priorité n'est jamais de déterminer un potentiel de gain, mais plutôt de sécuriser l'énergie actuelle et d'éviter une perte. En d'autres mots, il s'agit de n'investir qu'un minimum d'énergie de manière à éviter toute forme d'émotions négatives qui mènerait à un conflit affectant la réputation (un réseau social, au sens de « nos contacts », est une forme d'énergie externe) ou qu'un accès à un autre potentiel de gain soit bloqué. Garder les portes ouvertes montre une volonté de préserver le potentiel de possibilités et de gain. Cet objectif implicite est une réaction normale, puisque la priorité humaine reste la survie. Par contre, notre volonté réside dans la croissance et le mouvement. Cette situation initiale de rencontre peut donc évoluer et tendre progressivement vers une évaluation du gain, comme dans la première situation. En effet, si l'interaction ne suscite pas d'émotions négatives, ce contexte de sécurité émotionnelle permettra une flexibilité et une ouverture, laquelle entraînera un nouvel investissement d'énergie destinée à l'exploration interpersonnelle.

Lorsque je fais référence à un gain, il n'est pas forcément question d'argent ou d'objets physiques. Il s'agit plus généralement de toute forme de gain en énergie interne ou externe. Particulièrement en phase d'exploration, notre cerveau est perméable et alerte à tous les signes qui indiqueraient un gain potentiel dans une direction ou dans une autre. Il cherche l'énergie. Il cherche à croître, à apprendre, à s'émerveiller, à se stimuler, à trouver des centres d'intérêt communs, des objectifs partagés. Les personnes que nous rencontrons par hasard, les activités de réseautage professionnel, les premières rencontres amoureuses sont des exemples typiques de rencontres exploratoires qui consistent à investir un minimum d'énergie pour tenter d'accéder à de l'énergie supplémentaire.

Il est courant que deux personnes en dialogue aient des perceptions différentes du gain potentiel de cet échange. Dans cette perception asymétrique, l'une des deux perçoit un gain en énergie plus grand que l'autre. Si une personne devine un gain potentiel et l'autre non, le dialogue cessera rapidement. Si l'une d'elles voit un gain important et l'autre, un gain négligeable, la perception du gain le plus faible déterminera la poursuite du dialogue et l'énergie investie. En général, plus l'écart entre ces perceptions sera grand, plus l'investissement dans le dialogue sera faible et s'adaptera tôt ou tard à la personne qui investit le moins. Les dialogues les plus porteurs et les relations les plus stables à long terme sont le résultat d'une perception du gain relativement équivalente. Il s'agit maintenant de structurer le dialogue en fonction d'un objectif qui générera le maximum d'énergie pour les personnes impliquées.

Les quatre lois des objectifs

Lorsqu'un potentiel gain en énergie a été établi, il s'agit de définir un ou des objectifs. Nous avons besoin d'un but qui agira comme une destination, un point B qui créera un vecteur gagnant. Pour que nous puissions bénéficier du maximum d'effets positifs et d'énergie, les buts que nous poursuivons dans nos communications doivent idéalement obéir à quatre lois. Plus celles-ci sont respectées, plus les objectifs amèneront de l'énergie mutuelle dans le dialogue. Ainsi, les objectifs de la communication doivent:

1. être précis;
2. être consciemment partagés;
3. avoir un fort pourcentage de motivation interne;
4. être reliés à de plus grands objectifs à travers le temps.

La dernière loi signifie qu'une série d'objectifs reliés les uns aux autres nous permet de nous situer sur un vecteur beaucoup plus puissant. L'énergie alors générée est multipliée, car le sens l'est aussi. Prenons le temps d'explorer ce dernier point plus en profondeur à l'aide d'un exemple.

Une personne décide d'aborder avec sa conjointe l'horaire des activités des deux derniers jours de vacances. Cette discussion correspond à un objectif précis: planifier ces journées de manière à être toutes les deux le plus satisfaites possible.

Sujet de conversation: horaire des activités des deux derniers jours de vacances.

Objectif: éprouver un maximum de satisfaction à la fin des vacances.

C'est un excellent point de départ, car la communication aura une ébauche de structure, en lien avec un but clair qui comporte un sens important pour chacun, une énergie interne. La personne qui a amorcé la discussion a aussi pris le temps de conscientiser d'autres objectifs présents de manière implicite. Par exemple, déterminer ces activités est un tremplin vers un deuxième objectif : créer des conditions d'intimité qui ont récemment manqué.

En effet, une partie de la satisfaction recherchée initialement est directement liée au fait de favoriser la connexion dans le couple. La mise en relation du but 1 (satisfaction à la fin des vacances) et du but 2 (conditions d'intimité) double l'énergie générée par le premier but. La simple prise de conscience du lien entre les deux objectifs est suffisante pour que les membres du couple bénéficient de cet impact.

Ces conditions sont également un tremplin vers un troisième objectif : se rapprocher l'un de l'autre, rapprochement qui peut mener à un quatrième objectif : favoriser le partage quant aux apprentissages de la dernière année, lequel amène un cinquième objectif : définir les éléments les plus importants pour le couple et créer un contexte positif et mieux adapté durant la prochaine année.

Une conversation qui peut sembler anodine peut donc être liée à plusieurs buts qui comportent chacun une énorme quantité d'énergie interne pour les interlocuteurs. Nous sommes donc en présence d'une synergie de buts qui quintuple la force vectorielle. En d'autres mots, plus nos objectifs de communication sont précis dans l'instant présent, plus ils seront porteurs de résultats. Plus ces objectifs seront précis et liés à plusieurs autres objectifs, plus l'énergie sera forte, plus le sens sera présent, et plus la communication sera porteuse de résultats.

LES SUJETS DE CONVERSATION STIMULENT LES VECTEURS

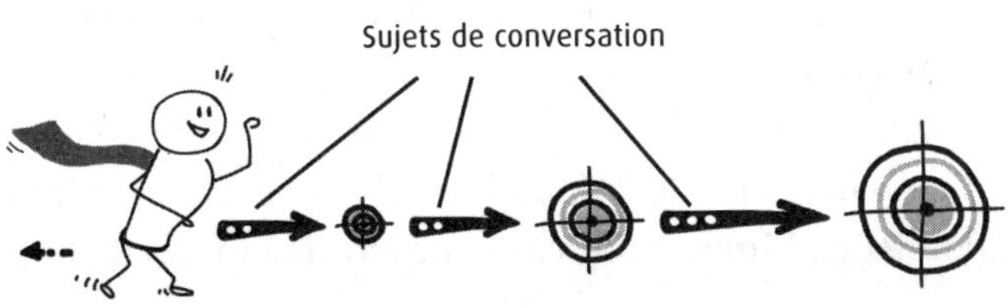

Pour résumer, la configuration des buts est fondamentale pour stabiliser les relations et optimiser les communications interpersonnelles. La valence émotionnelle, soit l'importance positive de ces objectifs, est fondamentale pour stimuler le mouvement chez les personnes impliquées dans la communication et la relation.

CONFIGURATION OPTIMALE DU SENS ET DE L'ÉNERGIE

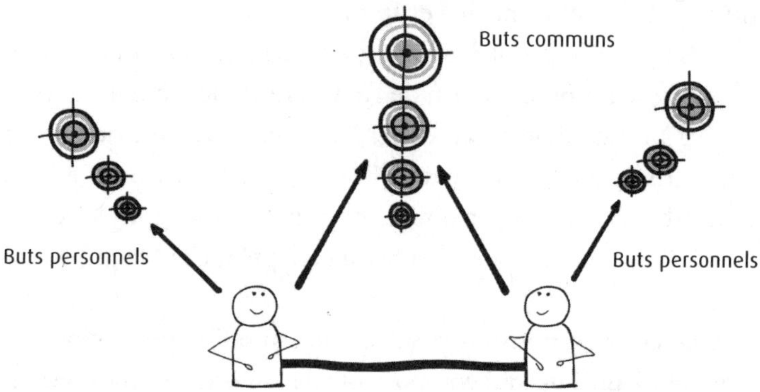

La communication et la relation sont stabilisées par la création de buts (communs et personnels) précis, de qualité et partagés.

Les buts valides ou invalides

Nous serions portés à dire que l'amitié et les relations amoureuses ne comportent pas d'objectifs, et qu'il serait même malsain de s'en fixer dans les relations intimes. Il est donc primordial de définir ce dont il est question quand on parle d'objectifs. Pour le cerveau, pour les relations et pour le fonctionnement efficace de la communication humaine, tout peut être converti en objectif de communication. Un objectif tout à fait valable et efficace peut être quelque chose qui semble anodin ou insignifiant. Néanmoins, il pourra avoir un impact relationnel très important, car il structurera l'interaction.

•••

Voici une liste d'objectifs concrets qui permettraient de créer un mouvement dans la communication.

- Se comprendre mutuellement; régler un différend.
- Terminer un dossier pour un client.
- Se sentir compris et écouté par une personne importante.
- Approfondir une question importante pour soi.
- Apprendre comment utiliser un instrument; enseigner une méthode.
- Définir les termes d'un nouveau projet; établir des règles de fonctionnement.
- Éprouver mutuellement des émotions positives.
- Éprouver une détente mutuelle.
- Convenir d'un plan d'action; s'entendre sur des termes.
- Expliquer un point de vue; faire voir des avantages à notre interlocuteur.
- Faire découvrir quelque chose à une personne; découvrir quelque chose avec elle.
- Connaître le point de vue d'un candidat.
- Se rapprocher d'une personne importante.
- Chercher la collaboration d'une personne; obtenir son engagement.
- Comprendre la source d'une émotion négative et augmenter le sens.
- Définir la motivation de notre interlocuteur.
- Mieux travailler en équipe.
- Briser l'isolement.
- Trouver de nouvelles idées.
- Donner des consignes.
- Déterminer des limites.

La nature des buts varie grandement selon la conversation, le type de relation et le contexte. Parmi eux, certains comportent plus d'énergie interne, et d'autres davantage d'énergie externe. Le choix conscient d'objectifs est suffisant pour créer des impacts relationnels favorables. Il s'agit de prendre l'habitude de les créer, surtout lors de conversations importantes.

Certains éléments peuvent toutefois inhiber l'efficacité d'un objectif. Par exemple, le cerveau ne reconnaîtra pas un objectif d'évitement de ce type: «Il ne faut pas que la personne se fâche lorsque je vais lui donner une rétroaction.» L'objectif d'éviter une émotion négative ou d'en réduire la force sera détecté par l'interlocuteur dès la première seconde du dialogue, puisqu'il s'agit d'éviter un rejet, de préserver la relation, et non pas de créer un mouvement vers quelque chose.

Il est aussi important de distinguer les buts des moyens: *parler* n'est pas un but; il s'agit d'un moyen pour atteindre un but. *Un sujet de conversation* n'est pas un but, mais une porte d'entrée qui nous permet d'aller vers notre but.

Comme vous pouvez vous en douter, déterminer des buts comportant de l'énergie interne et qui sont reliés entre eux s'improvise difficilement. Cela exige une préparation avant la communication. Il faut donc préparer ces conversations importantes. Je vous recommande de prendre un moment, individuellement, pour réfléchir et déterminer, d'abord, les buts des conversations et, dans un deuxième temps, le sujet de conversation qui permettra de créer un mouvement vers ces buts.

•••

Les erreurs les plus fréquentes sont les suivantes :

- Ne pas se fixer de buts.
- Avoir des buts imaginés, flous, imprécis, de peu d'importance.
- Définir des buts simples, uniques, généraux, non spécifiques et non reliés à quelque chose de réellement important.
- Ne pas partager ses buts.
- Avoir des buts partagés, mais que l'interlocuteur ne comprend pas réellement.
- Parler sous le coup de l'émotion, sans préparation.
- Confondre le sujet de conversation et les buts.
- Mettre l'accent sur le sujet plutôt que sur les buts.

La relation ne doit jamais être un but

Les relations sont importantes. C'est évident. Mais certaines stratégies empêchent une relation de se développer normalement.

La relation elle-même ne doit jamais être le but d'une communication dans l'instant présent. La stratégie visant à créer volontairement une relation *empêchera* la relation d'arriver. D'autres phénomènes fonctionnent exactement de la même façon. Prenons le sommeil. Plus nous travaillons directement, volontairement à nous endormir, plus le sommeil est inhibé. Il s'agit d'insomnie. Autre exemple : l'érection du pénis. De la même manière, plus un homme travaille volontairement à avoir une érection dans l'instant présent, plus l'érection est inhibée. Il s'agit d'impuissance causée par l'anxiété. Ces phénomènes psychophysiologiques ne doivent jamais être le but volontaire, sans quoi nous activons un mécanisme d'inhibition.

De la même manière, la relation ne doit pas être un objectif en soi. L'un des meilleurs exemples pour illustrer ce mécanisme est la première *date. N'ayant aucun but de communication clair, les cerveaux des deux personnes génèrent un but de survie par défaut:* tous deux se mettent une pression extraordinaire pour se plaire et s'aimer !

La *date* devient alors souvent inconfortable, car elle consiste à éviter d'être rejeté et non à atteindre des petits buts intéressants pour les deux personnes, par exemple connaître l'autre, se présenter, chercher des intérêts communs, etc. Cette tentative augmente l'anxiété de rejet. C'est de cette façon qu'une proportion importante des premières rencontres amoureuses échoue.

NOTES

1. Beauregard, M., Courtemanche, J., & Paquette, V. (2009). Brain activity in near-death experiencers during a meditative state. *Resuscitation*, 80(9), 1006-1010.
2. Beauregard, M., & Paquette, V. (2006). Neural correlates of a mystical experience in Carmelite nuns. *Neuroscience Letters*, 405(3), 186-190.
3. Fox, K. C., Nijeboer, S., Dixon, M. L., Floman, J. L., Ellamil, M., Rumak, S. P., ... & Christoff, K. (2014). Is meditation associated with altered brain structure ? A systematic review and meta-analysis of morphometric neuroimaging in meditation practitioners. *Neuroscience & Biobehavioral Reviews*, 43, 48-73.
4. Sedlmeier, P., Eberth, J., Schwarz, M., Zimmermann, D., Haarig, F., Jaeger, S., & Kunze, S. (2012). The psychological effects of meditation : a meta-analysis. *Psychological Bulletin*, 138(6), 1139.
5. Dehaene, S., Changeux, J. P., Naccache, L., Sackur, J., & Sergent, C. (2006). Conscious, preconscious, and subliminal processing : a testable taxonomy. *Trends in Cognitive Sciences*, 10(5), 204-211.
6. Morin, A., & Everett, J. (1990). Inner speech as a mediator of self-awareness, self-consciousness, and self-knowledge : An hypothesis. *New Ideas in Psychology*, 8(3), 337-356.
7. Morin, A. (2005). Possible links between self-awareness and inner speech theoretical background, underlying mechanisms, and empirical evidence. *Journal of Consciousness Studies*, 12(4-5), 115-134.
8. Martinez, M. E. (2006). What is metacognition ?. *Phi Delta Kappan*, 87(9), 696-699.
9. Fisher, P., & Wells, A. (2009). *Metacognitive therapy : Distinctive features* (Vol. 1). Routledge.
10. Wells, A. (2008). Metacognitive therapy : Cognition applied to regulating cognition. *Behavioural and Cognitive Psychotherapy*, 36(6), 651.
11. Dulude, G., O'Connor, K., Audet, J. S., & Bedard, M. A. (2017). Over facilitation of unadapted cognitive processes in obsessive compulsive disorder as assessed with the computerized mirror pointing task. *Journal of Psychiatric Research*, 89, 73-80.
12. Wulf, G., & Prinz, W. (2001). Directing attention to movement effects enhances learning : A review. *Psychonomic Bulletin & Review*, 8(4), 648-660.
13. Wulf, G. (2007). *Attention and motor skill learning*. Human Kinetics.
14. Bono, J. E., & Judge, T. A. (2004). Personality and transformational and transactional leadership : a meta-analysis. *Journal of Applied Psychology*, 89(5), 901.
15. Lucas, R. E., Diener, E., Grob, A., Suh, E. M., & Shao, L. (2000). Cross-cultural evidence for the fundamental features of extraversion. *Journal of Personality and Social Psychology*, 79(3), 452.
16. Ashton, M. C., Lee, K., & Paunonen, S. V. (2002). What is the central feature of extraversion ? Social attention versus reward sensitivity. *Journal of Personality and Social Psychology*, 83(1), 245.
17. Harlow, L. L., Newcomb, M. D., & Bentler, P. M. (1986). Depression, self-derogation, substance use, and suicide ideation : Lack of purpose in life as a mediational factor. *Journal of Clinical Psychology*, 42(1), 5-21.
18. Cuijpers, P., Van Straten, A., & Warmerdam, L. (2007). Behavioral activation treatments of depression : A meta-analysis. *Clinical Psychology Review*, 27(3), 318-326.

19. Guthrie, E. A., Dickens, C., Blakemore, A., Watson, J., Chew-Graham, C., Lovell, K., ... & Tomenson, B. (2016). Depression predicts future emergency hospital admissions in primary care patients with chronic physical illness. *Journal of Psychosomatic Research*, 82, 54-61.
20. Bernik, M., Sampaio, T. P., & Gandarela, L. (2013). Fibromyalgia comorbid with anxiety disorders and depression : combined medical and psychological treatment. *Current Pain and Headache Reports*, 17(9), 358.
21. Caneo, C., Marston, L., Bellón, J. Á., & King, M. (2016). Examining the relationship between physical illness and depression : Is there a difference between inflammatory and non inflammatory diseases ? A cohort study. *General Hospital Psychiatry*, 43, 71-77.
22. Sareen, J., Cox, B. J., Clara, I., & Asmundson, G. J. (2005). The relationship between anxiety disorders and physical disorders in the US National Comorbidity Survey. *Depression and Anxiety*, 21(4), 193-202.
23. Vallerand, R. J. (2015). *The psychology of passion : A dualistic model*. Series in Positive Psychology.

IV

LA CONSCIENCE DYNAMIQUE ET SON APPLICATION

Jouer : l'expression de la conscience dynamique

Retournons dans l'eau.

Un nageur de compétition est filmé alors qu'il traverse la piscine. Il sort de l'eau pour rejoindre son entraîneur. Ils analysent ensemble sa performance et déterminent une série de points techniques à améliorer. La vidéo sert à créer ce que nous appelons des « prises de conscience » chez le nageur, c'est-à-dire à lui donner une vision nouvelle de la façon dont il nage. L'athlète comme l'entraîneur veulent de la nouvelle information technique. L'athlète prend conscience de ses défauts dans son style de nage et des comportements qu'il reproduit sans s'en rendre compte. L'entraîneur, lui, nomme et pointe des éléments à corriger. Le nageur comprend ses défauts techniques et son objectif est clair. Il sait qu'il doit corriger des éléments précis pour nager plus vite.

L'athlète retournera ensuite dans la piscine, fort de ces nouvelles informations et de ces prises de conscience d'ordre technique. Pourtant, avant de s'élancer, jusqu'au tout dernier moment, une question latente et implicite subsistera dans son esprit: «Comment vais-je faire?» Malgré sa détermination, il parviendra difficilement à modifier ses gestes, qui sont maintenant automatiques et solidement installés. Malgré ses bonnes intentions pour changer, malgré le fait qu'il a toujours les images de la vidéo en tête et qu'il comprend rationnellement les mouvements à exécuter, il fera sensiblement les mêmes gestes, les mêmes erreurs qu'avant le visionnement. Cela est un phénomène bien connu en natation, mais il représente aussi la difficulté de toute personne voulant améliorer des comportements complexes qui ont été automatisés et émotionnellement consolidés avec le temps.

Le nageur s'arrêtera au bout de la piscine et regardera son coach, plein d'espoir. Il aura tenté de corriger ses défauts en y mettant tout son cœur.

Nageur: Et alors?

Entraîneur: Eh bien... c'est un peu mieux.

Non, ce ne l'est pas. Mais pour préserver la relation avec son athlète et pour l'encourager, il ment et se convainc lui-même.

Nageur: Oui?

Entraîneur: Oui. Mais tire encore plus dans le centre de ton corps, comme nous l'avons dit plus tôt.

Nageur: Encore plus que ça?

Entraîneur: Oui, oui. Encore plus.

Nageur: OK.

En tant que bon athlète qui se soumet à la volonté de son entraîneur, il s'exécutera du mieux qu'il le pourra. Mais il ne sera pas sûr de lui, de ce qu'il fait. Et le même défaut technique collera longtemps et aura tendance à revenir, même une fois corrigé. L'athlète aura conscience qu'il a ce défaut, tout comme il aura conscience du comportement qu'il désire reproduire. Il pourrait le décrire consciemment à l'aide de variables fixes, statiques, avec des mots, des phrases, des idées et des images. Mais il ne parviendra pas à changer le résultat de manière tangible.

Cet exemple concerne le cas d'un athlète qui cherche à accéder à son potentiel, mais plus généralement il illustre la situation de tout humain qui souhaite améliorer un processus dans le but d'atteindre des objectifs importants pour lui. Ce scénario est observable dans tous les domaines du fonctionnement humain.

Des dizaines, voire des centaines de fois, des gens m'ont raconté qu'ils travaillaient sur eux depuis longtemps. Qu'ils avaient déjà consulté de multiples spécialistes, coachs et thérapeutes pour les aider à avancer et à se développer dans certaines sphères de leur vie, en ce qui concerne leurs comportements ou en lien avec des objectifs personnels ou professionnels.

Client: J'ai consulté... Je me suis fait coacher/j'ai fait une thérapie pendant dix ans.

Moi: Êtes-vous content de cette démarche?

Client: Oui...

Moi: Quel a été le résultat, selon vous?

Client: Ça m'a beaucoup aidé. Ça va mieux qu'avant. Je me connais beaucoup mieux.

Moi: Et quel a été l'impact sur les différentes sphères de votre vie, si vous les évaluez avant et après ce travail?

Client: Bien, je dirais que je suis beaucoup plus conscient de moi. J'ai réalisé que... J'ai pris conscience que... Je vois maintenant que...

La personne ne parvient pas à nommer clairement des changements ou des effets concrets significatifs de sa démarche sur sa vie. Même après dix ans! Elle n'a pas réellement réussi à « s'améliorer ». Elle cherche encore quelque chose : des connaissances, une démarche, des prises de conscience nouvelles et plus spectaculaires qui changeront sa vie.

Je vois exactement la même situation dans les organisations et les équipes de travail. Les gens sont conscients d'éléments qui ne fonctionnent pas dans leur dynamique de travail, dans leurs relations d'équipe, dans leur mobilisation. Ils sont conscients de ce qu'ils veulent atteindre. Ils sont conscients qu'il existe théoriquement des solutions.

Être conscients que nous avons remarqué telle chose dans notre environnement, être conscients que tel souvenir a eu tel impact dans notre vie, être conscients de faits, d'éléments, d'images, de connaissances, de concepts, de souvenirs, de nos sensations corporelles, de nos émotions et de nos idées, tout cela ne crée pas systématiquement des comportements adaptés, des décisions porteuses de résultats ou des actions précises et efficaces.

Bien que ce soit un bon point de départ, la conscience de données ou d'éléments fixes, théoriques et rigides n'amène en soi aucun changement ni impact concret significatif.

Contrairement à ce que l'on peut croire, le sentiment de confiance ne provient pas des mots, des idées ou des qualités que nous nous attribuons. Il émane principalement de notre capacité à comprendre les règles d'un jeu, à les utiliser et à être efficaces dans l'atteinte d'un objectif[1, 2, 3].

Jouer est une priorité humaine. Lorsqu'un humain joue, il est puissant, il est créatif, il est capable de respecter des lois tout en exprimant qui il est dans l'instant présent. Il se sent bien, il a confiance en lui-même, il ne doute pas. Il réfléchit et il passe à l'action, il s'ajuste, il apprend et, par-dessus tout, il a du plaisir à interagir avec ses partenaires de jeu, tout en poursuivant des objectifs stimulants.

Jouer implique plusieurs des ingrédients de base de la conscience dynamique nécessaire à la communication humaine : connaissances fixes, compréhension et conscience des règles et des lois d'interaction avec l'environnement selon les buts recherchés.

Notre cerveau doit percevoir la communication comme s'il s'agissait d'un jeu. Par jeu, je n'entends pas que communiquer est banal et s'apparente à un simple passe-temps. Un jeu peut susciter beaucoup de plaisir, d'émotions fortes, tout en étant très sérieux.

Pour que nous soyons en mesure d'augmenter significativement l'efficacité de nos communications, notre conscience doit pouvoir se référer à des règles auxquelles elle peut se fier. Dans n'importe quel jeu complexe, le plaisir arrive progressivement, au fur et à mesure que nous saisissons les règles. Lorsqu'un enfant apprend à jouer au Monopoly, par exemple, il serait déraisonnable de penser qu'il y trouvera un plaisir fou dans les premières minutes. S'il se fait expliquer les règles et les choix qui s'offrent à lui lorsque vient son tour, et qu'il tente des actions conscientes alors qu'il est encouragé et soutenu, il persévérera dans son apprentissage jusqu'à ce qu'il fasse de meilleurs choix, de plus en plus précis, adaptés, puissants. Ce n'est qu'à ce moment que son plaisir naîtra. Avec le plaisir qui augmente, la confiance en ses moyens aura tendance à augmenter parallèlement. La conscience dynamique est le seul processus qui alimente réellement le fameux sentiment de confiance en soi et diminue l'anxiété.

Pour illustrer ce principe, prenons un phénomène que nous connaissons bien : la gravité. Cette force est un des phénomènes physiques bien connus et immuables sur cette Terre. Non seulement elle est connue, mais nous en faisons tous continuellement l'expérience.

Notre comportement est adapté à ce phénomène. Pensons à la marche. Pour un bébé, marcher n'est pas naturel. Il doit apprendre la technique. Avancer un pied, garder l'équilibre alors que l'autre se dirige vers l'avant, transférer son poids, développer la force des muscles principaux des jambes et de centaines de stabilisateurs. Tomber. Se faire mal. Se relever et poursuivre l'apprentissage en tentant de faire abstraction de l'apprentissage parallèle relié à l'évitement de tomber et de se faire mal à nouveau. Apprendre à marcher n'est ni naturel ni facile. D'ailleurs, apprendre n'a jamais rien de naturel, car cela ne se produit pas par osmose ou par simple exposition à une situation. L'apprentissage est une entreprise volontaire d'auto-déstabilisation et il implique une reconstruction de notre vision du monde. C'est un processus actif et courageux qui comporte des émotions négatives. L'apprentissage, dans le cas de la marche, n'est possible que grâce à notre adaptation à une loi immuable qui n'est jamais remise en doute.

Non seulement nous avons appris à marcher de plus en plus vite et développé des techniques de course nous permettant d'avancer à des vitesses toujours plus grandes, mais notre confiance en la loi de la gravité nous a permis d'imaginer des structures, des édifices de plus en plus hauts dans lesquels il est possible d'habiter sans aucune crainte.

Sur Terre, aucune personne normale ne se lève le matin avec l'objectif d'échapper à la gravité, ou en cultivant l'espoir de s'envoler en développant une technique spéciale. Personnellement, je n'ai jamais entendu quelqu'un dire qu'il n'a pas confiance en sa capacité de marcher, ou qu'il doute de sa démarche. À moins que nous n'ayons un handicap sérieux ou une blessure grave, nous sortons du lit, nous posons un pied par terre et nous marchons, tout simplement. Parce que, depuis le début de notre vie, nous nous sommes adaptés à une loi.

Pourtant, personne n'a de démarche « parfaite ». Chacun marche à sa façon, et ça fonctionne ! Car, malgré les particularités de notre démarche personnelle, nous respectons tous la même mécanique.

Il nous est tous arrivé de tomber, et même de nous blesser gravement en chutant. Quel a été notre tout premier réflexe? Comprendre pourquoi nous sommes tombés. Y avait-il un obstacle que nous n'avons pas vu et qui nous a fait trébucher? Le sol était-il glissant, escarpé ou instable? Normalement, la cause d'une chute est très facilement identifiable.

Et parce qu'elle a été décelée consciemment et avec précision, nous ne perdons pas confiance en notre capacité à marcher. Nous apprenons.

S'il est possible d'expliquer une chute avec la loi de la gravité, cette cohérence entre la loi et le phénomène vécu (heureux ou non) nous donne le pouvoir d'apprendre, de nous ajuster, et même d'augmenter notre confiance en cette loi. Nous gardons confiance en la loi de la gravité; nous gardons également confiance en notre capacité de marcher, même si nous avons commis une erreur. Nous comprenons comment mieux marcher.

La communication interpersonnelle comporte plusieurs lois tout aussi fondamentales que celle de la gravité. Le fait de ne pas les connaître ou qu'elles ne soient pas enseignées nous force à vivre des communications qui ne se passent pas toujours comme nous le voulons, et ce, sans que nous puissions comprendre clairement ce qui s'est passé. Ne pas comprendre tue notre confiance. Pire, cela altère négativement notre confiance en nos capacités, nos qualités, nos opinions, nos arguments, nos idées, la légitimité de nos objectifs et de nos rêves, nos intentions, la relation avec la personne en face de nous, etc.

Les humains ont besoin de développer la conscience de lois fiables en lien avec des comportements précis.

Le fonctionnement de la conscience dynamique

Les stratégies de communication essentiellement basées sur les mots ou d'autres variables fixes sont déconnectées de la réalité humaine et de l'Univers. À force d'étudier les processus mentaux et, parallèlement, d'enseigner les habiletés de communication, je me suis rendu à l'évidence que les processus cognitifs reconnus en neuropsychologie semblaient difficilement expliquer l'efficacité des comportements des personnes ayant d'excellentes habiletés sociales. Ces dernières paraissent particulièrement compétentes pour utiliser leur intelligence, leurs connaissances et les éléments de l'environnement afin de créer non seulement des relations fortes, mais aussi de faire en sorte que l'énergie dans le dialogue augmente, et que celui-ci soit propulsé vers un objectif commun. Pendant plusieurs années, j'ai rencontré des gens dont le charisme était visible, le leadership, indéniable, et qui avaient la capacité de faire « arriver des choses ». J'ai cherché quels processus étaient responsables de ces phénomènes complexes et rares. L'attention uniquement ? Non. L'empathie uniquement ? Non. L'intelligence uniquement ? Non. L'éducation et les connaissances générales ? Non plus. J'en suis venu à la conclusion qu'il existe un processus de gestion de la conscience dont on ne parle pas, ou qui n'est pas clairement cerné. Celui qui crée l'énergie et le mouvement.

Il est essentiel de concevoir les processus mentaux impliqués dans les interactions humaines comme étant dynamiques, servant un mouvement directionnel et expansif.

La conscience dynamique tient compte d'une grande quantité d'informations impliquées dans une communication et est spécifiquement destinée à l'augmentation du potentiel d'énergie chez une personne. Elle vise aussi la mise en mouvement directionnel vers un objectif en lien avec un sens, et implique une tendance transformationnelle et évolutive. Pour remplir cette fonction complexe, elle relie les informations verbales, conceptuelles et procédurales présentes dans la conscience aux éléments détectés dans l'environnement et organise les comportements de façon à générer un mouvement vers un objectif. Ce processus est nécessaire lors de l'exécution de plusieurs tâches complexes, dont les interactions sociales. Contrairement à la conscience, plus simple, dirons-nous, et qui traite une information consciemment, la conscience dynamique *recherche l'énergie et la mise en mouvement*. L'analyse des différentes informations est donc destinée à accéder à l'énergie, à la structurer et à l'orienter pour générer un mouvement vers l'avant.

Ce type de conscience prend de l'expansion au fur et à mesure qu'elle est stimulée et enrichie par l'interaction. Avec l'entraînement, elle est de plus en plus capable de tenir facilement compte d'informations et de générer de plus en plus d'énergie qui aura des retombées concrètes.

Pour qu'elle puisse s'exercer, la conscience dynamique nécessite des *connaissances fixes*, des informations simples, mais également des informations plus complexes, c'est-à-dire des *règles* propres à l'exécution d'une tâche. Alors que nous sommes en dialogue, la conscience dynamique réévalue constamment les différentes informations disponibles à l'intérieur de soi, comme les idées, les intentions, les interprétations, les sensations physiques, les émotions ainsi que les règles sous-jacentes en vigueur dans ce dialogue. Elle détecte aussi les informations à l'extérieur de soi, comme les mots de notre interlocuteur, ses expressions faciales, ses gestes. Ensuite, elle tient compte de ces informations pour orienter le mouvement du dialogue vers un objectif.

La conscience dynamique circule donc librement en évaluant de façon cyclique différents types d'informations *de manière à générer le maximum d'énergie et à l'orienter vers un but.*

Pour que la conscience dynamique puisse fonctionner à son plein potentiel, le cerveau doit être en mesure de détecter consciemment beaucoup d'informations et d'avoir appris beaucoup de règles importantes relatives à une tâche en cours. Ces règles doivent être les bonnes, un objectif pertinent et générateur d'énergie doit avoir été cerné pour susciter un mouvement général, et la conscience dynamique doit constamment évaluer la vitesse de progression vers l'objectif de même que l'orientation vers ce dernier.

Finalement, la conscience dynamique doit sans cesse réévaluer l'ensemble de ces éléments. Elle n'est donc pas la conscience d'une seule information simple, d'un mot, d'un concept ou d'une image. Elle est le chef d'orchestre du fonctionnement cérébral conscient.

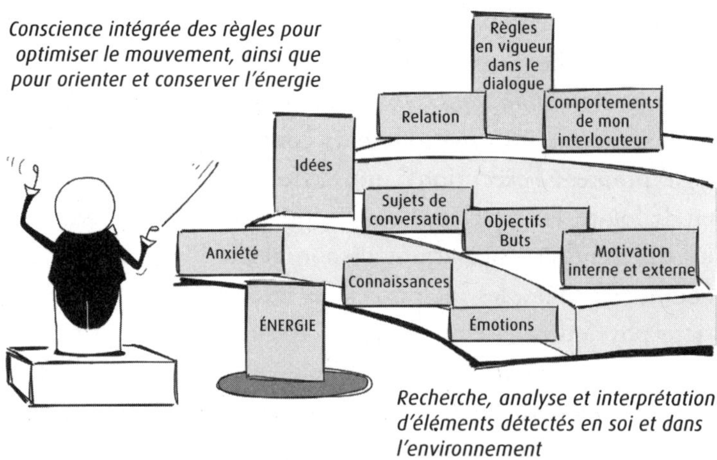

La conscience dynamique peut être comparée à un leader d'entreprise compétent, capable d'intégrer consciemment une grande quantité de variables présentes dans son organisation. Il connaît ses différents services, ses produits, ses coûts, sa marge de profit ainsi que ses objectifs à court, à moyen et à long terme. Il aime travailler pour son entreprise, il est à l'aise avec ses objectifs, il sait qui sont ses clients importants et il est capable de gérer l'énergie (les ressources financières) pour servir toutes les parties de son entreprise et son développement. Ce leader est orienté vers la croissance et l'atteinte d'objectifs pour l'organisation optimale de l'entreprise ; sans lui, la croissance n'est qu'un vœu pieux.

Nous pouvons comparer l'énergie chez l'humain au service des finances dans une entreprise. Il est spécialisé dans l'analyse des flots de trésorerie et de la gestion des ressources financières. Un président d'entreprise ne peut diriger sans avoir accès aux informations financières. Pour une entreprise, l'argent ne peut pas être un tabou. Pour l'humain, l'énergie ne peut pas non plus en être un. Comme nous le verrons dans les pages suivantes, il y a des marqueurs cognitifs, comportementaux et émotionnels très clairs et fiables qui témoignent de la fluctuation de l'énergie. Nous apprendrons à les détecter et à les intégrer au travail de notre conscience dynamique.

Bien qu'audacieuse sur le plan scientifique, la notion de conscience dynamique est, à mon avis, tout à fait pertinente, mais surtout cohérente avec différents aspects de la physique, de la psychologie et des neurosciences. Elle est particulièrement cohérente avec les changements comportementaux les plus spectaculaires, mais aussi les plus durables que j'aie pu voir chez des clients que j'ai reçus en consultation. Lorsqu'un client se développe et qu'il sait comment poursuivre son développement, cela se traduit nécessairement par le renforcement d'un leadership personnel. Dans le contexte de cet ouvrage, la conscience dynamique tient compte d'une variable nouvelle en communication interpersonnelle : l'énergie.

CONSCIENCE DYNAMIQUE : CHEF D'ORCHESTRE RESPONSABLE DE L'ÉNERGIE

La conscience dynamique organise, priorise et synchronise les actions appropriées en fonction des éléments dynamiques et fixes perçus pour créer, renforcer et optimiser le mouvement vers les objectifs recherchés. La personne ressent un sens global très élevé et une tendance évolutive, transformationnelle et expansive.

L'humain n'utilise pas sa conscience de façon linéaire. Il le fait de façon interactive avec les différentes informations à l'intérieur et à l'extérieur de lui, de manière à générer de l'énergie et à la diriger. Le cerveau est un instrument précisément construit pour accéder à l'énergie et l'orienter vers un objectif. Au cours d'une communication, les interlocuteurs cherchent *forcément* à augmenter leur énergie respective, à la condenser et à la diriger vers un ou des objectifs. Comme les composantes de l'Univers en mouvement et en constante interaction les unes avec les autres, les processus mentaux sont également des mouvements, des actions mentales. La conscience humaine a aussi tendance à interagir avec les différentes connaissances disponibles de manière à servir une expansion et un mouvement directionnels. Cette particularité joue un rôle majeur dans les tâches complexes comme les interactions humaines. La conscience humaine ne peut donc pas être réduite à une perception consciente d'une simple information. Elle est un modèle de la conscience interactive ultimement destinée à créer une augmentation de l'énergie disponible et à générer un mouvement directionnel chez l'humain. Pour organiser cette énergie humaine, la conscience dynamique doit cycliquement réaliser trois types d'analyse.

Le **premier type d'analyse** permet de percevoir, d'analyser et d'interpréter les dizaines d'informations présentes de façon simultanée dans l'environnement externe (à l'extérieur de nous, dans notre environnement immédiat) et dans notre environnement interne (nos pensées, nos émotions, nos sensations, etc.). Dans une conversation, la perception des variables relatives à l'environnement externe peut concerner les mots prononcés, l'expression faciale de l'interlocuteur, ses gestes, le ton de sa voix, les distracteurs perçus, etc.

Le **deuxième type d'analyse** est beaucoup plus implicite et concerne les « règles du jeu ». Il permet de se référer à des règles ou à des lois applicables à l'efficacité de la tâche en cours. Les règles sont des construits théoriquement complexes et les gérer est beaucoup plus difficile que de détecter de simples stimuli dans notre environnement. C'est pourquoi, dans l'instant présent, nous ne conscientisons que rarement les règles qui sous-tendent les comportements efficaces. Les règles déterminent une grande partie de la façon d'agir. Par exemple, les membres d'un couple qui discutent d'un sujet conflictuel tiennent compte de règles implicites liées à cette communication. Chacun tente de tenir compte de celles qu'il a apprises au cours de sa vie dans ce type de communication. Ainsi, l'un d'eux tentera d'appliquer les règles suivantes : aborder le sujet épineux délicatement, tenter d'être le plus convaincant possible, hausser le ton pour montrer sa détermination et contrecarrer la réplique de l'autre, etc. Chaque personne impliquée dans un dialogue tente, consciemment ou non, de mettre en application des règles implicites que son cerveau juge valables. Il est important de noter que celles-ci ne sont pas nécessairement justes ou efficaces, mais ce sont celles qui sont disponibles dans l'instant présent. Les règles sont là pour optimiser le mouvement, orienter et conserver l'énergie investie pour chacun de nos comportements. Il est toutefois fondamental que les règles apprises impliquent les bonnes variables en lien avec la tâche, faute de quoi elles contribueront à la perte d'énergie et à l'inefficacité dans la tâche.

Le **troisième type d'analyse** consiste à orienter et à coordonner l'ensemble des informations perçues et des comportements, de manière à optimiser le mouvement vers l'objectif général recherché dans la tâche. Il s'agit là de la particularité de la conscience dynamique.

Étant donné le nombre changeant de variables à analyser à chaque instant, la conscience dynamique doit sans cesse mettre à jour l'état des variables qui sont détectées puisque celles-ci sont en constant changement. Le sens général du mouvement directionnel vers l'objectif doit également toujours être pris en compte. Pour ce faire, la conscience dynamique réévalue ces variables de façon cyclique et continue, de manière à optimiser la trajectoire générale du mouvement vers l'objectif. Cette évaluation permet de mesurer la vitesse de progression vers le but. Selon cette mesure, la conscience dynamique poursuivra l'analyse des informations afin de créer à chaque instant le comportement le plus adapté, c'est-à-dire celui qui permettra d'accélérer le mouvement général vers le but ou de corriger la trajectoire.

En résumé, la conscience dynamique concerne la détection et l'interprétation des éléments perceptuels, les règles du jeu de la communication ainsi que la prise en compte du fait que les interactions et les interprétations doivent servir un mouvement général vers un objectif.

Le sens et les forces vectorielles

Les objectifs sont en fait des représentations mentales servant de prétexte pour engager l'humain sur un vecteur de mouvement directionnel. Le sens n'est pas l'objectif, car il n'est pas une variable fixe. Il ne se situe donc pas dans les mots, ni dans les phrases, ni dans les arguments, ni dans les objectifs en soi. Le sens détermine la puissance du vecteur qui nous relie à un objectif. L'un est l'objet fixe, l'autre concerne l'énergie et le mouvement. L'objectif est cependant impératif, car il assure une direction nécessaire au vecteur de sens. Sans la configuration d'un objectif, nos actions et notre cerveau n'ont d'autre choix que de s'éparpiller puisque l'énergie générée n'est pas directionnelle et aura tendance à se dissiper.

Communication et conscience dynamique

Avant que nous amorcions une communication, notre conscience dynamique nous permet de déterminer quel comportement sera celui qui augmentera le mouvement du dialogue vers l'objectif.

Pour utiliser la conscience dynamique en communication interpersonnelle, plusieurs conditions sont nécessaires. Il faut d'abord disposer d'un nombre suffisant de connaissances fixes pertinentes liées à la tâche en cours, sans quoi il est impossible de faire suffisamment de liens pour ajuster son comportement. Plus la tâche est complexe, plus le nombre de connaissances fixes doit être grand. Autrement dit, plus la machine est complexe, plus le manuel d'instructions de base est volumineux.

Pour dynamiser sa conscience, il faut s'exercer à se référer aux informations les plus pertinentes dans l'instant présent, en fonction des éléments détectés dans l'environnement. Plus la tâche est complexe, plus il y aura de variables à considérer, et donc plus la conscience devra rapidement réévaluer les variables en présence, tout en tenant compte de la direction générale du mouvement à créer pour avancer vers le but. C'est précisément le défi d'une des tâches interpersonnelles les plus complexes, que l'on appelle l'« écoute ».

Plus la tâche est complexe, plus la conscience dynamique doit synchroniser, prioriser et organiser les actions appropriées en intégrant les bonnes variables dynamiques, soit les règles les plus pertinentes dans l'instant présent.

Relation et survie

Tous les éléments vivants sont en interaction les uns avec les autres, et des collaborations sont nécessaires pour échanger de l'énergie. Les atomes s'échangent des électrons pour équilibrer leurs charges. Les particules collaborent et entretiennent des liens particuliers. Certaines ont un fonctionnement relationnel bien à elles qui les distingue.

La relation n'est pas créée par des mots, des phrases ou des arguments. Elle est un résultat. Cela signifie qu'elle apparaît à la suite de certains comportements et dans des conditions précises. Il est donc impossible d'en créer une sur commande. Toutefois, nous avons un grand contrôle sur la façon dont une relation peut prendre de la force et s'approfondir.

La qualité de la relation est probablement la variable la plus importante, mais aussi la plus mystérieuse, dans la communication interpersonnelle. Que ce soit dans le développement d'un partenariat d'affaires, la résolution d'une mésentente dans une relation amoureuse, l'exploration des objectifs dans une équipe, une rencontre avec un partenaire potentiel ou une réunion qui fait appel à la capacité d'imagination et d'innovation, la force et la qualité de la relation entre les personnes sont les facteurs qui prédisent le mieux l'atteinte des objectifs. La relation est un système qui vise à optimiser un mouvement vers une situation souhaitée. Elle est également l'une des bases de l'engagement, du leadership, de la crédibilité, de la confiance et de la satisfaction.

La relation humaine représente un lien entre deux personnes. Une relation peut être positive ou négative. Elle implique bien sûr des avantages, mais également des responsabilités et très certainement des défis. Tout comme les humains sont des organismes dynamiques qui évoluent et se transforment, chaque relation interpersonnelle est en constante transformation, influencée par le passage du temps et les événements.

Alors qu'ils vivaient dans la jungle et la savane hostiles, les premiers hominidés ne pouvaient survivre seuls ou isolés. Un individu solitaire courait un risque élevé d'être une proie pour les grands prédateurs. La seule véritable stratégie de survie était la vie en groupe. L'humain a survécu principalement grâce à sa capacité à maintenir et à développer des relations avec les membres de sa tribu ou de son clan. Il a dû perfectionner ses habiletés relationnelles en s'adaptant aux situations quotidiennes. Le cerveau s'est adapté à cet objectif prioritaire en développant des habiletés sociales de haut niveau[4, 5].

Pendant des centaines de milliers d'années, l'humain a donc évolué biologiquement et socialement en poursuivant deux objectifs de base par défaut chaque fois qu'il se trouvait en présence d'un membre de sa communauté :

1. Créer, maintenir et augmenter la force des relations.
2. Éviter le rejet ou l'exclusion sociale[6].

Aujourd'hui, que nous soyons dans la jungle ou en ville, notre cerveau gère toujours ces deux tâches en parallèle à chaque instant d'une communication. Le désir obsessif d'être inclus, accepté par la personne en face de lui, et la peur d'être rejeté sont deux des préoccupations émotionnelles et cognitives les plus importantes chez l'humain. Même si la sédentarisation, combinée à l'invention de l'argent, nous a permis de survivre en contournant plusieurs règles relationnelles, il reste que le cerveau est formaté en fonction de ces deux mécanismes de survie.

Puisque le rejet social est de loin l'une des plus grandes sources d'anxiété humaine, le cerveau tente de l'éviter en ayant recours à tous les moyens possibles et imaginables, et ce, à chaque instant d'une communication.

Il n'est pas possible de déterminer avec précision le niveau ou la qualité d'une relation. C'est comme pour la douleur: on n'arrive pas à la mesurer objectivement ou à la quantifier. Même si on ne peut nier l'existence de la relation entre deux individus - tout comme on ne peut nier la douleur ressentie par une personne -, il s'agit d'une création subjective. Cela ne signifie pas qu'elle n'existe pas. Il s'agit plutôt de reconnaître que la relation est bâtie par l'expérience individuelle. Outre des mesures autorapportées obtenues grâce à des questionnaires qui permettent de décrire la qualité ou le niveau de satisfaction d'une relation[7, 8], les mesures objectives et directes en cette matière n'existent pas. Il n'y a pas de scanneurs cérébraux ni de tests sanguins de la relation, pour l'instant du moins, pas plus qu'il n'y a de marqueurs radioactifs indiquant les noyaux cérébraux spécifiques où se situerait la relation dans le cerveau.

Comme la relation est subjective, donc vécue et créée par chacun des individus impliqués, elle n'est pas une entité autonome à l'extérieur de soi. On entend parfois des phrases comme: « Nous devons travailler sur notre relation », « Nous avons des enjeux relationnels», «Notre relation est en piteux état» ou encore «Notre relation se porte bien».

Ces exemples de phrases sont très révélateurs de la conception fonctionnelle que nous avons de la relation, mais aussi de notre difficulté à nous responsabiliser face à celle-ci. C'est comme si, pour modifier ou améliorer la relation avec quelqu'un, nous devions aider une troisième partie indépendante à «aller mieux». Lorsque je reçois un couple en consultation, je sens souvent qu'ils souhaitent que la consultation influence positivement la quatrième «personne» invisible dans la pièce, c'est-à-dire la relation. Comme cela est maintenant une habitude dans une société capitaliste où nous pouvons tout acheter, stocker des objets et éviter les responsabilités, nous avons objectivé la relation comme si elle était un bien que l'on traîne, une chaîne entre deux personnes, qui est là mais qui n'est pas vraiment nous. Ne sachant pas comment fonctionne réellement la mécanique relationnelle, nous nous sentons coincés avec le problème. Nous payons un thérapeute pour réparer la relation comme nous payons un mécanicien pour qu'il répare notre voiture. «Les professionnels savent comment réparer ça.»

La relation est une construction individuelle. Elle n'existe pas en dehors de nous. Elle est donc sous notre responsabilité, mais surtout elle est une *partie* de nous. C'est pourquoi il se peut qu'une personne éprouve un attachement envers un organisme dépourvu d'un cerveau développé, comme un poisson ou une plante. Il est aussi possible pour un humain de ressentir de l'attachement envers un partenaire virtuel et d'entretenir une relation avec lui, alors qu'il s'agit en fait d'un programme informatique projetant l'idée d'une personne. Cela ne veut pas dire que la relation entre deux individus soit quelque chose de futile, d'imaginaire ou d'irréel. Un humain impliqué dans une relation vit assurément quelque chose d'important et de vital.

Comme elle est une construction individuelle, la relation n'est pas représentée et vécue de la même façon par les deux personnes impliquées. Elle est donc asymétrique. Ce qu'on appelle « la relation » est en fait une perception externe générale de la superposition de deux relations. C'est la raison pour laquelle parler de la relation comme d'une entité uniforme revient non seulement à parler d'une entité inexistante, mais également à n'impliquer aucune des personnes en relation. Il est donc préférable de parler de la relation pour la personne 1 et de la relation pour la personne 2. (Dans le contexte de cet ouvrage, je me contente toutefois de ne parler que de la relation, pour simplifier les choses.)

Faire le constat que la relation est une construction unique et malléable propre à chaque individu impliqué est important. En effet, cette conception change complètement les implications fonctionnelles et stratégiques de la communication interpersonnelle. Surtout, elle prend en compte la responsabilité que nous avons envers nos relations importantes : la responsabilité à l'égard de nos comportements visibles et de ceux qui le sont moins.

Il y a toutefois certains repères généraux qui permettent de qualifier une relation. Par exemple, nous dirons qu'une relation est bonne lorsque les deux personnes impliquées sentent qu'elle l'est, et qu'elle est mauvaise lorsque les deux personnes sentent qu'elle l'est. Par contre, une règle supplémentaire s'ajoute pour qu'on puisse qualifier une relation de mauvaise : lorsqu'une seule des deux personnes sent que la relation est mauvaise, elle l'est, et ce, même si l'autre la qualifie d'extraordinairement bonne. Dans un tel cas, cette dernière n'est tout simplement pas consciente que la relation est faible.

Le niveau réel d'une relation est donc toujours déterminé par la personne qui l'évalue comme étant la moins bonne. C'est celle qui la vit le plus faiblement ou le plus négativement qui donnera la mesure de la qualité de la relation à moyen et à long terme. Une chaîne est toujours aussi forte que son maillon le plus faible.

Prenons un exemple. Alain perçoit que sa relation avec Claude est très bonne. Il soutient qu'ils s'entendent très bien, qu'il a énormément de plaisir avec lui et qu'il désire planifier des activités à faire ensemble. Quant à Claude, il évalue qu'Alain est une bonne connaissance, sans plus. Bien qu'il soit ouvert à faire certaines activités avec lui, il ne prendra pas l'initiative de les organiser. Pour Claude, la relation avec Alain est donc beaucoup plus faible. Même s'il ne l'évalue pas comme étant négative, la relation telle qu'il la vit déterminera concrètement ce qui se passera entre ces deux hommes.

La tendance à la *réciprocité relationnelle positive* est donc une condition *sine qua non* pour qualifier une relation de forte, positive et porteuse à long terme. Il va sans dire qu'avoir une perception juste de la réelle valeur d'une relation interpersonnelle nécessite un niveau de conscience de soi, de conscience de l'autre et d'excellentes habiletés de communication. Faute d'habiletés de communication, la difficulté à bien évaluer une relation est l'un des facteurs qui prédisent le mieux la déception par rapport aux attentes que l'on a face à une autre personne, déception qui occasionne souvent une rupture relationnelle soudaine et amère. La réciprocité parfaite dans une relation est théoriquement impossible. Heureusement, un certain degré de réciprocité est généralement suffisant pour maintenir une relation à long terme. Bien entendu, ce sont également les habiletés de communication qui permettent de réguler le niveau relationnel des personnes impliquées.

De la sensibilité à la vulnérabilité

Afin de survivre dans un environnement dangereux, certains animaux sont pourvus d'une peau épaisse ou encore recouverts d'un pelage protecteur, d'une carapace ou d'un autre type d'armure. D'autres possèdent des ailes pour s'enfuir rapidement. D'autres encore ont des cornes, des panaches imposants ou des dents affûtées, sécrètent du venin ou courent à grande vitesse pour échapper aux prédateurs incapables de les poursuivre longtemps.

L'humain est quant à lui recouvert d'une enveloppe de peau très mince qui n'a pour ainsi dire aucune tolérance à quoi que ce soit. En plus de ne pas bien se confondre avec l'environnement naturel et donc de mal se camoufler dans la nature sauvage, elle est extrêmement sensible à tout contact et à tout agent extérieur. Un rien l'égratigne et réveille des milliers de cellules qui transmettent la douleur au cerveau. Elle s'infecte facilement, se cicatrise mal, résiste difficilement au soleil. Une substance exogène peut aisément susciter une réaction cutanée. Un simple et minuscule moustique a le pouvoir de l'irriter et de nous déconcentrer durant une tâche importante.

La peau qui recouvre les zones vitales est encore plus mince et sensible, ce qui n'a théoriquement aucun sens ! C'est le cas de la peau à l'intérieur des cuisses, où d'importantes artères sont situées, ou sur le cou, où passent les artères carotides, les veines jugulaires et la trachée. La peau de notre visage est celle où il y a le plus de terminaisons nerveuses par unité de surface.

Les animaux possèdent soit des sabots, des coussins ou des griffes dépourvues de terminaisons nerveuses. Ce sont des outils puissants qui leur permettent de faire face aux multiples défis de la nature.

Chez l'humain, le bout des doigts est doté d'un grand nombre de terminaisons nerveuses. Les mains, dont on se sert pour entrer en contact avec l'environnement, sont des membres constitués d'os frêles, d'une peau mince ainsi que de veines et d'artères qui affleurent en surface.

Aucun organisme n'est aussi naturellement dépourvu que l'humain à la naissance. Alors que la plupart des animaux sont fonctionnels et presque autonomes quelques jours après leur mise au monde, un bébé humain ne peut soutenir le poids de sa propre tête avant l'âge de trois mois. Aucun animal ne met bas en ressentant autant de douleur que la femme qui accouche. En fait, il semble que l'humain ressent la douleur plus que toute autre espèce vivante. En résumé, l'humain n'a pas d'atouts physiques pour assurer sa survie.

Certains croiront qu'il s'agit d'une faiblesse ou d'une aberration. Au contraire, il s'agit d'une force.

En effet, il semble que nos particularités physiologiques aient des fonctions et des objectifs autres que ceux de nous défendre contre l'environnement. Il est possible que l'humain ait évolué de façon à être *facilement affecté* par l'environnement.

La construction du moi

L'évolution est le fruit d'une recherche acharnée pour définir un nouvel état d'équilibre homéostatique qui témoigne de nouvelles compétences mieux adaptées à l'environnement, lequel a une tendance naturelle à redevenir stable. Moins un organisme est perturbé ou ressent de l'inconfort, plus il se situera dans un état homéostatique. S'il se sent bien, l'organisme reste là où il est et fait ce qu'il est habitué de faire. La capacité à détecter avec précision et finesse les informations de notre environnement combinée à notre sensibilité élevée sont un préalable à la mobilisation des ressources nécessaires au changement, à l'adaptation et à l'évolution.

Cette sensibilité pousse l'humain à évoluer, à se comprendre lui-même et à comprendre son environnement. Sans elle, aucune démarche d'évolution n'aurait été enclenchée. Cette démarche est celle qui pousse l'esprit humain à se développer. C'est donc dans la contrainte et l'inconfort que l'évolution survient. L'humain possède toutes les caractéristiques pour évoluer à grande vitesse. L'histoire en a d'ailleurs fait la démonstration.

La sensibilité du corps et celle de l'esprit travaillent ensemble puisqu'il y a un lien clair entre la sensibilité physique, la construction de notre monde interne et celle de notre identité. La propension à être plus facilement déstabilisé entraîne une recherche d'émotions positives et de bien-être qui nous pousse à réfléchir, à analyser, à comprendre notre environnement et à nous comprendre nous-mêmes. Notre objectif est de retrouver un équilibre homéostatique physiologique, mais également émotionnel, cognitif et identitaire. Autrement dit, nos inconforts nous poussent à rechercher des moyens de combler nos besoins et à retrouver un état de satisfaction et de paix, du moins momentanément.

Cette recherche a entre autres permis le développement accéléré de notre cerveau et a propulsé l'imagination, l'un des systèmes de défense que nous avons mis en place pour nous sortir de situations inconfortables. Hors de tout doute, l'imagination est une faculté qui place l'humain dans une catégorie unique parmi les organismes vivants connus. Elle est un multiplicateur de possibilités et un générateur infini d'idées et de besoins. Elle forge la vision du monde et la vision de soi.

L'imagination est le moteur des possibilités, mais elle vient avec un prix : l'humain doit vivre avec l'exaltation suscitée par ses pensées, ses idées, ses projets et ses fantasmes qui pourraient devenir réalité. Nos besoins justifient nos initiatives et l'ensemble de nos comportements. Ainsi, la sensibilité stimule les sensations, lesquelles sont analysées et interprétées par notre cerveau de façon précise, détaillée et unique. Rapidement, nos désirs et nos manques sont des repères nous permettant d'optimiser notre expérience.

Chaque fois qu'une parole est prononcée, celle-ci est la manifestation d'un élément dont nous manquons. Chaque parcelle d'expression et de communication humaines est un voile qui se lève sur notre ensemble psychique complexe. Nous nous trouvons dans chaque comportement de communication verbale ou non verbale. Nous nous dévoilons, nous montrons qui nous sommes. Par nos actions et nos comportements, nous dévoilons ce dont nous manquons et notre ADN. C'est ce dévoilement que l'on appelle la « vulnérabilité ».

C'est précisément là que se trouve la source d'énergie disponible la plus puissante chez les humains.

Réapprendre la vulnérabilité

La vulnérabilité n'est pas la sensibilité ou la fragilité, ni même les émotions. Elle est le feu vert qui donne accès à une personne, le processus qui à chaque instant détermine ce que nous laissons voir de nous, particulièrement ce que nous voulons, ce dont nous manquons, ce vers quoi nous tendons.

La vulnérabilité, c'est le partage des éléments qui créent notre déséquilibre.

La vulnérabilité n'est bien sûr pas un mot nouveau. Mais, dernièrement, il a beaucoup gagné en popularité grâce, entre autres, au succès de librairie de Brené Brown, *The Power of Vulnerability*. Je suis d'avis que le fait que nous tentions lentement de nous réconcilier avec ce mot est une chose nécessaire et positive.

Présenter la notion de vulnérabilité sous un angle positif peut paraître surprenant. Le mot est associé à des concepts non seulement hétérogènes, mais essentiellement négatifs : souffrance, faiblesse, échec, absence de ressources, impuissance, détresse, incompétence, dépendance, dépression, tristesse. Nous avons appris à craindre la vulnérabilité et les sensations qui y sont associées, car les sens que véhicule ce concept sont à l'opposé de ce que nous voulons vivre : bien-être, force, réussite, contrôle, puissance, confiance, compétence, autonomie, motivation, joie. Ce biais de perception face à ce mot crée des habitudes conscientes et non conscientes qui nous poussent à inhiber la vulnérabilité pour prévenir une éventuelle souffrance.

Tout comme le concept de vitesse n'est pas forcément synonyme d'accident de voiture, la vulnérabilité n'est pas synonyme de souffrance. Voici plutôt la définition que je propose : la vulnérabilité désigne la tendance d'une personne à se laisser voir par elle-même et par les autres ; la permission d'accès qu'elle se donne dans l'instant présent. Il s'agit d'un mouvement interne.

D'autres définitions positives de ce mot sont également proposées, par exemple : la capacité (voire la force) à dévoiler nos faiblesses et nos fragilités, ou encore la capacité à mettre des limites aux autres ou à partager des souffrances. Même si elles comportent des mots à connotation négative, ces définitions mettent de l'avant le choix de s'ouvrir aux autres.

Vulnérabilité = Laisser voir = Se dévoiler (ou) Dévoilement de soi

Toutefois, dévoiler sa vulnérabilité ne consiste pas nécessairement à « dire des choses ». Des processus plus subtils, essentiellement non verbaux, peuvent révéler la vulnérabilité et être utiles dans des communications de haut niveau.

La véritable essence de la vulnérabilité

La vulnérabilité est la volonté, dans l'instant présent, de partager quelque chose de vrai. C'est un choix, un mouvement interne issu d'une intention, d'une recherche qui permet d'accéder à des éléments, à un contenu qui nous dévoilent à nous-mêmes et à l'autre. Elle ne consiste donc pas à dire quelque chose de vrai, de faux ou de sensible, car comme il a été précisé plus tôt, les mots n'existent pas dans la réalité. La vulnérabilité ne correspond donc pas à des mots, à des phrases ou à des thèmes précis. Il ne s'agit pas de parler d'un sujet en particulier pour être vulnérable; il faut avoir l'intention d'accéder à des éléments de soi dans l'instant présent.

Être vulnérable, ce n'est pas uniquement parler d'un sujet triste ou grave, de ses faiblesses, de ses échecs ou de son enfance difficile. Il est possible de révéler sa vulnérabilité en abordant un sujet qui évoque tant des émotions positives que négatives.

Par ailleurs, la vulnérabilité n'est pas dichotomique, c'est-à-dire présente ou absente. Elle se situe plutôt sur un spectre allant de la vulnérabilité minimale à la vulnérabilité la plus grande. Selon le contexte, la relation ou l'objectif de la communication, le niveau de vulnérabilité sera plus ou moins adéquat. (Nous reviendrons sur cette idée ultérieurement.)

La vulnérabilité peut se rapprocher de la notion d'authenticité. L'authenticité est la stratégie consistant à dire des choses vraies à propos de soi ou à ne pas céder à la tentation de montrer ou d'extérioriser quelque chose qui n'est pas en lien avec le vrai soi. Le problème avec cette notion est qu'elle laisse entendre qu'il y a une dichotomie entre les éléments authentiques et vrais et les éléments non authentiques et faux. Or, il est impossible de dire que quelque chose est vrai ou faux, authentique ou non authentique, car rappelons-nous que les mots ne sont que des concepts dont la perception varie d'un individu à l'autre. La volonté d'être authentique est souvent confondue avec une tentative de séduire, et donc de réduire l'anxiété de rejet à court terme. Étant une notion dichotomique, l'authenticité ne mène pas à des gradients ou à des intensités. Il n'y a alors aucun moyen d'être un peu, moyennement ou énormément authentique. Dire « authentique » revient donc à dire « vrai » ou « faux », ce qui nous garde dans un cercle vicieux.

Toute la force de l'humain provient plutôt de sa capacité à manier sa vulnérabilité.

Le bon usage de la vulnérabilité

La vulnérabilité humaine est précise et capricieuse. Elle se manifeste, augmente lentement et progressivement, puis s'estompe en quelques dixièmes de seconde. **La relation est le résultat émotionnel des mécanismes de vulnérabilisation.** Il s'agit donc de se concentrer attentivement sur ceux-ci à chaque instant de la communication plutôt que sur la relation. Si vous êtes capable de manier la vulnérabilité pendant une interaction, vous saurez comment influencer la relation.

La vulnérabilité est la pierre angulaire de l'énergie humaine, et probablement le facteur le plus important en matière de relations interpersonnelles et de stratégies de communication. Comprendre les implications de la vulnérabilité humaine et être capable de l'utiliser à chaque étape de l'interaction est, selon moi, une priorité.

Il existe une relation de proportionnalité entre le niveau de vulnérabilité et la force d'une relation. Pour intervenir sur la qualité d'une relation, il s'agit donc de comprendre comment influencer le niveau de vulnérabilité des deux interlocuteurs, et ce, à chaque instant du dialogue.

La relation humaine est un système de survie qui vise à compenser la vulnérabilité. Un individu qui dévoile une partie de lui, aussi petite soit-elle, doit s'assurer que l'autre ne puisse se sauver avec cette précieuse marchandise. La relation se présente donc comme une sorte de garantie interpersonnelle, un filet de sécurité émotionnel, de manière à consolider l'équipe et à assurer le maintien du partenariat. Le partage d'éléments relatifs à soi provoque un phénomène interpersonnel qui amène automatiquement une compensation relationnelle d'une force équivalente à la vulnérabilité. Conséquemment, plus une personne se vulnérabilise, plus la force de la relation augmente.

FLUCTUATION DE LA RELATION EN FONCTION DE LA VULNÉRABILITÉ

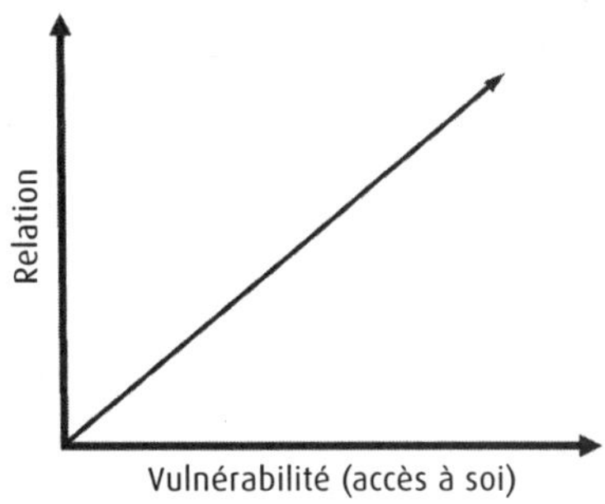

Le cerveau est puissant, rapide et précis. Plus une personne cherchera à utiliser la vulnérabilité ou le dévoilement sous forme de trucs, plus les signes non verbaux révélateurs de la supercherie seront aisément décelables par l'interlocuteur. Cela aura pour effet immédiat d'empêcher l'autre de se vulnérabiliser, et donc d'approfondir davantage la relation. Certaines personnes surutilisent le dévoilement d'aspects personnels pour augmenter artificiellement la force de la relation, ce qui n'a en fait aucun impact positif.

Il nous est tous déjà arrivé de nous retrouver dans une soirée où quelqu'un nous a confié des éléments de sa vie beaucoup trop personnels ou avec beaucoup trop d'émotions, alors que nous ne le connaissions pas du tout. Les circonstances de la conversation se prêtaient mal à ce déballage. Mais surtout, nous avons senti que c'était bizarre. Cette personne nous rendait mal à l'aise. Cela n'était pas de la vulnérabilité, mais une forme de manipulation. Elle cherchait de la pitié, de l'empathie, de l'admiration ou de l'attention.

La vulnérabilité fait intervenir des éléments importants, et non privés, intimes ou émotionnels. De plus, ces éléments doivent être dévoilés selon un rythme précis pour augmenter la vulnérabilité. Tenter de paraître vulnérable dès les premiers instants d'une relation court-circuite généralement le processus relationnel qui est immédiatement perçu comme non authentique. La vulnérabilité implique certainement des émotions, mais sans débordement ou étalement volontaire.

La vulnérabilité provient d'un système attentionnel interne qui vise à cerner des éléments importants qui montrent qui nous sommes dans l'instant présent et en lien avec le sujet en cours. Elle doit idéalement être une habitude de dialogue plutôt qu'un discours.

Par exemple, lorsque nous rencontrons une personne, l'usage veut que nous prononcions plus ou moins les mots suivants:

Personne 1 : Salut!

Personne 2 : Salut!

Personne 1 : Comment vas-tu?

Personne 2 : Bien. Et toi?

Personne 1 : Oui, bien.

Il n'y a rien de plus classique que cet échange, que l'on répète machinalement plusieurs fois par jour. Ces paroles peuvent être échangées par des interlocuteurs souriants et sembler très positives. Toutefois, dite machinalement, chacune d'elles ne comportera aucune vulnérabilité; ce bref échange n'aura alors aucun effet relationnel.

Cependant, si les interlocuteurs prononcent chacune de ces phrases avec une intention personnelle précise, chacune des intentions augmentera la vulnérabilité de chaque mot et les retombées relationnelles seront immédiates et clairement ressenties par les deux parties. Voici le type de réflexion et de processus qui serait susceptible de générer de la vulnérabilité.

Personne 1 : (*Elle voit la personne 2, fait le choix d'être celle qui la salue, donc d'avoir une importance pour elle et de créer un impact positif.*) Salut !

Personne 2 : (*Elle reçoit la salutation de la personne 1, voit qu'elle a voulu faire une différence pour elle. Elle fait le choix d'indiquer la réception de la salutation.*) Salut !

Personne 1 : (*Elle a vraiment envie de savoir comment va la personne 2 aujourd'hui.*) Comment vas-tu ?

Personne 2 : (*Elle reconnaît l'intérêt de la personne 1. Elle profite de cette attention bienveillante. Ensuite, elle se pose la question : « Comment est-ce que je vais aujourd'hui ? Hum ! Comment est-ce que je me sens ? Je me sens bien, je crois. Oui, je me sens bien. »*) Bien. (*J'aimerais savoir comment toi, tu vas. Peut-être aussi bien que moi ? Peut-être surexcitée ? Peut-être moyen ? On ne sait pas.*) Et toi ?

Personne 1 : (*Comment je me sens ? Je me sens aussi bien que toi, je crois.*) Oui, bien.

Dans la réalité, ces intentions qui précèdent les mots ne durent qu'une fraction de seconde et ne sont probablement pas verbalisées mentalement. Il est tout à fait possible d'avoir des intentions très élaborées et claires sans pour autant avoir recours à une traduction ou à une formation verbale. Les mots sont très lents ! Je le rappelle, les mots sont des éléments fixes sans grand intérêt. Par contre, les intentions sont composées d'une synergie de comportements internes qui sont en mouvement. Une intention est puissante, car elle est un mouvement.

Le dialogue précédent visait à montrer que chaque mot prononcé peut comporter une certaine vulnérabilité. Il est possible qu'en lisant ces lignes vous pensiez : « Même si les deux personnes ont ces intentions, ça ne changera pas grand-chose. »

Détrompez-vous ! Les intentions derrière ces mots changent tout. ABSOLUMENT TOUT.

Chaque processus interne, par exemple une intention, change les micromouvements oculaires, la respiration, le ton de la voix et son rythme, les temps de silence entre les tours de parole, les tensions et les détentes dans divers groupes musculaires faciaux, etc. Et notre cerveau détecte tous ces éléments pour déterminer le niveau de vulnérabilité et immédiatement générer la relation appropriée. Ces signaux sont discrets et brefs, mais, je le répète, notre cerveau en capte l'entièreté, consciemment ou non.

Le niveau de vulnérabilité

Tout comme la vitesse, qui varie de 0 km/h (soit l'immobilité théorique) jusqu'à la vitesse de la lumière (la vitesse maximum théorique), soit environ 300 000 km/s, la vulnérabilité peut aller d'une intensité minimum à une intensité maximum. Évidemment, nous concevons aisément que la vitesse n'a pas uniquement deux valeurs ; il existe une infinité de vitesses possibles se situant entre ces deux extrêmes.

Personne ne peut se dire objectivement pour ou contre la vitesse. La vitesse est simplement une variable. Lorsque nous roulons en voiture, nous tenons pour acquis que de la vitesse, il y en aura, puisque l'objectif est de se déplacer. Mais selon le contexte environnemental, nos objectifs et la façon dont nous nous sentons à un moment précis, ou encore selon notre empressement à nous rendre à destination, nous choisissons de rouler à une vitesse à laquelle nous nous sentons à l'aise et en sécurité. C'est un choix personnel. Un pilote de formule 1 possède les habiletés nécessaires, l'entraînement et le bolide pour filer en moyenne à 200 km/h tout en se sentant à son aise. Une personne moins entraînée, roulant sur une chaussée sinueuse et mouillée dans une vieille camionnette familiale, n'ira pas aussi vite. Dans les deux cas, la vitesse choisie est la plus efficace selon le contexte et les objectifs.

Pendant une communication, les deux interlocuteurs doivent utiliser la vulnérabilité de la même façon que l'on choisit sa vitesse de déplacement : à chaque moment, la vulnérabilité doit être choisie en fonction du contexte émotionnel dans l'instant présent, des habiletés de communication générales, de l'empressement des interlocuteurs à arriver à destination (leur but) et du contexte environnemental donné (la relation ou le contexte émotionnel de l'autre dans l'instant présent).

Plus le sujet de la communication implique des émotions négatives ou que son objectif concerne un projet d'envergure à long terme, plus la divergence d'opinions entre les interlocuteurs est profonde, plus la force de la relation doit être grande et plus la vulnérabilité doit être élevée.

Par exemple, deux personnes sont affectées à un projet important, complexe et générant un haut niveau d'anxiété. Une co-vulnérabilité élevée sera nécessaire et deviendra l'antidote contre l'anxiété causée par les multiples défis qu'implique leur collaboration.

Une relation forte et stable entre deux personnes dépend d'une vulnérabilité réciproque à un certain degré. Une vulnérabilité trop asymétrique mettra à risque la viabilité de la relation.

La vulnérabilité crée la relation, et non l'inverse.

Il est important de comprendre la fluctuation de la vulnérabilité et de la relation à travers le temps. Il n'est pas possible de partir d'une absence de vulnérabilité et de relation et de faire augmenter instantanément ces deux variables à un niveau élevé. Le cerveau, système émotionnel et relationnel humain, ne fonctionne pas de cette façon. Les meilleures voitures peuvent passer de 0 à 100 km/h en 3,5 secondes, et les moins puissantes, en 8 secondes. Toutefois, dans les deux cas, elles atteindront toutes les vitesses intermédiaires. Conséquemment, meilleures sont les habiletés de communication, plus grande sera la possibilité de développer rapidement un niveau de vulnérabilité élevé chez l'interlocuteur et chez soi. De bonnes habiletés de communication permettent d'augmenter la force de la relation plus rapidement. Si elles ne sont pas assez efficaces, il est impossible de générer rapidement assez de vulnérabilité, et donc la puissance de relation nécessaire à l'atteinte d'un objectif.

C'est plus facile à dire qu'à faire ! La vulnérabilité est une génératrice d'énergie puissante. Et en ce monde, tout ce qui est puissant est difficile d'accès. Les stratégies de communication non verbales et verbales doivent donc être maîtrisées pour pouvoir accéder au meilleur potentiel de vulnérabilité mutuel dans un instant donné.

Vulnérabilité = Relation = Énergie

Parmi ses multiples conséquences positives, l'accès à la vulnérabilité :

- augmente systématiquement la force de la relation avec l'autre;
- donne accès à du contenu nouveau, important et puissant;
- rend capable d'absorber de nouvelles informations;
- déclenche le système cognitif d'intérêt;
- rend disponible l'énergie pour faire face à des enjeux et à des défis;
- permet d'avoir accès à la créativité, à l'imagination et à l'innovation;
- est la base du sens des actions et des pensées;
- est la base de l'engagement humain.

Mieux une personne se vulnérabilise, plus son interlocuteur se sent interpellé. Vous remarquerez que cet effet est perceptible lors des communications de leaders et de personnes charismatiques. On leur accorde justement cette force d'attraction qui mobilise notre attention soutenue et notre ouverture à leur message. Ils n'ont pourtant pas l'air faibles pour autant, au contraire.

La progression partagée

Parmi les lois qui déterminent le développement de la vulnérabilité, l'une des principales concerne la façon dont les interlocuteurs se vulnérabilisent. Deux variables sont particulièrement importantes:

1. le niveau de vulnérabilité;
2. le temps.

Prenons un exemple. Deux personnes se rencontrent pour la première fois. A parle et B l'écoute pendant 45 secondes. Dans cette situation, A se vulnérabilise puisque c'est elle qui parle. Donc, par le fait même, elle se révèle partiellement. Son cerveau compensera cette vulnérabilité en générant une relation-attachement proportionnelle envers B. Par contre, B, qui n'a ni bougé ni parlé, s'est peu dévoilée. Elle s'est donc peu vulnérabilisée.

FLUCTUATION DE LA VULNÉRABILITÉ/RELATION EN FONCTION DES PHASES D'ÉCOUTE ET D'EXPRESSION

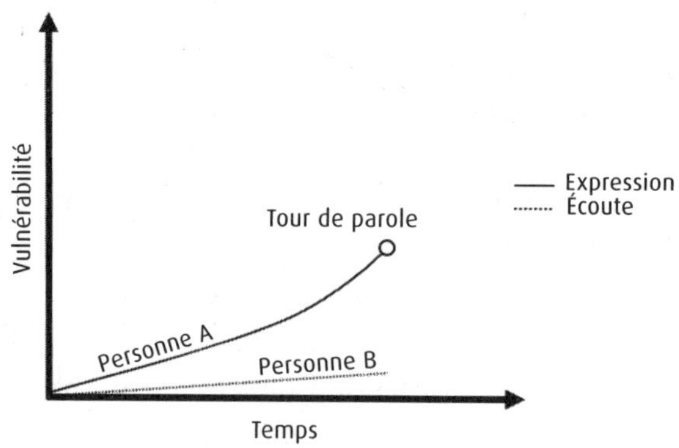

Il est à noter qu'une personne est capable de se vulnérabiliser si les conditions d'écoute sont favorables. Plus les habiletés d'écoute de son interlocuteur sont bonnes, plus la vulnérabilité sera élevée et progressera rapidement. Moins son écoute est efficace, moins le cerveau de l'autre autorisera la vulnérabilité. (Les composantes de l'écoute seront spécifiées dans les chapitres suivants.)

Mais peu importe la qualité de l'écoute, une personne ne pourra pas augmenter sa vulnérabilité de façon continue. Selon le contexte, la hiérarchie, l'objectif de la communication et les habiletés de communication des parties, elle atteindra différents plafonds de vulnérabilité au cours de la conversation. Il est important de les déceler et de bien interpréter ce phénomène.

Un plafond de vulnérabilité est atteint lorsqu'une personne ne peut tolérer davantage de vulnérabilité de façon unilatérale, dans l'instant présent. Cela veut dire que, sans l'addition de la vulnérabilité de l'interlocuteur, son cerveau autorise un maximum de vulnérabilité. C'est particulièrement vrai dans les interactions sociales où il y a peu ou pas de différences hiérarchiques entre les deux interlocuteurs.

Reprenons l'exemple précédent. A parle à B pendant 45 secondes. Puis, A cesse de parler et sourit. Cet arrêt dans le processus de vulnérabilité indique que A ne jouit plus des conditions psychologiques pour poursuivre son dévoilement. Plusieurs seront tentés de croire qu'une personne se tait (en souriant ou non) simplement parce qu'elle n'a plus rien à ajouter. C'est inexact. Un humain a toujours quelque chose à dire et à partager. Avec 80 milliards de neurones, des millions d'images, de souvenirs, d'expériences, de pensées et d'émotions enregistrés, une personne peut parler sans arrêt jusqu'à la fin de sa vie en ayant toujours quelque chose de nouveau à dire. Seulement voilà : pour des raisons de survie, son cerveau ne lui permet pas d'accéder à tout ce contenu, d'une valeur inestimable. Le cerveau a besoin de conditions précises pour permettre une vulnérabilité plus grande et ainsi débloquer des sujets de conversation et du contenu plus vulnérable.

Dans l'exemple précédent, le cerveau de A ne pouvait tolérer plus de vulnérabilité. Si B souhaite développer encore davantage la relation avec A, elle doit déterminer une stratégie de communication qui générera une nouvelle vague de vulnérabilité. B devra donc se vulnérabiliser de façon relativement équivalente à A. Elle pourrait, par exemple, parler à son tour. Elle n'a pas nécessairement besoin de le faire elle aussi pendant

45 secondes, car la vulnérabilité n'est pas uniquement une conséquence du temps de parole, mais bien de la façon dont un contenu dévoile la personne qui le communique. Ainsi, la vulnérabilité et la relation se développent chez les interlocuteurs, non pas de façon identique, mais de façon suffisamment équilibrée pour que les deux développent une réciprocité relationnelle.

FLUCTUATION DE LA VULNÉRABILITÉ/RELATION
EN FONCTION DES TOURS DE PAROLE DANS UN DIALOGUE

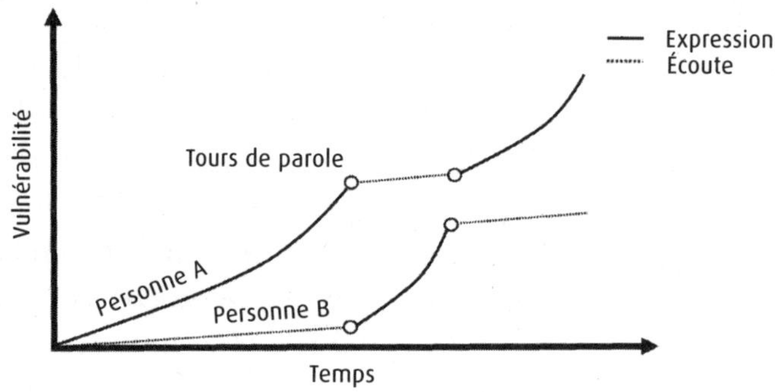

L'environnement

L'objet le plus susceptible d'influencer les processus de vulnérabilisation est la table. Dans plusieurs cultures et dans les pays industrialisés, les lieux de rencontre et de discussion impliquent la plupart du temps des chaises et des tables. Le lieu, la forme des meubles et leur disposition influencent les processus relationnels, et ce, avant même que les interlocuteurs aient commencé à discuter.

Tous les objets fixes qui nous entourent favorisent la diminution de la vulnérabilité. En effet, celle-ci implique une part d'anxiété normale. Le cerveau a alors tendance à considérer tout objet fixe comme une sorte d'armure, de bouclier ou encore de bouée. Ainsi, plus il y aura d'objets autour et surtout entre deux personnes en dialogue, plus la vulnérabilité sera inhibée.

Les rencontres dans les organisations sont d'excellentes illustrations de l'impact de la distance et de l'environnement.

Les illustrations 1, 2 et 3 montrent des environnements bien connus dans les organisations. Mais ces configurations produisent l'effet inverse de ce qui est recherché dans les rencontres, c'est-à-dire l'optimisation des relations, l'engagement, la mobilisation. En effet, les tables rectangulaires déséquilibrent la vulnérabilité de chacune des personnes présentes. De plus, dans ce type de configuration, la distance entre les participants varie et il n'est pas possible de voir chacun de face, ce qui, encore une fois, nuit au processus de vulnérabilisation. Dans un système de dialogue entre deux ou plusieurs personnes, le déséquilibre de la vulnérabilisation nuit à l'efficacité de la rencontre.

DÉSÉQUILIBRE DE LA VULNÉRABILITÉ
SELON L'ENVIRONNEMENT PHYSIQUE

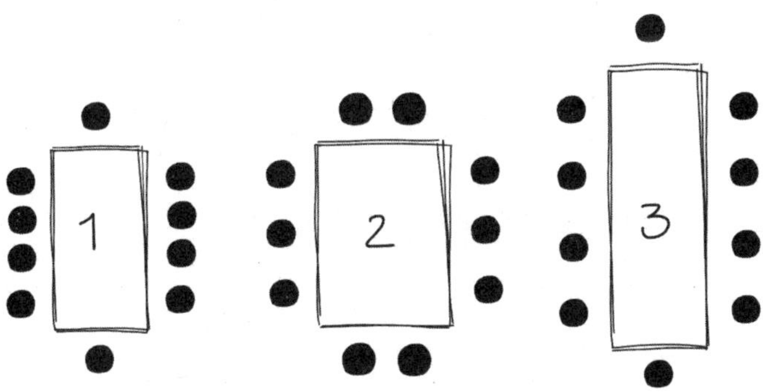

Configurations typiques pour les rencontres

L'illustration 3 montre probablement le pire environnement : la table est très longue, les personnes à chaque bout sont très éloignées l'une de l'autre et la distance entre chacune est considérable. Dans un tel contexte, il est pour ainsi dire impossible de créer suffisamment de vulnérabilité pour générer des relations énergisantes. Une rencontre dans un pareil environnement ne peut donc pas susciter l'engagement, la mobilisation, etc.

La forme la plus énergétiquement efficace est le cercle. Comme le montrent les illustrations 4 et 5, une disposition en cercle permet une vulnérabilisation uniforme des participants et crée des conditions de développement relationnel optimales. La configuration dans l'illustration 5 est supérieure à l'autre puisqu'il y a moins de distance entre les personnes et qu'il n'y a pas de table.

ÉQUILIBRE DE LA VULNÉRABILITÉ
SELON L'ENVIRONNEMENT PHYSIQUE

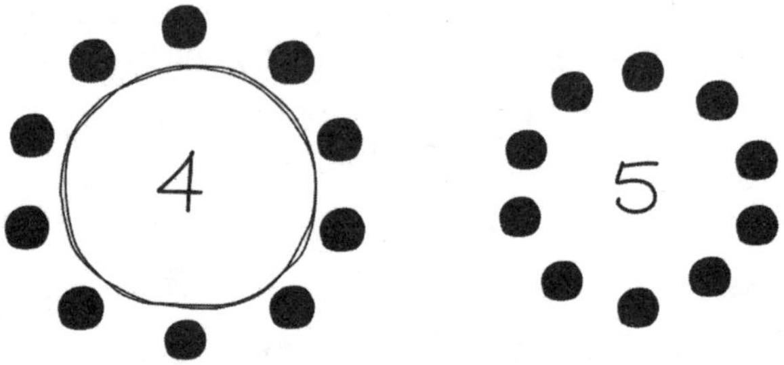

Les configurations en cercle équilibrent la vulnérabilité
entre les participants dans les rencontres.

Les impacts de la vulnérabilité

En 2004, un psychologue m'a demandé de lui montrer à nager. J'ai commencé à lui enseigner une fois par semaine. Il était attachant, mais unique en son genre : il désirait un cours d'une heure, mais nager seulement pendant 30 minutes !

Moi : Que voulez-vous faire pendant l'autre moitié du cours ?

Client : Que nous parlions.

Je ne comprenais pas la nature de cette demande. « Pourquoi perdre la moitié du temps pour lequel il paie ? Nous pourrions avancer tellement plus », me disais-je. Il a voulu savoir si mes autres clients faisaient comme lui, s'ils me parlaient autant qu'ils nageaient. Je lui ai répondu que non, il était vraiment le seul.

— Je ne paie pas pour les actions ou les minutes qui s'écoulent. Je paie pour le résultat.

— Raison de plus ! Utilisez chaque minute pour apprendre et vous entraîner !

Mais il avait un autre plan en tête. Son objectif à lui était d'avoir un cours « agréable et positif ».

Au fil du temps, je me suis habitué à ce format particulier. C'était mon seul cours où le client n'était pas uniquement intéressé à nager plus vite et à utiliser chaque minute pour acquérir plus de connaissances et d'habiletés. Dans le monde des athlètes de haut niveau, s'entraîner de manière « agréable et positive » n'était pas un objectif valable.

Un jour, il m'a lancé un défi : discuter dix minutes avec chacun de mes élèves avant de plonger et de commencer l'entraînement.

— Parler de quoi ?

— De n'importe quoi. Mais préférablement d'eux.

Je lui ai expliqué que plusieurs de mes clients étaient des athlètes et qu'ils ne seraient pas vraiment intéressés à... parler pour parler. Puis je me suis dit que je n'avais rien à perdre à faire cette petite expérience inoffensive. Pendant la semaine suivante, j'ai pris le temps de parler une dizaine de minutes avec chaque nageur avant de commencer à travailler dans l'eau.

Les résultats ont piqué ma curiosité: pour une raison que j'ignorais, les nageurs étaient légèrement meilleurs pendant leur cours. Ils semblaient plus enthousiastes et comprenaient plus vite les consignes. Ils étaient capables d'exécuter des mouvements et des commandes complexes. Ils semblaient plus déterminés, avaient du plaisir et se concentraient plus facilement. Ils semblaient avoir plus d'énergie aussi. Je me suis alors dit que ce n'était peut-être qu'une perception de ma part, un biais créé par l'expérience en soi. J'ai donc répété l'exercice en étirant la durée de la conversation à 15 ou 20 minutes avant de commencer le cours. «Nous verrons bien s'il s'agit d'une simple perception», me suis-je dit.

Mes élèves, effectivement, sont devenus meilleurs techniquement, et leurs apprentissages étaient plus stables, c'est-à-dire qu'ils étaient davantage capables de conserver leurs acquis d'un cours à l'autre. En outre, la détente était plus facilement accessible pour eux. Enfin, plusieurs faisaient l'expérience de meilleurs appuis dans l'eau ou de nouvelles sensations techniques. Je ne pouvais fermer les yeux sur cet effet général.

Le psychologue m'avait aidé à porter mon attention sur la mécanique par laquelle un humain collabore avec un autre pour apprendre et créer des changements. Le fait d'augmenter le temps de dialogue augmentait également les performances dans une tâche parallèle, même si les sujets de conversation abordés n'avaient rien à voir avec la natation.

C'est ainsi que j'ai découvert l'effet positif de l'augmentation de la vulnérabilité sur une tâche spécifique.

Moi qui consacrais toute ma vie à la performance, j'ai goûté à ce nouveau plaisir: être là pour quelqu'un, tout en faisant augmenter la performance et la vitesse d'apprentissage. On appelle cela faire d'une pierre deux coups !

Cette nouvelle façon de faire a pris de plus en plus d'importance dans mes cours, au point que c'est l'élève qui décidait du moment où il était prêt à sauter dans la piscine. Il était plus autonome que jamais. Il arrivait de plus en plus souvent qu'il ne sente plus du tout le besoin de nager, appréciant davantage que je l'écoute. Parce que c'est tout ce que je faisais.

Je me suis aperçu que j'étais intéressé à entendre ce qu'ils me racontaient. Sans faire d'effort conscient ou particulier, ils acceptaient naturellement de se vulnérabiliser, progressivement, jusqu'à ce qu'ils se mettent à partager des choses dont ils avaient peu ou jamais parlé avant, faisant de moi la personne privilégiée ayant accès à ces informations, à cet or.

Autre effet : le roulement de mes élèves a diminué radicalement. Normalement, lorsque je les avais vus quelques fois, les problèmes techniques étaient résolus. Ils revenaient de temps en temps s'ils avaient besoin que je règle des points particuliers. Mais, à partir du moment où j'ai commencé à les écouter, ils voulaient revenir systématiquement toutes les semaines et continuer à travailler, à s'améliorer. Aller plus loin, par intérêt, par passion. De façon intrinsèque, ils ne voulaient plus juste régler une série de problèmes techniques. Ils voulaient évoluer. La natation était devenue une excuse pour se découvrir. Grandir.

Évidemment, je devais aussi me vulnérabiliser pour que nos relations progressent. Par contre, les choses sont un peu différentes lorsqu'il y a une forme de hiérarchie entre deux personnes. Que ce soit entre un parent et un enfant, un professeur et un élève ou un gestionnaire et son employé, la hiérarchie est présente et rend les processus de vulnérabilité moins symétriques, ce qui est normal. Des limites s'imposent, surtout pour la personne en supériorité hiérarchique, car c'est son rôle de protéger le cadre de l'interaction en fonction du but commun. La hiérarchie a donc un double rôle : développer la relation et maintenir un cadre sécuritaire.

L'élève a besoin d'un cadre sécuritaire pour apprendre. Il faut donc protéger la vulnérabilité en fonction du contexte, du type de relation et des buts. En tant que professeur de natation, j'avais quand même une bonne marge de manœuvre pour me dévoiler sans que cela affecte le but commun : nager. Par contre, mon service impliquait que ce soit moi qui prenne soin du client, et non l'inverse. C'était donc à moi de l'écouter et d'être à son service.

Quelque chose de nouveau est né au fil de mes interventions, qui n'avait rien à voir avec la natation : le plaisir et la pleine conscience d'être en relation. Le plaisir d'avoir un moment privilégié avec quelqu'un. D'offrir un cours qui vise le développement du nageur. Au fil des semaines et des mois, mes cours de natation ont commencé à avoir la réputation non seulement d'augmenter la performance d'un nageur, mais également de lui faire vivre des moments importants dans sa semaine.

Régler des problèmes techniques était devenu tellement facile qu'il n'y avait plus de véritable défi. D'autres mécanismes étaient en jeu. Des mécanismes encore plus complexes que ceux concernant l'interaction corps-eau.

L'importance des relations dans l'énergie humaine a été la plus importante et la plus belle prise de conscience de ma vie. Les mécanismes des relations humaines dans la communication allaient devenir ma spécialité et ma plus grande passion.

Mais je l'ignorais à ce moment-là.

La vulnérabilité dans le couple

Dans un couple en début de relation, la vulnérabilité est très élevée. Cette énergie entraîne nos pensées, augmente notre propension à en faire toujours plus pour l'autre, à lui montrer nos meilleurs côtés. Toutefois, cet effet s'estompe naturellement au fur et à mesure que la relation se consolide. Certains appellent ce phénomène « tenir l'autre pour acquis ».

Tenir l'autre pour acquis est une conséquence inévitable d'une diminution progressive de la vulnérabilité générée dans la relation. Bien que le développement du couple et de la relation amoureuse puisse facilement faire à lui seul l'objet d'un ouvrage, je crois important de souligner l'importance des processus de co-vulnérabilisation. En effet, il est, selon moi, impossible d'entretenir une relation de couple à long terme sans les habiletés de communication qui permettent une co-vulnérabilisation. Sans ces processus, la relation n'a pas l'énergie nécessaire pour se développer et il y a alors un repli pour préserver les acquis-bénéfices du couple.

La vulnérabilité est une responsabilité et un défi dans la vie à deux, car si aucun des partenaires n'augmente sa propre vulnérabilité, sa connaissance de lui-même, le couple ne peut pas créer cet effet par lui-même.

La vulnérabilité au travail

Les leaders assument des responsabilités lourdes et complexes. Il est possible de les classer selon deux buts généraux :

1. Générer de l'énergie et des ressources dans l'organisation.
2. Diriger l'énergie et les ressources vers des cibles stratégiques.

L'un des enjeux majeurs dans les organisations concerne la mobilisation des équipes et des employés. Des investissements massifs sont faits dans des démarches de motivation et de mobilisation des employés : le *team building*. Toutefois, on constate que les impacts sont minimes ou même inexistants à moyen et à long terme, et que les activités de motivation doivent alors être répétées. C'est un problème majeur en entreprise.

Un des facteurs responsables de cet échec est que ces interventions ne créent pas suffisamment de vulnérabilisation chez les personnes impliquées. Aucune énergie n'est disponible. Il n'y a donc rien à structurer dans les multiples étapes du processus.

Le leader est celui qui instaure le plafond de vulnérabilité et d'énergie. Un leader qui a peu d'habiletés de communication et une faible capacité à se vulnérabiliser ne peut pas créer un contexte qui permettra aux gens de l'organisation d'augmenter leur propre vulnérabilité. Lorsque vient le temps pour lui de montrer l'exemple, il se réfugie dans son autorité et son pouvoir et évite ce défi, ce qui a pour effet de faire plafonner une démarche qui aurait pu mener l'organisation à un tout autre niveau.

La seule façon pour un leader de mobiliser ses employés est d'augmenter son propre niveau de vulnérabilité et de les amener à faire de même. C'est une stratégie en soi. La capacité du leader à maîtriser sa vulnérabilité est fondamentale pour inspirer les autres et leur donner la permission de faire la même chose.

Le rejet, ou l'anti-relation

La vulnérabilité est l'énergie qui renforce les relations. Il existe un mécanisme qui a l'effet contraire, qui inhibe la relation interpersonnelle : le rejet.

Rejeter une personne consiste à suggérer, consciemment ou non, par l'entremise de comportements verbaux ou non verbaux, que sa valeur est trop faible pour être intégrée à un système, que ce soit une relation de couple, une relation dans une équipe ou dans une société. Le rejet est la dépréciation de la valeur d'une personne. Il s'agit donc d'une attaque à sa nature, et la blessure peut générer rapidement de la détresse. En fait, un humain est capable de supporter les pires douleurs, mais aucune douleur physique ou émotionnelle n'est plus difficile à endurer que le fait d'être rejeté par les autres, et ce, peu importe l'âge ou la culture. Le rejet est probablement la plus grande insulte à l'âme humaine, la plus terrible menace que l'on puisse faire à une personne. L'humain a donc très peu de tolérance au rejet, à l'exclusion ou à l'abandon.

L'exclusion sociale ainsi que l'appartenance à un réseau social de faible qualité sont directement corrélées avec la maladie mentale, particulièrement l'anxiété et les troubles psychologiques associés aux troubles de la personnalité et à la dépression. En d'autres mots, l'isolement, le manque de connexions sociales de qualité et le sentiment de solitude sont générateurs de maladies et de détresse[9, 10].

Le rejet joue un rôle fondamental dans toutes les communications humaines et est l'ennemi à combattre à chaque instant. Il se comporte comme un virus ou une bactérie mangeuse de chair : il se transmet aisément d'une personne à une autre et est hautement contagieux.

Le cerveau détecte immédiatement les plus subtils signes de rejet. Il active alors différents systèmes pour assurer sa survie, et surtout pour tenter de contourner le rejet, dans l'espoir de rétablir sa valeur et de réparer la relation. Selon sa personnalité, un individu utilisera les stratégies conscientes ou non conscientes qui ont le mieux fonctionné dans le passé.

L'anxiété que génère le rejet est un sujet qui doit être spécifiquement abordé pour comprendre les implications de ce phénomène dans les comportements de communication interpersonnelle et l'impact qu'elle a sur la relation.

L'anxiété est un phénomène psychophysiologique qui a une composante nerveuse, endocrinienne et neurologique. Nous possédons deux grands systèmes nerveux : le système parasympathique et le système sympathique. Le premier est responsable des états de relaxation, des fonctions végétatives et autonomes, comme la digestion et la respiration lente. Son principal neurotransmetteur est l'acétylcholine. Le système sympathique, quant à lui, s'active pour faire face à un danger ou à l'adversité, quand une augmentation momentanée de l'énergie est nécessaire pour passer à l'action. Ce système fait intervenir l'adrénaline, la noradrénaline et le cortisol[11].

L'anxiété se déclenche dans le but de prévenir un événement douloureux ou négatif qui pourrait avoir lieu dans un futur plus ou moins rapproché. Elle est directement liée à notre conception du futur et à son contenu. Contrairement à la croyance populaire, nous ne craignons pas l'inconnu. Nous avons simplement peur qu'il contienne des éléments qui nous feront souffrir. Lorsque nous sommes déjà dans une situation problématique, l'anxiété ne sert plus à rien ; elle a ainsi tendance à disparaître pour faire place à d'autres ressources émotionnelles nécessaires, non pas pour empêcher quelque chose d'arriver, mais pour faire face et gérer la situation.

En contexte social, le rejet et l'exclusion sont les principaux générateurs d'anxiété. Cette dernière peut prendre différentes formes[12, 13], résultat de la peur :

- d'être jugé ;
- d'être dévalorisé aux yeux des autres ;

- de *ne pas être assez*;
- de ne pas sentir qu'on a de la valeur;
- de perdre l'admiration de quelqu'un d'important;
- de perdre le respect des autres;
- de perdre l'attention positive;
- de perdre le regard bienveillant des autres;
- d'être placés devant le fait que nous ne sommes pas aussi bons, beaux et compétents que nous avons réussi à nous le faire croire et à le faire croire aux autres.

Une conversation qui déterminera l'accès ou non à un contrat lucratif ou à un emploi, ou encore le maintien ou non d'un privilège peut, par exemple, générer de l'anxiété. La perte éventuelle de ressources, laquelle peut avoir des incidences négatives multiples, constitue une autre source d'anxiété. Les pertes peuvent être de différente nature: ressources financières, occasions favorables, accès à un réseau, objets ayant une valeur économique ou émotionnelle. Plusieurs situations interpersonnelles font intervenir une combinaison de l'anxiété de rejet social et de l'anxiété de perte. Ainsi, lors d'une entrevue d'embauche, l'anxiété du candidat vient non seulement de la peur de ne pas être engagé, une forme de rejet, mais aussi de celle de perdre l'accès à un emploi qui améliorerait tous les aspects de sa vie.

Les fluctuations de l'anxiété changent nos comportements, nos intentions, nos pensées, notre façon d'utiliser notre attention, nos émotions et même nos mouvements. L'anxiété joue donc un rôle essentiel dans une relation. Si l'anxiété d'être rejeté par son interlocuteur est élevée, la relation sera forcément faible. Inversement, si la relation est forte, cette anxiété sera faible. Cela nous amène à un constat fondamental: une bonne relation avec quelqu'un est incompatible avec le sentiment d'être rejeté par lui. Nos stratégies de communication doivent donc intervenir sur le niveau d'anxiété des deux interlocuteurs. Puisque notre objectif est d'établir la relation la plus forte et la plus stable possible, et ce, très rapidement, les interlocuteurs doivent impérativement s'assurer à chaque instant que leurs stratégies de communication diminuent leur anxiété le plus vite possible et que cette dernière n'augmente pas au cours du dialogue, indépendamment des enjeux ou des sujets abordés.

FLUCTUATION DE L'ANXIÉTÉ ET DE LA RELATION
EN FONCTION DE STRATÉGIES DE COMMUNICATION

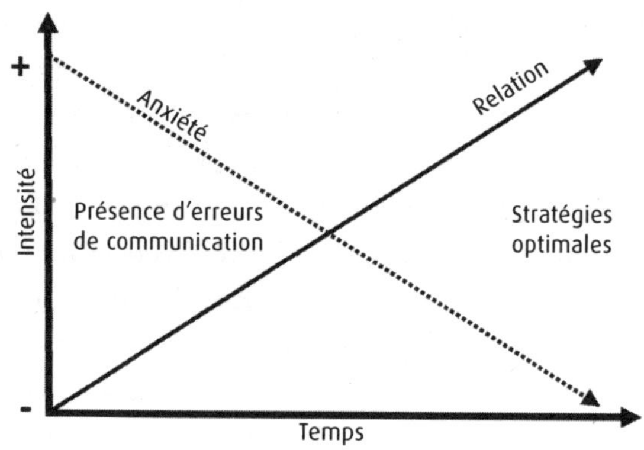

Le rejet de soi-même

Il est aussi important (et intéressant!) de souligner que nous avons développé une remarquable habileté à nous rejeter nous-mêmes, avant que les autres le fassent.

L'*autorejet* est une habitude émotionnelle et cognitive que nous avons, du moins en partie, développée pour tenter de reprendre le contrôle du rejet. Or, il est connu que le sentiment de contrôle diminue l'anxiété à court terme. En ce sens, l'autorejet permet de créer l'illusion que nous sommes d'accord avec ceux qui sont sur le point de nous rejeter, que nous sommes sur la même longueur d'onde que ces gens, ce qui nous rapproche d'eux. C'est une forme d'excuse présentée d'avance : « Excusez-moi, tout le monde. Pas besoin de me rejeter. Je l'ai déjà fait, et je travaille à me corriger. Tout ira bien, vous verrez. Je ne vous décevrai pas. » Ce mécanisme engendre une spirale d'autodévalorisation inconsciente qui détruit littéralement l'accès à nos talents, à nos ressources et à notre identité. Elle génère de plus en plus d'anxiété et entraîne la dépression[14, 15].

Nombreuses sont les personnes qui se tapent continuellement sur la tête pour tout et pour rien. Pour elles, cela constitue une façon normale de se comporter vis-à-vis d'elles-mêmes. Plusieurs soutiendront qu'il s'agit d'une qualité associée à la rigueur et à leurs standards d'excellence élevés, et même à l'humilité. Il n'en est rien. Il s'agit plutôt de l'évitement de l'anxiété déguisé en contrôle. La rigueur et les standards élevés peuvent certes augmenter cette tendance déjà présente chez une personne, mais ils sont indépendants de ces comportements automatiques d'autorejet.

Ce mécanisme est non seulement inefficace, puisqu'il ne parvient à réduire l'anxiété qu'à court terme, et ce, de façon déconnectée de la réalité, mais parfois il devient également une béquille presque permanente et non consciente.

Nous pourrions croire que l'autorejet ne se manifeste que chez des individus fragiles, ayant un statut socioéconomique faible, peu d'éducation ou un minimum de ressources. Pourtant, il est extrêmement insidieux et peut être présent chez des hommes et des femmes de tous les âges, très performants, reconnus et admirés de tous, et ce, quel que soit leur statut socioéconomique. Il s'agit de l'un des mécanismes cognitifs les plus dévastateurs à moyen et à long terme. Il transparaît dans la communication d'une personne, et il est possible de déterminer son niveau d'anxiété de rejet dès la première seconde du dialogue, ne serait-ce que par sa respiration. Comme nous le verrons plus loin, quelqu'un qui commence systématiquement à s'exprimer en inspirant nous mettra la puce à l'oreille : son niveau d'anxiété de rejet est déjà élevé.

L'évitement

L'évitement est une stratégie que le cerveau utilise pour nous soulager momentanément d'une anxiété. Il peut prendre plusieurs formes. Par exemple, l'**évitement comportemental** consiste à éviter physiquement la source d'anxiété : nous enfuir, changer de lieu, ne pas répondre au téléphone, prendre congé, procrastiner. (La procrastination n'est que de l'évitement répétitif.) On observe aussi l'**évitement de type attentionnel** : porter notre attention sur une autre cible, nous concentrer sur autre chose dans l'environnement, penser à quelque chose de positif et qui nous détend. Mais peu importe le type d'évitement auquel on aura recours, il y aura toujours une conséquence émotionnelle.

Prenons un exemple. Nous entrons dans une pièce et nous découvrons qu'une araignée s'y est installée. Comme nous n'aimons pas les araignées, une légère anxiété monte en nous. Immédiatement après avoir changé de pièce, ou porté notre attention sur autre chose, nous sentons l'anxiété diminuer significativement. Nous sommes soulagés ! Ce soulagement à court terme est la raison pour laquelle nous serons capables d'entrer à nouveau dans la pièce où se trouve l'araignée : nous connaissons un moyen d'évitement de l'anxiété qui fonctionne… à court terme.

Cette première phase sera malheureusement toujours suivie d'une deuxième, beaucoup moins agréable celle-là: l'augmentation à moyen et à long terme de l'anxiété. Même si l'araignée a disparu momentanément de notre champ de vision, l'anxiété, qui avait diminué par évitement, reviendra progressivement, encore plus forte. Nous avons maintenant davantage peur de l'araignée!

Comme le montre le graphique ci-dessous, l'évitement entraîne toujours une diminution de l'anxiété à court terme, suivi d'une augmentation. (C'est de cette façon que nous développons des phobies, des peurs qui nous paralysent.)

L'ÉVITEMENT AUGMENTE L'INTENSITÉ ÉMOTIONNELLE

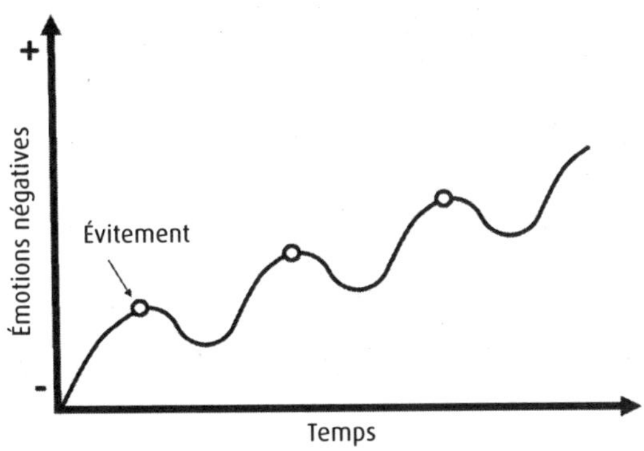

Au cours d'une communication interpersonnelle, tous les stimuli ont un impact sur le cerveau de notre interlocuteur: le son de nos pas, notre habillement, nos cheveux, la forme de notre visage, celle de nos sourcils, notre dentition, chaque partie de notre corps et, bien évidemment, toute information cognitive et émotionnelle véhiculée par nos expressions faciales, notre posture, notre respiration, les mouvements oculaires ou nos paroles.

Selon le niveau de conscience de l'interlocuteur et ses habiletés de communication, tout stimulus suscitant de l'anxiété pourra immédiatement provoquer un évitement : il orientera son attention sur un autre stimulus. Cela peut prendre plusieurs formes, de la plus grossière à la plus subtile.

L'évitement du rejet est une stratégie de survie. Il répond à un besoin à court terme de survivre en évitant un potentiel danger immédiat. Par contre, l'évitement du rejet n'est pas une stratégie de construction relationnelle.

Certaines stratégies relationnelles bien connues sont toutefois des stratégies d'évitement du rejet. Séduire, vouloir plaire, faire rire la galerie sans arrêt, argumenter pour avoir raison et attirer l'attention visent en premier lieu à réduire l'anxiété d'être rejeté. Mais plus ces comportements auront du succès, plus l'anxiété de la personne augmentera avec le temps. Elle aura donc besoin d'être de plus en plus souvent rassurée, et de plus en plus intensément. C'est pourquoi certains individus semblent ne jamais avoir assez d'attention, plaire assez, être assez désirés et aimés, car la dose d'attention nécessaire pour diminuer leur niveau d'anxiété de rejet est devenue considérable et n'agit que sur une courte durée.

L'évitement d'éléments qui suscitent des émotions négatives, particulièrement l'anxiété, a des conséquences graves sur le fonctionnement cérébral, le développement de la personnalité, les choix que nous faisons, nos relations interpersonnelles et amoureuses ainsi que sur la façon dont nous communiquons et entrons en relation avec les autres. Par exemple, l'évitement augmente notre sensibilité à la menace potentielle, accentue notre tendance à imaginer des scénarios négatifs dans le futur, diminue notre propension à prendre des risques positifs, pousse notre cerveau et notre imagination à inhiber des projets, des rêves, des initiatives, pour accommoder les émotions négatives, surtout l'anxiété. Au fil du temps, l'évitement fait augmenter l'anxiété générale, favorisant l'apparition de troubles anxieux, par exemple l'anxiété généralisée, la phobie sociale, les attaques de panique répétées. L'évitement accentue également la fréquence et l'intensité des émotions négatives générales tout en affectant notre sentiment d'efficacité personnelle.

Parlons maintenant de la division de l'attention et de l'évitement, dans la communication. Nous serions portés à croire que le rejet survient lorsqu'une personne en exclut une autre volontairement et explicitement, ou lorsqu'elle n'arrive pas à créer des relations satisfaisantes. Mais dans nos communications quotidiennes, le rejet ne prend pas une forme verbale grossière : « Tu n'es pas une bonne personne. Je ne veux pas de toi ! Va-t'en ! » En réalité, les signes de rejet sont subtils et précoces.

Le premier est capté lorsque l'attention de l'interlocuteur est divisée, concept que nous verrons plus spécifiquement dans les chapitres suivants. Il est important de savoir que l'attention consciente ne peut se séparer en deux. Si on désire poser son attention sur deux cibles, cette dernière n'a d'autre choix que d'alterner rapidement entre l'une et l'autre. Cela peut sembler banal, mais ce mécanisme est la première cause du sentiment de rejet ; il génère de l'anxiété et engage de mauvais processus de communication. La division attentionnelle est, dans la majorité des cas, le facteur responsable de la détérioration des relations, du manque de confiance, du sentiment de ne pas être écouté et d'être manipulé.

Voici un exemple qui illustre comment ce mécanisme se matérialise dans une communication.

Catherine est au restaurant avec Florence. Catherine commence à parler, et Florence écoute. L'attention consciente de Catherine est dirigée sur son propre contenu, puisque c'est elle qui parle. Son attention consciente est portée à 100 % sur elle-même. Catherine est celle qui se vulnérabilise, puisque c'est elle qui se dévoile. L'attention consciente de Florence est dirigée sur Catherine, puisqu'elle l'écoute. L'attention de Florence est portée à 100 % sur Catherine. Catherine est donc la seule et unique cible attentionnelle pour les deux amies.

Jusqu'ici, tout va bien.

Après seulement cinq secondes, ce que Catherine raconte évoque une image dans la conscience de Florence. Cela n'est pas un problème en soi, puisque nous ne pouvons empêcher le cerveau de faire des liens et de faire ressurgir des souvenirs ou des images qui traversent notre esprit lorsque nous écoutons quelqu'un. Par contre, au lieu de maintenir son attention consciente sur Catherine, qui continue de lui parler, Florence priorise momentanément l'image qui lui est venue en tête. Son attention est donc maintenant dirigée sur cette nouvelle cible, à l'intérieur d'elle. Cette image s'est maintenant transformée en un souvenir, puis en une opinion sur laquelle elle est maintenant concentrée. Elle doit cependant continuer à suivre ce que Catherine raconte ! Elle ne peut pas et ne veut pas complètement décrocher, mais elle ne souhaite pas non plus perdre son idée ! Pour tenter de préserver les deux types de contenu, elle doit rapidement se concentrer et son attention doit alterner entre les propos de Catherine et ses propres idées.

Cette attention divisée engendre des problèmes :

1. Puisque l'attention et les yeux fonctionnent ensemble, l'attention divisée change immédiatement les mouvements oculaires et les comportements faciaux de Florence.

Consciemment ou non, Catherine détecte la perte d'attention de son amie par les signes suivants : ses hochements de tête cessent et son expression est figée. Ses clignements d'yeux montrent qu'elle ne reçoit plus d'information. Sa bouche vient de se fermer et de se crisper légèrement, ce qui indique un contrôle volontaire pour ne pas interrompre Catherine, mais qui trahit quand même son besoin de parler, plus important que celui de prioriser son amie. Le cerveau de Catherine a automatiquement détecté tous ces signes en moins d'une demi-seconde. Mais elle continue de parler, espérant être assez intéressante pour se réapproprier l'attention de son interlocutrice, chose qui n'arrivera sans doute pas.

2. Lorsque l'attention divisée est détectée par Catherine, elle se sent immédiatement rejetée. En effet, puisque Florence se préoccupe d'une autre cible, Catherine ne se sent pas assez intéressante, assez pertinente, assez intelligente pour garder l'attention de son amie. Cela lui démontre aussi que, peu importe ce qu'elle révèle, ses propos ne changeront absolument rien à la discussion, puisque Florence est déjà en train de préparer le prochain sujet, sa prochaine pensée, sa prochaine réplique, sa prochaine intervention.

Devant l'attention divisée de Florence, l'anxiété de Catherine commence à augmenter. Son cerveau prend immédiatement des dispositions pour éviter ce sentiment qui vient de faire surface. Ce mécanisme insidieux empêche la vulnérabilité d'évoluer.

En effet, la division attentionnelle entraîne une cascade de compensations pour rétablir leur valeur aux yeux de l'autre. Elle augmente l'anxiété et diminue la force de la relation.

Dans notre culture, nous sommes si habitués à parler et à nous dévoiler pendant que l'attention de l'autre est divisée que ce phénomène est considéré comme normal dans une communication.

- Est-il normal que nous devions prouver que nous sommes assez intéressants pour être dignes de l'attention de l'autre ?

- Est-il normal que, au cours du dialogue, nous considérions que l'image qui vient d'apparaître à son esprit est plus importante que notre échange?
- Est-il normal que nous prenions la responsabilité du fait que notre interlocuteur ne nous écoute pas avec toute son attention et que nous entretenions l'espoir que, selon la valeur de ce que nous allons dire, nous serons à nouveau dignes de son attention?

Même si nous avons appris à survivre et à fonctionner dans ces conditions, notre cerveau détecte la façon dont l'attention de notre interlocuteur est utilisée et est hautement sensible à tous les signaux non verbaux qui traduisent la façon dont il la gère.

La division attentionnelle peut être principalement causée par trois situations types:

1. **Présence de distracteurs externes**
   Pendant qu'une personne nous parle, notre attention consciente quitte notre interlocuteur et se dirige vers une nouvelle cible détectée par notre attention périphérique: c'est un distracteur. Souvent, ce dernier est peu pertinent et notre attention consciente est redirigée vers la personne en face de nous. Si ce phénomène survient de temps en temps au cours d'une communication, notre interlocuteur ne nous en tiendra pas rigueur, il ne se sentira pas forcément rejeté. Par contre, si le sujet de conversation est très important pour lui, sa sensibilité aux distracteurs externes sera augmentée.
2. **Division attentionnelle due à des distracteurs internes**
   Pendant qu'une personne nous parle d'un sujet qui nous intéresse plus ou moins ou pour lequel nous n'avons pas vraiment d'opinion, un élément interne attire notre attention consciente, par exemple une pensée, une idée, un mot, une phrase, une image. Notre attention se

dirige alors vers ce nouvel élément. Cela nous arrive tous très régulièrement. Notre interlocuteur n'appréciera pas cette division attentionnelle, mais si sa vulnérabilité est faible (par exemple, il nous raconte sa journée au bureau pour la énième fois), cette perte d'attention sera moins dommageable.

3. **Division attentionnelle due à l'évitement émotionnel**
   Une personne vous parle d'un sujet important pour elle, qui génère chez elle beaucoup de vulnérabilité et des émotions négatives fortes, comme la peur ou la colère. De plus, vous êtes, vous aussi, émotionnellement impliqué dans ce sujet puisqu'il y a une mésentente entre vous ! Vos émotions négatives sont donc également élevées, tout comme votre vulnérabilité. Tandis que l'autre s'exprime, votre attention consciente se divise et se dirige vers vos propres idées, vos propres pensées, celles qui sont nécessaires à la construction de votre réponse. Une division attentionnelle dans ce contexte provoquera des réactions négatives immédiates chez votre interlocuteur. En effet, elle se produit pendant qu'il est hautement vulnérable. Dans cette situation précise, votre attention divisée est une stratégie automatique d'évitement de vos propres émotions négatives. En d'autres mots, votre attention évite les propos de votre interlocuteur, qui génèrent chez vous des émotions négatives ; vous évitez alors votre interlocuteur lui-même ! Comme votre cerveau évite les éléments dangereux de votre environnement, il vous envoie le message que votre interlocuteur est un danger à éviter. Cela provoque chez lui une dévalorisation immédiate, responsable du sentiment de rejet. L'évitement attentionnel dans ce contexte est celui qui créera le plus de dommages relationnels, augmentera les émotions

négatives, renforcera l'association entre les émotions négatives et le sujet abordé, et diminuera la qualité ainsi que la force de la relation.

En communication humaine, la division attentionnelle est souvent une stratégie d'évitement émotionnel. Les comportements d'évitement sont si courants que nous les considérons comme des éléments normaux de nos communications. Lorsqu'une personne affirme quelque chose qui contraste avec ce que nous pensons, cela suscite en nous des émotions négatives, la plupart du temps l'anxiété ou la colère. Il est possible que nos divergences d'opinions nous terrorisent et qu'elles laissent présager que nous ne pourrons pas nous mettre d'accord, que l'opinion de l'autre remet en question des choses auxquelles nous tenons mordicus. Bref, lorsque quelqu'un nous parle, notre cerveau est bombardé par des milliers d'informations qui peuvent faire naître de fortes émotions. La division attentionnelle est donc une stratégie d'évitement qui permet de nous concentrer sur autre chose et qui réduit notre anxiété à court terme. Dans une communication, l'évitement attentionnel est bref et souvent non conscient. En étant à l'affût, nous pouvons aider notre cerveau à ne pas succomber à la tentation.

L'évitement émotionnel peut se manifester par différents comportements explicites très répandus, mais dont nous ignorons les impacts négatifs. En voici quelques-uns.

Se désengager

Le désengagement est une stratégie d'évitement de l'anxiété relationnelle visant à diminuer l'anxiété de rejet d'un interlocuteur à court terme. Il vise à réduire la vulnérabilité pour forcer l'autre à se désengager à sa place. Il s'agit donc aussi d'un évitement de la prise de responsabilité et de la prise de décision dans la communication. Cela traduit le caractère immature et impuissant d'une personne. Le désengagement est souvent associé à une grande impuissance, souvent chronique, parfois liée à une position hiérarchique inférieure. Les adolescents et les enfants montrent souvent ce type de comportement, car ils ne se sentent pas à la hauteur de la situation. Le désengagement se traduit habituellement par une position corporelle évitante, vers l'arrière, oblique ou en retrait, des verbalisations passives-agressives non assumées, des protestations, d'importantes fluctuations émotionnelles.

Exercer un contrôle

Le contrôle est aussi une stratégie d'évitement de l'anxiété consistant à forcer une personne à se comporter, à penser ou à s'exprimer d'une façon qui nous avantage. Une personne peut aussi utiliser cette stratégie lorsqu'elle craint de ne pas être comprise ou qu'elle n'obtient pas l'approbation de l'autre. Elle est préoccupée par l'idée que son interlocuteur dise ou fasse quelque chose qui pourrait contrecarrer ses plans, qui la remettrait en question ou qui ferait en sorte qu'elle perde la face. Le contrôle de l'autre vise à éviter ces situations. Il se traduit habituellement par une position corporelle avancée, le fait de souligner abusivement les propos ou les idées énoncés par des moyens verbaux (arguments, adjectifs) et non verbaux comme la surabondance d'expressions faciales et de gestes.

Changer de sujet

Quand notre interlocuteur change soudainement de sujet, c'est souvent la conséquence d'une division attentionnelle qui résulte d'émotions négatives générées par la conversation. Un changement de sujet peut être détecté plusieurs secondes d'avance grâce aux premiers signes de division attentionnelle (visage fixe, réduction ou arrêt des clignements d'yeux, contractions musculaires faciales, arrêt de la respiration, arrêt des hochements de tête).

Couper la parole

Voilà un comportement qui montre hors de tout doute une division attentionnelle. Le fait de couper la parole à quelqu'un augmente immédiatement son anxiété et diminue instantanément la progression de la vulnérabilité de la relation. C'est comme faire apparaître un mur devant un bolide qui a pris son élan.

Donner un conseil

On a tendance à croire que donner un conseil est un geste généreux, qui vise le bien de notre interlocuteur. Au contraire, tout conseil est le résultat d'une division attentionnelle qui vise à réduire sa propre émotion négative en voulant régler le problème de l'autre. Que l'intention soit bonne ou mauvaise, aucun conseil ne devrait être exprimé à qui que ce soit, à moins qu'il n'ait été explicitement demandé et que plusieurs conditions de dialogue soient présentes (lesquelles seront abordées plus loin). En résumé, un conseil est une recommandation non sollicitée. C'est une stratégie d'évitement de nos propres émotions négatives suscitées par le discours de l'autre.

Poser des questions

On pense que le fait de poser des questions est une bonne chose et montre notre intérêt envers l'autre. C'est faux. Si nous observons attentivement les processus émotionnels et cognitifs liés au fait de poser une question, nous nous rendons compte qu'elle est toujours stimulée par une émotion qui nous appartient. Une question se veut donc une stratégie pour diminuer cette émotion ou la stabiliser en allant chercher une réponse ou une information chez l'interlocuteur. Interrompre une personne pour lui poser une question est extrêmement négatif sur le plan relationnel et inhibe totalement la progression de la vulnérabilité. Il est cependant possible de poser des questions qui auront un impact positif sur le dialogue. (Nous en parlerons également plus loin.)

Émettre une opinion

Formuler une opinion est aussi une façon d'éviter les émotions négatives suscitées par ce que notre interlocuteur exprime. Les émotions négatives ressenties créent une division attentionnelle qui se charge d'entamer hâtivement la construction d'une opinion que nous serons pressés d'exprimer pour éviter notre propre anxiété.

Avoir recours à l'humour

Avoir de l'humour est un talent remarquable. Mais il peut nuire sérieusement à l'efficacité d'une communication. Premièrement, faire une blague (qui fonctionne !) n'est pas simple et exige beaucoup de ressources mentales disponibles dans l'instant présent. Certaines personnes, au fil du temps, ont développé un sens de l'humour aiguisé ou simplement la capacité de détendre l'atmosphère. Cette aptitude peut souvent servir à éviter des émotions négatives, celles des autres aussi bien que les nôtres. Avant de faire une blague ou un commentaire qui fera rire, notre cerveau a forcément dû se concentrer sur ses propres pensées. Vous constaterez que ceux qui sont de véritables mitraillettes à blagues sont des personnes avec qui il est agréable de se changer les idées, de rire un bon coup, mais ce ne sont pas celles à qui nous voulons nous confier et il est difficile de se vulnérabiliser avec elles. De la même façon, lors d'une réunion d'équipe, il y a souvent une personne qui travaille activement à faire rire les gens. Cela permet aux participants d'éviter les émotions négatives suscitées par les enjeux importants. Savoir se servir de l'humour est donc une aptitude puissante mais à double tranchant.

S'opposer: *Oui, mais…*

Le *Oui, mais…* est le signe d'une opposition à ce à quoi nous venons d'être exposés. Cette opposition vise à stabiliser une émotion négative (quoique souvent très légère) et montre la volonté de retrouver l'équilibre homéostatique dans notre vision des choses. Pour qu'un *Oui, mais…* soit verbalement exprimé, il doit y avoir une émotion négative en nous qui a forcé notre attention à se déconnecter de notre interlocuteur. Le contre-argument qui suivra vise alors à diminuer notre exposition à ce qui nous déstabilise ou ce avec quoi nous ne sommes pas d'accord. En effet, lors d'une discussion, nous mettons continuellement en jeu notre vision du monde, ce qui est un réel risque émotionnel. L'évitement d'éléments qui remettent en question cette façon de voir est un réflexe normal, bien qu'il soit important d'en prendre conscience.

•••

Qu'il s'agisse de donner un conseil, d'émettre une opinion, de faire une blague, de poser une question ou d'entamer un nouveau sujet, le cerveau a absolument besoin de prendre une partie importante des ressources attentionnelles qui étaient allouées à l'autre personne pour les rediriger vers lui, ce qui est parfaitement observable de l'extérieur. Dans tous les cas, la division attentionnelle est impliquée et aura des impacts négatifs sur la communication et la relation.

Le diaphragme et l'évitement

Dans une interaction humaine, la respiration fournit bien plus qu'un apport en oxygène. Elle donne des signaux immédiats à notre propre cerveau et à celui de notre interlocuteur. La respiration peut donc aussi être une stratégie consciente.

Le diaphragme est le muscle qui, en se contractant, gonfle les poumons. Il est contrôlé par le système nerveux autonome et il peut aussi être consciemment et volontairement contrôlé. Nous n'avons pas à réfléchir pour respirer, et il nous est également possible de choisir d'inspirer plus ou moins profondément et même de retenir notre respiration. L'inspiration et l'expiration, processus qui paraît sans conséquence, influencent directement la relation et la communication humaines. Cette opération est directement liée à des processus cognitifs, émotionnels et relationnels.

Lors d'une inspiration normale, le diaphragme et les muscles intercostaux se contractent pour permettre l'ouverture de la cage thoracique et des poumons[16]. Bref, lorsque nous respirons, tout notre corps bouge. Évidemment, ce ne sont pas des mouvements faciles à détecter, mais notre cerveau arrive quand même à en déceler une partie importante.

L'inspiration est associée à une réserve d'oxygène, à durée limitée. Il arrive que, dans certaines situations, le corps ait besoin d'un plus grand apport en oxygène. Par exemple, l'augmentation de l'activité physique, comme durant la course à pied, exige une activation musculaire plus grande, et donc un apport en oxygène plus important. Le corps a recours à plusieurs stratégies pour augmenter l'oxygénation corporelle ; on peut, entre autres, augmenter la vitesse de notre respiration ou la profondeur de notre inspiration. Dans l'une ou l'autre des stratégies, des muscles inspiratoires additionnels, tels les sterno-cléido-mastoïdiens et les scalènes (nommés « muscles inspiratoires accessoires»), se contractent, en plus du diaphragme, pour permettre une plus grande entrée d'air[17]. Donc, lors d'une inspiration forcée, plusieurs groupes musculaires sont en action, dont plusieurs muscles entourant les organes vitaux et les zones physiquement plus sensibles, comme les flancs où la peau est très mince et où les vaisseaux sanguins sont en surface. Ainsi, une augmentation de la fréquence ou de la profondeur des inspirations par les muscles accessoires est le résultat d'une volonté de maximiser l'oxygénation en prévision d'une grande consommation future.

Il n'y a pas que l'activité physique qui occasionne un plus grand besoin d'oxygénation. L'anxiété a le même effet. Si nous percevons une menace, source d'anxiété, nous aurons tendance à prendre des inspirations plus grandes ou plus rapides et à les retenir. Effectivement, on observe que les personnes plus anxieuses vont augmenter de façon exagérée la fréquence de leurs respirations dans différentes situations de la vie[18, 19, 20]. À l'inverse, un ralentissement volontaire de la fréquence des inspirations augmente l'activité du système parasympathique et favorise le bien-être émotionnel[21, 22].

L'apnée, aussi appelée «manœuvre de Valsalva», est une méthode permettant à une personne de refermer son épiglotte pour bloquer tout passage d'air dans son larynx et de forcer l'expiration en contractant ses muscles expiratoires, soit les muscles interosseux internes et intercostaux, les muscles abdominaux, les muscles transverses thoraciques, les sous-costaux, l'ilio-costal lombaire et le carré des lombes. Cela entraîne une pression dans la cavité abdominale et rigidifie le thorax.

Ainsi, face à un stimulus anxiogène, une personne prend une grande respiration, et lorsque ses poumons sont remplis d'air, elle le conserve et en retarde la sortie. En retenant sa respiration, elle cherche à consolider une armure physique et émotionnelle non seulement par le stockage d'oxygène, mais également par la contraction des multiples groupes musculaires. *Retenir sa respiration est une stratégie d'évitement de l'anxiété et de la menace.* C'est ce que nous faisons lorsque nous nous préparons à recevoir un choc physique ou émotionnel. La première réaction est d'inspirer, de se contracter et de se durcir pour protéger les organes vitaux et les zones vulnérables. À ce moment, nous durcissons les muscles de l'abdomen, nous serrons les coudes près du corps pour protéger les flancs et la cage thoracique, nos épaules montent près de nos oreilles pour protéger les vaisseaux sanguins et les artères importantes sur le cou qui peuvent être exposées. (Oui, vous pouvez l'essayer en lisant ces lignes!) Lors de l'apnée, nous sommes prêts à encaisser une perturbation.

L'apnée suivie d'une rigidification est commune lorsqu'on est anxieux. Il arrive régulièrement que l'on voie ce comportement subtil: une inspiration maintenue, accompagnée des épaules remontées et d'un sourire qui vise à masquer cette anxiété. Si nous sommes attentifs, il est possible de le déceler chez une personne au cours d'une communication.

L'expiration normale consiste tout simplement en une absence de contraction. Les muscles de l'inspiration se relâchent et reviennent à leur longueur initiale, comme un élastique étiré que l'on détendrait. Elle est associée à la détente et au système nerveux parasympathique, soit à l'antipode de l'anxiété[23]. Comme il s'agit d'un relâchement global, aucun muscle ne se contracte, cessant momentanément d'agir comme un bouclier pour les organes vitaux et les zones corporelles vulnérables. L'expiration est donc liée au fait de se sentir en sécurité, de ne détecter aucune menace imminente. Expirer induit un message de détente pour notre cerveau et pour notre interlocuteur.

L'expiration est associée à la vulnérabilité.

Le cerveau perçoit les mouvements corporels de respiration pour déterminer si une menace est imminente. En effet, c'est en observant les autres que nous pouvons établir notre propre niveau de sécurité. Les animaux font de même. Par exemple, ceux de la plaine africaine savent pertinemment que se tenir près d'une girafe est un avantage extraordinaire. En plus d'être alertes à l'environnement, les impalas, les zèbres et les gnous jettent régulièrement un coup d'œil à la girafe, qui a une excellente capacité de détecter un danger étant donné son point de vue avantageux. Si celle-ci cesse de ruminer et qu'elle fixe un point au loin, tous les animaux seront automatiquement sur leurs gardes, même si dans les faits ils n'ont aucune idée de la nature du danger. L'état d'alerte de la girafe suffit à déclencher un signal pour eux. Est-il vraiment nécessaire de connaître exactement la nature précise d'une menace mortelle pour réagir ? Bien sûr que non. Lorsqu'il y a une menace, la priorité est de survivre et de sauver sa peau. Cela est valable tant pour les animaux que pour les humains.

Lorsque nous sommes face à notre interlocuteur, notre cerveau vise toujours la survie en priorité. Par conséquent, il travaille à voir venir le danger.

Dans une communication, si une personne est anxieuse, elle aura tendance à augmenter la fréquence de ses respirations, ou encore à retarder ou à diminuer ses expirations en utilisant une stratégie d'apnée. Détecter les mouvements corporels de la respiration requiert de l'entraînement. Le signe le plus facilement perceptible est l'absence de mouvement. Lorsqu'une personne prend et garde une grande inspiration, ses épaules montent légèrement vers ses oreilles, puis s'immobilisent. Il est possible de le voir, mais je dirais qu'il est encore plus facile de sentir la tension qui est maintenue pour immobiliser les épaules. Lorsqu'une personne est ainsi en apnée, d'autres comportements sont observables, par exemple un sourire non approprié, qui semble faux et qui envoie un message différent de celui des yeux, les clignements d'yeux qui cessent souvent au même moment que l'inspiration, le sentiment général que la personne ne nous écoute pas vraiment, que sa réponse est déjà prête et qu'elle n'attend qu'un silence de notre part pour glisser son commentaire, etc.

Inspirer et garder sa respiration met le cerveau de notre interlocuteur en état d'alerte, que nous en soyons conscients ou non et que la communication soit personnelle ou professionnelle. Une personne qui a tendance à prendre de grandes inspirations et à les garder par la suite révèle toujours une forme d'anxiété, laquelle est à l'antipode de la confiance, du courage, du leadership et de la crédibilité. Un leader dont la fréquence respiratoire est trop rapide ou qui communique en apnée, c'est-à-dire en retenant sa respiration, rendra son public plus anxieux et aura tendance à le diviser plutôt qu'à l'unifier et à le mobiliser.

En écoutant son interlocuteur, une personne aura tendance à imiter sa cadence de respiration de façon non consciente. Ainsi, lorsque vous commencez à parler, votre interlocuteur sera porté à synchroniser son rythme de respiration avec le vôtre. Cela veut dire que vous avez une influence sur son apport en oxygène, et donc sur sa disposition cognitive et émotionnelle[24]. Si, juste avant de prendre la parole, vous prenez une grande inspiration ou que vous bloquez votre respiration, vous êtes en apnée, et votre interlocuteur le sera aussi. Vous augmentez par le fait même son anxiété puisque vous limitez son apport en oxygène, et vous réduisez sa qualité d'écoute. De plus, vous induisez chez lui un état d'alerte non conscient. Votre apnée montre que vous vous préparez à faire face à une menace, ce que votre interlocuteur détectera immédiatement, et il sera également en état d'alerte.

Vous êtes une girafe qui indique à toute la savane s'il y a menace ou non.

À l'inverse, si vous commencez à parler en expirant passivement, en vous relâchant, votre interlocuteur aura plus de facilité à expirer et adoptera plus facilement une disposition optimale de détente pour vous écouter. Cela est également pertinent lorsque vous vous adressez à un groupe ou à une salle remplie de spectateurs. Il faut éviter de commencer à parler sur une inspiration qui aura pour effet de «geler» vos auditeurs, que vous rendrez immédiatement anxieux puisque vous limiterez leur apport en oxygène. Si vous expirez d'abord et qu'ensuite vous prenez la parole, votre public se détendra immédiatement, votre crédibilité augmentera et votre anxiété ainsi que celle de votre auditoire auront tendance à diminuer.

Ce phénomène n'est pas très connu en sciences; il l'est davantage dans les arts de la scène, particulièrement en humour. Cet art est psychologiquement très complexe, car déclencher le rire requiert une synergie de conditions émotionnelles et cognitives. Les humoristes en sont les spécialistes. Dès le début de son spectacle, il est facile de prévoir si un humoriste aura de la facilité à faire rire son public rapidement. Il s'agit de regarder s'il prend une grande inspiration ou s'il expire avant de commencer son numéro. S'il inspire profondément, son auditoire fera de même. Comme l'anxiété inhibe le déclenchement du rire, l'apnée empêchera le public de profiter de la blague, et son effet sera minime. Le président d'un pays, un acteur ou un humoriste doivent maîtriser leur respiration, et particulièrement leur expiration, s'ils veulent optimiser leur impact sur leurs interlocuteurs.

Respiration et psychologie

Les modèles de respiration sont fascinants. Non seulement il est possible de déterminer dans quelle disposition mentale un humain se trouve en observant sa respiration, mais cette dernière influence également la façon dont il parle.

En effet, le langage verbal est une alternance de voyelles et de consonnes. Les consonnes sont produites par différents mouvements buccaux qui visent essentiellement à modifier la trajectoire de l'air qui s'échappe ou carrément à arrêter momentanément le flot d'air. Par exemple, le K, le P et le T exigent des mouvements précis qui stoppent l'air d'une façon particulière et qu'il est possible d'entendre. Les consonnes réduisent ou stoppent la sortie d'air et donc l'expiration.

Les voyelles, pour leur part, demandent une modification de la trajectoire de l'air qui active les cordes vocales lors d'une phase d'expiration. En modifiant la forme de notre bouche par le biais de muscles buccaux, nous pouvons prononcer des voyelles différentes. Les voyelles sont activées par l'expiration.

La façon dont une personne utilise les voyelles est un excellent indicateur de sa sensibilité au rejet ainsi que de son anxiété sociale et générale. Comme elles sont produites par l'expiration, elles correspondent à des dispositions psychobiologiques spécifiques. Des voyelles claires et assumées sont donc en lien avec l'utilisation de l'expiration comme moyen d'expression ; elles nous servent à prendre notre place dans le monde et à y être à l'aise.

En revanche, des voyelles courtes, voire escamotées, sont un signe d'évitement de l'expiration et sont compensées par des consonnes fortes. Lorsqu'une personne saute des voyelles, qu'elle les raccourcit ou les prononce mal, elle traduit une anxiété sociale plus élevée, une difficulté à s'exprimer avec assertivité et à faire des choix assumés, une plus forte tendance aux comportements passifs-agressifs, à l'évitement, à l'impuissance et donc aux attitudes et aux comportements défensifs. Ce faisant, elle compensera en mettant l'accent sur les consonnes, lesquelles sont des manifestations de contrôle d'évitement de l'anxiété.

Les adolescents

Les adolescents sont de véritables stéréotypes de ce phénomène. L'adolescence est une période très anxiogène à tout point de vue. Leur façon de gérer leur anxiété est un désengagement général visant à réduire leur vulnérabilité.

Par définition, un adolescent est en pleine construction de l'adulte responsable qu'il veut être. Il ne sait pas encore qui il est, il ne sait pas comment s'accepter tel qu'il est, il est terrorisé à l'idée de *ne pas être assez* et de découvrir qu'il est trop laid pour être aimé. Il ne connaît pas ses forces, ses talents ni son potentiel. Par conséquent, il ne parvient pas à les utiliser. Comme un enfant, il est dépendant financièrement. Il tente de devenir adulte mais n'a aucun moyen ni aucun parcours fiable pour y arriver. Il essaie de quitter l'enfance et d'être valorisé par son entourage.

Dans ces conditions, le seul fait d'affronter le regard d'une autre personne susceptible de le juger, ou de se regarder dans le miroir, est synonyme d'anxiété et de déception. Il est donc complètement logique et normal qu'un adolescent travaille à réduire au minimum son exposition, son dévoilement et sa vulnérabilité. Qui est à l'aise de recevoir des invités chez soi alors que la maison est en pleine construction, peu accueillante et que tout est sale ? Nous préférons éviter de recevoir des gens importants pour nous, car nous ne voulons pas donner une impression négative de notre environnement et de nous-mêmes.

Un humain qui travaille à se protéger, qui considère son chez-soi comme un champ de ruines, et non comme un château en construction, préférera empêcher quiconque d'approcher. Il défendra agressivement son territoire, de manière que personne ne puisse voir ce qui s'y passe. Il travaillera activement à inhiber sa vulnérabilité. Sa survie en dépend.

Lorsqu'un adolescent impuissant est devant nous, en silence, il travaille pour qu'on ne le remarque pas. Il s'assoit derrière, le plus loin possible. Il détourne le regard ; il ne veut pas qu'on voie ses yeux, car il sait qu'ils traduisent ce qui se passe en lui. Il gère son anxiété en divisant son attention, en la reportant, par exemple, sur son téléphone ou un autre objet.

Et lorsqu'il ouvrira la bouche, sa phrase sera la plus courte possible.

Les voyelles seront réduites au minimum et presque absentes ; il gardera ainsi tout l'air à l'intérieur de ses poumons, protégeant toute sensation émotionnelle et physique, et créant l'armure la plus solide possible. Il veut diminuer sa vulnérabilité. Si nous persévérons et que nous tentons de nous approcher de lui malgré ses signaux, nous provoquerons sa colère : il défend un territoire qu'il tente d'aimer et de maîtriser tant bien que mal.

« C'est chez moi ! Je suis le roi de mon territoire, et personne ne le verra avant moi ni ne veillera sur lui ! »

Le ton de sa voix sera le plus uniforme et monotone possible ; l'expression de ses émotions, sous la forme tant verbale que non verbale, sera réduite. C'est aussi une stratégie visant à réduire le dévoilement de soi. Moins il y a de fluctuations tonales, moins une personne révèle ses émotions, donc qui elle est. Elle parvient ainsi à diminuer sa vulnérabilité en évitant de dévoiler au maximum des informations. C'est une communication qui ne vise pas à partager quoi que ce soit. Elle vise plutôt à éviter de partager.

Les consonnes et les onomatopées régneront alors, car le jeune tentera d'accentuer artificiellement l'illusion de contrôle de soi et de la situation. Mais les consonnes ne sont pas de réelles armes, de vrais outils. Elles rendent l'insécurité évidente.

À titre d'exemple, je vous propose d'essayer un petit jeu. Prononcez la phrase suivante : *Oui, mais je ne savais pas que c'était à cette heure-là !* Dites-la d'abord lentement, en prenant le temps de bien articuler (sans toutefois exagérer) et en mettant l'accent sur les voyelles. Prenez conscience du fait que prononcer ces voyelles vous expose et peut même vous faire un peu peur.

Ensuite, assoyez-vous sur une chaise et assurez-vous que l'angle que fait votre corps est vers l'arrière, une posture désengagée. Prenez un objet dans vos mains et manipulez-le. Prononcez la même phrase en mettant cette fois l'accent sur les consonnes et en ouvrant la bouche le moins possible. Adoptez un ton de voix monotone et exagérez les consonnes tout en disant les mots le plus vite possible : *Oémais tsé, ch'avais pas qu'c'tait-à-c't heure-lo.*

Cette version est bien sûr adaptée à la langue québécoise. Des A francs exigent une plus grande ouverture de la bouche que les O. Les premiers nécessitent donc plus de vulnérabilité que les seconds. C'est la raison pour laquelle les O remplacent souvent les A chez les personnes plus anxieuses qui réduisent au maximum leur vulnérabilité. De plus, les tics verbaux comme « tsé », « comme », « genre » et les onomatopées servent à éviter de clarifier le propos et à se déresponsabiliser de l'idée avancée. Ces mots sont un transfert de responsabilité sur l'interlocuteur : *Toi, complète ce que je veux dire. Je ne me mouille pas au cas où je serais davantage exposé.* Le grand nombre de tics verbaux est souvent associé à une anxiété sociale élevée, très présente à l'adolescence.

Prononcez cette seconde phrase quelques fois en y intégrant les divers éléments. Soyez attentif à la façon dont vous vous sentez. Vous ne ressentirez probablement pas la légère peur que vous éprouviez en disant la première version de la phrase. Au contraire, la seconde a plutôt tendance à nous faire sentir comme une roche! Qui ne ressent rien ne montre rien, ne dévoile rien. Il se peut même que vous ayez envie de rire. Si c'est le cas, c'est que votre cerveau reconnaît parfaitement le personnage que vous jouez. Finalement, remarquez à quel point le retrait des voyelles fait ressortir les consonnes et donne un ton défensif à la phrase.

Mais attendez… Est-ce que cela caractérise uniquement les adolescents?

Les adulescents

Toutes les cultures du monde possèdent différents rites de transition par lesquels un enfant ou un adolescent passe à l'âge adulte. Ces rituels permettent de confirmer si une personne est prête à être un « bon adulte », un leader. Devenir adulte ne va donc pas de soi. Être adulte est un titre réservé, qui ne vient pas d'office avec le temps et qui doit être mérité.

Dans les sociétés modernes, l'individu a une importance relative. Il doit, par contre, bien servir le système que nous avons créé. Je ne dis pas cela péjorativement, il en est ainsi, simplement. Tant et aussi longtemps qu'une personne est un bon agent économique, elle a une valeur dans ce système. Il n'y a donc pas de méthodes, de rituels ou de standards permettant de certifier notre qualité d'adulte. Alors comment savons-nous si nous sommes prêts à être de bons adultes et des leaders responsables? Il n'y a pas de critère autre que la capacité à travailler, à générer un salaire et à contracter des dettes. Nous arrivons spontanément à un âge et à un stade de vie où nous sommes censés être des adultes. Le mot « adulte » a toutefois conservé un sens noble, celui de l'humain en possession de ses moyens, celui qui inspire, éduque et protège les autres humains pour que ceux-ci s'élèvent.

Bien des adultes se sentent comme des adolescents dans un corps et une façade d'adulte. Les chaussures à remplir sont grandes. Le sentiment d'imposteur est maintenant une normalité indépendante de la compétence d'un individu. Nous sommes censés nous sentir confiants, compétents, sûrs de nous, inspirants et en contrôle. C'est ce qu'un adulte devrait ressentir, non ?

La force des enfants et des adolescents est qu'ils savent qu'ils sont des enfants et des adolescents. Ils savent que faire semblant est vain. En raison de leur apparence physique et de leur situation, ils ne peuvent berner personne. Cela ne fait souvent pas leur affaire, mais ils n'essaient pas de laisser croire qu'ils sont des adultes en pleine possession de leurs moyens. L'adulte, quant à lui, *doit* être un adulte. Qu'il s'en sente prêt ou non, son âge et sa situation sociale lui envoient le message qu'il devrait théoriquement être un bon adulte. Il doit donc se comporter en personne responsable. S'il ne se sent pas prêt, il est quand même obligé de se convaincre lui-même, et de convaincre son entourage, qu'il est un adulte responsable.

Certains adultes, à un moment ou à un autre de leur existence, arrivent à être qui ils veulent être. À être fiers d'eux. Ils sont prêts à soutenir les autres et à les guider. Le chemin parcouru peut avoir été fait avec ou sans aide. D'autres n'arrivent pas à évoluer, entraînés dans un cercle vicieux de réflexes mésadaptés, d'automatismes, de peurs, d'insécurité, d'évitements maladifs, de mauvaises habitudes conscientes et non conscientes. Ils sont donc pris au piège. Mais cela ne doit jamais paraître. Une partie importante de leur communication ne consiste pas à aller vers quelque chose, mais à protéger leur façade. Notre cerveau détecte inconsciemment leurs comportements de communication en dix millisecondes.

Le terme «adulescent» est issu de la contraction des mots «adulte» et «adolescent». Ce terme a pris de plus en plus d'importance au cours des 15 dernières années et désigne une personne d'âge adulte, mais qui adopte des comportements anxieux, évitants, désengagés ou en hyper contrôle, colériques, bref, typiquement adolescents. L'adulescent n'est pas un adulte mal intentionné. C'est une personne d'âge adulte prise dans un cul-de-sac.

Les adulescents sont donc des coquilles d'adultes pourvues d'un système cognitif, d'un système émotionnel et de stratégies de responsabilisation immatures. Cependant, leur cerveau sait, souvent inconsciemment, que ces comportements sont inacceptables, ce qui alimente une anxiété de fond qui teinte la façon dont ils font face aux défis et aux communications et exacerbe la vision médiocre qu'ils ont d'eux-mêmes. Mais comme ils n'ont pas d'autres stratégies, ils utilisent toujours, pour survivre à court terme, l'*évitement*, ce qui laisse alors place aux comportements que nous verrions typiquement chez les adolescents. Seulement, les adulescents mettent beaucoup d'énergie à le cacher. Les comportements qu'ils ajoutent à ceux caractéristiques des adolescents sont la surutilisation du sourire de manière inappropriée, des positions de contrôle surabondantes, le mensonge, l'omission de certaines informations et, bien sûr, les jeux politiques qui servent à éviter les responsabilités tout en mettant le fardeau et le blâme sur les autres.

Souligner: une lame à double tranchant

L'anxiété de rejet et l'insécurité font naître des tendances comportementales typiques qu'il est facile de reconnaître. Ce sont des stratégies qui consistent à mettre l'accent sur presque toutes les facettes de la communication, verbalement ou non, ou tout simplement à tout souligner. Ces stratégies viennent de la volonté de diminuer l'anxiété. La personne qui les utilise tente de se rassurer elle-même au sujet de sa propre valeur et de la valeur de ses propos.

Il existe plusieurs façons de souligner, par exemple utiliser des mots plus forts pour mettre l'accent sur un propos, exagérer certaines expressions faciales, ou encore gesticuler pour insister sur l'importance de nos paroles. Il n'y a pas de mal à souligner certains éléments particulièrement importants de notre communication. Toutefois, différents problèmes particuliers peuvent survenir si c'est fait de façon abusive.

Les problèmes apparaissent surtout lorsqu'une personne souligne trop ou sur une trop longue période de temps. Elle aura tendance, entre autres, à surutiliser des verbes, des adjectifs ou des superlatifs (par exemple, rarissime) tout au long de son discours. Elle pourra également gesticuler de façon exagérée ou recourir à des expressions faciales trop marquées et trop fréquentes. Ce comportement n'a pas d'effet positif dans une communication, car il révèle une insécurité et une volonté de manipuler l'interlocuteur, un peu comme le ferait un mauvais vendeur. L'interlocuteur, ou le public, aura alors tendance à rester méfiant, à être anxieux ; il réduira sa vulnérabilité et son engagement, et la relation restera faible.

Il existe un autre piège récurrent : souligner quelque chose qui, par nature, a déjà une grande valeur. Mettre l'accent sur un élément qui a une importance évidente en réduit la valeur instantanément. En d'autres mots, insister, verbalement ou non, sur un contenu déjà explicite l'affaiblit et en affecte la crédibilité. Ainsi, un lingot d'or n'a pas à être expliqué ou souligné. Tout le monde sait que l'or est une marchandise de grande valeur. Pour le valoriser, il faut le protéger et laisser le spectateur l'apprécier. Même chose pour les diamants ou pour une liasse de billets de 1000 $. On ne souligne pas ce qui vaut cher. On le présente simplement ; sa nature fait le reste du travail.

Imaginez le scénario suivant. Une personne présente un lingot d'or et travaille activement à le vendre, à expliquer à son interlocuteur sa grande valeur, le tout accompagné de différentes expressions faciales et de gestes. Cette façon de présenter une telle marchandise sèmera un doute immédiat chez l'interlocuteur, tant à l'égard du lingot d'or que du vendeur. Cela semble bien être de l'or, mais la façon dont on le lui présente fait naître chez lui l'anxiété d'être dupé.

Je le répète, on ne met jamais l'accent sur quelque chose qui a déjà une grande valeur. Au contraire, plus la marchandise, le propos ou le contenu a de la valeur, moins on doit consacrer d'énergie à en parler. Cela s'applique également à nos idées. Si elles ont une grande importance, nous devons les présenter en recourant à un minimum de stratégies d'emphase verbale ou non verbale.

Le ton de voix et le débit de parole

Le ton de voix et le débit de parole sont des signes de plusieurs phénomènes mentaux. Lorsque l'anxiété est plus élevée, une personne aura tendance à adopter un débit de parole plus rapide et un ton plus aigu, et elle prendra peu de pauses entre les phrases. Ce type d'expression est corrélé avec l'anxiété d'être rejeté, la tendance à tenter de plaire ou de séduire, une crédibilité plus faible et un manque de leadership perçu par l'interlocuteur. À l'inverse, le débit de parole plus lent et le ton plus grave sont reliés à la confiance, à l'anxiété basse. Cette stratégie mentale vise l'atteinte d'un objectif plutôt que la diminution ou l'évitement de l'anxiété, une meilleure crédibilité et un leadership plus fort.

Évitement et détresse émotionnelle : d'où vient l'anxiété ?

Qu'est-ce qui peut générer de l'anxiété chez l'humain? Absolument n'importe quoi. Mais il est difficile de cibler ce qui génère de l'anxiété chez un individu en particulier, parce que les stimuli et les sujets de conversation anxiogènes sont fortement liés à son histoire personnelle. Les habiletés d'écoute et de détection émotionnelle sont donc fondamentales. Comprendre ce qui provoque l'évitement émotionnel non conscient est un défi de taille, puisque n'importe quel stimulus interne ou externe détecté par le cerveau peut générer de l'anxiété.

Deux exemples classiques de stimuli anxiogènes sont le serpent et l'araignée, lesquels génèrent spontanément de l'anxiété chez la majorité des gens. Toutefois, une image, une pensée ou un mot anodin et neutre pour plusieurs personnes, par exemple « salade », peut susciter une grande anxiété chez une autre. Étant donné l'histoire unique de chacun, les différents stimuli qui nous entourent constamment et tout au long de notre vie sont captés différemment et associés à une certaine réponse émotionnelle. Ces associations se produisent très rapidement, souvent sans qu'on s'en rende compte. Elles ne sont pas que des liens ou des connexions purement rationnelles. Les activations émotionnelles sont susceptibles de contaminer d'autres éléments associés les uns aux autres. Par exemple, si une personne a associé un certain plat à un conflit survenu lors d'un souper familial, il est possible qu'un stimulus rappelant ce mets (l'image, l'odeur, un type d'ustensile, la présentation de l'assiette, une épice, une couleur, etc.) génère de l'anxiété à un degré plus ou moins élevé. Cette anxiété peut rester latente et ne pas se manifester de façon explicite ou intense.

Comme je l'ai mentionné précédemment, plus une personne évitera une cible attentionnelle anxiogène, plus son anxiété augmentera. Il en va de même avec les enfants. Plus ils ont la possibilité ou la liberté d'éviter ce qui les rend anxieux, plus ils le deviendront. Cela crée un cercle vicieux d'évitement, puisque l'anxiété est de plus en plus élevée pour une même cible. Médias sociaux, appareils électroniques, téléphones mobiles, tablettes et autres types d'écran sont malheureusement des déclencheurs puissants et accessibles qui favorisent l'évitement.

L'attention soutenue est un muscle qui doit être entraîné, même si la cible de notre attention génère de l'anxiété. Le fait de maintenir notre attention sur une plus longue période de temps, alors que notre interlocuteur s'exprime, permet de favoriser son flot d'expression et, par conséquent, d'augmenter sa vulnérabilité et la force de la relation.

Prenons deux conversations d'une durée de 60 minutes chacune au cours desquelles chaque interlocuteur parle pendant une durée totale de 30 minutes. Dans la première, les deux personnes ont la parole à tour de rôle. L'attention est donc constamment divisée.

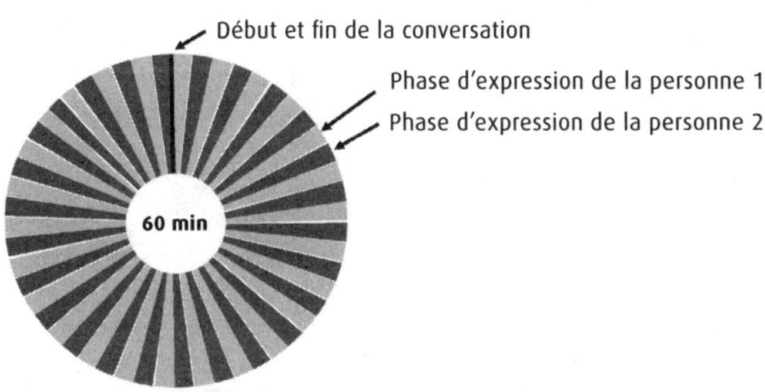

Dans cette conversation, chaque personne dispose d'un temps d'expression de 30 minutes; cependant, les tours de parole se succèdent fréquemment et rapidement. La vulnérabilisation est continuellement mise sur pause, ce qui entraîne un dialogue en attention divisée.

Dans la seconde, chacune s'exprime de façon continue pendant plusieurs minutes sans interruption.

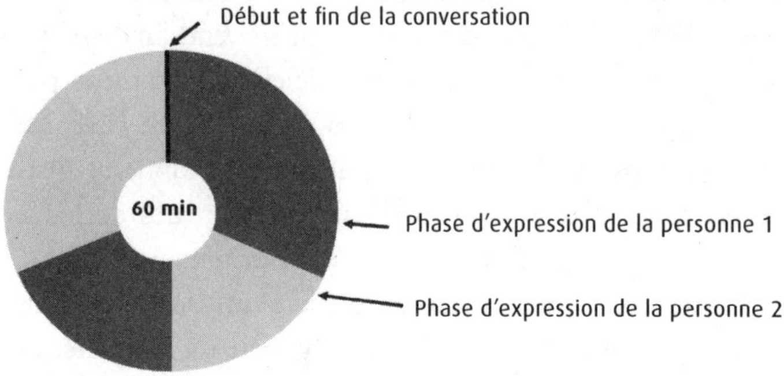

Dans cette conversation, chaque personne dispose aussi d'un temps d'expression de 30 minutes, mais les tours de parole sont distribués en alternance, de façon lente et régulière. Un dialogue configuré ainsi favorise une attention soutenue des deux personnes.

Même si le temps de parole total dans les deux conversations est équivalent, la vulnérabilisation chez chacun des interlocuteurs sera nettement plus grande durant la seconde.

Deux mécanismes principaux expliquent ce phénomène. D'abord, la vulnérabilisation est un processus progressif qui est fonction de l'attention soutenue, comme nous venons de le voir. Ensuite, la désactivation émotionnelle dépend également de l'attention soutenue. En effet, une émotion n'est pas faite pour durer longtemps, car elle a pour rôle de nous renseigner sur une action à poser dans l'instant présent ou de nous inviter à une prise de conscience. Une fois cette action accomplie, l'émotion n'a plus de raison d'être et elle disparaît. Elle ne peut subsister, étant trop coûteuse en énergie et se « fatiguant » d'elle-même.

Lorsque nous posons notre attention sur une cible qui suscite de l'anxiété, cette dernière augmente rapidement. Si nous maintenons notre attention sur la même cible, l'anxiété atteint un plafond et cesse alors d'augmenter en intensité. Ce plafond est indiqué par le trait foncé de la courbe ci-dessous. Si l'attention est maintenue, lentement et progressivement, l'amygdale cérébrale se désactive, jusqu'à ce que l'anxiété revienne à un niveau très bas ou même qu'elle s'éteigne complètement. C'est d'ailleurs en partant de ce principe que l'on traite toutes les formes de peurs et de phobies.

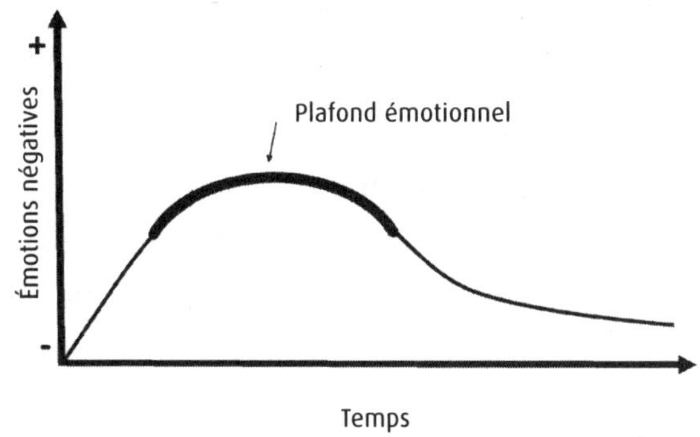

Deux variables sont cependant importantes à considérer lorsque vient le temps d'appliquer l'attention soutenue lors d'une communication :

- Si le sujet de conversation génère de fortes émotions négatives, leur intensité déterminera le niveau d'anxiété dès les premières minutes, ainsi que la hauteur du plafond d'anxiété.
- La hauteur du plafond d'anxiété déterminera le temps du retour à un niveau acceptable d'anxiété.

Nous avons appris à éviter les conversations difficiles. Sans nous en apercevoir, nous mettons fin à la communication lorsque nous atteignons un plafond émotionnel. C'est précisément le pire moment pour arrêter la communication, car les conséquences ne peuvent qu'être négatives.

Il est possible de prendre une pause d'une communication hautement émotionnelle. Si les deux personnes impliquées conviennent qu'elles poursuivront leur conversation à un autre moment, le cerveau n'interprétera pas cet arrêt comme une stratégie d'évitement, et cela n'entraînera pas de conséquences négatives. Cette pause permettra aux émotions de se stabiliser avant que la conversation se poursuive. Mais si la communication n'est pas reprise, la pause devient un arrêt de communiquer, donc un évitement.

Prendre le temps de comprendre

Nous travaillons toute notre vie à toujours comprendre le plus rapidement possible. C'est logique puisque nous sommes jugés en fonction de notre capacité à résoudre efficacement un problème.

La volonté de régler un problème est responsable de la tendance à simplifier ce que notre interlocuteur communique de manière à faciliter notre travail. Notre cerveau tente de nous donner le signal que nous avons compris et que nous pouvons passer à autre chose. Plus vite nous arrivons à comprendre ou à résoudre l'enjeu exposé dans le discours de l'autre, plus nous avons la sensation d'avoir réussi cette tâche ; moins notre attention sera soutenue sur la même cible, plus notre attention sera divisée.

L'humain est si complexe que chaque mot, combiné à l'intonation du locuteur, au contexte verbal et non verbal, relationnel et environnemental, comporte un sens et une signification à saisir. Ce n'est pas une tâche simple qu'on peut accomplir rapidement. Comprendre vite est le signe que nous n'avons rien compris de significatif et que nous ne sommes pas conscients. Avec le développement de la conscience dynamique et des habiletés d'écoute, l'impression de comprendre arrive de plus en plus tardivement. C'est un excellent signe. Plus nous saisissons la complexité de ce que l'autre nous communique, plus l'organisation et la validation des informations captées sont exigeantes sur le plan intellectuel. Ainsi, une personne dont l'écoute est plus efficace aura souvent le sentiment de ne plus suivre le discours de son interlocuteur et devra vérifier si sa compréhension tient la route. Car elle sait qu'il ne faut rien tenir pour acquis. Comprendre réellement ce que l'autre veut exprimer est un réel défi. Il est facile de nous dire que nous comprenons alors que nous voulons, consciemment ou non, passer à autre chose et nous rassurer quant à notre capacité à comprendre rapidement et à résoudre des problèmes simples.

J'ai longtemps voulu être performant quant à ma capacité à comprendre et à résoudre. Avec l'entraînement, j'ai progressivement découvert qu'en vérité je comprenais les mots, mais pas le sens ni les liens avec ce que l'autre voulait me communiquer. Aujourd'hui, je peux dire que je suis très lent à comprendre! Cela peut ressembler à une régression, mais en fait c'est le sentiment de ne pas tout à fait comprendre qui me pousse à augmenter l'intensité de mon attention soutenue, ce qui me permet de traiter le maximum d'informations pour optimiser ma compréhension. Aussi, cela me donne la possibilité de vérifier régulièrement ma compréhension auprès de mon interlocuteur, ce qui l'amène à préciser sa pensée afin qu'elle devienne claire non seulement pour moi, mais aussi pour lui-même. Une telle façon de communiquer semble plus longue et plus fastidieuse, mais la clarté et la limpidité des propos et des émotions se traduisent souvent par des solutions efficaces, de l'énergie positive, une compréhension nouvelle partagée ainsi que des idées innovantes et porteuses de sens et de confiance. Si on veut y arriver, une attention soutenue est nécessaire.

La neurobiologie du respect

Le respect est une belle valeur. À l'école primaire, les professeurs et les parents ne cessent de souligner l'importance de respecter ses camarades de classe : dire s'il vous plaît et merci, ne pas donner de coups, s'excuser, ne pas voler les jouets ou les lunchs. Les mêmes recommandations sont faites aux adultes, avec des mots d'adulte.

La notion de respect est l'une des plus sensibles et des plus difficiles à matérialiser dans l'instant présent. Car si nous ne volons pas, si nous n'insultons pas verbalement, si nous n'avons pas recours à la violence physique, sommes-nous nécessairement respectueux ? Est-ce que la seule bonne intention ou la vertu que nous prétendons posséder sont suffisantes pour que le respect de l'autre et de soi s'impose automatiquement ?

La notion de respect est extrêmement floue et correspond généralement à une absence de violence brutale. Or, les processus relationnels impliquent, en fait, un niveau de précision tout autre. Le respect n'a rien à voir avec l'évitement de comportements agressifs. Je le définis plutôt comme la conscience de la fine ligne qui nous sépare de l'autre à chaque instant. Cette ligne n'est pas une métaphore. Elle existe vraiment et protège deux personnes lorsqu'elles interagissent. Le cerveau est conçu pour protéger cette ligne.

Le respect est la conscience interactive de soi et de l'autre dans l'instant présent. Il nous assure que l'énergie des humains en interaction est à son maximum et que la relation évolue rapidement. En revanche, le manque de respect favorise les émotions négatives comme l'anxiété et la colère, diminue la qualité de la relation et en empêche la progression. Sans respect, l'énergie présente dans le dialogue diminue. En d'autres mots, la vulnérabilité est intimement liée à l'anxiété et à la colère.

Le respect commence bien avant que les premiers mots soient prononcés, avant même que nous soyons confortablement assis l'un en face de l'autre ou l'un près de l'autre. Voyons comment de simples mouvements, la distance interpersonnelle ou notre posture assise modifient la progression de la vulnérabilité, de l'anxiété et de la relation interpersonnelle.

La proximité : le début de la vulnérabilité

Le seul fait d'être en présence d'un autre humain peut amorcer la vulnérabilisation, et par conséquent le début d'une relation, même sans contact visuel. Par exemple, vous entrez dans une salle d'attente et vous apercevez deux chaises libres entre deux personnes (A).

Figure A

Vous choisissez de vous asseoir sur celle de gauche (B). Le seul fait d'être à côté de ces personnes sera suffisant pour que les processus relationnels se mettent en branle et se développent progressivement, de minute en minute, puisqu'il s'agit d'une forme d'exposition physique.

Figure B

L'exposition physique est un déclencheur de vulnérabilité, laquelle commence avant toute forme de communication intentionnelle ou consciente. En effet, la proximité physique nous rend vulnérables, car les personnes qui se trouvent à côté peuvent nous atteindre physiquement si elles le veulent. Toutefois, cette exposition crée une faible vulnérabilité car, dans notre contexte social, les probabilités de subir une attaque ou d'avoir un contact négatif avec quelqu'un dans une salle d'attente sont faibles. De plus, il ne s'agit pas d'un grand dévoilement de soi, ce qui explique également la faible vulnérabilité. Si nous avions à noter sur une échelle de 10 l'indice de vulnérabilité initiale générée par cette situation, nous dirions qu'il se situe à 1/10.

Après 30 minutes aux côtés de ces inconnus, la force de la relation sera plus grande qu'après la première minute. Le rapport est le suivant (C) :

Exposition + Temps = Augmentation progressive de la vulnérabilité

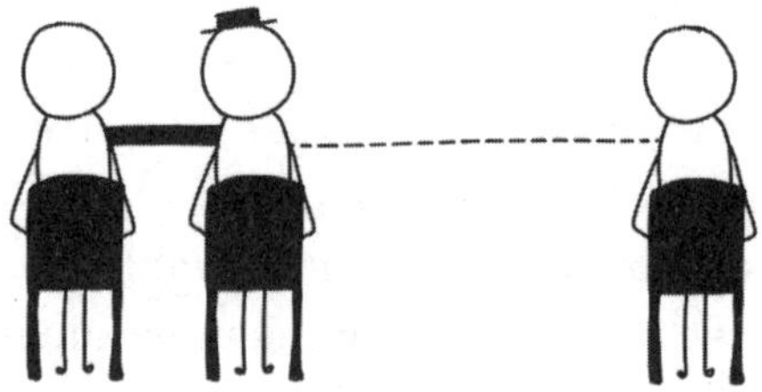

Figure C

Comme la vulnérabilité est proportionnelle à la relation, nous pouvons en déduire que :

Exposition + Temps = Augmentation de la force de la relation

La force de la relation aura augmenté davantage avec celle des deux personnes qui se trouve le plus près de vous. En effet, la proximité interpersonnelle est suffisante pour faire fluctuer la vulnérabilité et sa vitesse de progression. Plus la distance est réduite, plus la vulnérabilité augmente rapidement avec le temps. Par conséquent, la relation se développe également. Dans cette situation, si vous aviez une question à poser, vous choisiriez instinctivement la personne avec qui votre relation est la plus forte. Poser une question augmente significativement la vulnérabilité, et pour compenser cette dernière, il est naturel de se diriger vers là où la relation est la plus forte.

ÉVALUATION DES RELATIONS
APRÈS 30 MINUTES SELON LA PROXIMITÉ

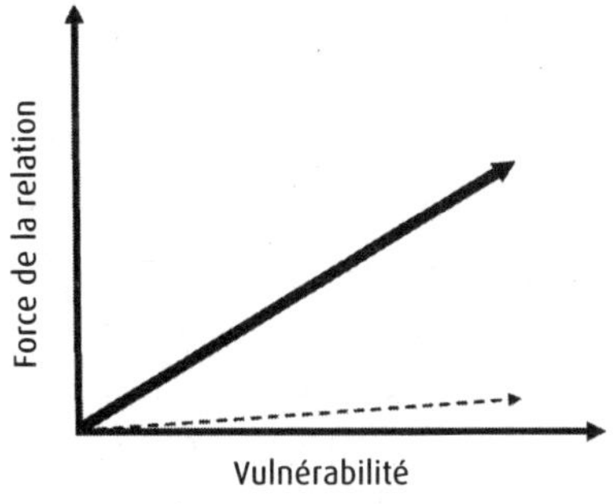

La proximité physique a donc une conséquence considérable sur le potentiel de vulnérabilité. Elle influence son niveau chez les deux interlocuteurs. Il faut donc soigneusement choisir

la distance idéale de manière à augmenter naturellement la vulnérabilité.

Plus deux personnes sont physiquement près l'une de l'autre sur une longue période de temps, plus la vulnérabilité sera élevée, ce qui augmentera proportionnellement la force de la relation. Il est important de noter que ces effets pourront être observés dans la mesure où aucun comportement suscitant le rejet (inhibiteur de la relation) n'a été adopté. Par exemple, une personne s'assoit à côté d'une autre. Si la seconde bouge de quelques mètres pour s'éloigner, la première se sentira immédiatement rejetée. Les deux tenteront alors d'éviter la proximité, et ainsi de réduire la vulnérabilité. Il ne faut donc pas dépasser la proximité maximum, la distance minimum entre deux personnes, sinon la vulnérabilité chute et des émotions négatives la remplacent.

Comment alors déterminer la distance idéale entre nous et notre interlocuteur ? Je recommande généralement d'être le plus près possible sans toutefois dépasser le point culminant de vulnérabilité que la relation peut tolérer dans l'instant présent. Plus la relation avec l'interlocuteur est forte et positive, plus la proximité peut être grande. À l'inverse, plus la relation est faible, plus la distance idéale est grande pour que les interlocuteurs soient à l'aise.

Supposons que nous fixons une rencontre avec une personne pour discuter. À notre arrivée sur place, elle est déjà assise. Nous sommes donc le deuxième à nous asseoir ; nous devons alors nous ajuster à cette personne. C'est le début de l'écoute. La proximité avec elle influencera sa vulnérabilité.

Le graphique qui suit illustre l'impact de notre proximité sur notre interlocuteur.

FLUCTUATION DES ÉMOTIONS EN FONCTION DES ZONES DE PROXIMITÉ

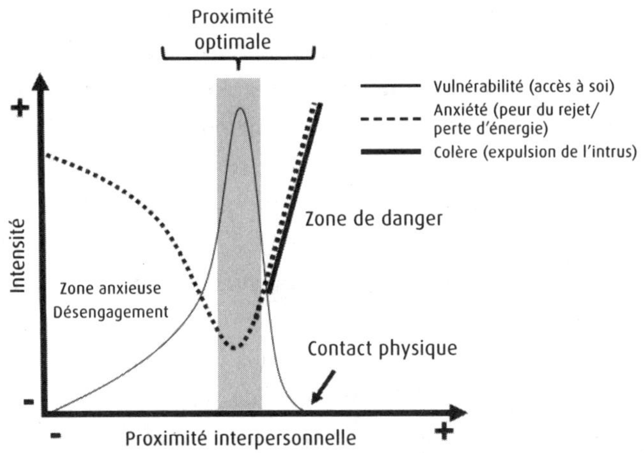

Lorsque la distance entre les deux personnes est trop grande, la vulnérabilité reste basse et l'anxiété élevée, car cet éloignement crée une atmosphère d'observation mutuelle et non de connexion et de relation. Aucun humain n'aime être observé sans relation. Une grande distance peut aussi être associée à la volonté de maintenir une vulnérabilité basse de la part des deux interlocuteurs. Dans ce cas, leur vulnérabilité reste basse tout au long de la communication. Comme la force de la relation est proportionnelle à la vulnérabilité, elle reste aussi très faible, et l'anxiété des deux interlocuteurs demeure élevée. Une personne qui tente de maintenir une grande distance avec son interlocuteur est souvent anxieuse à l'idée de se vulnérabiliser, pensant que cela lui fera perdre le contrôle de la communication ou la dévoilera. La distance plus grande est donc une stratégie d'évitement de cette anxiété, c'est-à-dire un évitement par le désengagement. Cela est courant dans plusieurs types de situations sociales. L'évitement par le désengagement peut survenir lorsque le statut social est en jeu ou que la peur de perdre son avantage hiérarchique dans le dialogue est ressentie. Cette stratégie est aussi fréquemment utilisée par des personnes inférieures hiérarchiquement par rapport à leur interlocuteur, ou qui se sentent comme telles. Un employé qui craint une réprimande ou un adolescent face à son parent adoptera une distance plus grande afin d'éviter tout processus de vulnérabilité.

Des précisions importantes s'imposent quant à l'ajustement de la distance interpersonnelle. En observant le graphique précédent, nous pouvons voir qu'avant la zone de danger, la proximité augmente.

Plus la proximité est grande, plus l'intensité de la vulnérabilité augmente. Cela veut dire que plus nous nous rapprochons d'une personne, plus la vulnérabilité devient sensible, précise et s'accroît rapidement jusqu'à un sommet. Ainsi, plus nous sommes près de l'autre, plus le moindre rapprochement a un impact important sur la vulnérabilité. Le sommet de cette vulnérabilité est donc très sensible, car un rapprochement ou un éloignement, si minime soit-il, peut la faire varier considérablement.

La colère est l'émotion responsable de la protection du territoire et des limites. Elle sert à prendre sa place et, au besoin, à générer l'énergie nécessaire pour expulser l'autre de notre espace. Mais ce n'est pas ce que nous souhaitons. L'objectif est de trouver la distance qui mènera la vulnérabilité à son sommet, sans toutefois le dépasser, car, à cet endroit, quelques centimètres de trop font immédiatement chuter la vulnérabilité et augmenter la colère.

Le respect dans une communication commence par la distance physique. L'écoute du non-verbal permet cet ajustement.

Le même principe et les mêmes courbes d'anxiété, de vulnérabilité et de colère s'appliquent lorsque les deux interlocuteurs sont assis face à face. Dans nos sociétés modernes, les rencontres impliquent habituellement que nous soyons assis dans cette position. Nous sommes tellement habitués à communiquer de cette façon que nous avons développé une hyper détection relative aux variables de la communication dans ce contexte. La position corporelle peut influencer significativement la communication. Mais elle n'a jamais préséance sur les indices faciaux et les mouvements oculaires. Il faut donc prioritairement prêter attention à ces premiers signes et ensuite les confirmer en observant la position du corps. Celle-ci permet surtout d'évaluer l'*intensité* des signaux détectés dans l'expression faciale.

À moins que la relation ne soit déjà établie et positive, je déconseille la position assise où on se trouve de biais avec son interlocuteur, laquelle est associée à l'anxiété et à l'évitement. Lorsqu'il s'agit de créer une relation de confiance, cette position rend la tâche très difficile et tend à maintenir l'anxiété tout en défavorisant la co-vulnérabilité. Une position franche, face à face, est toujours à prioriser, surtout dans le cas où on veut augmenter la vulnérabilité et la force de la relation. Toutefois, elle est plus puissante émotionnellement et a un impact très précis sur l'interlocuteur. Il faut donc tenir compte de la distance et de l'angle de dos.

L'angle de dos des interlocuteurs est une variable très importante à considérer dans un dialogue. Pour le comprendre, il faut d'abord différencier les positions assises où les interlocuteurs ne bougent pas de celles où l'un d'eux le fait.

De manière générale, la personne en mouvement, celle qui modifie son angle de dos, qui pose une action ou qui affiche une expression, doit s'adapter à la personne fixe. Cette règle est importante à respecter au début et au cours de la communication. Généralement, la personne fixe sera celle qui déterminera la vitesse de progression de la vulnérabilité à cet instant, laquelle ne peut être forcée mais optimisée. Il n'y a aucune bonne ou mauvaise position en soi. Tout est une question d'équilibre entre l'angle de dos des deux interlocuteurs. Un angle de dos mal adapté affectera l'écoute, l'attention et la disposition émotionnelle de celui qui reçoit de nouvelles informations.

En général, lorsque nous nous plaçons face à une personne, il faut « écouter » sa position de manière à optimiser son autonomie tout en manifestant notre vulnérabilité, c'est-à-dire notre désir de communiquer. Pour ce faire, il est important d'adopter une position *légèrement* plus avancée que celle de notre interlocuteur. Ces quelques degrés supplémentaires indiquent que nous écoutons sa zone de confort, son territoire. Le fait que nous ajoutions quelques degrés pour aller vers lui indique notre intention, notre volonté de partager. Il s'agit donc de ne jamais dépasser la mince ligne du respect.

OPTIMISER L'AUTONOMIE ET LA VULNÉRABILITÉ
DE NOTRE INTERLOCUTEUR

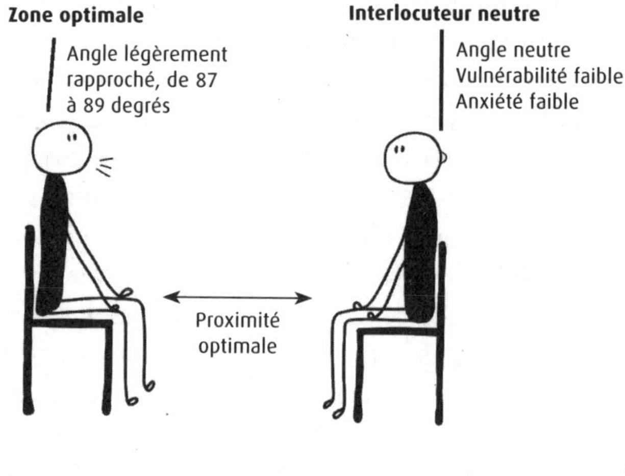

Un angle de dos *trop vers l'arrière* ou *en retrait* par rapport à l'interlocuteur est souvent une position de *désengagement* visant à diminuer la vulnérabilité et l'anxiété d'être rejeté.

Un angle de dos *trop avancé* par rapport à l'interlocuteur est une position de *contrôle* qui diminuera son autonomie et augmentera son anxiété ou sa colère. L'interlocuteur restera immobile et voudra même se positionner encore plus vers l'arrière.

SITUATION D'ÉVITEMENT PAR CONTRÔLE

L'effet miroir positif, c'est-à-dire un angle de dos vers l'avant chez les deux interlocuteurs, est généralement un bon signe : les deux ont la volonté de se vulnérabiliser et l'anxiété est basse.

GRANDE VULNÉRABILITÉ RÉCIPROQUE

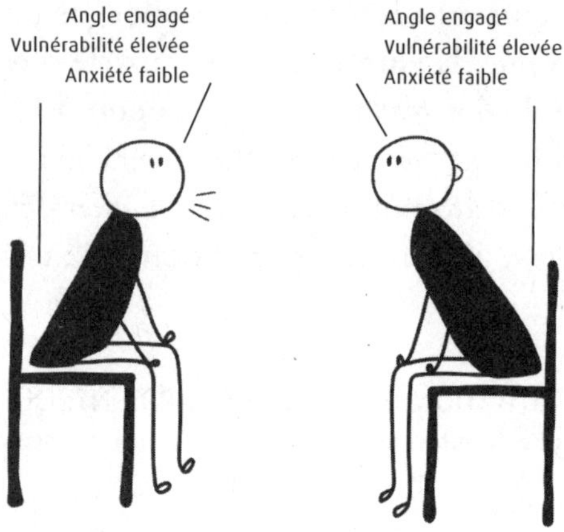

J'ai constaté que l'effet miroir négatif, c'est-à-dire un angle de dos vers l'arrière chez les deux interlocuteurs, peut dénoter une relation négative ou positive.

Relation négative. Cette position peut indiquer un désengagement partagé. La volonté de se vulnérabiliser est faible des deux côtés, la relation est faible et négative, et l'anxiété peut être élevée.

DÉSENGAGEMENT RÉCIPROQUE

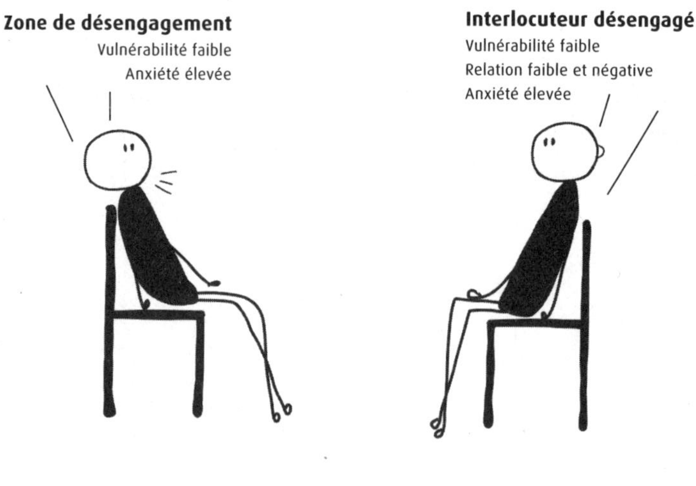

Relation positive. Il est aussi possible que cette position ne soit qu'un indice du confort des deux interlocuteurs. Dans ce cas, la relation entre eux est très bonne et très stable. Cette confiance dans la relation leur permet de se détendre et d'adopter une position confortable de manière à maximiser leur attention soutenue. Cette posture est fréquente, par exemple, entre amis, avec une connaissance de longue date ou à la fin d'une conversation qui a suscité beaucoup d'émotions (positives ou négatives) et qui exige maintenant une détente.

CONFORT RÉCIPROQUE LORSQUE LA RELATION
EST TRÈS FORTE ET TRÈS STABLE

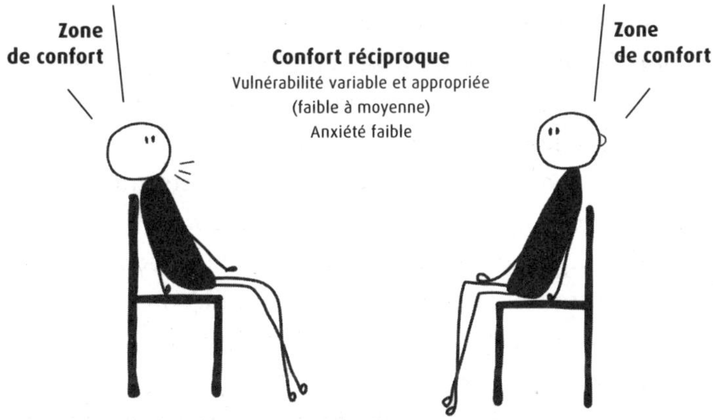

Il est important de tenir compte de la position corporelle assise autant dans les contextes personnels que professionnels, car elle envoie assurément des messages à l'interlocuteur qui auront un impact sur le dialogue et la relation. Par exemple, un supérieur hiérarchique qui reste vers l'arrière donnera l'illusion qu'il est en contrôle et calme, mais il s'agit en réalité d'anxiété, celle de ne pas savoir quoi dire ou comment le dire, de se faire reprocher quelque chose, de perdre la face, d'envenimer le conflit, de ne pas savoir comment faire pour aider son employé à s'améliorer. Bref, la peur et l'anxiété sont, la plupart du temps, responsables des positions corporelles vers l'arrière dans les postes de cadre, de gestion et d'autorité. Cette stratégie non consciente vise à réduire la vulnérabilité, à utiliser au maximum le bouclier de l'autorité et malheureusement à dominer l'employé et ainsi empêcher une attaque potentielle. Un tel comportement est très commun dans tous les types de conversations qui comportent des enjeux importants et qui suscitent des émotions négatives.

Dans une discussion de couple, le fait d'adopter une position corporelle vers l'arrière donne l'impression qu'on n'est pas émotionnellement affecté par la conversation. C'est une illusion. Il s'agit d'une stratégie qui réduit la vulnérabilité, qui garantit une forme de protection, et qui permet d'éviter les contrecoups de rejet générés par les reproches, par exemple.

Plus il y a d'objets physiques entre les personnes, plus la « pente relationnelle » est grande. Par exemple, la table qui sépare la plupart des interlocuteurs lors de rencontres est un frein important à la relation. À celle-ci s'ajoutent les objets qui se trouvent sur cette table, lesquels accentuent encore davantage cette pente.

Les objets sont des éléments fixes qui absorbent une partie de la vulnérabilité des interlocuteurs. Plus il y a d'objets entre les deux interlocuteurs, plus la vulnérabilité est freinée. Les objets forment des murs dont les cerveaux se servent pour se protéger, comme une sorte de muraille. Cela crée une forme d'évitement de la vulnérabilité et nuit à la relation, surtout lorsqu'il s'agit de la créer avec une nouvelle personne. Une table ou un bureau séparant les deux personnes font partie de ces objets diminuant significativement l'impact relationnel. Minimiser la présence des objets est une stratégie efficace et facile pour favoriser la relation. Si une table sépare les interlocuteurs, je recommande de compenser l'impact négatif de la table en nous avançant légèrement plus que nous ne le ferions s'il n'y avait pas de table.

OPTIMISER LA VULNÉRABILITÉ
EN PRÉSENCE D'UNE TABLE

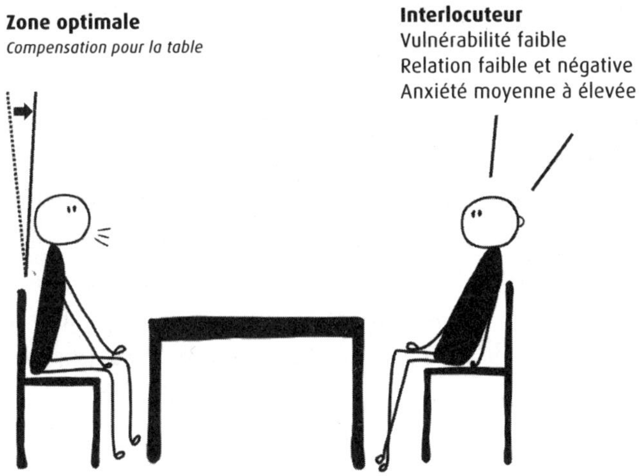

Voici un cas typique. Un client se présente dans une banque pour rencontrer un conseiller pour la première fois. Un bureau de travail les sépare. Sur le bureau se trouvent un ordinateur, un agenda, une calculatrice, un bloc-notes, un téléphone cellulaire, un pot avec des crayons, différents dépliants et des formulaires. Et je ne parle pas des processus de communication en cours, ni du fait que le conseiller a une attention divisée lorsque le client parle, ni des mouvements qui trahissent son anxiété, ni du fait que son sourire ne correspond pas aux informations véhiculées par ses yeux.

Nous pourrions croire que la solution est de prendre une position avancée vers notre interlocuteur de manière à avoir l'air intéressé, vulnérable. Non, aucun comportement de communication ne doit être choisi ou adopté indépendamment des informations transmises par notre partenaire de communication. Une position corporelle trop avancée aura également des conséquences négatives. Imaginez un instant que vous rencontrez un représentant à son bureau pour faire un achat important. Des enjeux financiers ou d'autre nature sont associés à cet achat. Vous êtes donc assis face à lui et, alors que vous êtes encore hésitant, le représentant, lui, est plus dynamique et souriant que jamais. De plus, il est assis sur le bout de sa chaise et son corps est orienté vers vous. Cette position trop avancée aura un effet négatif immédiat : elle révèle l'anxiété du vendeur, laquelle a été convertie en contrôle et affectera immédiatement l'autonomie du client. Un vendeur anxieux a peur de ne pas en faire assez, de ne pas dire les bonnes choses, de ne pas faire les bonnes actions, bref, de perdre sa vente. Sa position trop avancée est alors une forme d'évitement de l'anxiété qui aura des impacts négatifs sur vous, le client.

La validation

Toutes les sociétés humaines comportent une structure qui détermine l'allocation des ressources et du pouvoir. Cette structure crée forcément une hiérarchie sociale essentielle à la collaboration et à la survie des personnes qui y vivent[25, 26]. Dans une société, tous ne sont pas égaux, les privilèges et les pouvoirs n'étant pas uniformément distribués.

Le système d'éducation est un constituant de cette structure et a un effet sur la façon dont les humains sont en interaction les uns avec les autres.

La validation externe : l'entraînement

La validation externe, renforcée dans les écoles, enseigne au cerveau de l'étudiant qu'il n'est pas propriétaire des bonnes réponses. Ce dernier est continuellement dans l'anticipation d'une confirmation qui le renforcera, par le biais de la dopamine, et diminuera momentanément son anxiété. Ainsi, peu importe les réponses qu'il donnera aux questions d'un examen, il ne sera renforcé que si elles correspondent au corrigé de l'enseignant. Lorsqu'une personne ne détient jamais les bonnes réponses, elle dépend entièrement de la validation d'une autorité externe. Sa valeur est donc également déterminée par un agent extérieur. Même lorsqu'un étudiant a appris les notions par cœur, qu'il a lu le livre à l'étude plusieurs fois et qu'il est passionné par la matière en question, il n'en demeure pas moins qu'il sera anxieux avant l'examen. Cette réaction est normale puisqu'il ne possède pas les bonnes réponses, peu importe son effort. Dans les faits, son étude acharnée n'a fait qu'augmenter la quantité d'informations mentalement disponibles et accroître ses chances d'anticiper quelle réponse il doit fournir à chaque question.

Nous serions tentés de croire que les étudiants ayant consacré davantage d'efforts à étudier seront les plus détendus et les plus confiants avant l'examen. Pas toujours. Car l'anxiété de performance entre en ligne de compte. Il est démontré que les étudiants les plus assidus, les plus déterminés et qui ont investi le plus d'efforts pendant le cours et à l'extérieur de celui-ci peuvent être très anxieux avant une évaluation[27, 28]. De plus, même si l'un d'eux obtient 98 % ou 100 % à un examen, il ne sera pas davantage confiant lors du prochain. Il sera aussi anxieux, sinon plus[29]. Le succès à un examen n'a donc rien à voir avec le sentiment de confiance ou une faible anxiété. En fait, en voyant son résultat, l'étudiant sera immédiatement soulagé. Il s'agit d'une diminution rapide et momentanée de l'anxiété. Ce type d'anxiété de performance aura tendance à augmenter avec le temps. Il faut donc retenir que ce ne sont pas les notes en soi qui déterminent le fonctionnement cérébral et émotionnel, mais bien le système de renforcement.

Les médias sociaux sont également basés sur la validation externe. En effet, la beauté physique et le pouvoir de séduction sont directement impliqués dans ce type de validation, car le fait de miser sur son apparence vise à provoquer une réaction de l'environnement. Cette stratégie est celle qui est utilisée lorsque nous publions, par exemple, des photos où nous présentons notre meilleur profil pour susciter des réactions quantifiables comme des « J'aime ». Il s'agit donc d'un système de pointage très similaire à celui appliqué dans les examens. Mais les répercussions de la validation externe des médias sociaux sont encore plus négatives, car les points recherchés sont en lien avec soi, contrairement au contenu d'une matière, ce qui accentue la dépendance à la validation externe tout en augmentant l'anxiété générale, et nous met donc à risque quotidiennement sur le plan émotionnel.

Les dépendances engendrées par la validation externe sont en partie responsables de la détresse psychologique, du sentiment de ne pas trouver de sens à sa vie et des relations interpersonnelles négatives sur les plans personnel et professionnel[30, 31, 32].

La validation interne : les bienfaits

Une personne dont l'évaluation est basée sur la validation interne détermine elle-même ses repères et ses critères pour s'évaluer, et tolère la désapprobation sociale. Ce système d'évaluation ne dépend pas d'éléments extérieurs à la personne et n'est pas établi par des autorités externes. L'individu fonctionnant principalement selon la validation interne ne vit pas d'impuissance ou d'anxiété de manière démesurée. Au contraire, l'entraînement à la validation interne provoque de l'anxiété à un niveau moindre, qui n'augmente pas avec le temps. Ce type de validation est aussi associé à la fierté, au leadership, à la créativité et à la capacité de faire des choix plus satisfaisants. Il s'agit d'un système de renforcement peu intégré dans notre société.

La validation interne est activée par la recherche de croissance. Elle comporte toutefois des inconvénients à court terme parce qu'elle se développe progressivement et nécessite plusieurs autres habiletés internes, comme une conscience de soi plus aiguë, une conscience émotionnelle plus élevée, le développement d'attitudes constructives par rapport aux émotions, la persévérance, la capacité de fonctionner en présence d'un certain flot d'émotions négatives. Bref, la validation interne est plus « sportive » et requiert beaucoup plus de travail. Elle a toutefois l'avantage de stimuler le mouvement positif chez une personne qui la développe.

Ce type de fonctionnement favorise la santé psychologique, le leadership et la performance de haut niveau. Aucun grand leader ne fonctionne majoritairement en validation externe. Étant donné le travail nécessaire au développement d'un système de validation interne et l'expertise nécessaire pour l'exploiter, les gens qui y parviennent sont ceux qui décident des règles, les meneurs. La validation interne nécessite l'acquisition de multiples habiletés. C'est d'ailleurs la raison pour laquelle elle est difficile à développer. Parmi ces dernières, notons la capacité à choisir et à clarifier ses buts, à préciser et à accepter ce que nous aimons vraiment, ce que nous voulons ou ne voulons pas, l'aptitude à tolérer l'incertitude et le stress, la persévérance, la capacité à apprendre des événements et de nos actions, etc. Bref, la validation interne permet de tracer son propre chemin et de prendre en charge son propre développement et sa destinée.

Les personnes qui fonctionnent principalement en validation externe auront tendance à s'appuyer sur celles qui fonctionnent en validation interne.

Le langage verbal

Dans toute tâche humaine comportant un objectif ou une attente, une série d'étapes et de comportements sont nécessaires si nous voulons atteindre notre but. Par exemple, si nous souhaitons gravir une montagne, nous savons qu'il y aura des paliers à franchir avant d'arriver au sommet. Le cerveau ne peut reproduire que des comportements. Les mots et les concepts n'en sont pas et ne sollicitent pas, de prime abord, des ressources cognitives ou motrices précises.

Il existe des effets de communication qui sont associés au succès et aux habiletés relationnelles, par exemple le leadership, le fait de dégager du calme, de l'assurance et du contrôle de soi, de donner le sentiment de maîtriser son contenu, d'être posé et réfléchi, en contrôle de la situation, etc. Ces comportements sont hautement valorisés socialement, car ils dénotent une excellente efficacité de communication.

J'ai été invité à donner une conférence lors d'un forum de développement du leadership. L'assistance était composée de chefs d'entreprise et d'entrepreneurs. Ces personnes étaient déterminées à apprendre des techniques de communication permettant l'augmentation du leadership, de la mobilisation et du charisme en communication interpersonnelle. L'ambiance était très énergique, les gens étaient déterminés. Ils voulaient *réussir*.

Après l'introduction, j'aborde directement le sujet qui les intéresse : la performance en communication.

Je demande à un volontaire de se prêter à un exercice. Un homme très élégant, assis dans la première rangée, lève sa main, enthousiaste.

Moi : Bonjour, Monsieur! Pouvez-vous vous lever un instant, s'il vous plaît, et nous dire une phrase qui dégage du charisme?

L'homme est pris par surprise. Mais il est déterminé, comme les autres personnes dans la salle.

Homme : Oui, absolument!

Il se lève lentement alors que tous le regardent et attendent sa performance. Une fois debout, il replace discrètement ses vêtements, sourit, met les poings sur ses hanches, prend une longue inspiration, sourit exagérément et affirme sur un ton trop enthousiaste :

Homme : Je suis très content d'être là aujourd'hui!

Silence dans la salle, alors que le participant reste figé, les poings toujours sur les hanches, sourire crispé et forcé. Il regarde autour de lui pour voir la réaction de la salle. Celle-ci est également figée. Au bout de trois secondes, il baisse les bras, son sourire s'estompe. Il n'a plus le courage de faire semblant. Il redevient lui-même.

Homme : Ce n'était pas très convaincant, hein?

Moi : Je ne sais pas. Qu'en pensez-vous?

Homme : Non, pas vraiment, j'avoue.

Il se rassoit.

Moi : Dites-moi, avez-vous eu du plaisir à dire cette phrase devant nous?

Homme : Non.

Moi : Est-ce que vous vous sentiez convaincant ou charismatique?

Homme : Bien... non.

Moi : Se pourrait-il que vous ne soyez tout simplement pas convaincant ou charismatique en tant que personne?

L'homme réfléchit un instant ; il n'a pas d'explication pour ce qui vient de se passer. Il avale.

Homme : Euh ! Je ne sais pas... Oui, c'est possible.

Il inspire et garde sa respiration. Il sourit à nouveau.

La salle est silencieuse. Mal à l'aise. L'homme d'affaires vient d'affirmer à haute voix, devant des centaines de personnes, qu'il n'a peut-être pas de charisme, après tout. Il vient de douter de lui. Nous venons d'être témoins d'une chose à laquelle nous ne devrions pas assister, la déconfiture du leader. Le leader qui doute de lui-même et qui doit le cacher. Est-ce le sentiment d'imposture ?

Les autres spectateurs sont ambivalents ; ils se demandent pourquoi j'ai fait subir une épreuve aussi horrible à cet homme devant tout le monde. N'étais-je pas là pour les aider ? Ils viennent de subir une sorte de trauma social, ils éprouvent de la sympathie pour le pauvre homme qui n'a pas su prouver qu'il était charismatique. Ils auraient voulu qu'il montre à tous que oui, il l'est. Que c'est faisable. Car c'est ce qu'ils veulent tous : créer une influence positive, forte. Je viens donc de trahir mon auditoire et je suis maintenant une menace. Je suis pourtant loin d'avoir fini...

Moi : Bon ! Peut-être suis-je simplement mal tombé. Essayons à nouveau, voulez-vous ?

Les gens se crispent et se calent discrètement dans leur siège, se dissimulant derrière la tête de la personne devant eux. Mais ils ne veulent pas montrer qu'ils se cachent. Je pose mes yeux sur une femme dans la douzième rangée, à gauche complètement, là où on choisit stratégiquement de s'asseoir pour avoir la paix, pour pouvoir juger sans s'impliquer. Technique d'étudiant appliquée aux réunions en entreprise ! Je sais donc où chercher pour trouver une nouvelle perle rare qui a perfectionné ce que j'appelle la « cachette publique » ou la « cachette en réunion d'entreprise ». Être physiquement présent à une rencontre, mais sans aucune volonté de s'impliquer, et surtout ne jamais perdre la face devant ses collègues ou son supérieur hiérarchique.

Cette femme se croit invisible. Elle maîtrise la technique de la cachette. Moi aussi. Je la regarde. Tous s'aperçoivent que j'ai trouvé ma prochaine victime. Les gens cessent leur prière pour être épargnés et sont maintenant curieux. Ils regardent dans le fond de la salle, joignent leur attention à la mienne. La dame est toujours convaincue que je ne la vois pas. Elle s'efforce de ne pas croiser mon regard. « Non, ce n'est pas moi. Ce n'est pas moi. » Je continue de la regarder avec un grand sourire, en inclinant la tête légèrement sur le côté.

Moi : Bonjour, Madame !

Elle continue de regarder le plancher.

Moi : Madame avec la robe bleue... Bonjour !

Il n'y a plus d'évitement possible. Elle lève les yeux.

Moi : Ouiiii ! Bonjour !

Femme : Bonjour !

Moi : N'ayez pas peur. Je ne vous demanderai pas quelque chose d'aussi difficile.

Ce sera encore plus difficile...

Moi : Pouvez-vous vous lever, s'il vous plaît, et nous dire une phrase qui dégage du calme, mais également de la confiance ?

Expression de peur et de doute, regard au sol pour tenter de se concentrer et pour éviter le regard des autres, inspiration au maximum et retenue en apnée. Elle se lève au ralenti pour gagner du temps, essuie ses mains sur sa robe, la replace. Elle est maintenant debout. Le temps est écoulé, elle n'a d'autre choix que de lever la tête, avec un grand sourire.

Femme : Calme et confiance en moi ? C'est ça ?

Reposer une question, une autre technique d'évitement de l'anxiété, celle visant à gagner du temps.

Moi : Oui.

La femme cherche au sol, fait non de la tête.

Femme : Je ne sais pas.

Moi : Non ?

Femme : Non.

Moi : Aucun problème. Vous pouvez vous rasseoir. Merci.

Elle expire. La salle expire. Silence. La femme se rassoit, impuissante. Elle ne rit pas. Elle est déçue d'elle-même. Elle savait qu'elle échouerait. L'auditoire comptait sur elle.

Moi : Ce n'est peut-être pas dans votre personnalité d'être calme et d'avoir confiance en vous. Qu'en pensez-vous ?

Elle hausse les épaules.

Femme : Je ne sais pas... Probablement pas. Il semble que j'aie encore du travail à faire. Ha ! ha !

Elle essaie de rire. Les participants essaient de sourire. Mais ils n'y parviennent pas. Ils me regardent, tentant de dissimuler leur mécontentement à mon égard. Je suis en train de gâcher leur bel après-midi de leadership.

Mais ce n'est pas encore fini...

Moi : Y a-t-il une personne qui voudrait se lever et dégager de la confiance ? Ou du calme ? Me dire une phrase de leader, une phrase convaincante ou mobilisatrice ? Peut-être y a-t-il quelqu'un dans la salle qui est doté de charisme et qui peut le faire ? Ou peut-être suis-je simplement malchanceux et que, par le plus grand des hasards, je suis tombé deux fois de suite, dans cette salle, sur le 0,001 % de gens qui sont dépourvus de charisme, de clarté et de confiance ?

L'assistance est aussi silencieuse qu'un cimetière. Les gens sont fâchés contre moi.

Parlons-en...

Moi : Comme il n'y a aucun autre volontaire, peut-être devrions-nous d'abord parler de ce qui est le plus important : comment vous sentez-vous en ce moment même ?
Silence.
Je les relance.
Moi : Comment vous sentez-vous à la suite de cet exercice, de ces épreuves que j'ai proposées à vos collègues ?
Après quelques secondes, une personne s'exprime :
Femme : Mal.
Moi : Mal. Et quoi d'autre ?
Homme : Confus.
Moi : Mal. Confus. Quoi d'autre ?
Une autre femme : Fâchée. Manipulée.
Moi : Pourtant, je vous ai seulement proposé de prononcer une petite phrase qui dégage et communique ce qui vous importe le plus. Vous êtes ici pour ça, non ? Dégager et affirmer votre leadership. Ce sont vos exigences. Combien de phrases prononcez-vous en une journée ? Combien de fois par jour devez-vous démontrer de la confiance, du leadership, du calme et du charisme ? Combien de personnes devez-vous mobiliser et convaincre tous les jours ? Y a-t-il vraiment quelque chose que j'ai demandé que vous ne vous demandez pas déjà plusieurs fois par jour ? Alors, pour quelle raison vous sentez-vous mal, confus, fâchés, manipulés ? Plus important encore, contre qui êtes-vous réellement fâchés ?
Un autre homme : Tu savais que nous ne serions pas capables de faire cet exercice-là.
Moi : Oui. C'est vrai. Je savais ce qui allait se passer. Mais je doute que ce soit là une bonne raison pour être fâché contre moi. Car, vous aussi, vous saviez ce qui allait se passer, aussi bien que moi.
Les spectateurs froncent les sourcils.

Moi : Vous ne me croyez pas ? Aussitôt que j'ai demandé à monsieur ici de dire une phrase charismatique ou à madame, une phrase dégageant du calme et de la confiance, leurs cerveaux savaient qu'ils n'y arriveraient pas. Une grande partie d'entre vous a cessé de respirer. Vous le saviez tous. Mais vous avez quand même espéré un miracle. Monsieur et Madame, vous vous êtes levés extrêmement lentement pour gagner du temps, vous avez pris une grande inspiration et vous l'avez retenue alors que vous leviez la tête, cherchant votre phrase magique. Votre anxiété est montée en flèche. Vous avez tous les deux replacé vos vêtements, simulé une position de confiance avec vos mains et votre posture, arboré un sourire pour protéger la salle de votre inconfort. Je l'ai vu. Nous l'avons tous vu et senti. Votre cerveau savait, dès la première seconde, que cette tâche était déplaisante et impossible. Et pourtant, aucun d'entre vous ne m'a dit : « Mais voyons, c'est impossible ! » Vous avez essayé de toutes vos forces. Il y avait donc en vous l'espoir que vous alliez y arriver, que vous pourriez trouver la phrase qui allait créer l'effet recherché. Mais elle n'est jamais venue. Vous le saviez dès le début. Je ne savais donc rien de plus que votre propre cerveau, car il n'a jamais vraiment voulu jouer au jeu que je vous ai proposé. Ce jeu s'appelle les « exigences de résultat de communication ». Nous venons tous d'être témoins d'une loi implacable de la communication humaine. Le charisme, le fait d'être convaincant, clair, calme, ou les autres effets interpersonnels associés au succès, n'existent pas pour le cerveau. Ces effets sont ressentis uniquement par l'interlocuteur. Le cerveau ne peut pas les créer de toutes pièces, encore moins avec le langage verbal. Je vous ai mis une pression de résultat, c'est-à-dire dégager du calme, du charisme et du leadership, avec une stratégie verbale. Or, c'est cognitivement impossible. Vous avez vécu en direct l'impact d'une exigence de résultat sur votre cerveau : anxiété, doute de soi, déception, frustration.

Un des problèmes les plus dévastateurs en communication interpersonnelle provient de la confusion entre un *processus* de communication et un *résultat* de communication, c'est-à-dire un effet. Un processus est un comportement de communication que notre cerveau peut adopter. Un résultat est un effet ressenti par la ou les personnes en face de nous, par exemple le charisme, le leadership, la clarté, la précision de notre propos ou la mobilisation. Ce sont des résultats. Or, le cerveau ne peut pas générer de résultats à partir des mots. C'est cognitivement impossible puisqu'il s'agit d'une interprétation, d'une expérience subjective vécue par notre interlocuteur, et non d'une matière que nous pouvons synthétiser à partir du langage verbal.

La démonstration à laquelle je me suis prêté visait à mettre en perspective le fait que la stratégie verbale, que nous en soyons conscients ou non, augmente l'anxiété, l'impuissance et notre sentiment de ne pas être à la hauteur. Cet exercice n'est qu'une flamboyante démonstration de ce qui se passe chaque fois que notre système cognitif tente de créer un résultat à partir de mots. Par exemple, vous avez une rencontre avec une personne importante pour vous. Vous devez y aborder un enjeu fondamental à vos yeux. Automatiquement, votre cerveau aura tendance à générer une exigence de résultat du type :

Je vais le convaincre en disant…
Je vais calmer la situation en disant que…
Je dois montrer que je suis la bonne personne pour ce défi en lui disant que…
Je vais trouver les bons mots pour que…

Le fait de surutiliser les mots pour générer des effets interpersonnels est l'un des réflexes non conscients les plus dévalorisants pour l'humain. La seule façon d'y remédier est d'avoir recours à des actions et à des comportements de communication.

L'exercice avait été difficile, mais j'avais maintenant toute leur attention et surtout leur intérêt. Car j'avais les solutions dont ils avaient besoin. Comme intervenant, il est parfois nécessaire de créer des prises de conscience douloureuses. Cela vient par contre avec la responsabilité de s'assurer que notre auditoire et nos clients en ressortent plus forts, vainqueurs.

Les processus

Le potentiel d'influence d'un humain dépend de sa capacité à utiliser des processus. Un processus est une série d'actions, de comportements que notre cerveau peut exécuter et qui mènent à un but : le résultat. Par exemple, s'il y a un verre d'eau à proximité, une commande interne, ou intention, activera des schémas moteurs et une adaptation sensori-motrice impliquant plusieurs zones cérébrales. La mise en branle de ce circuit enclenchera l'étirement de votre bras pour saisir le verre d'eau. Si vous désirez aller à la salle de bain, vos yeux regarderont dans cette direction et une commande motrice activera le premier mouvement d'une jambe pour transférer votre poids sur l'autre, et ainsi faire un pas, etc.

Dans une communication, les processus sont des commandes sous forme de comportements. Par exemple :

- Je mets mon attention là.
- J'attends le signal X pour parler.
- Je m'avance sur ma chaise.
- Je prends conscience d'une sensation émotionnelle.
- J'interprète une sensation émotionnelle.
- Je hoche la tête.

- Je me concentre sur ce que je veux dire.
- J'expire.
- Je choisis ce que je veux dire.

Une commande est une tâche ou une intention que nous avons, une instruction que nous voulons suivre, une action que nous tentons de faire: *Je vais…, Je veux…, Je fais…* Une commande n'a toutefois pas besoin d'être formulée verbalement avant d'être exécutée. En fait, la plupart des commandes auxquelles nous répondons sont automatiques, étant donné les années d'entraînement à faire un mouvement. Au cours de l'apprentissage d'un nouveau mouvement, les commandes sont très explicites, afin de favoriser leur exécution.

Si nous commandons à notre cerveau des comportements précis qu'il sait faire, il collaborera sans broncher, et nous en ressentirons du plaisir, de la confiance, du pouvoir et de l'énergie. Le cerveau aime les comportements et les mouvements. À l'inverse, il a tendance à craindre les résultats, car il sait qu'il ne s'agit pas de comportements sous son contrôle. Pour produire les résultats que nous souhaitons chez notre interlocuteur, nous devons donc apprendre à les décomposer en processus, c'est-à-dire en comportements précis.

Plus les effets et les résultats de communication souhaités sont significatifs, plus nous devons être conscients des processus nécessaires pour y arriver. En d'autres mots, plus le sommet de la montagne à gravir est élevé, plus les habiletés doivent être grandes.

Plus une personne se concentre sur les processus de communication et les maîtrise, plus elle en est consciente, plus elle générera presque automatiquement les effets de communication les plus forts. Voilà des impacts qui changent tout.

Passionnons-nous donc pour les processus!

Le fonctionnement des émotions

Qu'est-ce qui fait la différence entre une marche dans les bois stimulante, une expédition excitante et le fait de se perdre dans une forêt obscure ? La plupart des spécialistes en survie s'entendent sur un facteur déterminant : l'orientation. Le GPS est l'outil récent le plus facile à utiliser et le plus précis. Mais avant d'y avoir recours, nous devons apprendre à nous en servir et nous assurer qu'il fonctionne adéquatement. Si nous ne savons pas comment en interpréter les données, il ne nous servira à rien et nous nous égarerons quand même et serons en détresse. S'il est défectueux ou que la connexion avec le satellite est faible, les informations fournies seront erronées et nous serons méfiants à l'égard de notre instrument. Si nous ne lui faisons pas confiance, il ne nous servira à rien, sinon à nous faire douter encore plus, et nous perdrons notre temps et notre énergie à chercher notre chemin. Dans tous les cas, nous serons anxieux et nous aurons rapidement le sentiment que nous ne savons pas où aller. Or, les humains ont un GPS interne qui est toujours connecté au satellite. Il est précis, nous pouvons toujours nous y fier. Il garantit une aventure mémorable et nous assure de nous mener à nos objectifs si nous apprenons à l'utiliser correctement : ce sont les émotions.

Plusieurs émotions de base ont été identifiées chez l'humain, desquelles découlent des émotions secondaires plus subtiles. Leur nombre officiel varie dans la littérature scientifique. Certains auteurs rapportent qu'il y a cinq émotions de base[33, 34, 35], d'autres dix. Pour ma part, je vous en présenterai six, ce qui est amplement suffisant dans une perspective de communication. Ce qui importe ici, c'est de comprendre ce qu'est une émotion, quels messages elle nous fournit et, surtout, comment l'utiliser.

La joie, le dégoût, la tristesse, la peur et l'anxiété, la surprise ainsi que la colère sont, dirons-nous, « pures », c'est-à-dire que chacune se distingue complètement des autres par ses manifestations physiologiques et ses fonctions. Chaque émotion possède un message particulier qui facilite l'accès au sens de ce que nous vivons et de ce qu'une personne communique. Voici leurs fonctions principales.

Joie
Émotion qui confirme qu'on se trouve en mouvement, dans un vecteur de sens, elle indique la compatibilité entre ce que l'on souhaite et ce que l'on a dans l'instant présent. Elle facilite l'accès au mouvement et au sens. La joie est la seule racine des émotions positives.

Dégoût
Émotion de répulsion et d'éloignement, elle sert à protéger notre nature et à éviter la contamination ou la dilution de notre énergie.

Tristesse
Émotion associée aux passages, aux changements et aux transitions, elle est fortement liée aux deuils sains.

Peur et anxiété
Émotion liée à notre sécurité, la peur implique le combat, la fuite ou l'immobilité face à une menace imminente souvent tangible et visuellement décelable. L'anxiété est plus près du système d'activation physiologique que de l'émotion. Elle prévient les conséquences négatives dans le futur. Elle annonce toujours la prise de responsabilités et la mise en place d'une stratégie.

Surprise
Émotion qui résulte de l'intégration rapide de nouvelles données par notre champ de conscience. Lorsque nous sommes bombardés par une grande quantité d'informations en peu de temps ou que celles-ci possèdent une charge émotionnelle élevée, il y a une mise à jour de notre système perceptuel, émotionnel, laquelle crée un choc émotionnel.

Colère
Responsable du respect du territoire et de la propriété de l'énergie, elle permet de chasser un envahisseur. La colère mobilise les ressources pour rétablir les frontières et la propriété des ressources.

•••

Nous ressentons rarement l'une de ces émotions de façon isolée et à haute intensité. Nous éprouvons plutôt plusieurs émotions à la fois, et la plupart du temps des dérivés plus subtils et plus précis de celles-ci. Par exemple, nous pouvons ressentir de l'irritation, laquelle comporte une part de colère et une part de dégoût. Notre cerveau est si rapide et précis qu'il peut transmettre plusieurs signaux émotionnels en même temps. Il nous envoie toutes les informations possibles pour nous renseigner et nous permettre de prendre de bonnes décisions quant à nos comportements. Pour notre cerveau, il n'y a aucun problème à générer irritation, souci, regret à un même moment. Même les émotions contradictoires peuvent coexister sans aucun problème, par exemple la hâte et l'appréhension.

Notre cerveau ne juge pas nos émotions ou notre vécu. Tout est permis, sans tabou, et il y a toujours un sens à ce que nous ressentons.

La peur des émotions

Nous ne tentons jamais d'arrêter un train avec un mur. Nous installons plutôt des rails pour le guider dans la bonne direction.

Dans chacune des formations en stratégie de communication que j'anime depuis près d'une vingtaine d'années, un participant pose systématiquement la question suivante : « Comment mieux gérer mes émotions dans mes communications ? » Je demande toujours pourquoi. « Parce que je dois me contrôler. Je suis trop sensible, j'en perds le contrôle et je n'aime pas ça. »

L'univers des émotions est terrorisant. Elles nous font agir. Les émotions fortes peuvent générer des réactions et des comportements redoutables. Selon la façon dont nous les comprenons et dont nous nous en servons, elles peuvent être douloureuses, et même dangereuses. Elles font obstacle aux relations importantes. Elles nous rendent ridicules, faibles, incompétents. Elles nous font mal, nous serrent l'estomac, nous empêchent de dormir, nous font crier et pleurer. Elles nous font douter de nous-mêmes. Elles peuvent nous mener à la dépression. Être incapables de contrôler nos émotions nous laisse croire que nous sommes incapables de « nous gérer », et ce manque de contrôle dévoilerait au grand jour ce que nous tentons de cacher. Et nous cachons ce dont nous avons honte, ce qui est laid. Les émotions sont le réel reflet de nous-mêmes. Mais nous ne disons jamais cela. Nous le faisons avec plus de classe, comme des adultes. Nous disons qu'il faut simplement *gérer* nos émotions.

Confusion entre les émotions

Les émotions sont des signaux qui sont liés à des sensations physiques de différentes intensités. Ces sensations doivent être interprétées par notre cerveau. La majeure partie des émotions que nous ressentons sont négatives. Elles créent des sensations d'inconfort. Plus elles sont intenses, plus la sensation désagréable augmente d'intensité. Nous passons alors de l'inconfort à la douleur. En effet, les émotions dont on ne tient pas compte, que nous évitons, consciemment ou non, ou que nous ne savons pas utiliser deviendront de plus en plus intenses et persistantes jusqu'à ce que, progressivement, nous perdions de vue l'information émotionnelle à la source de ces sensations. Nous ne sommes alors que détresse et souffrance. Les signaux émotionnels sont nécessaires. La détresse, elle, ne l'est pas.

Il existe une confusion entre la détresse et la douleur provoquée par les émotions négatives. La douleur est une information. La détresse est une combinaison de douleur et d'impuissance, créant une relation malsaine avec soi-même. Dans un tel scénario, la douleur est interprétée comme le signe que *nous sommes* le problème de par notre nature, contaminant le soi, notre identité. Il s'agit d'un phénomène de dévalorisation. La bonne nouvelle est que la douleur est rarement un problème si elle n'est pas entremêlée avec l'impuissance. C'est ce qui définit d'ailleurs une personne résiliente. Certains individus subissent des traumatismes et des douleurs insoutenables. Mais ils ne craquent pas. Ils se relèvent et reviennent plus forts. Dans un tel cas, l'impuissance et la détresse n'ont pas pris le dessus. Il est donc capital de distinguer les deux phénomènes, sans quoi nous n'avons pas d'autre choix que de jeter le bébé avec l'eau du bain: les émotions négatives et la détresse. Mais nous avons absolument besoin des émotions, surtout des émotions négatives, pour nous orienter dans le monde. Les supprimer reviendrait à jeter une partie de nous. Cela s'appelle l'autodestruction.

Il est donc inutile de tenter de se débarrasser de la détresse en réprimant les émotions négatives.

Utilisation ou suppression des émotions

La *gestion émotionnelle* est associée à la volonté d'une personne d'inhiber un comportement. D'un point de vue logique, une personne qui se contrôle sait bien gérer ses émotions. C'est du moins ce qu'un volet important de la psychologie soutient depuis longtemps, même encore aujourd'hui. On associe donc la gestion émotionnelle à l'inhibition ou à la suppression d'une émotion. Or, comme cette dernière n'apparaît pas volontairement, qu'elle n'est pas sous le contrôle volontaire direct, la gestion émotionnelle serait inférée par l'*inhibition du comportement* qui trahirait cette émotion sous-jacente. Le contrôle émotionnel reviendrait donc à la décision consciente de freiner une action en cours qui serait jugée inappropriée. Par exemple, puisque je réussis à retenir le coup de poing destiné à la personne qui me met en colère, on devrait me féliciter de bien gérer ma colère. Selon cette vision des choses, il y aurait une sorte de fusion entre l'inhibition émotionnelle et l'inhibition comportementale.

Cette conception répandue a pourtant bien peu de sens puisque le fait d'empêcher un comportement n'aura jamais, à la base, fait obstacle à l'apparition d'une émotion. Retenir un geste, oui. Freiner une action qui aurait des conséquences négatives, je veux bien. Mais gérer ses émotions de cette façon, non. Il y a là un problème de compréhension fonctionnelle des émotions et des comportements qui rend nos stratégies de gestion émotionnelle inefficaces.

L'entraînement inconscient à la phobie, à la haine, au mépris et au dégoût de soi

La façon mécanique et fonctionnelle dont nous concevons les émotions influence directement les stratégies que nous utilisons pour les « gérer ». Une compréhension erronée engendre forcément des stratégies tout aussi erronées. Or, les stratégies inefficaces augmentent l'impuissance, l'intensité des émotions négatives et, par conséquent, la détresse, car elles ne permettent pas d'atteindre nos objectifs. Ce faisant, nous associons les émotions négatives aux conséquences négatives et à notre propre incompétence.

La mauvaise compréhension des émotions fait donc naître une phobie des émotions et une autodévalorisation basées sur les émotions négatives que nous ressentons. Il s'agit, d'une part, de la phobie de perdre le contrôle de nos émotions et, d'autre part, de celle de détériorer nos dialogues, nos relations et de nuire à notre crédibilité. Pire, nous avons peur d'être les seuls responsables de ce gâchis.

La mauvaise utilisation des émotions engendre des perceptions néfastes des émotions elles-mêmes et une perception négative de soi. Par exemple, si l'émotion négative ne « convient » pas dans l'instant et le contexte présents, notre cerveau en conclut qu'il s'agit d'une émotion négative inappropriée, par opposition aux émotions positives qui, elles, seraient appropriées. Il y aurait donc de bonnes et de mauvaises émotions. De belles parties de soi et d'autres, laides, à supprimer et à nier.

Ce phénomène façonne la perception selon laquelle il existe, à l'intérieur de nous, des signaux qui témoignent de quelque chose de mauvais et de dangereux qu'il faudrait gérer ou freiner. Ou plutôt *cacher*. Pour enfin être des humains socialement acceptables et dignes d'être aimés, il faudrait augmenter la quantité d'émotions positives et non dérangeantes pour les autres. Celles-ci témoigneraient de notre qualité réelle d'humain. Faire la promotion de la gestion des émotions, au motif qu'elles sont quelque chose à inhiber ou à supprimer, nuit à la santé psychologique puisque cela entraîne des conflits internes.

De mon point de vue, notre rapport aux émotions n'est pas adaptée à la vie réelle, et cela nous rend misérables.

Le piège des émotions statiques

Les émotions ont reçu une grande attention de la part des partisans de différentes approches en psychologie ainsi que dans le domaine de la psychologie populaire et de la croissance personnelle. On tente de convaincre le public de s'intéresser aux émotions, d'en parler, de les décortiquer, de découvrir leur source pour qu'elles se soignent ou se résorbent d'elles-mêmes. Il existe une croyance répandue selon laquelle si nous connaissons la cause d'une émotion ou l'événement déclencheur, celle-ci s'estompera. Cette vision des choses nous porte à vouloir connaître à tout prix l'origine de nos émotions. « Pourquoi est-ce que je me sens comme cela ? » « Pourquoi est-ce que je souffre ? » « Pourquoi cette émotion est-elle persistante ? » Pourtant, trouver la source ou l'événement déclencheur d'une émotion ne la fait jamais disparaître.

D'abord, il est souvent difficile de déterminer avec certitude la réelle source d'une émotion. Dans certains cas, on peut faire le lien entre une émotion et un événement déclencheur si ce dernier est clair et qu'il est associé à une émotion précise, à des pensées ou à d'autres symptômes qui convergent vers cet événement. C'est le cas, par exemple, pour l'état de stress post-traumatique[36, 37]. Par contre, pour les émotions que nous vivons au quotidien, même les plus fortes, il n'est pas toujours possible de déterminer leur origine, une émotion étant le fruit d'une construction mentale, laquelle est alimentée par les événements de la vie. De plus, chaque individu interprète et intègre à sa façon son expérience personnelle. Par exemple, de nombreuses personnes ont peur des chiens. Nous serions portés à croire que cette émotion vient forcément d'une source, soit d'un événement traumatique précis. Or, plusieurs d'entre elles n'ont pas vécu de traumatisme particulier. La vie a suivi son cours, des événements sont survenus, les expériences se sont accumulées, donnant progressivement lieu à une méfiance de plus en plus grande envers le meilleur ami de l'homme. Des années plus tard, elles se demandent pourquoi elles ont peur des chiens. Il n'y a pas une mais de multiples causes. La recherche d'une cause unique d'une émotion n'est pas toujours la solution.

Une autre stratégie répandue consiste à *parler de nos émotions.* Voilà un bon point de départ car, pour parler d'une chose, il faut d'abord poser son attention consciente sur celle-ci et, avec une intention, aller vers ce sujet. Aller vers... est un mouvement. Mais le problème, c'est que nous nous arrêtons souvent là. Nous pouvons parler pendant des heures, des mois et des années des mêmes événements et des mêmes émotions. Et comme l'attention consciente a tendance à augmenter les détails, nous pouvons toujours tout détailler davantage ! Ainsi, il est fréquent qu'une personne ayant suivi une thérapie pendant des années puisse analyser avec une finesse inouïe tous les détails des émotions qu'elle vit et en faire l'interprétation. La question qu'on doit se poser est la suivante : et avec quel résultat énergétique ? En quoi cette description microscopique a-t-elle contribué à l'accès à davantage de potentiel et de mouvement ?

Bien souvent, un tel exercice ne génère que bien peu de retombées tangibles, ce qui est logique puisqu'une telle démarche s'apparente à la multiplication des boîtes fixes, des données fixes. Ce cumul de mots et de données statiques est incompatible avec le mouvement et la croissance.

Certaines personnes sont réfractaires à l'idée de s'attaquer à l'analyse de leurs émotions, car elles n'en voient pas concrètement l'intérêt, et pour cause. Le passé est terminé et inchangeable. Il s'agit de savoir quoi faire avec cette émotion que nous contemplons, que nous écoutons en ce moment même.

Les émotions en conscience dynamique

L'étude des processus cognitifs conscients et non conscients, la mécanique relationnelle, les processus de communication et l'énergie montrent que les émotions négatives sont conçues pour interagir avec les émotions positives afin de nous guider vers les bonnes actions.

L'entonnoir émotionnel

Lorsque nos buts sont bien ciblés, qu'ils sont clairs et qu'ils génèrent un sens important pour nous, les émotions s'organisent naturellement selon une structure qui s'apparente à un entonnoir. Celle-ci nous permet de profiter de toutes nos émotions de manière saine et constructive. Mais encore faut-il savoir comment l'utiliser.

La conscience dynamique nous aide à avancer dans cet entonnoir, car elle en maintient le mouvement vers l'extrémité, là où l'accélération et l'énergie sont les plus fortes. L'énergie impliquée dans cette structure se concentre là où se trouve notre objectif.

Avec la conscience dynamique comme chef d'orchestre, l'entonnoir permet de coordonner les interactions entre les émotions négatives, positives et le mouvement. Les émotions positives doivent interagir avec les émotions négatives ; elles communiquent ensemble dans le but de faciliter l'accès au mouvement et à l'énergie, d'affiner la précision du pilotage et l'efficacité du mouvement. Dans cet entonnoir, la vitesse du mouvement varie. Plus nous sommes en ligne avec le bout de l'entonnoir, c'est-à-dire notre objectif, plus nous sommes animés par le sens, les émotions positives et les retombées de la motivation intrinsèque.

À l'inverse, plus nous nous éloignons de notre vecteur de sens, la source de notre énergie, plus les signaux émotionnels négatifs tentent de nous aider à nous réorienter, nous signalant que nous empruntons la mauvaise direction.

Le but est donc de rester au centre de l'entonnoir pour avancer tout droit vers notre objectif.

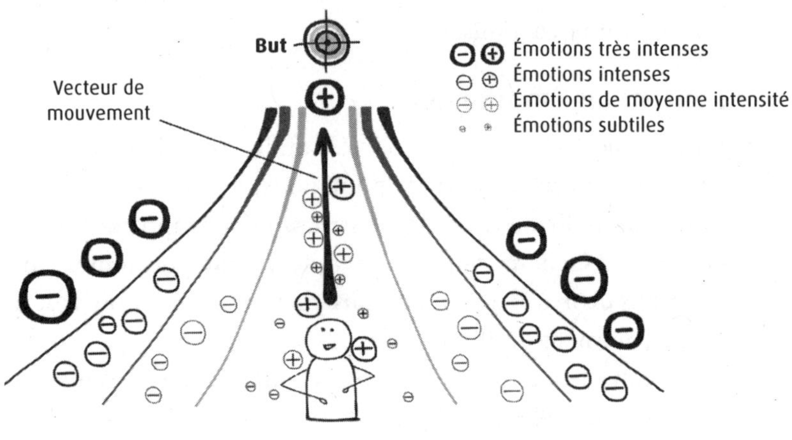

Émotions positives et objectifs

Les cibles, les objectifs et les destinations sont associés à des émotions positives et justifient le mouvement. Ces dernières sont activées par des buts significatifs. Elles sont illustrées par le signe « + », au bout de l'entonnoir.

Les émotions positives ont deux fonctions principales :

1. Elles fournissent de l'énergie : elles sont les moteurs de notre appareil. Plus nos objectifs sont clairs et intrinsèquement motivés, plus les moteurs sont puissants.

2. Elles servent de repère : elles agissent comme un phare. Plus nos objectifs sont clairs, précis et liés à notre identité, plus le phare sera puissant et brillera avec intensité. Il sera visible de loin, même à travers une épaisse forêt ou un brouillard opaque.

Les émotions positives forment un vecteur qui justifie notre mouvement et notre direction vers nos buts. Par contre, elles ne disent pas *comment* s'y rendre ; elles n'indiquent pas le chemin pour y arriver et ne peuvent assurer notre sécurité. Contrairement à ce que nous pouvons penser, il est impossible de survivre uniquement grâce à elles. C'est là que les émotions négatives entrent en jeu, pour soutenir le travail des émotions positives.

Émotions négatives : des gardes du corps

Les émotions négatives ne nous fournissent pas la direction de notre trajet, mais elles indiquent où ne pas poser les pieds et nous préviennent du danger. Dans l'illustration précédente, elles sont représentées par les côtés de l'entonnoir qui forment un filet de sécurité et qui empêchent de s'égarer, de perdre du temps et de courir des risques. Ainsi, plus nous nous approchons des bords de l'entonnoir, plus les agents protecteurs « - » envoient des signaux puissants, de manière à nous protéger et à réduire les pertes de temps.

Les émotions négatives ont deux fonctions principales :

1. Elles augmentent la conscience simple : elles nous avertissent qu'il y a un apprentissage à faire, des éléments à intégrer et dont il faut tenir compte dans notre mouvement en fonction de qui nous sommes.
2. Elles nous signalent les dangers potentiels : elles sont déclenchées si le cerveau détecte un danger possible. Toutefois, ce n'est pas nécessairement un danger réel. Il

s'agit d'une alarme qui demande une investigation plus poussée et une compréhension plus précise des signaux émotionnels.

La détection

Nous devons d'abord être sensibles aux fluctuations émotionnelles et aux types d'émotions que nous vivons ou que notre interlocuteur exprime à travers ses mots et sa communication non verbale. En réalité, il est peu fréquent de nommer explicitement des émotions lorsque nous nous exprimons. Cela ne fait généralement pas partie de notre vocabulaire ou de nos habitudes de communication. Le fait de nommer des émotions paraît forcé et peut nuire à l'authenticité de la communication. Au cours d'un dialogue, la détection des émotions doit principalement rester silencieuse, c'est-à-dire que nous devons sentir les émotions transmises à travers le sens de ce que l'autre exprime. Par contre, lorsque nous sommes à l'écoute de nos propres émotions, il n'y a aucune limite à exprimer celles que nous éprouvons.

Les émotions permettent d'attirer notre attention sur ce qui est plus important. Ainsi, plus les émotions exprimées sont intenses, plus l'énergie et le sens y seront collés. Plus les émotions transmises sont négatives, plus une personne est proche des bords de l'entonnoir, et plus le sens du discours doit être extrait, compris de manière à créer un sens à partir de ces émotions.

L'extraction du sens

Une fois que les émotions importantes ont été détectées et ciblées, il convient de combiner leur sens avec le discours verbal; faire ressortir le sens d'un message implique nécessairement des émotions. L'utilisation des reflets reste toujours le meilleur moyen de faire émerger le sens d'un message tout en impliquant les émotions pertinentes. (Nous aborderons la notion de reflet plus loin dans le livre.)

La décision consciente, l'ajustement et la correction

Une fois le sens de l'émotion et du message extrait, l'étape suivante consiste à prendre une décision qui assurera un ajustement relativement à l'enjeu dont il est question. Une décision n'implique pas de résoudre un enjeu de manière définitive. Il s'agit d'un ajustement permettant la progression de notre mouvement vers la zone centrale de l'entonnoir. Si ce mouvement nous rapproche de notre but, notre énergie augmentera, sans pour autant que la situation devienne parfaite.

Zone d'apprentissage et d'ajustement

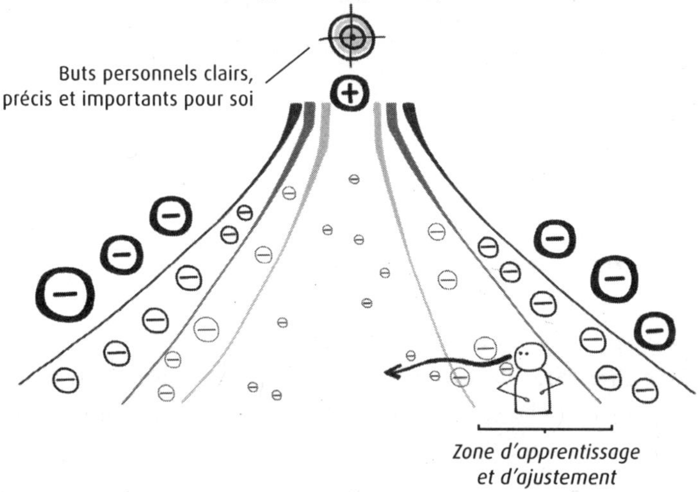

Si aucune décision ou aucun comportement concret n'est appliqué et qu'il n'y a pas de répercussion concrète, l'émotion négative restera active, confirmant que nous nous dirigerons toujours vers les zones fortement négatives de l'entonnoir. Si aucune action n'est entreprise, notre cerveau en déduira qu'il s'agit d'un évitement et augmentera l'intensité du signal émotionnel. Nous serons alors à risque de ressentir de la détresse menant à des conséquences psychologiques négatives.

Zone de danger et de stagnation

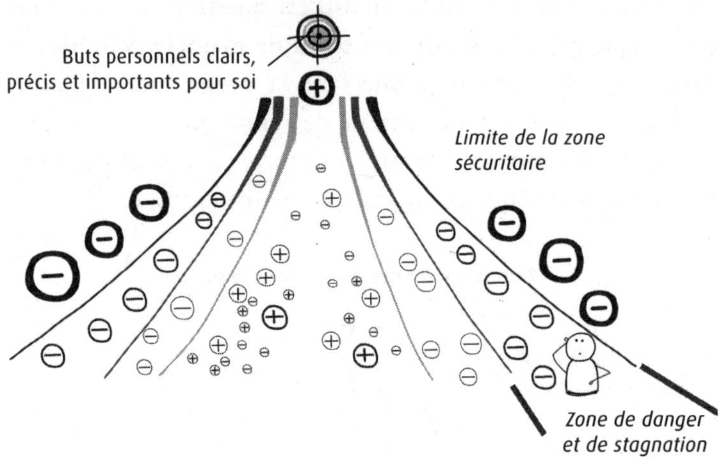

La nouvelle vérification des émotions

Cette étape consiste à vérifier les émotions à la suite des ajustements apportés. Si les mêmes émotions sont présentes avec la même intensité, il faut tenter un ajustement différent. Si les émotions ont changé en intensité ou dans leur nature, il faut constater l'amélioration et la progression. L'essentiel est de sentir que notre énergie a augmenté et que les émotions négatives restent relativement faibles, nous gardant loin de la détresse et près du centre de l'entonnoir.

•••

Voilà donc la façon d'interagir avec les émotions de façon cyclique en fonction de nos buts et du vecteur principal. Nous avons le plein contrôle de ces étapes lorsqu'il s'agit de nous. Quand il est question des émotions de notre interlocuteur, ce dernier en est responsable, et c'est à lui de prendre les décisions pour apporter les ajustements dont il a besoin. Ce n'est pas notre rôle de définir les bonnes actions qu'il doit poser. Notre travail est d'écouter.

La position dans l'entonnoir

Lorsque nous sommes en mouvement vers nos objectifs et que nous nous trouvons au centre de l'entonnoir, nous recevons quand même des signaux d'émotions négatives, mais de faible intensité. Si nous sommes suffisamment conscients de ces signaux émotionnels et que nous possédons les habiletés pour bien les interpréter, nous serons capables d'en extraire le sens et de nous ajuster rapidement. Ainsi, les émotions négatives ne deviendront jamais une source de détresse et d'impuissance.

L'entonnoir émotionnel est construit de telle sorte que plus nous nous rapprochons de nos objectifs importants, plus nous percevons le phare des émotions positives de façon claire et intense. Mais les émotions négatives seront aussi de plus en plus précises ; elles nous renseigneront encore plus finement sur la direction à conserver pour nous diriger vers notre objectif. Cela peut être comparé aux différentes étapes d'un vol d'avion. Lorsque l'appareil vole à 10 000 mètres d'altitude, au-dessus des nuages, un petit mouvement du manche aura peu d'impact. Toutefois, à quelques mètres du sol, lorsqu'on s'apprête à atterrir, la précision est plus importante, et chaque petit mouvement devra être finement et rapidement ajusté pour assurer un atterrissage tout en douceur. Plus nous sommes près du but, plus nos émotions sont précises, aiguisées et puissantes.

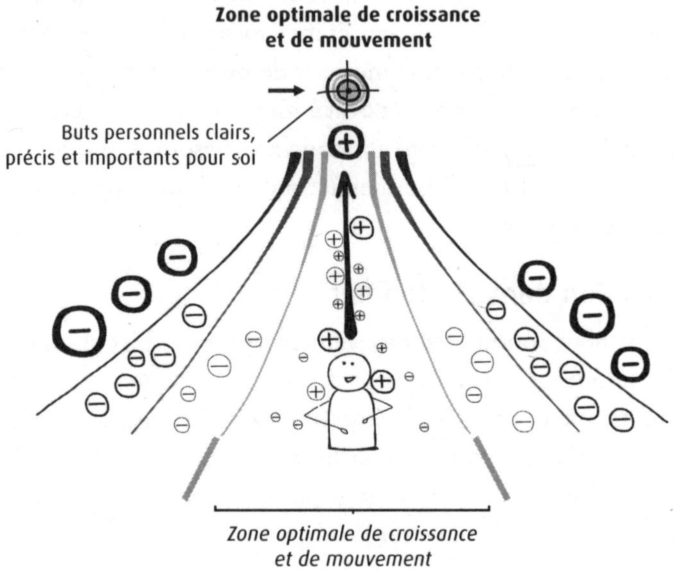

L'entonnoir mal structuré

Dans une communication, lorsque certains éléments sont manquants depuis le début, les émotions ne peuvent pas être structurées autour d'un vecteur de sens. L'entonnoir n'apparaît plus, ce qui a des conséquences majeures sur la régulation des émotions négatives. Lorsque des objectifs ne sont pas établis, les émotions négatives ne peuvent plus interagir avec les émotions positives, elles deviennent alors statiques.

Début de stagnation

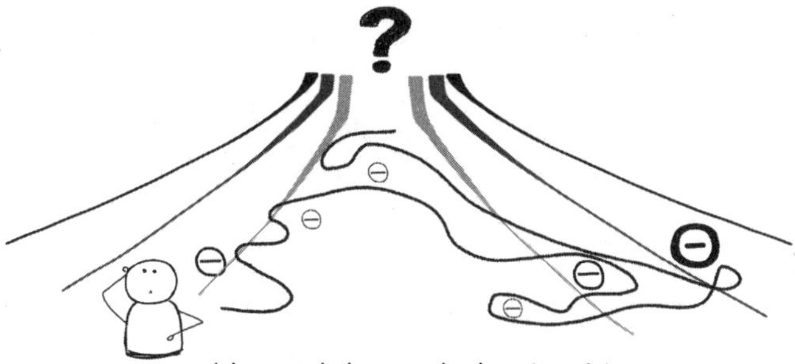

L'absence de buts ou des buts imprécis affaiblissent le sens et le mouvement.

À partir de ce moment, les émotions négatives changent de vocation. Comme elles ne peuvent plus se structurer en entonnoir dynamique, elles ont tendance à se replier en cercle. Nous passons donc d'une structure d'entonnoir dynamique à une clôture statique.

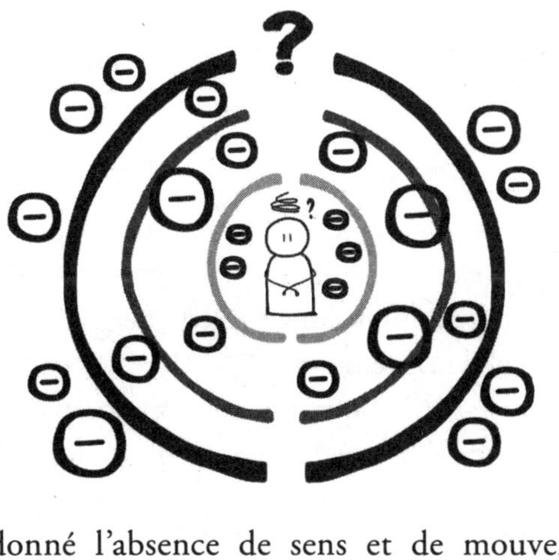

Étant donné l'absence de sens et de mouvement, les émotions négatives deviennent hypervigilantes et ne peuvent que tenter de nous empêcher de ressentir de la douleur. Ce faisant, au lieu d'avancer, nous tournons en rond de façon aléatoire, entourés par des émotions négatives qui ne savent plus de quoi nous protéger. Comme ces gardes du corps tentent de faire de leur mieux, ils nous surveillent de plus en plus étroitement, nous donnant des messages toujours plus intenses, de plus en plus fréquemment. Cette hyperactivation des émotions négatives, sans sens et sans interaction avec les émotions positives, est un précurseur de détresse et d'une fragilisation de la santé psychologique, puisque cette situation représente l'impuissance et le manque de sens. Cela s'applique au fonctionnement individuel tout aussi bien qu'aux personnes impliquées dans une communication.

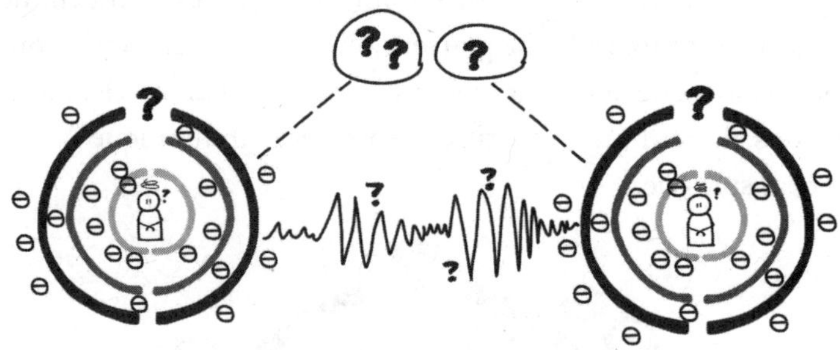

Je ne peux trop le rappeler : l'humain n'est pas conçu pour stagner. Le cerveau, la cognition et les émotions sont faits pour générer du sens, du mouvement. De l'énergie. Toute la structure émotionnelle en témoigne.

Que se passe-t-il lorsque nous ne tenons pas compte des signaux émotionnels négatifs ? Notre culture tend à supprimer les émotions négatives ou à en faire abstraction, car elles sont perçues négativement. La stratégie utilisée par défaut est l'évitement émotionnel.

L'évitement des émotions négatives est un phénomène courant dans notre quotidien. Cette tendance est si présente que le cerveau les évite inconsciemment, avant même que nous nous rendions compte consciemment de leur présence. Puisque notre conscience n'a rien capté, nous ne pouvons prendre aucune décision adaptée à la situation qui a déclenché ces émotions.

Nous poursuivons notre chemin comme si notre cerveau ne nous avait jamais envoyé d'informations nécessaires à l'ajustement et à l'apprentissage. En d'autres mots, nous continuons de faire ce que nous sommes habitués de faire, ce que nous connaissons. Nos actions, nos pensées, nos objectifs maintiennent alors une forme d'inertie. Cela est à l'opposé d'une expédition où nous nous référons régulièrement à notre GPS pour que chaque pas nous rapproche de ce que nous recherchons. Cela dit, malgré un but clair dans la mire, changer de trajectoire, se remettre en question, ajuster nos décisions et nos choix signifie aller vers la nouveauté et vers une partie d'inconnu, mettre le pied à un endroit nouveau. Cela demande du courage, même avec un objectif important en tête. Mais cette étape est nécessaire, sans quoi l'évitement nous guette.

L'évitement des émotions négatives prend plusieurs formes, par exemple dénier une situation, nous convaincre que nous exagérons ou que c'est probablement juste dans notre tête, trouver des arguments pour nier les émotions que nous ressentons, consommer, nous détacher de ces émotions. Tout évitement nous incite à poursuivre sur la même trajectoire, et ainsi à nous rapprocher de plus en plus près des limites dangereuses de l'entonnoir. Celles où les émotions sont très intenses et très persistantes, pour que nous comprenions le message. Puisque notre culture n'enseigne pas le fonctionnement émotionnel, nous sommes terrorisés par les émotions négatives qui sont souvent interprétées comme des échecs ou une faiblesse. La peur d'être inadéquats nous pousse à l'évitement.

Comme le mandat des émotions négatives est de nous protéger contre les dangers et les pertes de temps et d'énergie, les signaux émotionnels sont de plus en plus intenses au fur et à mesure que nous approchons des limites de l'entonnoir. Cette augmentation de l'intensité des émotions négatives vise à briser le seuil de la conscience et ainsi à diriger notre attention vers celles-ci. Le système espère alors que le message sera bien compris et que des « prises de conscience » et des apprentissages importants auront lieu grâce au sens que nous aurons dûment extrait. Afin de s'assurer de la mise en branle de ce processus prioritaire, le système freine ou ralentit nos actions en cours pour permettre une priorisation de ces signaux. Par exemple, nous ressentirons davantage de sensations émotionnelles négatives, telles que des nœuds dans l'estomac, une hyperactivation ou une baisse d'énergie significative, des pensées à connotation négative ; en lien ou non avec la cause de l'émotion négative, bref, le cerveau nous forcera à extraire un sens et à préserver notre sécurité.

Aussi invraisemblable que cela puisse paraître, nos systèmes économique, culturel et social nous ont entraînés à éviter ces signaux avec toute l'énergie que nous avons de disponible.

Le crédit et la faillite émotionnels

Comparons la gestion d'une émotion négative à celle d'une contravention. Vous ne prenez pas le temps de la payer et la laissez traîner sur votre pile de dossiers. Après avoir évité cette amende pendant quelques mois, après plusieurs avertissements par courriel et par la poste, vous avez la visite d'un huissier. Son travail est de s'assurer que vous avez reçu l'avertissement final et que vous paierez. Voici comment cela pourrait se passer.

Vous êtes à la maison, confortablement installé devant une télésérie. À l'intérieur de vous, au fin fond de vos tripes, se loge une sorte d'anxiété. Probablement rien qu'un peu de fatigue… On sonne à la porte. Vous n'attendiez pourtant personne ! À ce moment précis, l'anxiété que vous avez réussi à refouler pendant des mois semble se réveiller. Vous vous traînez les pieds jusqu'à l'entrée. Un homme est là, il se tient droit comme une barre, une lettre à la main et une feuille à signer. Vous saisissez l'enveloppe au ralenti, comme pour demander du réconfort à l'huissier, ce qu'il ne vous donnera pas, indifférent à votre besoin. Ce n'est pas un de vos proches. Il donne une information, c'est tout. Vous signez le document confirmant votre lamentable culpabilité pour avoir stationné votre voiture dans une zone interdite, infraction d'une valeur de 51 $ maintenant fixée à 637 $! La honte n'a, à ce moment, rien à voir avec l'infraction ; elle est uniquement le résultat de l'évitement successif des avertissements antérieurs. Vous le saviez. Votre cerveau le savait.

Cette visite ne vous a pas fait plaisir. Par contre, elle a eu pour conséquence de vous pousser à vous mettre en action, à régler une situation. Il existe aussi des gens qui, malgré les lettres, les courriels et la visite de l'huissier, décident de ne pas tenir compte de ce dernier message et se mettent à en vouloir personnellement au messager !

Lorsqu'un humain a de la difficulté à prendre et à affronter ses responsabilités, son système utilise un as. La victimisation pathologique est l'une des stratégies d'évitement de dernier recours. Lorsque nous nous posons en victimes, nous effaçons toute responsabilité en dénonçant une injustice commise par un oppresseur. Ce statut est puissant, car il permet à une victime de s'associer à d'autres victimes. La victimisation en groupe est une stratégie d'évitement extrêmement efficace et redoutable. Mais, au bout du compte, les personnes qui l'utilisent restent stagnantes, avec tous les coûts émotionnels associés.

Que nous le voulions ou non, nous ne pouvons réinventer la loi. Elle agira indépendamment de notre conscience. Il en va de même pour toutes les émotions négatives. À la suite des premiers signaux émotionnels subtils évités non consciemment, et des autres, plus intenses, perçus consciemment et évités, nous poursuivons notre chemin comme si de rien n'était parce que, dans notre culture, les émotions négatives sont associées à la faiblesse et à l'incompétence. Or, personne ne veut être faible. La peur d'avoir moins de valeur que les autres entraîne notre cerveau à éviter tous les signes qui pourraient être interprétés comme une raison d'être moins appréciés, moins aimés et rejetés.

Les émotions sont encodées et stockées comme l'est une dette financière : aucun dollar n'est oublié. Toute émotion négative qui a été évitée se loge dans le système limbique du cerveau, une région comprenant plusieurs noyaux impliqués dans la mémoire et les émotions. Ainsi, chaque émotion négative évitée y reste jusqu'à ce qu'il y ait paiement de la dette, que nous appellerons « dette émotionnelle ».

Payer les intérêts, ou le minimum mensuel, est une stratégie qui consiste essentiellement à gagner du temps et à éviter de payer le capital à un moment qui ne nous convient pas. Payer le capital d'émotions négatives consiste à recevoir les signaux émotionnels, à en extraire le sens, à prendre une décision courageuse et, finalement, à agir.

Il est possible de ne pas prêter attention aux émotions négatives pendant un certain temps, en les occultant. Toutefois, plus le montant sur la carte de crédit émotionnelle est élevé, plus les intérêts à payer le sont aussi. À force d'ajouter du contenu émotionnel dans le système limbique, sans qu'on y prête attention, cela engendre un paiement minimal si élevé qu'on songe à ne plus payer sa carte et même à éviter ce dernier. Voici un tableau faisant la comparaison entre une dette financière et une dette envers le système émotionnel, et le coût hypothétique du paiement minimal mensuel.

Carte de crédit		**Système limbique**	
Charge financière (dette)	Évitement (intérêts : paiement minimal)	Charge émotionnelle (dette émotionnelle)	Évitement possible (distracteur)
100 $	9 $	Faible	Porter son attention sur une autre pensée
10 000 $	800 $	Moyenne	Se distraire sur les réseaux sociaux
100 000 $	9000 $	Élevée	Augmenter sa consommation d'alcool

Comme le fonctionnement des émotions ne nous est pas enseigné, nous n'avons pas en main les stratégies nécessaires pour nous occuper adéquatement d'une machine aussi complexe que le cerveau. Pourtant, on ne donnerait jamais une carte de crédit d'une limite de 100 000 $ à un enfant sans lui avoir appris à gérer ses dépenses et les responsabilités liées aux remboursements.

Une faillite sur le plan émotionnel est un trouble psychologique qui empêchera la personne touchée de fonctionner dans son quotidien. Il s'agira habituellement d'un problème d'anxiété ou découlant de celle-ci, par exemple l'insomnie ou la dépression. Ce dernier trouble est aussi appelé « épuisement professionnel », car malheureusement il est toujours tabou. Ce terme donne donc l'illusion qu'il est le résultat d'un trop grand effort au travail ; il permet d'éviter superficiellement un sentiment d'échec personnel.

Face à ce problème, notre société a trouvé une réponse relativement standardisée. D'abord, on offrira à la personne qui a ce trouble un congé de maladie. Pour l'obtenir, elle devra avoir un billet du médecin. Finalement, on lui prescrira des anxiolytiques ou des antidépresseurs, et peut-être même une thérapie. Et voilà !

Trois mois plus tard, cette personne tentera un retour progressif au travail. Or, plusieurs études démontrent que, peu de temps après, 45 % des gens se sentent replongés dans le même tourbillon qu'avant leur arrêt de travail et reviennent au point de départ ; ils profitent alors d'une deuxième période d'arrêt de travail et la dose de leurs médicaments est augmentée[38]. On interprète ce phénomène en disant habituellement que le retour n'a pas été « assez » progressif. Ce manège peut durer encore plusieurs mois, et même des années[39, 40].

Revenons à la comparaison précédente. Lorsqu'un enfant à qui l'on a donné une carte de crédit dont la limite est de 100 000 $ s'est endetté au point où il ne peut plus rembourser sa dette, qu'il se sent inadéquat, qu'il a le sentiment d'avoir lamentablement échoué aux yeux de tous et à ses yeux, est-ce que la meilleure stratégie consiste à lui donner une seconde carte pour qu'il puisse payer les dettes accumulées précédemment ? Non.

Pourtant, c'est bel et bien la stratégie qui est mise en place lorsqu'une personne doit apprendre à utiliser son cerveau et ses ressources internes. On lui fournit un antidépresseur, soit une molécule qui vise à rembourser la dette en sérotonine qu'elle a contractée en raison d'un manque de connaissances du fonctionnement de son cerveau. Parmi la longue liste des conséquences désastreuses de ce système, il y a le fait qu'il renforce l'idée que les émotions négatives sont, en réalité, une mauvaise chose. C'est donc ainsi que, par le biais de ce système, nous avons faussement associé les émotions négatives à la détresse et à la souffrance. Cela dit, je ne prétends pas que la pharmacothérapie ou les antidépresseurs soient une mauvaise chose, au contraire. Ils sont des instruments importants dans un processus de guérison. Personne n'est contre une béquille ou un plâtre pour protéger une partie blessée. Mais nous savons qu'il ne s'agit que d'une partie du traitement. La seconde concerne une réadaptation, des exercices, un réapprentissage. Bref, un fonctionnement différent.

Comment pouvons-nous espérer être capables de survivre dans cette société extrêmement exigeante à tout point de vue, tant sur le plan personnel que professionnel, sans avoir les connaissances et la conscience nécessaires pour utiliser notre cerveau et nos émotions de façon adéquate ?

Que se passe-t-il lorsque le phare des émotions positives est absent ou trop faible ?

L'absence d'émotions positives ou d'objectifs a également des répercussions potentiellement négatives. Si « trouver du sens » n'est pas en lien avec une direction et un mouvement créés par des intentions, des gestes et des comportements concrets, ce ne sera qu'un travail interprétatif sans fin. C'est la raison pour laquelle une personne qui consulte un intervenant qui l'amène uniquement à « comprendre » ou à interpréter ses émotions négatives, sans une perspective globale de mouvement, n'obtiendra pas de succès ni de résultats durables. Cela mènera à une thérapie qui s'échelonnera sur plusieurs années, sans réels impacts concrets.

Le développement des émotions positives et des objectifs générateurs constitue un défi. En effet, déterminer des objectifs porteurs pour soi nécessite une connaissance de soi développée. Les objectifs capables de créer du mouvement doivent comporter un sens personnel et nécessitent un travail indépendant. Inversement, les objectifs ne suscitant qu'un intérêt superficiel ou basés uniquement sur une perception sociale positive offriront peu de mouvement.

Investir dans la définition, la pertinence et la qualité des objectifs que nous souhaitons atteindre est primordial pour équilibrer le système émotionnel et faire en sorte que chaque émotion puisse contribuer au mouvement, et non à la stagnation.

Les émotions et la communication

Les lois émotionnelles sont les mêmes pour tous. Nous devons communiquer avec nous-mêmes. Nous écouter nous-mêmes. Lorsque nous nous écoutons, notre objectif est d'extraire le sens de ce que nous vivons pour ajuster notre comportement, et ainsi faire progresser notre vie.

Dans un dialogue qui implique une collaboration, un travail d'équipe, la progression vers un but commun, les deux interlocuteurs doivent être des partenaires afin de mieux saisir le sens de ce qu'ils vivent, sentent et expriment. Il y a donc un entonnoir émotionnel pour chaque personne impliquée dans une communication. Pour créer une mobilisation, une relation stable et positive, il faut développer la compréhension non seulement de son propre entonnoir, mais également de celui de l'autre.

Le fait de créer une compréhension commune de la réalité de l'autre assure non seulement une meilleure orientation personnelle, mais aussi une co-orientation vers l'objectif commun.

ENTONNOIRS DES DEUX PERSONNES DANS UN DIALOGUE

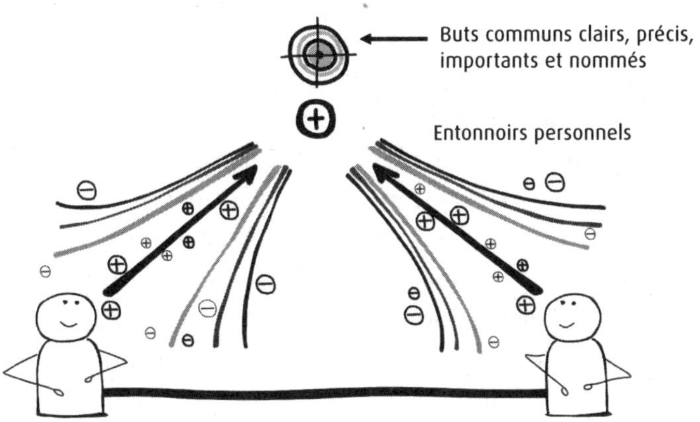

Poser des questions

La nécessité de poser des questions pertinentes et importantes, qui amèneront l'interaction à un autre niveau, est une théorie sur la communication qui a reçu beaucoup d'attention. Les questions sont vues comme un élément positif en matière de savoir-faire relationnel et de communication. Elles peuvent réellement avoir un impact constructif à plusieurs points de vue, ou au contraire diminuer immédiatement la force de la relation, réduire l'énergie du dialogue et freiner son développement.

Il s'agit donc de déterminer si la question sert notre propre curiosité ou nos propres émotions. Ou alors la question sert-elle réellement à progresser vers le but commun de la communication et la compréhension de ce que l'autre veut exprimer? Par exemple, une question peut être utilisée dans le but d'influencer implicitement l'interlocuteur, de réorienter la conversation dans une direction qui nous convient mieux ou d'aller à la pêche en posant une question ouverte dans le but de faire parler l'autre. Une telle question aurait des impacts négatifs.

Les questions ouvertes ne sont pas sans risques! En effet, elles mettent une pression de vulnérabilité sur la personne qui doit y répondre. Si le sens et l'objectif de la conversation ne sont pas établis et valorisés par celle qui s'exprime, cela revient à la forcer à sortir son or du coffre et à le laisser traîner par terre, sans destination, sans plan, sans stratégie pour protéger sa valeur. Dans un tel cas, cette personne voudra se montrer collaborative, parlera un peu, mais ne dévoilera que le minimum d'informations, toujours avec le sourire, évidemment. Son cerveau travaillera activement à réduire l'accès à l'or.

Une question doit servir l'intérêt et le sens communs, le but de la conversation. La curiosité qui nous pousse à poser une question est le symptôme d'une perturbation émotionnelle. Elle vise alors à obtenir les informations nécessaires pour réduire l'intensité de l'émotion vécue. En d'autres mots, une question vise à stabiliser *nos* émotions; elle sert *nos* intérêts et notre curiosité. Celui qui la pose n'est donc pas en mode écoute et il était fort probablement en attention divisée depuis plusieurs secondes.

Toutefois, cela ne veut pas dire que nous sommes mal intentionnés. Loin de là. Nous avons rarement de mauvaises intentions. Il faut tout de même mettre en perspective les impacts d'une question, indépendamment de nos intentions.

Les questions agissent comme un bouton *reset* qui remet les compteurs de vulnérabilité à zéro. Plus leur nombre est élevé, plus elles mettent une pression sur l'interlocuteur. La récurrence de ce phénomène peut progressivement diminuer la relation entre deux personnes.

NOTES

1. Chi, S. A., Kim, S. H., & Kim, H. (2016). Problem behaviours of kindergartners : The affects of children's cognitive ability, creativity, and self-esteem. *South African Journal of Education*, 36(1).
2. Lochman, J. E., & Lampron, L. B. (1986). Situational social problem-solving skills and self-esteem of aggressive and nonaggressive boys. *Journal of Abnormal Child Psychology*, 14(4), 605-617.
3. Bouffard-Bouchard, T. (1990). Influence of self-efficacy on performance in a cognitive task. *The Journal of Social Psychology*, 130(3), 353-363.
4. Dunbar, R. I. (2003). The social brain : mind, language, and society in evolutionary perspective. *Annual Review of Anthropology*, 32(1), 163-181.
5. Parker, S. T., & Gibson, K. R. (1979). A developmental model for the evolution of language and intelligence in early hominids. *Behavioral and Brain Sciences*, 2(3), 367-381.
6. Kerr, N. L., & Levine, J. M. (2008). The detection of social exclusion : Evolution and beyond. *Group Dynamics : Theory, Research, and Practice*, 12(1), 39.
7. Hendrick, S. S., Dicke, A., & Hendrick, C. (1998). The relationship assessment scale. *Journal of Social and Personal Relationships*, 15(1), 137-142.
8. Røysamb, E., Vittersø, J., & Tambs, K. (2014). *The relationship satisfaction scale-psychometric properties.*
9. Harandi, T. F., Taghinasab, M. M., & Nayeri, T. D. (2017). The correlation of social support with mental health : A meta-analysis. *Electronic Physician*, 9(9), 5212.
10. Wang, J., Mann, F., Lloyd-Evans, B., Ma, R., & Johnson, S. (2018). Associations between loneliness and perceived social support and outcomes of mental health problems : a systematic review. *BMC Psychiatry*, 18(1), 156.
11. Hoehn-Saric, R., & McLeod, D. R. (1988). The peripheral sympathetic nervous system : Its role in normal and pathologic anxiety. *Psychiatric Clinics of North America*, 11(2), 375-386.
12. Xu, T., Hanson, L. L. M., Lange, T., Starkopf, L., Westerlund, H., Madsen, I. E., ... & Hansen, Å. M. (2018). Workplace bullying and violence as risk factors for type 2 diabetes : a multicohort study and meta-analysis. *Diabetologia*, 61(1), 75-83.
13. Harris, K. J., Harvey, P., & Kacmar, K. M. (2009). Do social stressors impact everyone equally ? An examination of the moderating impact of core self-evaluations. *Journal of Business and Psychology*, 24(2), 153-164.
14. Gara, M. A., Woolfolk, R. L., Cohen, B. D., Goldston, R. B., Allen, L. A., & Novalany, J. (1993). Perception of self and other in major depression. *Journal of Abnormal Psychology*, 102(1), 93.
15. Whitton, S. W., Larson, J. J., & Hauser, S. T. (2008). Depressive symptoms and bias in perceived social competence among young adults. *Journal of Clinical Psychology*, 64(7), 791-805.
16. Ratnovsky, A., Elad, D., & Halpern, P. (2008). Mechanics of respiratory muscles. *Respiratory Physiology & Neurobiology*, 163(1-3), 82-89.
17. Ratnovsky, A., Elad, D., & Halpern, P. (2008). Mechanics of respiratory muscles. *Respiratory Physiology & Neurobiology*, 163(1-3), 82-89.

18. Masaoka, Y., & Homma, I. (1999). Expiratory time determined by individual anxiety levels in humans. *Journal of Applied Physiology*, 86(4), 1329-1336.
19. Masaoka, Y., & Homma, I. (2001). The effect of anticipatory anxiety on breathing and metabolism in humans. *Respiration Physiology*, 128(2), 171-177.
20. Han, J. N., Schepers, R., Stegen, K., Van den Bergh, O., & Van de Woestijne, K. P. (2000). Psychosomatic symptoms and breathing pattern. *Journal of Psychosomatic Research*, 49(5), 319-333.
21. Zaccaro, A., Piarulli, A., Laurino, M., Garbella, E., Menicucci, D., Neri, B., & Gemignani, A. (2018). How breath-control can change your life : a systematic review on psycho-physiological correlates of slow breathing. *Frontiers in Human Neuroscience*, 12, 353.
22. Russo, M. A., Santarelli, D. M., & O'Rourke, D. (2017). The physiological effects of slow breathing in the healthy human. *Breathe*, 13(4), 298-309.
23. Jerath, R., Crawford, M. W., Barnes, V. A., & Harden, K. (2015). Self-regulation of breathing as a primary treatment for anxiety. *Applied Psychophysiology and Biofeedback*, 40(2), 107-115.
24. Codrons, E., Bernardi, N. F., Vandoni, M., & Bernardi, L. (2014). Spontaneous group synchronization of movements and respiratory rhythms. *PLoS One*, 9(9), e107538.
25. Chiao, J. Y. (2010). Neural basis of social status hierarchy across species. *Current Opinion in Neurobiology*, 20(6), 803-809.
26. Kiser, D., SteemerS, B., Branchi, I., & Homberg, J. R. (2012). The reciprocal interaction between serotonin and social behaviour. *Neuroscience & Biobehavioral Reviews*, 36(2), 786-798.
27. Stoeber, J., Feast, A. R., & Hayward, J. A. (2009). Self-oriented and socially prescribed perfectionism : Differential relationships with intrinsic and extrinsic motivation and test anxiety. *Personality and Individual Differences*, 47(5), 423-428.
28. Wilson, G. D., & Roland, D. (2002). Performance anxiety. *The science and psychology of music performance : Creative strategies for teaching and learning*, 47-61.
29. Mor, S., Day, H. I., Flett, G. L., & Hewitt, P. L. (1995). Perfectionism, control, and components of performance anxiety in professional artists. *Cognitive Therapy and Research*, 19(2), 207-225.
30. Bieling, P. J., Israeli, A. L., & Antony, M. M. (2004). Is perfectionism good, bad, or both ? Examining models of the perfectionism construct. *Personality and Individual Differences*, 36(6), 1373-1385.
31. Flett, G. L., Nepon, T., & Hewitt, P. L. (2016). Perfectionism, worry, and rumination in health and mental health : A review and a conceptual framework for a cognitive theory of perfectionism. In *Perfectionism, health, and well-being* (p. 121-155). Springer, Cham.
32. Limburg, K., Watson, H. J., Hagger, M. S., & Egan, S. J. (2017). The relationship between perfectionism and psychopathology : A meta-analysis. *Journal of Clinical Psychology*, 73(10), 1301-1326.
33. Ekman, P. (1992). Are there basic emotions ?, *Psychological Review*, 99(3), 550–553.
34. Ekman, P., & Cordaro, D. (2011). What is meant by calling emotions basic. *Emotion Review*, 3(4), 364-370.
35. Dubois, J., & Adolphs, R. (2015). Neuropsychology : how many emotions are there ?. *Current Biology*, 25(15), R669-R672.

36. Rauch, S. A., Eftekhari, A., & Ruzek, J. I. (2012). Review of exposure therapy: a gold standard for PTSD treatment. *Journal of Rehabilitation Research and Development*, 49(5), 679-688.
37. Hayes, J. P., VanElzakker, M. B., & Shin, L. M. (2012). Emotion and cognition interactions in PTSD: a review of neurocognitive and neuroimaging studies. *Frontiers in Integrative Neuroscience*, 6, 89.
38. Beshai, S., Dobson, K. S., Bockting, C. L., & Quigley, L. (2011). Relapse and recurrence prevention in depression: current research and future prospects. *Clinical Psychology Review*, 31(8), 1349-1360.
39. Blank, L., Peters, J., Pickvance, S., Wilford, J., & MacDonald, E. (2008). A systematic review of the factors which predict return to work for people suffering episodes of poor mental health. *Journal of Occupational Rehabilitation*, 18(1), 27-34.
40. Karlson, B., Jönsson, P., & Österberg, K. (2014). Long-term stability of return to work after a workplace-oriented intervention for patients on sick leave for burnout. *BMC Public Health*, 14(1), 821.

PARTIE III

LES JEUX INTERACTIFS

V

L'ATTENTION, LES YEUX ET LA COMMUNICATION

Le miroir de l'âme

La cognition est une spécialisation de la neuropsychologie qui étudie les processus mentaux, comme ceux impliqués dans la détection de stimuli visuels. Les avancées technologiques et la recherche en cognition montrent que notre cerveau détecte et analyse tout ce que nous voyons, et ce, en quelques millisecondes. Nos stratégies de communication doivent obligatoirement être cohérentes avec la vitesse de cette puissante machine !

Le visage comporte plus de 40 muscles qui sont en constant mouvement au cours d'une communication. Ces mouvements nous transmettent de façon immédiate les informations relatives à la personne qui nous parle et nous écoute. Les informations véhiculées par le visage sont celles qui influencent le plus la communication interpersonnelle. Toutes les informations visuelles fournies par une personne sont instantanément détectées et analysées par son interlocuteur avant que sa conscience s'en soit rendu compte[1]. La détection non consciente est dite « subliminale ». Elle est extrêmement rapide. La détection consciente, quant à elle, est dite « supraliminaire ». Cette dernière est beaucoup plus lente et entraîne une analyse de l'information plus poussée impliquant plusieurs zones du cerveau qui traitent l'information plus finement[2].

Il est connu dans le domaine de la cognition que la barre de la détection consciente s'établit à environ 100 millisecondes[3, 4]. Cela signifie que si nous présentons une image à une personne pendant 100 millisecondes ou moins, elle pourrait ne pas se rendre compte qu'elle a détecté un stimulus. Mais son cerveau, lui, n'a rien manqué. Il l'a détecté et analysé en dehors des processus conscients. Un stimulus présenté pendant 30 millisecondes n'entrera donc pas dans le champ de la conscience d'une personne, mais son cerveau sera immédiatement influencé. Et ce n'est pas tout : il distribuera même l'information aux zones cérébrales qui activeront certaines émotions et orienteront les prochaines actions de la personne. La détection non consciente influence directement les décisions conscientes, les perceptions conscientes et les actions conscientes[5].

Si on fait apparaître à l'écran d'un ordinateur la photo d'un visage qui exprime la peur pendant 10 millisecondes, la personne devant l'appareil n'en aura même pas conscience. Si nous lui demandons ce qu'elle a vu, elle répondra probablement rien du tout, sauf peut-être un bref *flash*. Toutefois, son cerveau a capté l'information et cette détection hyper rapide est suffisante pour influencer sa disposition émotionnelle. Elle sera alors plus performante pour détecter dans son environnement d'autres stimuli associés à la peur. Ce phénomène s'appelle l'« amorçage non conscient », c'est-à-dire la capacité qu'a notre cerveau à réagir plus rapidement à un deuxième stimulus comportant une signification, une émotion ou même un sens similaire à celui de l'amorce présentée.

Dans une autre condition expérimentale, si nous exposons une personne à une image pendant plus de 100 millisecondes, l'information sera transmise aux aires corticales chargées de la signification et de l'interprétation. Ce n'est qu'à ce moment qu'elle sera consciente de l'information reçue. Toutefois, l'impact de cette image sera immédiat et précédera son interprétation.

Dans la vie réelle, combien d'images/seconde s'enchaînent au cours d'une conversation ? Des milliers ? Des millions ? C'est une succession ininterrompue. Le cerveau les capte toutes, que nous en soyons conscients ou non. Cette rapidité de détection des cibles visuelles fait en sorte que les mouvements faciaux de notre interlocuteur, si subtils soient-ils, influencent notre cerveau en temps réel. Des zones spécialisées du lobe temporal sont affectées à l'analyse des expressions faciales[6, 7, 8, 9].

En résumé, le cerveau détecte les expressions faciales avant que la pensée consciente y arrive. Ce traitement rapide de l'information amène le cerveau à prendre des décisions automatiques. Une communication est forcément une conséquence de l'interaction des images perçues par les interlocuteurs.

Les yeux sont les instruments de communication les plus précis et les plus rapides qui existent. La raison en est fort simple : ils reflètent les processus mentaux qui sont, eux aussi, précis et rapides. Bien que la posture et la position corporelle aient aussi une importance considérable, le visage et particulièrement les yeux transmettent l'information la plus fiable, reflétant le réel fonctionnement interne d'une personne[10, 11].

Lorsque nous sommes face à une personne, il nous est immédiatement possible de savoir où elle pose son attention, si elle regarde ailleurs ou si elle fixe un détail sur notre visage, même si ce point d'attention est à un centimètre de nos yeux. Si elle ne nous regarde pas directement dans les yeux, plus précisément dans la pupille, pendant qu'on lui parle, la relation sera immédiatement affectée. Il y a donc une ligne mince, mais très claire, entre le sentiment d'être en relation et connecté avec une personne et le fait de se sentir observé. Dans ce dernier cas, nous sommes déconnectés et réduits à un objet ou à un instrument. Le sentiment d'être observé, ou le fait d'observer une personne, est antirelationnel.

Les yeux révèlent parfaitement ce qui se passe sur les plans cognitif et émotionnel chez une personne[12]. Lorsqu'on croise quelqu'un, notre premier réflexe est donc de diriger notre attention sur ses yeux[13]. Avec des méthodes de monitorage oculaire (*eye tracking*), il est possible de suivre précisément la façon dont on oriente ses yeux lorsqu'on regarde une personne, une vidéo montrant une personne ou même la photo d'un visage. Ce type d'expérimentation nous apprend que l'attention consciente et le regard se fixent surtout sur les yeux et la bouche, mais que les yeux sont la première cible, plus que toute autre partie du corps ou du visage. Dans l'ordre, notre attention est dirigée naturellement vers un œil puis vers l'autre, elle s'attarde sur les deux yeux, se porte ensuite sur la bouche et enfin sur d'autres parties du visage[14].

« Les yeux sont le miroir de l'âme », dit-on, et avec raison. Ainsi, le mouvement des yeux d'une personne sera influencé par ce qui est activé dans son système cérébral. Les émotions et les microexpressions faciales, mais également les processus cognitifs, par exemple l'attention, sont reflétés par les micromouvements oculaires[15].

Nos yeux bougent de façon subtile et constante, et ce, en dehors de notre volonté. Comme notre cerveau fonctionne de façon continue, nos yeux font de même. La signification de chacun des micromouvements oculaires, comme les microvibrations, n'est pas encore très claire pour les chercheurs. Il reste que ceux-ci influencent notre interlocuteur en temps réel.

C'est ce qu'on appelle une « sensation émotionnelle-physique », le résultat d'une synergie de processus mentaux à la suite de la détection rapide d'un stimulus. Un tel processus est souvent perçu comme une « intuition ». Lorsqu'on croise le regard d'une personne, notre première impression peut perdurer suffisamment longtemps pour qu'elle s'insère dans notre flot de conscience. Elle oriente alors notre comportement d'approche ou encore inhibe notre approche. Il est possible que vous éprouviez une aversion irrationnelle envers une personne avec qui vous n'avez échangé qu'un regard rapide, ou à l'inverse que ce même regard vous donne une envie irrationnelle de vous en approcher. Cette première détection n'est pas forcément annonciatrice d'une expérience négative ou positive avec elle.

Même si le cerveau détecte rapidement des informations sans que nous nous en rendions compte, il ne manquera pas de nous avertir par le biais de sensations physiques. Il est essentiel de développer notre capacité à prendre conscience de nos sensations internes au cours d'une communication, car elles constituent des « comptes rendus émotionnels » en temps réel sur ce que notre cerveau synthétise dans l'instant présent. En effet, ces sensations vont et viennent comme des vagues irrégulières. La conscience de ces « rapports » et notre capacité à bien utiliser leurs informations jouent un rôle stratégique de premier plan dans nos communications et nos relations.

Alors qu'une grande quantité d'informations transmises par les yeux nous échappent consciemment et sont simplement traduites en sensations physiques, certains mouvements oculaires stéréotypés sont parfaitement détectables consciemment. Bien qu'ils soient rapides, il est possible de les déceler, car ils se produisent pendant 100 millisecondes ou plus.

Anti-saccade : l'évitement du regard

Si une personne est anxieuse dans une situation sociale et qu'elle tente de le cacher, son regard évitera celui de l'autre pour l'empêcher de percevoir son anxiété (on appelle « anti-saccade oculaire » ce mouvement des yeux court, rapide et involontaire qui tente de fuir une cible, par exemple le regard de l'interlocuteur). Il s'agit d'une stratégie qui vise à cacher les informations que ses yeux envoient. Toutefois, cette tentative est inutile car, dans les faits, l'anxiété a déjà été transmise et détectée il y a un moment, soit bien avant que l'anti-saccade ait eu lieu. Le fait de détourner le regard sans aucune raison, sans la présence de distracteurs dans l'environnement qui auraient été détectés par l'attention périphérique, confirme que l'anxiété est bien la cause de ce mouvement. L'origine de l'anxiété est souvent la même dans ce type de situation : la personne craint d'être rejetée parce qu'elle se sent inadéquate, qu'elle a omis de partager des informations qui auraient influencé la relation et le cours de la communication, qu'elle a menti ou qu'elle est simplement préoccupée par la façon dont elle est perçue dans l'instant présent.

Alors que le regard d'une personne évite les yeux de l'autre, son cerveau sait que le fait de détourner le regard est un signe d'anxiété qui pourrait affecter négativement la relation. On ne peut donc pas détourner le regard très longtemps. S'ensuit alors un deuxième mouvement : la saccade.

Saccade simple : tentative de cacher la première

L'anti-saccade oculaire et la saccade sont deux tentatives d'évitement par le cerveau. Dans la première, on détourne le regard afin de tenter de masquer l'anxiété qui pourrait s'y lire. La seconde survient quand le cerveau essaie de revenir au regard de l'interlocuteur afin de ne pas laisser paraître la tentative de cacher l'anxiété.

Lorsque les anti-saccades et les saccades sont fréquentes dans une communication, on parle d'un « regard fuyant ». Il traduit l'anxiété générale, l'insécurité et affecte significativement la relation entre les interlocuteurs en minant la confiance et en envoyant un message à l'antipode du leadership[16, 17].

Les yeux sont donc en mouvement au rythme de notre activité cognitive et émotionnelle, et ce, indépendamment de notre volonté. Notre langage verbal ne peut rien y changer.

La cohérence intermodale et les expressions faciales

La cohérence intermodale est la capacité à envoyer des messages cohérents par différentes modalités de communication, comme les yeux, la bouche et les mots. Des informations contradictoires entre ces différentes modalités généreront une incohérence intermodale et affecteront négativement la relation.

La variabilité des émotions augmente la complexité des interactions sociales et doit être prise en compte dans les stratégies de communication, notamment dans les habiletés d'écoute. Des études récentes ont montré l'importance des microexpressions, c'est-à-dire des émotions qui sont exprimées de façon subtile et dont les changements se font rapidement[18, 19, 20]. Une personne peut ressentir de la peur, de la joie et du découragement au même moment. Dans le cerveau, il n'y a pas de bonnes ou de mauvaises émotions, et très rarement d'émotions dites « pures ».

Les signaux oculaires, très fiables, constituent la base de la construction du dialogue et de la relation. Ces informations sont détectées en quelques millisecondes. Notre cerveau vérifiera ensuite l'écart entre ces signaux automatiques envoyés par les yeux et les autres signaux volontaires émis par des activations musculaires d'autres sources, particulièrement la bouche. Nous testons constamment la personne qui nous parle: est-ce que ses yeux nous disent la même chose que sa bouche[21, 22, 23] ?

Par le biais des mouvements de la bouche, par exemple les sourires, nous envoyons des signaux volontaires et conscients. Contrairement aux mouvements oculaires, il est possible de contrôler la bouche par le biais de muscles. Ses mouvements révèlent l'information que nous voulons que l'autre perçoive, pour créer une impression et une relation positives[24, 25].

En résumé, par prudence, notre cerveau fait une comparaison entre les signaux oculaires, considérés comme authentiques et non pervertis par l'intention consciente, et ceux émis par la bouche, liés à l'intention. Un écart entre ces deux canaux de communication affectera immédiatement la relation, et la confiance sera ainsi diminuée.

Si une personne vit de la colère et de l'anxiété mais qu'elle nous sourit, elle contredit les émotions véhiculées par ses yeux. Notre cerveau détectera cette contradiction et sera immédiatement plus méfiant, car il évaluera que les émotions négatives qu'elle tente de nous cacher avec son sourire peuvent nous concerner ou concerner un enjeu important. Cela aura pour effet d'augmenter notre anxiété, laquelle est nécessaire pour nous amener à protéger nos intérêts et à prévenir les risques. Tout cela en quelques millisecondes, bien sûr!

Un tel phénomène peut survenir plusieurs dizaines de fois en quelques minutes de conversation. Même si aucune mauvaise intention n'est à l'origine de ces comportements subtils, il reste que l'incohérence des signaux envoyés est un obstacle majeur à l'établissement d'une relation positive reposant sur la crédibilité et la confiance. Si la cohérence des signaux n'est pas rapidement rétablie, la communication atteindra rapidement son plafond d'efficacité. La nature des émotions, aussi négatives soient-elles, n'est pas le réel problème dans un échange; c'est plutôt la contradiction entre les signaux envoyés, qui donnera à l'interlocuteur le sentiment d'être manipulé. Comme l'objectif d'une communication est l'atteinte d'un but commun, l'incohérence entre les signaux oculaires et ceux de la bouche montre que la personne est préoccupée prioritairement par sa propre survie, et non par l'atteinte d'un objectif gagnant-gagnant. Or, le cerveau, en survie émotionnelle, ne peut être disponible pour servir des intérêts autres que les siens, ce qui va à l'encontre de tout travail d'équipe et de toute forme de collaboration. Il est donc normal, et même sain, de réduire l'implication avec une personne qui semble motivée par un objectif commun mais qui montre tous les signes non verbaux d'une survie émotionnelle et, par conséquent, d'un intérêt individuel.

L'incohérence intermodale est donc un symptôme d'une communication antirelationnelle. Comme ces processus sont rapides, subtils et que nous n'en avons pas conscience, nous restons généralement avec la simple impression que ça n'a pas «cliqué» avec l'autre personne, qu'elle nous a même peut-être irrités pour des raisons inconnues, et que nous ne voulons pas aller de l'avant ni nous engager dans un projet avec elle. Pire, le fait de douter de nous-mêmes nous amène à nous dire que notre intuition est sûrement fausse et que nous n'avons aucune raison rationnelle de nous sentir mal à l'aise. C'est précisément dans ce contexte que nous nous engageons avec des gens qui nous feront vivre déception et colère. Comme il en sera question plus tard, il faut renouer avec les informations que notre cerveau détecte pour les intégrer dans notre stratégie de communication[26].

La cognition

La cognition concerne les opérations mentales exécutées par le cerveau, c'est-à-dire les fonctions cérébrales qui traitent l'information captée par nos sens, dont la vision. Les processus cognitifs, bien que soutenus par des neurones et des impulsions électriques, ne sont pas tangibles. En d'autres mots, ils ne désignent pas une partie physique du cerveau. La cognition est l'expression fonctionnelle des différentes zones du cerveau qui collaborent de façon dynamique. L'un des processus cognitifs les plus importants dans la communication humaine est l'attention. C'est pourquoi savoir comment manier l'attention des interlocuteurs (et même organiser leur attention simultanément) déterminera une grande partie de l'efficacité de leur communication et de leur capacité à créer des relations.

L'attention est une porte d'entrée de l'information qui est traitée par le cerveau. Une fois qu'elle s'est posée sur une cible précise, l'information relative à cette cible est encodée et analysée par différentes parties du cerveau. L'attention n'est pas un phénomène uniforme. Elle possède des volets conscients et non conscients, lesquels s'influencent continuellement et influencent aussi le traitement de l'information captée par le cerveau, ce qui aura un impact immédiat sur nos réactions émotionnelles et, par conséquent, sur nos comportements de communication[27, 28, 29].

Bien que les deux types d'attention soient en action de façon conjointe et complémentaire lors de communications, nous nous concentrerons sur les processus attentionnels conscients, ceux-ci étant probablement les processus cognitifs les plus importants. Ils peuvent changer tant nos comportements que ceux de notre interlocuteur ainsi que notre communication, et ce, chaque seconde. Ils sont directement reliés à notre contrôle volontaire et à nos intentions.

L'attention consciente

L'attention consciente est le type d'attention qu'il est possible d'orienter selon notre volonté ; elle est reliée à la fovéa, la zone de la rétine située dans le fond de l'œil, près du nerf optique, et qui compte le plus grand nombre de photorécepteurs et de terminaisons nerveuses. Elle est chargée de transporter le maximum d'informations vers le cerveau. Ainsi, notre œil est capable de capter plus d'informations dans cette région que grâce à toute autre partie de la rétine. Lorsque nous fixons notre regard sur un objet, l'image est très nette et nous pouvons bien observer chaque détail. La fovéa est responsable de cette précision. Par contre, ce qui est autour de cet objet est moins précis et il est plus difficile d'en percevoir les détails. Il s'agit du champ visuel périphérique, ou parafovéal.

L'attention consciente fonctionne comme un laser. Il s'agit d'un processus sériel, c'est-à-dire qui ne peut pointer qu'une seule cible à la fois, l'une après l'autre, en série[30, 31, 32].

Si notre attention consciente doit viser plus d'une cible, un deuxième processus cognitif s'enclenche : l'alternance[33]. Cela veut dire que l'attention doit pointer les cibles en allant rapidement de l'une à l'autre. Plus leur nombre est élevé, plus l'attention sera instable, ce qui aura pour effet de déstabiliser d'autres structures neuro-anatomiques comme le système limbique, dont relèvent les émotions. Donc, plus l'attention est fragile, plus les émotions seront instables[34, 35, 36].

La jonglerie illustre bien l'attention dirigée sur plusieurs cibles. Lancer une seule balle dans les airs, puis la rattraper par la suite, est beaucoup plus facile que de le faire avec trois ou quatre balles : l'attention nécessaire pour focaliser son attention sur chacune des balles en alternance est plus exigeante cognitivement. Dans une communication, tenter de poser notre attention sur ce que l'autre dit, sur l'objet de notre réflexion et sur des stimuli présents dans l'environnement, tout cela à la fois, diminue la précision et la qualité de notre attention.

L'intensité et la stabilité du focus attentionnel varient d'une personne à l'autre. En plus des facteurs biologiques, la qualité de l'attention dépend fortement de la façon dont une personne a été entraînée. L'attention est comme un muscle. Si elle n'est pas exercée, elle sera plus facile à détourner[37].

Une particularité intéressante de l'attention réside dans le fait qu'elle ne distingue pas les cibles externes, c'est-à-dire extérieures à soi (bruits, objets, mouvements), des cibles internes (sensations physiques, émotions, images mentales, idées). En d'autres mots, elle conserve le même fonctionnement pour ces deux types de stimuli. Pour l'attention, une cible est une cible, peu importe où elle se trouve, ou si elle est imaginée ou réelle. Si nous avons de la difficulté à accorder toute notre attention à un interlocuteur, il peut être tout aussi difficile de le faire pour une idée qui se trouve dans notre propre esprit[38, 39].

L'attention automatique

À l'attention consciente s'ajoute un second processus attentionnel, l'attention automatique, aussi appelée périphérique ou parafovéale. Contrairement à l'attention consciente qui permet de mettre l'accent sur une cible précise et d'en extraire de l'information, l'attention parafovéale cherche plutôt à attirer notre attention sur des éléments possiblement pertinents dans l'environnement. Elle détecte l'information de façon automatique en périphérie, soit autour de l'attention consciente. Elle agit comme une sorte d'alerte prévenant notre cerveau des cibles imprévues qui se présentent à nous et qui pourraient être pertinentes. Ce type d'attention nous permet de capter des informations très rapidement, particulièrement si les cibles sont en mouvement. Elle est cependant beaucoup moins précise quant à leurs détails[40, 41, 42, 43].

Les éléments captés par l'attention automatique peuvent avoir priorité sur ceux détectés consciemment. Si une cible est repérée par ce système, il est possible qu'elle parvienne à influencer l'attention consciente et devienne la priorité à ce moment. Dans ce cas, notre attention consciente, ou notre « focus », se réorientera vers cette nouvelle cible secondaire. Par exemple, je concentre mon attention sur les yeux et les propos de mon interlocuteur ; cela sollicite mon attention consciente. Tandis qu'il me parle, la télévision au fond de la pièce, en périphérie, attire mon attention. Mon cerveau peut alors forcer mon attention consciente à passer de mon interlocuteur à la télévision, en espérant qu'il ne remarquera pas cette saccade oculaire… (Bien sûr que oui !) Comme mon cerveau déduit rapidement que cette seconde cible n'est pas prioritaire, je redirige mon attention consciente vers mon interlocuteur. Tout cela s'est déroulé en un quart de seconde. L'attention périphérique teste notre attention consciente[44].

Un système nous aide à maintenir notre attention consciente sur la cible la plus importante et à résister aux interférences dans l'environnement : l'« inhibition attentionnelle ». C'est notre capacité à nous empêcher d'être distraits par une cible périphérique non prioritaire. Nous pouvons considérer l'inhibition attentionnelle comme une sorte de gardien des priorités, celui qui distingue ce qui est important de ce qui ne l'est pas[45].

Nous expérimentons tous cette influence combinée de l'attention consciente et de l'attention périphérique ainsi que notre résistance aux interférences, non seulement dans les communications interpersonnelles, mais aussi dans les tâches qui n'impliquent pas nécessairement d'autres personnes. Par exemple, en ce moment même, pendant que j'écris ces lignes devant mon ordinateur, mon attention consciente porte sur ma rédaction. Mais, parfois, des notifications qui n'ont rien à voir avec ma tâche principale surgissent dans le coin de mon écran. Plusieurs facteurs influenceront le fait que j'orienterai ou non mon attention sur celles-ci. Si, par exemple, je me sens en panne d'inspiration et que la rédaction me rend un peu anxieux, je serai plus susceptible de retirer mon attention consciente de mon activité d'écriture anxiogène pour me détendre en la posant sur l'alerte Google qui vient d'apparaître. En effet, l'anxiété nous rend beaucoup plus sensibles aux distracteurs, car notre résistance à l'interférence est affaiblie. L'attention consciente est donc fortement influencée par l'anxiété. Il est aussi possible que j'attende un courriel important. Alors que je suis en train de rédiger mon texte, si une alerte me prévenant de l'arrivée d'un courriel apparaît en périphérie de mon attention consciente, mon attention parafovéale prendra immédiatement le contrôle pour se poser sur cette alerte, de manière que je puisse l'analyser plus précisément. L'attention consciente dirigée sur l'alerte permet de vérifier s'il s'agit effectivement du courriel important que j'attendais.

Si l'attention périphérique est une sorte de système de vérification permettant de poser brièvement notre attention consciente sur des cibles potentiellement plus prioritaires que la tâche en cours, elle permet de capter les dangers dans l'environnement. C'est pourquoi elle est experte dans la détection de mouvements qui peuvent annoncer une menace imminente. Cela rappelle nos fonctions attentionnelles de base, quand nous vivions dans la savane, entourés de prédateurs.

L'inhibition aux interférences est cruciale en communication interpersonnelle. C'est grâce à elle que nous montrons à notre interlocuteur qu'il est la priorité; elle permet de lui envoyer le message que « rien d'autre n'est plus important que toi ». Si notre attention périphérique ne cesse de détrôner notre attention consciente dirigée vers notre interlocuteur, nous lui signifions chaque fois que d'autres cibles sont prioritaires.

Ainsi, l'attention consciente, l'attention périphérique et notre résistance à l'interférence travaillent de façon conjointe à chaque instant de notre communication. La synergie de ces trois composantes est clairement visible dans une communication, car elles sont en lien avec les mouvements oculaires.

Lorsqu'une personne oriente et maintient son attention soutenue sur son interlocuteur, ce dernier comprend qu'il est la priorité attentionnelle. Il se sent immédiatement valorisé, et la force de la relation aura alors tendance à augmenter.

Lorsque l'attention périphérique d'une personne supplante constamment son attention consciente, cela montre à son interlocuteur que lui-même, ou ce qu'il exprime, n'est pas suffisamment intéressant pour maintenir l'attention consciente; que des cibles aléatoires dans l'environnement sont plus intéressantes ou importantes que lui; que ce qu'il exprime suscite des émotions négatives chez cette personne, ce qu'elle cherche à éviter en posant son attention sur des distracteurs. La conséquence est une diminution immédiate de la qualité de la relation, une baisse de la confiance mutuelle ainsi qu'une augmentation de l'anxiété mutuelle.

L'anxiété générale ou situationnelle déstabilise beaucoup l'attention consciente. Les individus plus anxieux, ayant des buts moins clairs, une attention consciente instable et une résistance aux interférences plus faible ont beaucoup plus de difficulté à maintenir des dialogues efficaces, à faire ressortir leur leadership, à faire naître une relation de confiance et à susciter les confidences sur des sujets de conversation importants. L'instabilité de l'attention consciente est inversement proportionnelle aux effets positifs dans une communication humaine.

Le but ultime de l'attention

Les humains, lorsqu'ils communiquent, ont une faible tolérance à une attention qui a peine à se maintenir sur une même cible. L'écoute ne consiste pas à entendre ou à répéter des mots, mais à diriger son attention sur le sens des informations transmises.

Très tôt dans l'enfance, nous apprenons à conserver l'orientation de notre attention en observant les mouvements des yeux de nos parents. Ce phénomène s'appelle l'« attention conjointe » et consiste à poser son attention sur la même cible qu'une autre personne[46].

Si une mère montre du doigt un chien dans la rue, l'enfant de moins de 18 mois regardera le doigt, et non le chien. À ce stade du développement cérébral et de la conscience, le cerveau de l'enfant ne sait pas encore comment connecter son attention à celle d'un autre humain. Plus tard, il dirigera son regard sur le chien et sur les yeux de sa mère, en alternance, pour s'assurer qu'elle regarde la même chose que lui. Un jour, il n'aura même plus besoin du doigt pour synchroniser son attention avec la sienne. Il n'aura qu'à observer les yeux de sa mère une seconde pour orienter son attention sur la même cible qu'elle. L'attention conjointe témoigne de la synchronisation de plusieurs processus attentionnels, de conscience et d'empathie.

Pendant une conversation, il est facile de nous rendre compte que notre interlocuteur regarde ailleurs, même si l'objet de son attention est juste derrière nous. Nous pouvons même déduire sur quoi ou sur qui il a brièvement posé son attention, par exemple une jolie femme ou le serveur qui arrive avec les plats… ou pas ! Qui n'a jamais pris son interlocuteur en flagrant délit de regarder le bouton sur son nez ?

Il est facile de voir que deux interlocuteurs posent leur attention sur une même cible lorsque celle-ci est externe, par exemple un tableau, une voiture ou un panneau. Mais qu'en est-il des cibles internes ou virtuelles, comme les sujets de conversation, les idées ou les opinions ? Elles ne sont pas faciles à percevoir, n'ayant ni forme ni couleur précises. Ce sont des cibles intangibles en mouvement. Il faut donc avoir une attention conjointe sur le *sens* de la conversation.

Le regard et l'attention sont deux choses différentes. En général, notre attention se trouve là où nous posons le regard. Il s'agit de l'attention consciente explicite (*overt attentional orienting*)[47].

Mais l'attention et le regard peuvent pointer vers des cibles différentes. Faites l'expérience de fixer deux objets séparés par une distance d'un mètre. Si vous en fixez un en vous concentrant, c'est de l'« attention explicite ». Si vous gardez les yeux sur cet objet tout en portant votre attention sur l'autre, sans déplacer les yeux, vous sentirez que votre regard est constamment attiré là où votre attention se trouve.

Que se passe-t-il maintenant si votre regard est posé sur un objet devant vous mais que votre attention est ailleurs, tournée vers vos pensées ? Observez un objet tangible pendant cinq secondes. Ensuite, sans le quitter des yeux, imaginez un coucher de soleil sur un lac et concentrez-vous sur ce paysage. Après quelques secondes, vous vous rendrez compte que la perception que vous avez de l'objet n'est pas aussi précise et claire que lorsque vos yeux et votre attention étaient unifiés. Lorsque le regard et l'attention portent sur des éléments différents, on parle d'« attention implicite ».

Cette expérience confirme ce que la neuropsychologie est capable de démontrer de façon expérimentale : le regard et l'attention sont deux phénomènes distincts et indépendants. L'attention est le moteur de la captation précise de l'information visuelle. Sans l'attention, les yeux perdent leurs repères et cherchent un « focus ».

Si vous regardez un autobus au coin de la rue et que, parallèlement, votre attention implicite est dirigée vers le souvenir de votre dernière dispute avec votre amoureux, votre cerveau priorisera le traitement de ces images et mobilisera certaines parties du cerveau en lien avec ce contenu. Tout cela n'a aucun rapport avec l'autobus qui se trouve pourtant dans votre champ de vision direct.

L'attention consciente est un mouvement mental cognitif vers l'avant, vers la cible. C'est une force qui « met une pression » sur une cible donnée pour en retirer des informations, qu'elle se trouve à l'extérieur ou à l'intérieur de soi.

L'orientation de l'attention est presque instantanée, tandis que l'orientation du regard est lente. L'information prioritaire provient donc de l'attention, et non du regard. Cette distinction joue un grand rôle dans l'efficacité de la communication humaine. Selon le type d'attention, explicite ou implicite, l'information priorisée par le sujet ne sera pas la même et influencera différemment les processus mentaux et émotionnels.

C'est l'attention qui influence le travail que le cerveau doit faire, et ce travail se fait conjointement avec les yeux. Il est donc primordial de comprendre que l'attention influence directement le regard, lequel influence notre interlocuteur en temps réel.

Les clignements d'yeux

Les clignements d'yeux sont de petits comportements fascinants et qui font beaucoup plus qu'humidifier la cornée. Ils sont directement reliés aux processus mentaux. Les clignements d'yeux spontanés ne sont pas conscients. Ils sont rapides, automatiques et varient en fonction de l'activité cérébrale. Ils jouent un rôle particulièrement important en communication. Selon les fonctions mentales utilisées par une personne à un moment précis, les clignements d'yeux spontanés varieront. La littérature montre qu'ils sont principalement influencés par la dopamine, neurotransmetteur associé à l'apprentissage et aux renforcements. Lorsque le cerveau s'affaire à créer des liens ou à consolider des apprentissages, la dopamine est une composante déterminante. De manière générale, une augmentation des clignements d'yeux est provoquée par un accroissement de la dopamine[48].

Il est possible de découvrir comment la personne en face de soi utilise son attention et sur quelle cible elle la dirige en observant ses clignements d'yeux. Lorsqu'elle est au repos et qu'elle n'est pas stimulée par de l'information externe, elle cligne des yeux de 15 à 17 fois par minute[49]. Lorsque le cerveau s'affaire à gérer l'information captée par l'attention, il doit la classer et en favoriser le traitement de manière efficace. Plus la quantité d'informations captées est grande, plus le cerveau exécute des tâches mentales exigeantes, plus le nombre de clignements d'yeux sera élevé[50, 51]. Si une personne est stimulée par les propos de son interlocuteur ou qu'elle-même doit parler, le nombre de ses clignements d'yeux par minute augmente. En revanche, le fait de réfléchir, de rêvasser ou d'être perdu dans ses pensées entraîne une diminution importante de ce nombre, ce qui se présente souvent comme une fixité du regard.

Des études indiquent que l'augmentation du nombre de clignements d'yeux est non seulement fonction du traitement de l'information externe, mais également de l'activation émotionnelle que ces informations suscitent[52, 53, 54].

J'ai observé dans ma pratique que les clignements d'yeux semblent influencés par l'écoute efficace, laquelle est le résultat d'une attention explicite, c'est-à-dire caractérisée par le regard et l'attention consciente dirigés vers les yeux de l'interlocuteur. Inversement, la cessation momentanée ou la diminution significative du nombre de clignements d'yeux est en lien avec un regard généralement orienté vers l'interlocuteur, mais révélant une attention consciente dirigée vers ses propres pensées, c'est-à-dire une attention implicite qui diminuera les clignements d'yeux de manière significative.

L'impression de ne pas être écoutés ou entendus par notre interlocuteur est l'une des sources les plus importantes de sentiments négatifs dans les conversations importantes, et les clignements d'yeux attestent du fonctionnement attentionnel et émotionnel lors de la phase d'écoute. Une écoute de piètre qualité entraînera une diminution du nombre de clignements ou une cessation complète, lesquelles seront détectées inconsciemment par l'interlocuteur[55, 56]. Il arrive très régulièrement que nous ayons le sentiment que la personne en face de nous n'est pas entièrement avec nous, qu'elle ne nous écoute qu'à moitié. Cette impression n'est pas une invention.

Nos processus mentaux fonctionnent de pair avec nos expressions faciales et nos yeux. Il est inutile de vouloir contrôler consciemment chacun de nos muscles faciaux, chacun de nos clignements d'yeux, chaque sourire, chaque regard. Au contraire, contrôler volontairement un geste ou une partie du corps est comparable au fait de crier une fausse note dans une chanson harmonieuse. C'est la raison principale pour laquelle les « trucs de communication » ne fonctionnent pas. Il est inutile de vouloir contrôler directement le corps, de ne compter que sur les mots ou de tenter d'isoler une composante de la communication.

Les clignements d'yeux spontanés moins fréquents sont associés aux émotions négatives et aux comportements impulsifs. Dans une communication, une personne qui cesse de cligner des yeux est donc plus susceptible de vous interrompre ou de changer de sujet. Une diminution significative des clignements d'yeux est le signe de moins d'encodage (moins d'écoute) et d'une difficulté à se retenir de parler[57, 58, 59].

Les clignements d'yeux, influencés par la dopamine, sont directement impliqués dans les fonctions exécutives responsables de l'adaptation, qui est nécessaire dans une écoute. La dopamine est importante dans l'écoute parce qu'elle permet de mieux distinguer l'information pertinente de celle qui l'est moins, et de comprendre ce qui a de l'importance et ce qui en a moins. La dopamine sert aussi à déterminer les moments où il est temps de parler et ceux où il faut écouter[60]. En somme, elle est cruciale pour permettre l'adaptation, donc l'ajustement au dialogue à chaque instant, à chaque tour de parole.

Ces dernières années, la fonction sérotonine (5-HT) a été considérée comme un élément essentiel de l'initiation comportementale et du contrôle des impulsions[61, 62, 63, 64]. La sérotonine et la dopamine ont des rôles conjoints dans la capacité de contrôler les impulsions (par exemple parler au mauvais moment, briser l'écoute) et de s'adapter au cours d'une communication ; les deux neurotransmetteurs permettent d'inhiber les actions non pertinentes et de supprimer les informations qui ne le sont pas non plus.

NOTES

1. Matsumoto, D., Frank, M. G., & Hwang, H. S. (Eds.). (2012). *Nonverbal communication : Science and Applications*. Sage Publications.
2. Dehaene, S., Changeux, J. P., Naccache, L., Sackur, J., & Sergent, C. (2006). Conscious, preconscious, and subliminal processing : a testable taxonomy. *Trends in Cognitive Sciences*, 10(5), 204-211.
3. Dehaene, S., Changeux, J. P., Naccache, L., Sackur, J., & Sergent, C. (2006). Conscious, preconscious, and subliminal processing : a testable taxonomy. *Trends in Cognitive Sciences*, 10(5), 204-211.
4. Lamme, V. A. (2003). Why visual attention and awareness are different. *Trends in Cognitive Sciences*, 7(1), 12-18.
5. Dehaene, S., Changeux, J. P., Naccache, L., Sackur, J., & Sergent, C. (2006). Conscious, preconscious, and subliminal processing : a testable taxonomy. *Trends in Cognitive Sciences*, 10(5), 204-211.
6. Haxby, J. V., Hoffman, E. A., & Gobbini, M. I. (2000). The distributed human neural system for face perception. *Trends in Cognitive Sciences*, 4(6), 223-233.
7. Hoffman, E. A., & Haxby, J. V. (2000). Distinct representations of eye gaze and identity in the distributed human neural system for face perception. *Nature Neuroscience*, 3(1), 80-84.
8. Bernstein, M., & Yovel, G. (2015). Two neural pathways of face processing : A critical evaluation of current models. *Neuroscience & Biobehavioral Reviews*, 55, 536-546.
9. Yovel, G., & Bernstein, M. (2015). *Face Perception : Extracting Social Information from Faces : The Role of Static and Dynamic Face Information*, 73-78.
10. Schilbach, L. (2015). Eye to eye, face to face and brain to brain : Novel approaches to study the behavioral dynamics and neural mechanisms of social interactions. *Current Opinion in Behavioral Sciences*, 3, 130-135.
11. Frischen, A., Bayliss, A. P., & Tipper, S. P. (2007). Gaze cueing of attention : visual attention, social cognition, and individual differences. *Psychological Bulletin*, 133(4), 694.
12. Adams Jr, R. B., & Kleck, R. E. (2003). Perceived gaze direction and the processing of facial displays of emotion. *Psychological Science*, 14(6), 644-647.
13. Langton, S. R., Watt, R. J., & Bruce, V. (2000). Do the eyes have it ? Cues to the direction of social attention. *Trends in Cognitive Sciences*, 4(2), 50-59.
14. Eisenbarth, H., & Alpers, G. W. (2011). Happy mouth and sad eyes : scanning emotional facial expressions. *Emotion*, 11(4), 860.
15. Richardson, D. C., Dale, R., & Spivey, M. J. (2007). Eye movements in language and cognition : A brief introduction, 323-344.
16. Weeks, J. W., Howell, A. N., & Goldin, P. R. (2013). Gaze avoidance in social anxiety disorder. *Depression and Anxiety*, 30(8), 749-756.
17. Moukheiber, A., Rautureau, G., Perez-Diaz, F., Soussignan, R., Dubal, S., Jouvent, R., & Pelissolo, A. (2010). Gaze avoidance in social phobia : objective measure and correlates. *Behaviour Research and Therapy*, 48(2), 147-151.
18. Ekman, P. (2003). Darwin, deception, and facial expression. *Annals of the New York Academy of Sciences*, 1000(1), 205-221.
19. Matsumoto, D., & Hwang, H. S. (2011). Evidence for training the ability to read microexpressions of emotion. *Motivation and Emotion*, 35(2), 181-191.

20. Yan, W. J., Wu, Q., Liang, J., Chen, Y. H., & Fu, X. (2013). How fast are the leaked facial expressions : The duration of micro-expressions. *Journal of Nonverbal Behavior*, 37(4), 217-230.
21. Krumhuber, E., Manstead, A. S., Cosker, D., Marshall, D., Rosin, P. L., & Kappas, A. (2007). Facial dynamics as indicators of trustworthiness and cooperative behavior. *Emotion*, 7(4), 730.
22. Engell, A. D., Haxby, J. V., & Todorov, A. (2007). Implicit trustworthiness decisions : automatic coding of face properties in the human amygdala. *Journal of Cognitive Neuroscience*, 19(9), 1508-1519.
23. Campellone, T. R., & Kring, A. M. (2013). Who do you trust ? The impact of facial emotion and behaviour on decision making. *Cognition & Emotion*, 27(4), 603-620.
24. Eisenbarth, H., & Alpers, G. W. (2011). Happy mouth and sad eyes : scanning emotional facial expressions. *Emotion*, 11(4), 860.
25. Yuki, M., Maddux, W. W., & Masuda, T. (2007). Are the windows to the soul the same in the East and West ? Cultural differences in using the eyes and mouth as cues to recognize emotions in Japan and the United States. *Journal of Experimental Social Psychology*, 43(2), 303-311.
26. Campellone, T. R., & Kring, A. M. (2013). Who do you trust ? The impact of facial emotion and behaviour on decision making. *Cognition & Emotion*, 27(4), 603-620.
27. Posner, M. I., Nissen, M. J., & Ogden, W. C. (1978). Attended and unattended processing modes : The role of set for spatial location. *Modes of perceiving and processing information*, 137(158), 2.
28. Posner, M. I., & Petersen, S. E. (1990). The attention system of the human brain. *Annual Review of Neuroscience*, 13(1), 25-42.
29. Turatto, M., Benso, F., Facoetti, A., Galfano, G., Mascetti, G. G., & Umiltà, C. (2000). Automatic and voluntary focusing of attention. *Perception & Psychophysics*, 62(5), 935-952.
30. Woodman, G. F., & Luck, S. J. (2003). Serial deployment of attention during visual search. *Journal of Experimental Psychology : Human Perception and Performance*, 29(1), 121.
31. Hurlbert, A., & Poggio, T. (1985). Spotlight on attention. *Trends in Neurosciences, 8*(7), 309-311.
32. Buschman, T. J., & Miller, E. K. (2010). Shifting the spotlight of attention : evidence for discrete computations in cognition. *Frontiers in Human Neuroscience*, 4, 194.
33. Visser, T. A., Bischof, W. F., & Di Lollo, V. (1999). Attentional switching in spatial and nonspatial domains : Evidence from the attentional blink. *Psychological Bulletin*, 125(4), 458.
34. Cavanagh, P., & Alvarez, G. A. (2005). Tracking multiple targets with multifocal attention. *Trends in Cognitive Sciences*, 9(7), 349-354.
35. Tombu, M., & Seiffert, A. E. (2008). Attentional costs in multiple-object tracking. *Cognition*, 108(1), 1-25.
36. Scholl, B. J. (2009). What have we learned about attention from multiple object tracking (and vice versa). *Computation, Cognition, and Pylyshyn*, 49-78.
37. Kaiser, D. A., & Othmer, S. (2000). Effect of neurofeedback on variables of attention in a large multi-center trial. *Journal of Neurotherapy*, 4(1), 5-15.
38. Chun, M. M., Golomb, J. D., & Turk-Browne, N. B. (2011). A taxonomy of external and internal attention. *Annual Review of Psychology*, 62, 73-101.

39. Kiyonaga, A., & Egner, T. (2013). Working memory as internal attention : Toward an integrative account of internal and external selection processes. *Psychonomic Bulletin & Review*, 20(2), 228-242.
40. Mulckhuyse, M., & Theeuwes, J. (2010). Unconscious attentional orienting to exogenous cues : A review of the literature. *Acta Psychologica*, 134(3), 299-309.
41. Buschman, T. J., & Miller, E. K. (2010). Shifting the spotlight of attention : evidence for discrete computations in cognition. *Frontiers in Human Neuroscience*, 4, 194.
42. Duncan, J., & Humphreys, G. W. (1989). Visual search and stimulus similarity. *Psychological Review*, 96(3), 433.
43. Itti, L., & Koch, C. (2000). A saliency-based search mechanism for overt and covert shifts of visual attention. *Vision Research*, 40(10-12), 1489-150.
44. Tamietto, M., & De Gelder, B. (2010). Neural bases of the non-conscious perception of emotional signals. *Nature Reviews Neuroscience*, 11(10), 697-709.
45. Sreenivasan, K. K., & Jha, A. P. (2007). Selective attention supports working memory maintenance by modulating perceptual processing of distractors. *Journal of Cognitive Neuroscience*, 19(1), 32-41.
46. Tomasello, M. (1995). Joint attention as social cognition. *Joint attention : Its origins and role in development*, 103130.
47. Frischen, A., Bayliss, A. P., & Tipper, S. P. (2007). Gaze cueing of attention : visual attention, social cognition, and individual differences. *Psychological Bulletin*, 133(4), 694.
48. Karson, C. N. (1983). Spontaneous eye-blink rates and dopaminergic systems. *Brain*, 106(3), 643-653.
49. Bentivoglio, A. R., Bressman, S. B., Cassetta, E., Carretta, D., Tonali, P., & Albanese, A. (1997). Analysis of blink rate patterns in normal subjects. *Movement Disorders*, 12(6), 1028-1034.
50. Brefczynski-Lewis, J. A., Berrebi, M., McNeely, M., Prostko, A., & Puce, A. (2011). In the blink of an eye : neural responses elicited to viewing the eye blinks of another individual. *Frontiers in Human Neuroscience*, 5, 68.
51. Nakano, T., & Kitazawa, S. (2010). Eyeblink entrainment at breakpoints of speech. *Experimental Brain Research*, 205(4), 577-581.
52. Karson, C. N., Berman, K. F., Donnelly, E. F., Mendelson, W. B., Kleinman, J. E., & Wyatt, R. J. (1981). Speaking, thinking, and blinking. *Psychiatry Research*, 5(3), 243-246.
53. Stern, J. A., Walrath, L. C., & Goldstein, R. (1984). The endogenous eyeblink. *Psychophysiology*, 21(1), 22-33.
54. Monster, A. W., Chan, H. C., & O'Connor, D. (1978). Long-term trends in human eye blink rate. *Biotelemetry and Patient Monitoring*, 5(4), 206.
55. Meeks, B. S., Hendrick, S. S., & Hendrick, C. (1998). Communication, love and relationship satisfaction. *Journal of Social and Personal Relationships*, 15(6), 755-773.
56. Litzinger, S., & Gordon, K. C. (2005). Exploring relationships among communication, sexual satisfaction, and marital satisfaction. *Journal of Sex & Marital Therapy*, 31(5), 409-424.
57. Korponay, C., Dentico, D., Kral, T., Ly, M., Kruis, A., Goldman, R., ... & Davidson, R. J. (2017). Neurobiological correlates of impulsivity in healthy adults : Lower prefrontal gray matter volume and spontaneous eye-blink rate but greater resting-state functional connectivity in basal ganglia-thalamo-cortical circuitry. *NeuroImage*, 157, 288-296.

58. Colzato, L. S., van den Wildenberg, W. P., van Wouwe, N. C., Pannebakker, M. M., & Hommel, B. (2009). Dopamine and inhibitory action control : evidence from spontaneous eye blink rates. *Experimental Brain Research*, 196(3), 467-474.
59. Caplan, R., Guthrie, D., Komo, S., & Shields, W. D. (1998). Blink rate in pediatric complex partial seizure disorder. *Journal of Child Psychology and Psychiatry*, 39(8), 1145-1152.
60. Mink, J. W. (1996). The basal ganglia : focused selection and inhibition of competing motor programs. *Progress in Neurobiology*, 50(4), 381-425.
61. Eagle, D. M., Lehmann, O., Theobald, D. E., Pena, Y., Zakaria, R., Ghosh, R., ... & Robbins, T. W. (2009). Serotonin depletion impairs waiting but not stop-signal reaction time in rats : implications for theories of the role of 5-HT in behavioral inhibition. *Neuropsychopharmacology*, 34(5), 1311-1321.
62. Evenden, J. (1999). Impulsivity : a discussion of clinical and experimental findings. *Journal of Psychopharmacology*, 13(2), 180-192.
63. Linnoila, M., Virkkunen, M., Scheinin, M., Nuutila, A., Rimon, R., & Goodwin, F. K. (1983). Low cerebrospinal fluid 5-hydroxyindoleacetic acid concentration differentiates impulsive from nonimpulsive violent behavior. *Life Sciences*, 33(26), 2609-2614.
64. Dalley, J. W., Fryer, T. D., Brichard, L., Robinson, E. S., Theobald, D. E., Lääne, K., ... & Abakumova, I. (2007). Nucleus accumbens D2/3 receptors predict trait impulsivity and cocaine reinforcement. *Science*, 315(5816), 1267-1270.

VI

L'INTUITION ET LA PERSONNALITÉ

Les stratégies attentionnelles

Bonne nouvelle : les cerveaux humains sont faits pour travailler ensemble. « Travailler » veut dire générer de l'énergie, l'orienter dans la même direction. Cela commence par l'utilisation consciente de notre attention pendant le dialogue. L'organisation et la gestion des fonctions attentionnelles conscientes des personnes impliquées dans la communication est l'architecture attentionnelle. Il s'agit de déterminer comment se servir de son attention consciente de façon précise, mais également comment notre interlocuteur l'utilise pour synchroniser son attention conjointe.

L'attention conjointe, ou unifiée, c'est l'attention des personnes impliquées dans le dialogue. C'est probablement l'une des plus grandes priorités dans toute communication. Du début à la fin de l'interaction, il s'agit de s'assurer que l'attention consciente des interlocuteurs est dirigée vers une même cible, et ce, peu importe le nombre de personnes impliquées.

La personne la plus consciente des mécanismes de communication est celle qui désire atteindre des objectifs importants dans la communication et optimiser la relation. Elle doit s'assurer que l'attention est bien régulée tout au long de l'interaction, et cette attention doit avoir préséance sur tout contenu verbal.

La communication humaine peut être comparée à une partie de tennis. La balle est la cible sur laquelle les deux joueurs posent leur attention ; elle est donc la cible attentionnelle consciente qui unit deux cerveaux dans un même processus dynamique. Peu importe le talent d'un joueur, peu importe ses habiletés, la façon dont il s'est entraîné ou sa forme physique et mentale, le tennis ne se joue jamais seul. Les règles du jeu servent donc précisément à promouvoir l'interaction entre les joueurs tout en leur laissant la liberté de s'exprimer à leur façon, coup après coup. De façon similaire, l'attention n'est pas conçue pour fonctionner en vase clos ou de façon indépendante, en ne tenant pas compte du partenaire de dialogue.

Pour mieux comprendre le fonctionnement interactif de l'attention, observons comment fonctionne l'attention des joueurs de tennis lors d'un match. Pensons à Roger Federer et à Rafael Nadal, deux athlètes exceptionnels qui possèdent une forme physique, une technique, un équipement et un entraînement exceptionnels. En tant qu'individus, ils ont les qualités nécessaires pour réussir dans leur sport. Ils aiment leur sport. Jouer au tennis est ce qu'ils veulent faire. Même s'ils vont tout faire pour gagner, leur priorité est avant tout de jouer au tennis.

Imaginons ces deux joueurs qui s'avancent sur le terrain. C'est le moment qu'ils attendaient et que tous les spectateurs attendaient également. Chacun de leur côté du court, ils sont prêts. Mais juste au moment où la partie commence, ils lâchent leurs raquettes et s'emparent de ceci :

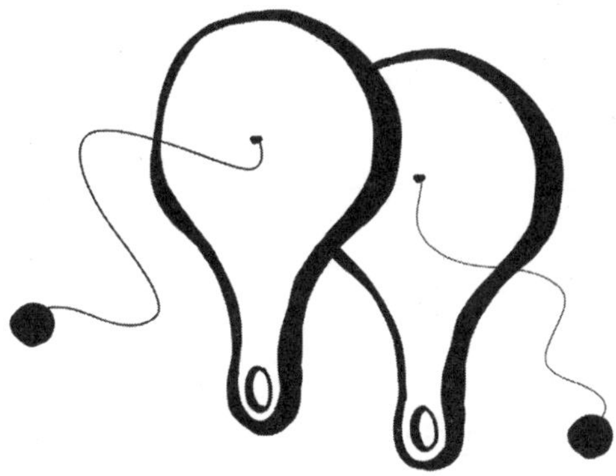

Des palettes de bolo. Nous en offrons aux enfants en bas âge dans le but de stimuler leur développement moteur de base. Ce jouet s'apparente à l'équipement nécessaire pour jouer au tennis. Seulement voilà, la balle de caoutchouc est attachée à la palette.

Nadal et Federer, chacun de leur côté du terrain, commencent à frapper furieusement la balle avec une seule idée en tête : faire un point. Au bolo, la balle ne quitte jamais le joueur. Plus il la frappe avec vigueur, plus elle lui revient rapidement et avec une force équivalente. Il n'y a donc aucun repos. Pour éviter que la balle ne tombe au bout de son élastique, les coups doivent s'enchaîner comme une rafale de mitrailleuse. L'énergie déployée pour maintenir la balle en mouvement est générée par un seul bras, le reste du corps n'étant pas impliqué dans cette activité. Malgré leur entraînement, leur préparation et leur forme physique, les deux hommes n'ont plus d'énergie dans le bras après moins de deux minutes.

Leur énergie étant vite brûlée, ils sortent tous les deux du court, abasourdis et en sueur. Sans avoir marqué de points. Ils étaient pleins de bonne volonté, pourtant. Mais où était le tennis déjà ? Jouer au tennis n'était-il pas ce qu'ils voulaient faire ? Ils s'en retournent chez eux, penauds. Lorsqu'ils rentrent à la maison, on leur demande :

— Et puis, le match ? As-tu bien joué ?

— Oui. Mais je ne sais pas trop… C'était difficile, mais j'ai fait ce que j'ai pu.

— As-tu marqué des points ?

— Je ne sais pas trop…

Au bolo, chacun possède sa propre balle. Pas moyen de s'en débarrasser. Si deux personnes y jouent, il y a deux balles en mouvement, trois personnes, trois balles, et ainsi de suite. Il n'y a aucune interaction entre les balles, qui s'agitent dans toutes les directions. Elles reviennent au même endroit à chaque coup, et chaque coup est à recommencer.

Beaucoup d'énergie dépensée, aucune interaction, aucun renforcement. Seulement la peur de manquer sa propre balle qui accélère.

Au tennis, il n'y a normalement qu'une seule balle. Si l'on en ajoute une deuxième sur le terrain, rien ne va plus : les règles du jeu s'effondrent. Les joueurs ne savent plus sur laquelle il faut focaliser leur attention, laquelle est la bonne. L'ajout d'une deuxième cible a le pouvoir d'arrêter une partie qui allait pourtant bien, provoquant une confusion chez les deux adversaires.

Notre cerveau est fait pour jouer au tennis avec une seule balle.

Lorsque deux personnes posent leur attention sur la même cible, au même moment, l'attention conjointe, ou unifiée, se produit. Elle est le premier maillon fondamental pour le développement de l'empathie, de la structure d'une communication et, surtout, pour la capacité de fonctionner en équipe.

Dans un dialogue, l'attention des deux interlocuteurs doit se synchroniser de manière à avoir la même cible : l'information exprimée par l'un ou l'autre des interlocuteurs. Cela implique donc qu'il n'y ait qu'une seule cible attentionnelle à la fois pendant la communication.

Ainsi, lorsqu'une personne s'exprime, son attention consciente doit être dirigée sur ses propres pensées et accéder à ce qu'elle désire exprimer. Elle est alors elle-même la cible de sa propre attention consciente. Son attention trouve en elle-même les informations pertinentes qui devront être verbalisées. Nous pouvons dire que c'est elle qui détient le *focus* attentionnel du dialogue. C'est elle qui possède la balle de tennis à cet instant.

La personne qui est en phase d'écoute, quant à elle, doit diriger son attention consciente sur celle qui parle, celle qui est la cible du dialogue à cet instant. Ce faisant, elle ne doit pas prioriser d'autres cibles attentionnelles conscientes, ni dans l'environnement ni dans sa tête.

ATTENTION CONJOINTE EN PHASES D'EXPRESSION ET D'ÉCOUTE

Dans cette illustration, les flèches représentent l'attention consciente unifiée. La personne qui écoute pose son attention sur celle qui s'exprime, et cette dernière oriente son attention sur ses propres pensées et réflexions.

ATTENTION DIVISÉE DE LA PERSONNE QUI ÉCOUTE

L'illustration ci-dessus représente deux personnes en attention divisée : peu importe qui s'exprime et qui écoute, leur attention n'est pas unifiée sur une même cible. Il s'agit de la disposition cognitive dite « bolo ». Indépendamment de qui écoute ou qui s'exprime, leur attention oscille entre leurs propres pensées et leur interlocuteur.

Les cibles internes, comme les sujets de conversation, les idées, les concepts ou les émotions, sont beaucoup plus difficiles à définir et à synchroniser pour les deux personnes dans l'instant présent que les objets physiques externes.

Théoriquement, ce mécanisme d'unification attentionnelle ne semble pas complexe ni relever de stratégies de communication extraordinairement sophistiquées. Toutefois, on a observé que, sur environ 1000 mises en situation de communication enregistrées sur vidéo, les interlocuteurs ne maintiennent l'attention unifiée qu'entre 0 et 2 secondes, en moyenne ! Comme quoi il s'agit d'un réel défi.

SI et SA : la base de nos intuitions

L'humain doit communiquer et s'adapter aux multiples stimuli qui se présentent à chaque instant. Notre cerveau comporte différents systèmes qui nous permettent de tirer notre épingle du jeu. Ces derniers sont spécifiquement chargés de détecter ces stimuli et de générer les comportements qui nous permettront de survivre, de prendre de bonnes décisions, de faire le bon choix, d'adopter le bon comportement et, ultimement, d'augmenter notre énergie et notre croissance. Certains systèmes sont automatiques, non conscients et extrêmement rapides, tandis que d'autres sont volontaires et conscients.

Les éléments présents dans notre environnement et les événements que nous vivons chaque minute se divisent en deux catégories : positifs et négatifs[1, 2, 3]. Les renforcements de type récompense sont considérés comme des éléments positifs ; les punitions et les menaces potentielles sont, quant à elles, considérées comme des éléments négatifs.

Il existe deux systèmes biocomportementaux non conscients qui gèrent les éléments tant positifs que négatifs. Le premier est spécialisé dans la détection et la gestion des éléments négatifs, le **système d'inhibition (SI)**. Le second, lui, est spécialisé dans les éléments positifs, soit le **système d'approche (SA)**.

Ces deux systèmes forment la base de ce que nous ressentons, ou notre intuition. Ils sont toujours prêts à être activés selon ce qui se présente devant nous. Ils nous guident subtilement, à chaque instant, que nous nous en rendions compte ou non. Ils sont très rapides, ce qui est normal car nous sommes exposés à d'innombrables informations ; notre cerveau doit être en mesure de suivre la cadence et de nous guider rapidement dans nos prochaines actions afin de nous protéger, et idéalement de favoriser notre mouvement et notre croissance.

Dans une communication, chaque microexpression, chaque micromouvement, chaque intonation et chaque mot de notre interlocuteur seront détectés et classés par nos systèmes de détection non conscients. Chacune de ces composantes de la communication déclenchera donc l'un de ces deux systèmes, parfois même les deux[4, 5, 6]. Il n'est donc pas surprenant que les émotions affichées dans les expressions faciales soient perçues même lorsque nous n'en sommes pas conscients[7].

Au cours de toute communication humaine, il est capital de déterminer lequel de ces systèmes est activé chez nous et chez notre interlocuteur. L'efficacité de notre communication y est intrinsèquement liée.

Le système connu sous le nom de *fight-flight-freeze system* (FFFS) est activé lorsqu'un stimulus dangereux ou négatif est détecté. Il déclenche alors différentes stratégies de neutralisation de la menace. Ce système est associé à la peur, l'émotion chargée d'entraîner une décision d'urgence face à un danger immédiat visuellement détectable. Il vise soit à éviter la menace par la fuite (*flight*), soit à feindre la mort, à réduire la perte d'énergie ou la surexposition par l'immobilité (*freeze*), soit à neutraliser la menace par l'affrontement si l'immobilité et la fuite sont impossibles (*fight*). Le système FFFS en est un d'urgence et de survie. Il ne permet donc pas une croissance, mais bien l'évitement du danger, de la douleur et de la mort.

Dans une communication, lorsque l'un ou l'autre des interlocuteurs détecte une menace dans le comportement ou les propos de son vis-à-vis, le FFFS peut être déclenché. Il est alors possible qu'on évite le sujet ou l'enjeu qui a suscité la peur. *Flight*: on change de sujet, on interrompt la personne qui parle, on arrête de l'écouter, on réfléchit à sa prochaine phrase, on argumente ou on contre-attaque, bref, on utilise les stratégies d'évitement. *Fight*: on se défend, on argumente, on blâme l'autre, on hausse le ton, etc. *Freeze*: on a tellement peur qu'on peut complètement « geler », c'est-à-dire être incapable de réagir, de prononcer un seul mot et même de réfléchir.

Lors des dialogues, on réagit plus rarement en activant le FFFS. On le fait plutôt en activant un système moins connu mais primordial : le SI.

Le SI, frein non conscient

Le SI, un système d'inhibition, est un évaluateur de risque qui anticipe le futur et qui est associé à l'anxiété. Il se spécialise dans l'évaluation des conflits et l'évitement[8]. Il détecte les événements pouvant entraîner une conséquence négative dans le futur et tente de prédire l'arrêt d'une récompense. En effet, l'arrêt d'un renforcement positif est aussi considéré comme quelque chose de négatif puisqu'il s'agit d'une rétrogradation d'énergie, laquelle est très négative pour l'humain. Le SI réagit également à la détection de la grande nouveauté, à des éléments de surprise et à des stimuli de haute intensité émotionnelle. En résumé, l'activation du SI vise à éviter des événements désagréables comme le rejet de notre interlocuteur, la souffrance, une perte d'énergie ou de ressources, la perte d'une occasion favorable, la crainte d'échouer, les mauvais choix ou les conséquences désagréables d'une décision, etc. La sérotonine est le neurotransmetteur le plus directement responsable de l'efficacité et du bon dosage du SI chez une personne.

Le SI est aussi déclenché quand différents buts sont en compétition les uns avec les autres ou qu'ils se présentent en même temps. Son rôle est alors à la fois de réduire les conséquences négatives et d'obtenir une récompense maximale[9, 10]. Ce type de conflit est illustré par l'expérience classique suivante. Un animal reçoit de la nourriture, mais la prendre lui fait subir un choc électrique. Après quelques essais, le SI de l'animal intervient : il doit décider s'il est plus profitable de manger ou d'éviter un choc.

Chez l'humain, le SI produit un évitement et une évaluation du risque, et contribue aux processus qui génèrent l'anxiété. Un exemple commun d'un conflit pourrait être l'envie d'aller rencontrer une personne tout en ayant peur d'être rejeté, d'échouer devant elle ou de ne pas être à la hauteur. Il s'agit d'une menace de type *évitement-approche*, car le conflit met en opposition quelque chose qui intéresse l'individu (parler à une personne = renforcement = approche), mais également un risque (être rejeté ou paraître ridicule = punition = évitement). Il s'agit ici d'un conflit entre ce que l'individu souhaite et ce qu'il redoute. Nous sommes continuellement confrontés à ce genre de dilemme. Il peut aussi y avoir des conflits de type *approche-approche* : le fait d'être placé devant deux choix qui comportent des renforcements différents. L'hésitation entre les deux options positives active le SI, car il y a immédiatement la crainte de perdre, de faire un mauvais choix. Voici un exemple illustrant ce type de conflit : vous recevez deux offres d'emploi qui semblent aussi bonnes l'une que l'autre. Décider est angoissant. La composante aversive réside dans la possibilité de prendre la mauvaise décision et de subir une perte relative, laquelle est considérée comme une rétrogradation d'énergie et donc une punition[11]. Le conflit *évitement-évitement* est similaire puisque, dans ce cas, il s'agit de déterminer quel choix entraîne le moins de conséquences négatives.

Fait important, le SI est le système qui est le plus régulièrement déclenché au cours d'une communication, puisque l'évaluation des informations est nécessaire pour notre sécurité et notre énergie.

Lorsque notre cerveau active le SI, il interrompt tout comportement, toute initiative en cours et mobilise les ressources attentionnelles à l'intérieur de nous, pour optimiser l'évaluation des conflits et des dangers et tenter de déterminer la bonne action à poser[12, 13]. En d'autres mots, le cerveau est extrêmement actif, mais les actions, les comportements, le corps et le visage sont, eux, désactivés, immobiles. En effet, toutes les ressources sont affectées à la réflexion et à l'évaluation.

Étant donné sa fonction, le SI n'augmente pas l'énergie et le mouvement d'une personne, car il vise à préserver sa sécurité et à éviter une perte d'énergie, une douleur et à réduire les risques.

À chaque seconde d'une communication, nous pouvons déclencher le SI de notre interlocuteur, entraînant des conséquences immédiates. Il est capital de le détecter rapidement pour adapter la prochaine seconde de la communication.

Certaines personnes peuvent montrer une tendance plus marquée à activer facilement leur SI, étant plus susceptibles de ressentir des émotions négatives, par exemple la frustration, l'anxiété, la peur et la tristesse. Elles sont généralement plus anxieuses et plus sensibles aux conflits que celles qui ont moins tendance à recourir au SI. Lorsque la tendance SI est exagérée, elle entraîne plusieurs troubles psychologiques comme la dépression et différents troubles anxieux.

L'activité du SI est associée à la libération de cortisol[14, 15], une des principales hormones du stress[16, 17]. La sécrétion excessive de cortisol est, à son tour, associée à un certain nombre d'effets négatifs, notamment l'épuisement lié au stress[18], l'altération de la fonction immunitaire[19], la détérioration des neurones[20] et la diminution de la fonction cognitive[21].

L'un des principaux effets cognitifs de l'activité du SI est la tendance à l'inquiétude et à la rumination, impliquant une attention portée sur les informations négatives et les menaces potentielles[22, 23]. L'affectation de ressources attentionnelles à ces possibles menaces aura un effet perturbateur sur l'efficacité de la mémoire de travail[24]. La tendance SI augmente donc l'anxiété générale et rend la mémoire moins efficace. De plus, elle réduit la capacité du cerveau à discriminer les informations prioritaires et celles qui le sont moins, entraînant rapidement une surcharge d'informations qui réduit l'efficacité de la réflexion et de la communication[25]. Ces perturbations de la mémoire sont particulièrement dérangeantes dans un dialogue où de multiples signaux et informations surviennent en même temps.

Chaque fois que des conflits comportementaux sont détectés, le SI tend à ralentir ou à arrêter la poursuite des buts. Dans les situations sociales, cela se manifeste souvent par une inhibition sociale, puisque l'individu s'inquiète de subir un retour négatif et est donc réticent à exprimer ses pensées et ses sentiments[26].

La catégorisation identitaire concerne les noms, les catégories et les groupes auxquels nous sommes associés ou auxquels nous voulons ou nous nous sentons appartenir. Plus que jamais, les catégories identitaires ont tendance à se multiplier. Par exemple, le genre à deux catégories ne convient plus à un nombre croissant d'individus, ce qui a récemment fait naître de nouvelles catégories (non binaire, indécis, transgenre, etc.). Il en va de même pour l'orientation sexuelle, qui s'est progressivement complexifiée, allant de l'hétérosexualité à l'homosexualité – laquelle se divise à son tour en homosexualité masculine (gai) et féminine (lesbienne) –, à la bisexualité, etc. Les catégories se font de plus en plus nombreuses, mais aussi de plus en plus spécifiques. Elles sont cumulatives et superposables. Il est donc possible de s'identifier à plusieurs, voire à une infinité de catégories à la fois. Par exemple, une personne peut s'associer à l'identité « femme », « mère de famille »,

« lesbienne », « professionnelle », « musulmane », « hongroise », « artiste », etc.

Lorsqu'une personne sent un conflit concernant une de ses identités ou un tiraillement entre certaines de ses identités qui peuvent sembler irréconciliables, cela entraîne le déclenchement marqué du SI. Plus grand est le nombre d'identités auxquelles une personne s'associe, plus grands sont les risques qu'elle vive un conflit identitaire interne qui stimule le SI.

Les personnes en perpétuel conflit d'identité éprouveront en général plus de difficulté à s'exprimer couramment dans des contextes où plusieurs identités sont simultanément actives. Le comportement inhibé qui résulte de l'activité du SI a également tendance à se traduire par des positions de statut relativement bas au sein des groupes, car les personnes plus assertives ont tendance à assumer des rôles de direction et à être perçues comme des leaders plus efficaces[27, 28]. On prévoit également que les conflits identitaires auront un impact perturbateur sur l'autorégulation. Il a en effet été démontré que le fait pour une personne de faire face à des menaces pesant sur son identité sociale diminue la maîtrise de ses comportements dans divers domaines, notamment la suralimentation et les comportements sociaux agressifs[29]. Les personnes qui vivent souvent des conflits d'identité sociale peuvent donc être plus susceptibles de se sentir épuisées et de prendre des décisions impulsives à la suite de ces conflits.

Le SI associé à un taux de sérotonine plus faible entraîne une plus grande sensitivité aux punitions et augmente les biais attentionnels et émotionnels pour les stimuli négatifs. Ce cercle vicieux contribue à maintenir des pensées et une vision des choses plus négatives, contribuant ainsi aux schémas de victimisation.

Différents mammifères sont touchés de la même façon. Par exemple, chez les souris dont le taux de sérotonine a été diminué, on voit augmenter les comportements d'anxiété et diminuer l'exploration de leur environnement. Cette substance est donc importante dans la stimulation de la curiosité et l'ouverture, fondamentales en communication interpersonnelle. Une personne dont la sérotonine est réduite aura beaucoup plus de difficulté à s'intéresser aux autres et aux idées différentes des siennes, et sera plus facilement sur la défensive de manière générale.

Les analyses ont indiqué que des niveaux plus élevés du SI prédisaient une diminution de la participation à des activités sociales et de couple, des niveaux plus faibles de soutien social perçu et des rôles de direction moins nombreux dans les organisations. Une tendance SI plus élevée laissait également présager une augmentation de l'utilisation solitaire des médias, un manque de confiance dans les situations sociales, une recherche excessive de réconfort et des niveaux plus élevés de dépendance émotionnelle envers les autres.

Il est fondamental de comprendre que l'activation du SI a des impacts immédiats dans la communication. Comme ses ressources attentionnelles sont affectées à l'évaluation des conflits et à des informations combinées à des émotions négatives, une personne en mode SI n'est pas capable d'encoder positivement de nouvelles informations et d'avancer pour atteindre un but. Comme son SI priorise déjà des informations en cours d'évaluation, elle est incapable de recevoir de nouvelles informations qui augmenteront d'autant plus le conflit et entraîneront une surcharge informative. Elle aura de la difficulté à mémoriser les nouvelles informations pendant l'évaluation, celles-ci étant automatiquement considérées comme intrusives et négatives.

Il est facile de savoir si une personne est en mode SI. Son attention se portera sur ses propres pensées, ce qui induira des comportements stéréotypés comme l'arrêt des clignements d'yeux ou une diminution importante de leur nombre. Par contre, une augmentation significative et claire des clignements d'yeux est aussi en lien avec le SI et indique une perturbation émotionnelle causée par l'interlocuteur. Les mouvements faciaux, par exemple les hochements de tête, cesseront. Sinon, ils seront faits à des moments inopportuns et l'amplitude des hochements n'aura aucun lien avec ce qui aura été communiqué par l'interlocuteur. Si une personne est en mode SI et que son interlocuteur continue de parler, son anxiété augmentera de plus en plus et différents comportements apparaîtront, les plus typiques étant des tics divers visant à réduire son anxiété, par exemple bouger sur sa chaise, se toucher les mains, le cou ou les cheveux, bouger sa jambe ou son pied de façon répétitive ou mécanique, jouer avec un crayon, regarder son téléphone portable, faire des mouvements buccaux comme se mordre les lèvres ou se curer les dents avec sa langue. La plupart du temps, plusieurs de ces indices comportementaux apparaissent au même moment. Nous devons nous exercer à les identifier rapidement chez notre interlocuteur et chez nous-mêmes !

Le SA, moteur non conscient

Le système d'approche comportemental (SA) est un système d'anticipation des récompenses qui organise les comportements d'approche vers le ou les stimuli positifs modulés par la dopamine. Il permet d'accéder à l'énergie permettant de nous mettre en mouvement vers ce qui nous intéresse, nous stimule positivement, nous renforce. Le SA est lié à l'approche de nos buts, à l'expression des émotions positives, et permet au sujet d'avoir un comportement favorable à l'égard de l'environnement. De plus, il augmente les états de désir, d'empressement et d'excitation en ce qui a trait à l'obtention d'un renforcement positif[30, 31]. En revanche, des niveaux plus élevés de SA prédisaient une participation accrue à des activités sociales et de couple ainsi que des niveaux accrus de perception positive des interactions sociales[32].

Ce système nous permet également de ressentir du soulagement, c'est-à-dire la diminution d'une souffrance, ce qui, pour le cerveau, est considéré comme une forme de renforcement positif. En effet, le soulagement peut être vu comme un réel objectif améliorant l'énergie d'une personne, sous la forme soit de la diminution d'une perte d'énergie soit, d'un gain à court terme[33].

Contrairement au SI, qui produit une inhibition comportementale et un repli sur soi, le SA active le cortex moteur du cerveau et entraîne une augmentation de l'excitation, permettant à l'individu de s'approcher de la source de la récompense. C'est souvent visible physiquement par des comportements d'approche allant vers l'avant, tant dans le déplacement que dans la posture, ou encore une attention intensifiée vers la cible ou l'objet d'intérêt. Lorsque ce système est activé, il rend une personne engagée, prête à aller de l'avant, à trouver quelque chose qui l'intéresse et qu'elle recherche. Le SA stimule également les structures neuro-anatomiques associées à la mémoire et permet l'apprentissage efficace.

Tout comme pour le SI, l'activation du SA est non consciente et il se déclenche très rapidement. Par conséquent, ce système est peu efficace en termes de qualité du renforcement. Il ne fait donc pas précisément la différence entre un but externe et ponctuel et un but intrinsèque. Par exemple, l'idée de boire un verre de vin peut déclencher aussi facilement le SA que la réalisation d'un projet important. Le vin est un psychotrope et un renforcement de type externe (motivation externe), tandis que le projet répond à une motivation plus internalisée, positive à long terme. En résumé, le SA est un système qui s'active rapidement, mais qui est relativement rudimentaire et qui ne permet pas une analyse approfondie des types de renforcement.

Les personnes qui déclenchent plus facilement le SA sont sujettes à être davantage impulsives et sont plus réactives à des stimuli positifs, de sorte qu'elles sont mieux disposées à s'approcher de situations susceptibles d'apporter une récompense. La personne à tendance SA a une réponse émotionnelle plus positive face à la récompense qu'une personne à tendance SI.

Le SA est un système lié à l'énergie. Par contre, toute forme d'énergie mal structurée ou présente de façon disproportionnée pourrait avoir des impacts négatifs. Lorsque le SA est stimulé à des niveaux anormalement hauts combinés à une faible capacité attentionnelle, cela peut mener à des comportements d'agression, des comportements de communication intrusifs, envahissants et considérés comme irrespectueux, qui affectent immédiatement la relation[34, 35, 36, 37, 38, 39, 40].

Une exagération de la tendance SA provoque un niveau d'impulsivité trop élevé, affectant le succès dans différents domaines, comme la réussite scolaire et l'atteinte de postes hiérarchiquement élevés, et augmente significativement l'abus de diverses substances[41, 42, 43].

En général, les résultats des études indiquent qu'un SA hyperactif ou un SI sous-actif sont associés à des problèmes d'extériorisation, tandis qu'un SI hyperactif est associé à des problèmes d'intériorisation.

Le SA « écoute »

Le SA s'intéresse aux stimuli verbaux et non verbaux transmis par l'interlocuteur. Lorsqu'une personne est en mode SA, elle cherche à absorber l'information diffusée à ce moment ou anticipe une information importante, intéressante et susceptible de déclencher la dopamine. Le système cognitif ainsi engagé optimise la rétention des informations transmises par l'interlocuteur.

Une personne en mode SA peut montrer une tendance à s'avancer, à cligner des yeux régulièrement et à hocher la tête proportionnellement à l'importance du contenu transmis par son interlocuteur. Elle aura tendance à l'encourager à s'exprimer afin d'obtenir plus d'informations de lui et ainsi d'augmenter son propre apport dopaminergique. Son attention se situe sur la cible à l'« extérieur de sa tête », soit l'interlocuteur. Généralement, le SA est associé à un visage détendu, sans crispations ni comportements parallèles révélant une anxiété. Les émotions négatives sont faibles et bien maîtrisées.

Le SA dirigé vers l'interlocuteur favorise une disposition émotionnelle et cognitive qui permet au cerveau d'absorber l'information qu'il perçoit et d'entreprendre physiquement ou cognitivement un mouvement vers l'avant. C'est précisément ce mode qui est associé à ce que nous appelons l'« ouverture » et l'« écoute active ».

Si la personne en mode SA est réceptive et perméable aux informations qui proviennent de son interlocuteur, cela ne veut pas dire qu'elle est systématiquement d'accord avec toutes les informations, mais simplement qu'elle ne rejette pas ou ne refuse pas ces dernières. Elle y accorde de l'importance et de la crédibilité. Elle les intègre alors à sa conscience et à sa réalité. Nous pouvons dire qu'une personne en mode SA accepte de vivre avec ces nouvelles informations. Lorsque nous nous exprimons devant une personne en mode SA, ce que nous disons est encodé et reçu par elle. Ces éléments ont un visa d'entrée valide !

L'un des facteurs les plus directement liés à notre sentiment d'efficacité (et à notre efficacité réelle) est notre capacité à nous exprimer précisément lorsque notre interlocuteur est en mode SA. Nous nous sentons immédiatement plus importants, plus intelligents, plus crédibles, plus influents, plus intéressants. Bref, c'est le SA de notre interlocuteur qui détermine notre perception positive de nous-mêmes et de notre efficacité lorsque nous nous exprimons. Oui, vous avez bien compris, le mode SA de la personne à qui nous parlons détermine la façon dont nous vivons la communication.

Des conflits d'objectifs peuvent survenir dans des situations comprenant à la fois une récompense et une menace (c'est-à-dire que le SA et le SI ont tous deux été activés). Si la récompense l'emporte sur la menace, le SI résoudra le conflit en engageant le SA, ce qui entraînera une approche. Si, à l'inverse, la menace a le dessus sur la récompense, le SI inhibera le SA.

Notre priorité fondamentale en matière de communication est de nous assurer que notre interlocuteur est en mode SA, et donc qu'il *nous* écoute le plus attentivement possible.

La personnalité : entre frein et moteur

La personnalité est le système chargé de l'interaction entre soi et l'environnement. Elle est directement liée à la tendance à utiliser les systèmes SI et SA.

Notre personnalité doit détecter les éléments pertinents de notre environnement, les analyser et déterminer le comportement le plus approprié. Une personnalité efficace et adaptée permet de bien distinguer les stimuli aversifs des stimuli positifs dans l'environnement, de manière à nous protéger et à nous permettre d'atteindre nos objectifs. Bien que chaque humain soit unique, le fonctionnement du cerveau est relativement similaire d'une personne à l'autre. La personnalité se fonde donc sur des facteurs humains communs.

Le modèle des Big Five[44] montre qu'il y a, en fait, cinq traits de personnalité qui sont communs chez tous les humains et qui varient sur un continuum. Les voici :

1. Névrotisme : instabilité émotionnelle, tendance à éprouver facilement des émotions négatives comme la colère, l'anxiété, la tristesse, la dépression et l'impuissance.
2. Ouverture : tendance à la curiosité, à l'appréciation de la nouveauté, aux idées nouvelles et à l'imagination.
3. Extraversion : facilité à s'exprimer, à aller vers les autres, à chercher leur stimulation et leur compagnie, tendance aux émotions positives.
4. Agréabilité : forte tendance à l'amabilité, à l'altruisme, à l'approbation sociale, à être compatissant, coopératif et empathique, à rechercher le consensus et le bien-être d'autrui.
5. Conscienciosité : tendance à l'autodiscipline, au respect des obligations, à la tolérance aux renforcements différés dans le temps, à la persévérance, à la capacité de planification et d'organisation ainsi qu'à l'atteinte des buts.

Tous les humains possèdent chacun de ces traits de personnalité à différents degrés, lesquels sont fonction de tendances individuelles quant à la façon dont un élément positif ou négatif est perçu par le cerveau et dont le comportement sera généré.

La tendance naturelle d'une personne à déclencher le SI ou le SA dans différents contextes déterminera l'expression des cinq traits de personnalité[45]. En plus des tests psychométriques, il existe des mesures permettant de déterminer la tendance SI ou SA d'une personne. Encore plus intéressant, il est possible de la détecter pendant la communication.

Voyons maintenant plus en détail ces cinq grands traits de personnalité.

Névrotisme

Le névrotisme est associé aux personnes à forte tendance au SI. Rappelons que ces dernières sont plus facilement anxieuses et sensibles aux conflits et à l'incertitude[46, 47]. Elles sont plus susceptibles de ressentir des émotions négatives, par exemple la frustration, l'anxiété, la peur et la tristesse. Celles qui réagissent fortement au SI sont généralement plus anxieuses et plus sensibles aux conflits que celles qui ont une faible tendance SI. Elles montrent également une extraversion plus faible et un névrotisme plus élevé[48]. Les personnes à tendance SI réagissent plus négativement aux punitions que celles à tendance SA. Lorsque la tendance SI est exagérée, elle entraîne plusieurs problèmes psychologiques comme la dépression et différents troubles anxieux.

L'activation du SI est connue pour renforcer sélectivement les associations négatives de chacune des options comportementales conflictuelles[49]. Par conséquent, le traitement attentionnel a tendance à être biaisé en faveur des informations à valeur négative. C'est pour cette raison que les personnes ayant une forte tendance SI se concentrent sur les aspects négatifs d'une situation et adoptent des styles d'évaluation relativement pessimistes[50, 51]. Les évaluations pessimistes et les effets négatifs qui en découlent peuvent à leur tour faire paraître certaines options comportementales plus risquées qu'elles ne le sont en réalité[52]. Les personnes à forte tendance SI éprouvent également des difficultés à s'engager dans leurs choix et sont plus susceptibles de regretter leurs décisions[53]. Il leur arrive également de vivre des conflits entre différentes parties de leur identité, leur rôle et leur image[54, 55].

Or, nous vivons plus que jamais des conflits internes relatifs à notre identité. Étant donné la complexité croissante du monde social, l'apparente facilité avec laquelle il nous est désormais possible de définir et de choisir une ou plusieurs identités (ou de n'en choisir aucune !), les humains sont de plus en plus susceptibles de s'identifier fortement à plusieurs groupes sociaux simultanément. Ces identités peuvent concerner à la fois le genre, l'orientation sexuelle et les rôles sociaux personnels et professionnels. Lorsque ces groupes proposent des normes comportementales divergentes, les individus connaissent un conflit d'identité sociale, car le bon comportement ou la bonne décision est difficile à évaluer, ce qui sollicite fortement le SI à chaque instant.

Ce phénomène en pleine expansion s'accompagne d'une hyperactivité du SI, produisant des niveaux élevés d'anxiété et d'évitement. Notre identité personnelle est associée aux décisions que nous prenons, à nos objectifs et à nos choix. Chez les personnes présentant des conflits identitaires, le SI augmente l'attention sur les informations négatives lorsqu'elles prennent des décisions, ce qui entraîne une aversion accrue pour le risque, la prise de responsabilités et une satisfaction réduite par rapport aux décisions.

Avec la multiplication des identités possibles sur tous les plans, les conflits d'identité croissants augmentent l'anxiété face aux résultats négatifs et à l'échec. Les individus aux prises avec ces conflits ont donc de la difficulté à faire des choix et montrent des tendances à l'évitement.

Maintenant, voyons l'effet des caractéristiques du névrotisme sur la communication.

Une personne dont le névrotisme est élevé est souvent activée par le SI. Elle aura de la difficulté à maintenir son attention sur un échange, car elle sera constamment déconcentrée par ses propres émotions négatives, ce qui fera naître l'impuissance chez ceux qui tentent de communiquer avec elle.

La personne névrotique a une propension à entrer facilement et régulièrement en mode SI, ayant souvent peur de ce que l'autre dira ou de la façon dont il se comportera. Elle tombera vite en mode défensif et aura tendance à réfléchir continuellement pendant qu'on lui parle. Son attention est divisée entre ce que l'autre dit et ses propres pensées. Elle pense à sa prochaine phrase, à son prochain argument. Elle attendra donc le moment de silence suivant pour parler et ses premiers mots seront souvent « Oui, mais... ».

Une personne dont le degré de névrotisme est élevé tolère plus difficilement les idées différentes des siennes. Elle est anxieuse et communique avec l'intention implicite et prioritaire de se protéger plutôt que de faire avancer le dialogue, ou de comprendre l'autre et de créer des solutions. Elle travaille sans cesse à se défendre, à se protéger ou à protéger ses acquis. Les communications avec elle sont extrêmement énergivores. Ce type de personnalité se comporte donc constamment en victime. Victime de ce que vous dites, de vos opinions, de vos attitudes et de vos comportements. Comme le SI crée une tendance claire à aller vers les informations négatives, les conflits et l'insatisfaction, ce système hyperactivé par le trait de personnalité maintient le cercle vicieux de la victimisation. Les personnes névrotiques ont beaucoup de difficulté à prendre leurs responsabilités. Par conséquent, leurs émotions négatives sont forcément causées par des variables de l'environnement. Et vous en faites partie.

Comme les émotions négatives en général, la culpabilité implicite fait partie du cercle vicieux de ce trait de personnalité. La personne névrotique n'est pas capable de faire face à cette culpabilité et aux éléments qui la génèrent, ce qui fait qu'elle tentera de créer ce sentiment chez son interlocuteur.

Les communications avec des personnes fortement névrotiques représentent un réel défi. Il est facile de se sentir impuissant face à elles, impuissance qui ne manquera pas de générer de fortes émotions négatives en soi, lesquelles seront utilisées comme excuse par elles pour justifier leur détresse et confirmer leur victimisation. Le cercle vicieux se poursuit donc.

Comme la personne névrotique est constamment en mode SI, elle est sans cesse divisée sur ses propres choix et travaille principalement à éviter la perte d'une ressource plutôt qu'à atteindre un objectif important pour elle. En effet, le fait de définir un objectif et de l'assumer est souvent une étape de développement difficilement accessible pour cette personne. Elle sera fortement statique, aura peu d'énergie, peu de mouvement directionnel et aura tendance à s'approprier toutes les sources d'énergie externes autour d'elle. Malheureusement, ces ressources tombent dans un puits sans fond.

Il peut sembler sévère de décrire un type de personnalité de cette façon. Ce ne l'est pas. Un degré élevé de névrotisme n'est pas corrélé avec l'énergie, le potentiel humain, la santé, le mouvement et les relations positives à long terme. Il s'agit du trait de personnalité le plus néfaste qui existe et il est impératif de réduire son emprise. Il ne s'agit donc pas uniquement de déterminer si notre interlocuteur est névrotique, mais aussi si nous le sommes, avec conscience et courage.

Ouverture et extraversion

L'ouverture et l'extraversion sont ici regroupées, car ces deux traits partagent certaines caractéristiques. Leur principal point commun est la tendance à l'exploration, c'est-à-dire la volonté de rechercher, de découvrir, d'apprécier, de comprendre et d'utiliser des informations à la fois sensorielles et abstraites[56].

L'ouverture concerne particulièrement l'engagement avec des informations sensorielles et perceptuelles ainsi qu'avec des informations abstraites et sémantiques[57, 58]. Il n'est donc pas surprenant que ces traits de personnalité soient fortement liés à des tendances SA[59, 60]. L'extraversion concerne spécifiquement l'exploration comportementale plutôt que cognitive, motivée par la sensibilité à des récompenses interpersonnelles plus immédiates et détectables visuellement dans la communication. L'ouverture et l'extraversion sont principalement associées au système dopaminergique, qui est au cœur du SA[61]. L'aspect assertif de l'extraversion semble effectivement refléter la tendance au SA[62].

Une personne ouverte, qui a une longueur d'avance en matière d'intérêt pour la nouveauté, a une meilleure capacité d'écoute, valorise ce que l'autre communique et a de la facilité à s'émerveiller, à s'intéresser aux idées nouvelles. Combinée avec une attention soutenue et bien structurée dans le dialogue, l'ouverture est un trait fort utile et positif en communication. Par contre, la communication avec une personne ayant une forte ouverture mais une attention instable posera un défi, car la stimulation provoquée par les nouvelles idées aura tendance à activer son imagination, et elle établira rapidement des liens, rendant le fil de la conversation difficile à suivre. C'est également le propre de la pensée d'exploration et de la pensée divergente de type *brainstorming*, où il y a beaucoup de stimulation, de dopamine, d'idées et d'images excitantes, mais parfois peu de direction.

L'extraversion est un trait assez complexe qui implique plusieurs systèmes neurobiologiques et comportementaux. Les personnes ayant un degré élevé d'extraversion sont capables de partager; elles peuvent faire des liens entre leur monde interne (émotions, pensées, sensations, opinions, images mentales) et le monde externe. En d'autres mots, elles font passer des informations de l'intérieur vers l'extérieur et sont à l'aise de le faire, rendant ainsi ces informations visibles et accessibles pour leurs interlocuteurs. Une personne extravertie sera donc davantage capable de rendre un message clair pour les autres, facilitant alors leur écoute et leur intérêt.

L'extraversion est un trait important à utiliser et à développer: il permet d'avoir un impact dans le monde et donc, potentiellement, de créer de l'énergie. Il contribue également à maîtriser les émotions négatives, car le fait de se sentir capable de communiquer, d'aller vers les autres, augmente le sentiment d'efficacité (par opposition à l'impuissance). L'extraversion est aussi importante dans le développement du leadership et de l'influence sociale en général. Un humain capable d'influencer son environnement possède un avantage certain sur ceux qui ne s'en sentent pas capables.

Agréabilité

L'agréabilité représente la tendance générale à l'altruisme, à la coopération et à l'empathie, par opposition à l'agression, à l'insensibilité et à l'exploitation des autres. Elle a pour fonction principale de protéger la relation en la mettant au premier plan dans les stratégies de survie. Vu cet objectif, la personne agréable tend à vouloir augmenter les émotions positives des autres et à réduire leurs émotions négatives. Une personne fortement agréable doit constamment supprimer ses propres émotions négatives qui pourraient déplaire à l'interlocuteur ou le déranger, en plus d'inhiber, voire de cacher des pulsions agressives et d'autres émotions socialement perturbatrices[63]. L'agréabilité combinée au quotient intellectuel (QI) est associée aux habiletés d'empathie[64] et n'a, en fait, rien à voir avec le mythe de l'intelligence émotionnelle, fortement popularisé.

L'agréabilité possède assurément des avantages et des inconvénients sur les plans de la communication interpersonnelle et des stratégies relationnelles. Il est, par exemple, essentiel d'avoir une tendance agréable lorsque nous sommes en relation d'aide, lorsque nous nous occupons de soigner quelqu'un. Par contre, l'agréabilité vient avec son lot d'inconvénients.

La nature des systèmes neurologiques sous-jacents à l'agréabilité n'est pas tout à fait claire. L'agréabilité peut être motivée à la fois par la récompense (la satisfaction d'aider les autres et de susciter des émotions positives chez eux) et par la punition (la peur de blesser ou de contrecarrer les autres ou l'anxiété concernant leur bien-être). Il est donc raisonnable de croire que l'agréabilité comporte la double tendance SI et SA[65, 66, 67, 68]. Une trop forte agréabilité vient avec la phobie d'être rejeté, de ne pas être aimé, de déplaire, ce qui engendre des comportements de communication qu'il est facile de reconnaître. Par exemple, une personne hyper agréable aura tendance à surutiliser le sourire pour masquer ses émotions négatives dans le but d'éviter de déplaire à son interlocuteur. Les personnes agréables sont difficiles à lire et à comprendre, car elles véhiculent constamment des messages contradictoires tant dans le verbal que dans le non-verbal. Elles sont sans cesse partagées entre ce qu'elles souhaitent vraiment, ce qu'elles pensent vraiment et la volonté de plaire à leur interlocuteur. Elles s'expriment donc souvent de manière floue, incohérente, laissant maladivement planer l'espoir, évitant la clarté pour se dérober à la perte de possibilités et au regret (regret et culpabilité qui sont pourtant toujours au rendez-vous). Ce n'est donc pas une coïncidence que le névrotisme soit fortement corrélé avec l'agréabilité.

Les personnes ayant une forte agréabilité savent plus difficilement ce qu'elles veulent, car leur mode opératoire habituel s'adapte aux autres et correspond à leurs attentes. Leurs idées sont souvent plus floues et moins mobilisantes pour elles-mêmes, transférant alors la responsabilité de précision à leur interlocuteur.

Les personnes agréables sont particulièrement sensibles aux conflits et tentent de les éviter à tout prix. Elles priorisent donc la bonne entente à court terme, mais cette stratégie rend difficile l'accomplissement d'objectifs à long terme.

Les personnes hyper-agréables sont fortement activées en SI, car elles évaluent continuellement la façon d'obtenir ce qu'elles veulent sans qu'il y ait de répercussions négatives sur les autres. Elles n'obtiennent souvent rien de tangible, et leur façon de fonctionner vise à plaire à tout le monde. Elles font des promesses contradictoires à tout un chacun, qu'elles ne peuvent pas tenir. Leur réputation et leur crédibilité ont tendance à s'effriter rapidement, car elles sont incapables de prendre et d'assumer des décisions. Cela crée un cercle vicieux, car leur peur de déplaire les force à éviter la réalité, les faits et à manipuler l'information et la réalité pour accommoder l'interlocuteur dans l'instant présent. Elle se croise alors les doigts pour que tout se règle comme par magie, et ce, sans que personne s'aperçoive des manipulations qui ont eu lieu à droite et à gauche.

L'agréabilité démesurée génère des communications à tendance manipulatrice. La phobie de provoquer des émotions négatives chez les autres, qui causeraient une perception négative de soi, est telle qu'il est difficile d'avoir accès à la réalité. Lorsque des émotions négatives sont inévitables, une personne agréable aura recours à la survictimisation, en expliquant qu'une troisième partie (évidemment absente dans l'instant présent) est responsable des émotions négatives. Avec cette distorsion, nous sommes donc, avec elle, « unis dans la victimisation ». En d'autres mots, nous nous sentons plus près d'elle, et inversement, car nous sommes tous des victimes. L'avantage qu'il y a lorsqu'une victime s'adresse à une autre victime est que personne, dans l'immédiat, n'est vraiment responsable de ce qui se passe. « Ni toi ni moi n'avons échoué. Nous sommes bien victimes, impuissants et malheureux, mais tout est rose entre nous. »

Différents indices non verbaux peuvent aussi être observés chez les personnes agréables au cours d'une communication, par exemple l'utilisation du sourire alors que les émotions ressenties sont négatives, un ton de voix artificiellement doux ou des gestes inappropriés visant à flatter ou à rassurer.

Les personnes physiquement avantagées ont grandi en étant la cible d'une forte attention sociale, ce qui est normal. Leur cerveau s'est donc adapté et régulé émotionnellement en fonction de cette énergie externe qui rend facilement dépendant. En effet, l'attention sociale est presque aussi puissante qu'un psychotrope et peut impliquer une forte dépendance dont le sevrage est souvent long et difficile. Avec le fait de grandir avec une attention sociale positive et un pouvoir de séduction marqué vient l'anxiété de préserver l'attention positive et l'opinion positive des autres. La beauté physique est, par conséquent, liée à l'attention sociale, à la séduction et à la préoccupation du maintien de l'image positive de soi.

L'agréabilité n'est pas un trait associé au leadership. Au contraire, une personne ayant un degré élevé d'agréabilité sera généralement incapable de mener le bateau longtemps, son mode de communication n'étant pas basé sur l'atteinte d'objectifs clairs à long terme, mais plutôt sur le fait d'empêcher à court terme la manifestation d'émotions négatives, tant les siennes que celles des autres.

Les hommes et les femmes, bien que psychologiquement semblables sur plusieurs aspects, se distinguent par quelques variables, dont certaines relatives à la personnalité. Des courants de pensée actuellement mis de l'avant soutiennent l'idée que la personnalité est complètement malléable et qu'elle serait le fruit d'une construction sociale, c'est-à-dire une conséquence de l'éducation ou du contexte social. Cette vision des choses erronée sert alors d'argument principal pour lutter contre une société dite oppressante, patriarcale et abusive. C'est pourtant faux. L'aspect biologique est bel et bien celui qui explique les différences de personnalité entre les hommes et les femmes. Ces dernières ont des scores plus élevés d'agréabilité et de névrotisme que les hommes[69, 70].

De plus, l'agréabilité est un trait qui favorise l'approbation sociale et la relation dans l'instant présent plutôt que l'atteinte d'objectifs à long terme. Cela est cohérent avec la vaste littérature portant sur les types de comportements agressifs. En ce sens, dès la petite enfance, la violence féminine n'est pas directe ou physique, comme l'est souvent la violence masculine, mais plutôt indirecte et relationnelle. Il est donc normal que ce type de comportements violents soit associé au névrotisme et à l'agréabilité. Cela est aussi cohérent avec le défi que certaines femmes rapportent, soit que travailler avec des femmes crée des dynamiques complètement différentes que de travailler avec des hommes[71, 72].

Cela dit, indépendamment du sexe, l'agréabilité et le névrotisme disproportionnés créent les mêmes tendances dans les relations et la communication interpersonnelle.

Consciencïosité

Les personnes consciencieuses sont bien organisées, travaillantes, disciplinées, efficaces et ordonnées. Ce trait de personnalité nécessite la planification d'un renforcement à long terme (SA et dopamine) ainsi que l'évaluation, la planification et l'organisation des actions (SI et sérotonine).

La conscienciosité implique de canaliser la motivation vers des objectifs et des renforcements à moyen et à long terme, ce qui requiert planification et organisation. La tendance au travail et à l'ordre peut être motivée à la fois par le désir d'éviter une punition et par celui de s'approcher d'une récompense dans le futur. Il n'est donc pas surprenant que la motivation de l'accomplissement et du succès soit corrélée positivement avec la conscienciosité[73, 74].

La corrélation inversement proportionnelle entre la conscienciosité et le névrotisme est l'une des plus solides parmi les cinq grands traits[75], ce qui laisse entendre que la conscienciosité est liée à de faibles niveaux d'évitement ainsi qu'à un faible niveau d'émotions négatives et d'impuissance. En effet, les habiletés stratégiques associées à la conscienciosité permettent d'atteindre efficacement des objectifs et d'éviter des punitions ou des événements négatifs. Ce trait renvoie aussi aux habiletés de résolution de problème, qui sont l'un des principaux facteurs de protection contre la dépression et l'anxiété. Il est également lié à la compétence, l'un des trois piliers de l'énergie humaine, au succès dans les tâches complexes et dans celles qui demandent du leadership, et il favorise le succès scolaire et professionnel.

Par expérience, je dirais que la conscienciosité est aussi associée à la capacité de maîtriser de meilleures habiletés de communication interpersonnelle. Les mécanismes de communication présentés dans ce livre visent d'ailleurs spécifiquement à développer et à utiliser ce trait de personnalité dans les communications humaines.

La communication est une opération très large qui implique de nombreux processus. Elle doit être structurée et orientée vers des buts porteurs. Comme la communication est hautement stratégique, la conscienciosité est fondamentale pour établir les dialogues qui mèneront à un résultat souhaité. Au cours d'une communication, des milliers d'informations sont échangées, lesquelles doivent être intégrées dans la stratégie de communication. En d'autres mots, les nouvelles informations doivent permettre à la communication de progresser et de générer de plus en plus d'énergie et de mouvement vers l'avant. Ainsi, une personne doit être capable de les organiser en fonction des priorités et des objectifs. Elle doit pouvoir concilier le SI, lié à l'évaluation de ces informations, et le SA, lié aux renforcements à obtenir.

La conscienciosité est l'un des traits les plus importants à développer dans les stratégies de communication interpersonnelle, car elle permet l'adaptation en temps réel. Une faible conscienciosité laissera une trop grande place à l'émotionnalité négative et inadaptée, à une extraversion trop grande ou envahissante visant des renforcements interpersonnels à court terme ou à l'ouverture, qui peut aussi mener à des renforcements de dopamine à court terme. La conscienciosité est donc le médiateur capable d'orchestrer le meilleur de différents traits des systèmes SI et SA, facilitant la construction d'une communication et d'une relation.

Pour moi, la conscienciosité est l'ingénieur, le sage qui manie la conscience dynamique.

•••

Le SI et le SA sont des systèmes automatiques: on ne peut les contrôler consciemment. Nous ne pouvons pas non plus changer notre personnalité. Alors pourquoi nous donner la peine de comprendre comment nous fonctionnons? Parce qu'il existe un autre système qui permet de choisir le comportement que nous voulons adopter dans l'instant présent à la suite de l'activation du SI ou du SA. Oui, il est possible de contrôler consciemment ce système, peu importe notre personnalité ou celle des autres, et ainsi de nous servir de tous ces signaux pour avoir la meilleure stratégie de communication à chaque instant.

Le pouvoir des systèmes conscients: piloter le dialogue en conscience dynamique

Une partie importante de la force des humains provient des choix qu'ils font. Le choix est un pouvoir que nous nous attribuons. Les choix sont des opérations conscientes qui doivent tenir compte d'une grande quantité d'informations dont certaines sont à l'intérieur de soi et d'autres à l'extérieur.

Le SI et le SA sont des indicateurs importants, mais ils sont bruts. Puisqu'ils sont déclenchés automatiquement, ce ne sont en rien des choix conscients. Une fois ces dispositions lancées, la balle est dans notre camp, et c'est à nous de faire des choix précis, éclairés et stratégiques dans l'instant présent. Ce sont des choix de communication. Une communication puissante qui générera une énergie et une direction est le résultat d'une série de choix stratégiques et non une longue opération continue. Pas à pas, il s'agit de prendre une série de décisions conscientes afin de déterminer le bon comportement à adopter ou bien d'empêcher un comportement inapproprié. Ce n'est que de cette façon que nous pouvons avancer et croître. Les choix stratégiques se comparent à des décisions de pilotage qui servent à modifier et à adapter la trajectoire d'un véhicule en mouvement. Tourner à gauche ou à droite, accélérer, freiner et évaluer la route. L'engin est entre les mains du pilote. Les choix d'un bon pilote de dialogue doivent impérativement promouvoir l'énergie chez les personnes impliquées.

Les décisions de pilotage sont appelées le GO et le No-GO.

Qu'est-ce que le GO/No-GO?

L'expression « GO/No-GO » (poursuite ou arrêt) vient du domaine de la recherche fondamentale en neurocognition. Une grande variété de tâches neuropsychologiques y sont utilisées pour mesurer la capacité d'une personne à détecter une cible appropriée et à générer une réponse comportementale concernant cette cible (GO), et la capacité de s'abstenir de réagir lorsqu'une cible inappropriée est détectée (No-GO). Dans ce genre de tests, un participant est assis devant un écran d'ordinateur. On lui explique que des mots (exemple: fleur) et parfois des non-mots (exemple: HHHHHH) apparaîtront rapidement à l'écran de façon successive. On lui demande de:

1. GO: Générer une réponse comportementale en appuyant sur une touche du clavier d'ordinateur le plus rapidement possible lorsqu'il voit un mot lisible.
2. No-GO: S'abstenir d'appuyer, c'est-à-dire inhiber son geste de réponse si un non-mot apparaît à l'écran.

Cette série de présentations de mots et de non-mots permet de déterminer la rapidité de traitement de l'information d'une personne et de voir si son mode de réaction est bon. Le GO et le No-GO sont des opérations conscientes fondamentales dans notre quotidien, car ils sont utilisés à chaque instant dans la communication. Ils déterminent les tours de parole dans un dialogue, les impacts que nous aurons sur notre interlocuteur et les diverses stratégies de communication tant verbales que non verbales.

Pour le cerveau, le GO est la décision consciente d'aller vers l'avant et de poursuivre une action. Quant au No-GO, il est le frein et le volant qui modifient la trajectoire de l'énergie et qui nous empêchent de faire une action automatique qui serait inappropriée, qui nous éloignerait de notre objectif à long terme et qui diminuerait l'énergie.

INTERACTIONS ENTRE LES SYSTÈMES NON CONSCIENTS ET CONSCIENTS POUR FAIRE UN CHOIX

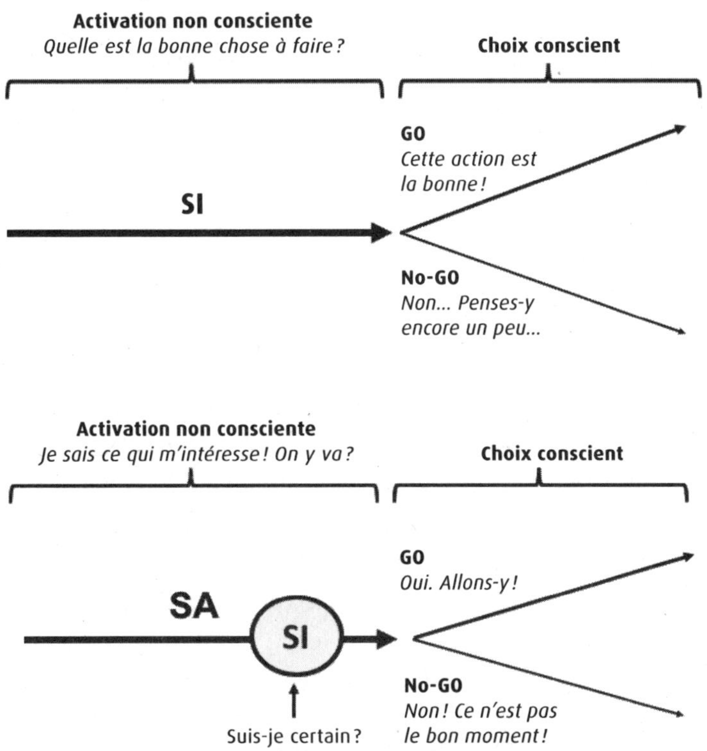

Le GO

Le GO est la décision consciente d'aller de l'avant en adoptant un comportement stratégique approprié dans l'instant présent. Il est une sorte de feu vert pour une action précise.

Par exemple, lorsqu'une personne choisit d'écouter son interlocuteur, elle travaille consciemment à aller chercher un renforcement dopaminergique dans les informations transmises par l'autre. Il s'agit d'un « GO écoute ».

Il est aussi possible de générer un GO lorsque nous nous exprimons, en trouvant dans notre tête les idées stimulantes pour les mettre en mots et ainsi produire l'impact souhaité sur notre interlocuteur. On parle alors d'un « GO expression ».

Le GO correspond à l'accélérateur d'une action : expression, écoute, réflexion. Il confirme le mouvement vers ce qui nous intéresse ; il permet de nous approcher volontairement d'une cible, d'y porter une attention volontaire consciente, soutenue pour bien l'analyser et en récolter des informations utiles, nous y intéresser avec plus d'intensité et encoder en mémoire les informations de façon plus efficace.

Voici quelques exemples illustrant une décision GO suivie d'un comportement.

- Alors que vous vous trouvez dans une salle d'attente, vous apercevez du coin de l'œil une fontaine au fond de la pièce. Votre cerveau établit une correspondance entre elle et la soif que vous avez, quoique très faible et non consciente jusqu'ici. Le SA s'active automatiquement. Vous avez donc « envie » d'aller boire un peu d'eau. La décision est prise. GO : vous vous levez et vous dirigez vers la fontaine.
- Votre collègue est grandement reconnaissante d'une contribution que vous avez versée pour un projet commun. Elle affiche une expression faciale positive,

détectée par votre cerveau. Comme l'humain a continuellement besoin de se sentir valorisé et utile pour son groupe, votre cerveau active instantanément le SA. Il veut traiter cette expression faciale de façon plus intense et se rapprocher de ce message. Vous devez prendre une décision si vous voulez avoir accès à davantage d'informations, car de la dopamine pourrait s'y cacher! Vous faites le choix d'en savoir plus: GO. Vous vous avancez légèrement sur votre chaise ou inclinez un peu plus le haut de votre corps vers l'avant. Votre attention et votre *focus* conscient augmentent en intensité et l'ensemble de votre système cérébral s'occupe de bien encoder et mémoriser les informations que votre collègue vous communique. Vous lui demandez alors avec curiosité: «Tu as l'air contente. Qu'est-ce qui se passe?»

- Cette même collègue vous parle d'une découverte qu'elle a faite concernant un enjeu personnel dont il a déjà été question entre vous, et que vous savez important pour elle. Dans ce contexte, il pourra déclencher une activation SA suivie d'une décision GO, puisque votre intérêt est partagé. De plus, le bien-être de votre collègue compte sincèrement pour vous. Vos multiples ressources émotionnelles et cognitives vous permettront de vous rapprocher de ces informations.
- Vous avez une discussion avec votre fils de 14 ans.

Vous: Écoute, Michael, il y aura de petits changements.

Après votre phrase, vous arrêtez de parler et laissez un silence. Deux secondes passent, puis:

Michael: Ah oui! Comme quoi?

Michael a besoin d'informations supplémentaires de votre part pour réduire l'anxiété générée par votre annonce. Son cerveau a déclenché le SA et un GO a suivi, c'est-à-dire sa question.

En résumé :

- Le GO correspond au choix de faire une action appropriée dans l'instant présent.
- Le GO peut être jumelé à toutes sortes d'actions ou de stratégies qui contribueront à l'atteinte de nos objectifs ou qui nous feront progresser vers ces derniers.

Le No-GO

La conduite exige un freinage sécuritaire et un maniement habile du volant : le No-GO. Il s'agit du système décisionnel qui assure l'adaptation pendant la conduite, soit au cours du dialogue.

En neuropsychologie, le No-GO fait référence à la décision de freiner une action ou de ne pas en démarrer une qui est jugée inappropriée. C'est un système d'inhibition conscient qui permet, par exemple, de se retenir de parler à un moment précis, car ce ne serait pas la meilleure stratégie dans l'instant présent. Le No-GO nous aide à résister à la tentation de répliquer trop hâtivement à notre interlocuteur ou de cesser de l'écouter pour réfléchir à notre prochaine réponse. Il évite l'erreur stratégique et vise à maintenir le meilleur comportement de communication dans l'instant présent. La capacité de bien utiliser le No-GO est en lien avec la consciencïosité et est à l'opposé de l'impulsivité et du névroticisme.

Dans une communication, le No-GO permet de nous adapter à chaque seconde. Ce mécanisme conscient est probablement celui qui est le moins bien connu et utilisé dans nos dialogues.

Voici quelques exemples illustrant une décision No-GO.

- Vous avez envie d'aborder un sujet important avec un collaborateur. Votre cerveau vous donne le GO. Vous vous apprêtez donc à parler, mais il vous coupe la parole.

Votre système déclenche immédiatement un No-GO, freinant votre expression. Effectivement, le fait de continuer à parler comme si de rien n'était aurait été une mauvaise stratégie. Ensuite, un nouveau choix est fait : GO écoute.

Le No-GO a permis le changement de stratégie dans l'instant présent.

- Alors que vous partagez votre nouvelle idée avec un client, vous vous rendez compte que son SI (système d'inhibition) est activé et qu'il ne vous écoute plus : il réfléchit, il évalue. Un changement de stratégie s'impose. Votre No-GO se déclenche et stoppe votre expression. Nouvelle stratégie : GO écoute. Votre attention consciente se pose alors sur votre interlocuteur. Le cerveau de votre client la détecte immédiatement et commence à verbaliser sa préoccupation : « Oui. En fait, j'ai eu cette idée, mais je n'étais pas sûr qu'elle était réalisable. »

Le No-GO est le gardien de l'écoute et de la poursuite de la connexion avec l'autre.

La sérotonine est le neurotransmetteur le plus important qui agit dans le No-GO. Une personne en déficit de sérotonine aura beaucoup de difficulté à utiliser le No-GO efficacement et à inhiber une action inappropriée. L'impulsivité sera augmentée, les actions, les réflexes, les habitudes, les tics ou les tendances seront difficiles à freiner. Un dosage insuffisant de sérotonine générera des comportements de communication inadaptés, déconnectés de l'interlocuteur, faisant croître les émotions négatives de part et d'autre et affectant négativement la relation[76, 77].

La chute de sérotonine augmente donc l'impulsivité menant à des comportements inappropriés : parler au mauvais moment, gesticuler de façon exagérée, tenir des propos qui ne traduisent pas ce que nous pensons ou utiliser des mots trop forts pour les circonstances[78, 79, 80, 81].

Le No-GO ainsi que la sérotonine nous permettent de piloter une communication avec une grande efficacité. Ils nous gardent vigilants, alertes, flexibles et favorisent une adaptation rapide dans n'importe quelle situation interpersonnelle. Cette adaptabilité et cette flexibilité sont directement liées à la conscience et à l'écoute. Un niveau de sérotonine faible réduit donc les capacités de prise de conscience et celles d'apprentissage[82].

Combinée au No-GO, la sérotonine permet de maintenir nos habiletés de communication, même lorsque nous ressentons des émotions négatives. Par exemple, si notre interlocuteur nous rend anxieux ou nous irrite, la sérotonine nous aide à prendre de bonnes décisions conscientes dans l'instant présent sans être la proie d'une impulsivité inappropriée. Une diminution de la sérotonine chez une personne l'amène à interpréter les choses comme étant plus injustes ; elle se sent facilement lésée et abusée par son interlocuteur et elle est beaucoup plus sensible aux désaccords[83].

En résumé :

- Le No-GO est un arrêt de comportement.
- Le No-GO stoppe un comportement non adapté pour ensuite permettre l'adoption d'un nouveau comportement plus approprié (GO).
- Le No-GO est essentiel à l'écoute et à l'adaptation à l'imprévu.

Le SA et le GO écoute

Le SA est une prédisposition émotionnelle et cognitive automatique, non consciente. Par contre, nous pouvons quand même faire le choix conscient d'être en mode GO écoute. Nous ne sommes donc pas victimes de nos processus automatiques. La décision du bon comportement demeure notre responsabilité.

Le GO peut intervenir « naturellement », mais je recommande de faire le choix conscient, dans l'instant présent, d'y avoir recours. On actionne alors la commande interne « Écouter sincèrement la personne ».

Il est donc possible, à force de volonté et de détermination, de faire un des choix suivants :

1. Orienter notre attention avec stabilité et intensité vers l'autre personne de manière à capter et à comprendre les informations qu'elle transmet. De cette façon, nos clignements d'yeux s'adapteront à la tâche cognitive qui est demandée.
2. Hocher la tête de façon optimale pour que notre interlocuteur sente que son contenu, surtout celui qui est plus vulnérable, a été bien reçu.
3. Accompagner les hochements de tête de rétroactions sonores pour les rendre encore plus efficaces et sécuriser notre interlocuteur.

Arriver à contrôler son propre GO pour chaque comportement de communication n'est pas une mince affaire. Même si les comportements décrits précédemment ne semblent pas particulièrement difficiles à adopter, le défi consiste dans le choix de se mettre en mode GO pour activer la bonne stratégie de communication, car il nécessite beaucoup d'énergie cognitive et émotionnelle. Lorsque notre interlocuteur est une personne que nous aimons, avec qui les conversations sont faciles, agréables, intéressantes, valorisantes, être par exemple en mode « GO écoute » va de soi. Bien souvent, il est facilement accessible et se manifeste de lui-même. C'est la situation idéale pour s'exercer à émettre les signes non verbaux qui optimiseront les résultats de la communication. Toutefois, certaines situations de communication sont loin d'être aussi parfaites. Il y en a plusieurs que nous préférerions ne pas vivre, tout simplement. C'est précisément dans ces cas que d'autres outils stratégiques sont nécessaires pour trouver la force de nous mettre en mode «GO écoute», indépendamment du contexte peu favorable. Pour ce faire, notre cerveau a besoin d'une raison.

Les hochements de tête ne sont pas des comportements banals et dus au hasard, au contraire. Ils indiquent dans quelle mesure nous sommes capables d'écouter une personne, de comprendre ce qu'elle tente de communiquer, de synthétiser l'information que nous recevons. De plus, ils sont un bon indice de nos capacités d'empathie et sont en lien avec la dopamine, donc avec un renforcement. Ainsi, lorsqu'une personne comprend une information, son cerveau récompense la réalisation de cette synthèse par une augmentation de la dopamine, laquelle peut s'accompagner d'un hochement de tête. Généralement, ce dernier survient lorsqu'une idée ou un concept cohérent vient d'être exprimé par notre interlocuteur et que nous l'avons saisi dans l'instant présent; il est donc une extériorisation d'une compréhension des informations que l'autre personne désire nous transmettre.

Il est, selon moi, important de souligner que les hochements de tête sont aussi fonction du niveau de vulnérabilité associé à un contenu spécifique produit lors de la phase d'expression. Ils contribuent à sécuriser le messager en faisant office d'accusés de réception. Un message important qui ne reçoit pas cet avis fera naître un doute ou de l'anxiété chez lui. Pensons, par exemple, à un important courriel qui nous demande beaucoup d'efforts à rédiger. Si notre destinataire ne confirme pas son arrivée, nous serons anxieux. L'a-t-il bien reçu ? Est-il tombé dans ses courriels indésirables ? Ai-je envoyé ce message pour rien ? Est-il possible que mon courriel l'ait froissé ? Sommes-nous en mauvais termes à cause de ce message ? Bref, plus le message est important, plus il est chargé de vulnérabilité, plus il nécessite un accusé de réception clair. De la même façon, l'amplitude du hochement de tête est généralement proportionnelle à la vulnérabilité inhérente à l'idée transmise par l'interlocuteur.

Cela revient à dire que les hochements de tête ne doivent jamais avoir systématiquement la même amplitude tout au long d'une conversation, car ils seraient rapidement interprétés comme un mouvement mécanique. Rien de plus frustrant que d'envoyer un courriel important et de recevoir immédiatement une réponse automatique : « Merci de votre message. Je suis présentement à l'extérieur du bureau jusqu'au... Pour une assistance immédiate, veuillez contacter... »

Quand une personne s'exprime, elle doit mettre en place les éléments qui permettront à son interlocuteur de bâtir la représentation mentale nécessaire pour comprendre la réalité, l'idée et le sens de ce qui est exprimé. Ces éléments sont souvent descriptifs et factuels. Dans ce cas, les hochements de tête-accusés de réception peuvent être de faible amplitude, et même à peine perceptibles. Par contre, lorsque ces éléments ont été placés, l'interlocuteur arrive à exprimer sa position par rapport à cette situation, la façon dont il la perçoit et la vit. Ce type de contenu vulnérabilise la personne qui s'exprime. Les hochements de tête doivent donc clairement indiquer la réception de ce contenu et, particulièrement, souligner son importance.

Si les hochements de tête sont insuffisants ou inadaptés en termes de fréquence, de *timing* ou d'amplitude, l'individu qui s'exprime recourra à des compensations dans le but de réduire sa vulnérabilité. Il se taira ou changera de sujet. La progression de la relation ralentira significativement.

La mascarade des pseudo-thérapeutes: voilà comment je qualifie les hochements de tête trop fréquents et trop prononcés. Cette exagération caricaturale ayant pour but d'augmenter « l'effet connexion » ne fonctionne pas et produit au contraire un effet d'infantilisation et de manque d'authenticité. Il n'est toutefois pas fréquent et est surtout le résultat d'une anxiété de rejet élevée compensée par un trop grand désir de plaire et de se valoriser en « aidant » l'autre. Il est lié à une agréabilité excessive.

Le hochement de tête est donc un comportement de communication hautement stratégique ayant des impacts immédiats sur la relation. Il doit être adapté au contexte émotionnel de l'interlocuteur.

Les rétroactions sonores aussi ont un lien non seulement avec l'efficacité interpersonnelle, mais également avec le « GO écoute ». Quoique moins fondamentales que les hochements de tête et les clignements d'yeux, elles sont aussi des signes importants et elles ont tendance à suivre la même séquence que les hochements de tête. Elles soulignent et accompagnent la vulnérabilité en prenant généralement cette forme: Hum! Hum! OK, oui.

Lorsqu'une personne est en SI, il n'y a pas de rétroactions sonores.

Il est fréquent de voir une personne s'avancer vers son interlocuteur quand elle est en mode « GO écoute ». Toutefois, l'absence de ce signe n'est pas la preuve du contraire. En effet, une personne qui se recule et croise les bras peut très bien être en mode « GO écoute ». Dans un tel cas, elle manifestera les signes non verbaux qui l'attestent (hochements de tête, attention soutenue, rétroactions sonores). C'est donc l'absence des signaux non verbaux qui permettent de reconnaître un SI. Par contre, selon mon expérience, une position vers l'arrière très marquée indique souvent un mode SI chez l'interlocuteur.

Le *timing*

Et si le cerveau s'employait exclusivement à accéder à l'énergie et à la diriger ? En communication, cela voudrait dire que l'ensemble de nos fonctions émotionnelles et cognitives ne sert pas réellement à échanger de la simple information conceptuelle, mais bien à générer un flot d'énergie entre les humains en interaction.

Un dialogue humain comporte plusieurs défis pour notre cerveau, qui recherche l'énergie, l'expansion et le mouvement tout en évaluant les dangers pour s'assurer de rester en sécurité. Pour ce faire, il détermine à chaque instant si les informations récoltées sont nuisibles ou bénéfiques pour sa survie. Il lui faut concilier ces deux fonctions au même moment en synchronisant les fonctions émotionnelles et cognitives des cerveaux en interaction. Dans une rencontre ou une discussion, chaque comportement interne ou externe a des répercussions sur l'autre, et la question est de savoir *quand* adopter un comportement. En d'autres mots, quand générer un GO et pour quel comportement de communication. Comme dans n'importe quel sport, le succès en communication est une question de *timing*.

Quand parler ? Quand réfléchir ? Quand écouter ? Et pendant combien de temps chaque fois ? Dans ce contexte, *quand* signifie à quelle seconde précise adopter chacun de ces comportements.

Un dialogue comporte une succession rapide de dispositions cognitives et émotionnelles qui assurent la réception et l'intégration des informations. Ces dispositions déterminent l'énergie et le mouvement qui seront générés dans le dialogue. Comme le cerveau traite l'information et y réagit très rapidement, un dialogue demande de grandes habiletés d'adaptation. Une communication exceptionnellement efficace consiste en une série d'actions précises faites à des moments clés précis. La notion de *timing* est donc fondamentale, tout comme au tennis. Un coup réussi dépend d'un ensemble de facteurs que le joueur a, avec le temps et l'entraînement, réussi à maîtriser. Si, par exemple, il amorce son élan quelques millisecondes trop tôt ou trop tard, il manquera la balle, indépendamment de son talent et de sa condition physique. Même si la force avec laquelle il frappe et l'angle de sa raquette sont optimaux, c'est le *timing* qui assurera la rencontre parfaite entre celle-ci et la balle, alors que les deux sont en mouvement.

L'efficacité dans un dialogue est dépendante des conditions de réception de notre interlocuteur. Le premier objectif de notre communication n'est donc pas de dire ce que nous voulons dire, mais bien d'utiliser le *timing* pour influencer ces conditions et maintenir l'énergie directionnelle. Il s'agit de comprendre les différents systèmes de réception et de refus des nouvelles informations et de détecter-écouter les indices non verbaux qui témoignent de ce fonctionnement cérébral. Notre capacité à percevoir ces fluctuations est probablement l'outil stratégique le plus puissant dans tous les dialogues.

Les règles d'or du *timing*

1. Déterminez, dès le début de la communication, si votre interlocuteur est en SI ou en SA.

Si votre interlocuteur est en SI, ne parlez pas. Dirigez plutôt votre attention sur lui et forcez-le à s'exprimer, soit en laissant un silence, soit en lui posant une question pour l'inciter à prendre la parole. Si vous parlez, ce ne sera pas entendu, cela n'aura aucun impact positif. Une question générale de début de conversation, visant à briser la glace, suffit pour éviter qu'une personne ne reste dans sa tête. Si c'est le cas, cela aura uniquement des impacts négatifs sur vous : augmentation de votre irritation, de votre impuissance, sentiment d'être inefficace, peu pertinent, peu crédible, peu compétent, augmentation de votre anxiété.

2. Ne vous exprimez jamais si votre interlocuteur est en SI. Si vous parlez (GO expression), votre interlocuteur doit absolument être en SA (GO écoute), et vice versa. De toutes les règles, il s'agit probablement de la plus importante. Si vous la respectez, vous vous assurez que votre contenu, votre message et vos arguments importants sont encodés et reçus par votre interlocuteur. Dans cette configuration, votre communication est efficace. Votre crédibilité augmente, votre impact se fait sentir, votre perception de vous-même est positive et votre potentiel d'influence est élevé.

Cela s'applique également à un groupe. Il faut vous assurer que la majorité du groupe, ou un interlocuteur en particulier, est en SA (GO écoute). Sinon, votre crédibilité, votre leadership, votre impact et votre influence positive fondront en quelques secondes.

Tant et aussi longtemps que votre interlocuteur est en SI, il réfléchit, il est anxieux, et son cerveau évalue les informations ; il ne peut donc pas en encoder positivement de nouvelles. C'est alors à vous d'activer consciemment votre GO écoute et de maintenir votre attention sur lui. Cette microstratégie aura deux conséquences sur votre interlocuteur :

- Il continuera à parler. Son SI évaluera qu'il doit exprimer ou expliquer quelque chose pour atteindre son objectif. Alors qu'il est en GO expression, il n'est pas en GO

écoute et ne peut donc pas encoder de nouvelles informations.
- Il arrêtera son SI et activera son SA. En d'autres mots, il passera automatiquement de SI à SA, sans aucune intervention verbale de votre part. Ce sera alors à votre tour de parler.

Il s'agit d'une microstratégie très efficace qui doit être utilisée plusieurs dizaines de fois dans une même conversation.

3. Laissez un délai avant de vous exprimer.

Lorsqu'une personne termine une phase d'expression, laissez entre 0,5 et 2 secondes avant de parler. N'enchaînez jamais immédiatement. Le fait de prendre la parole tout de suite est la preuve que votre réponse était déjà formulée. Vous démontrez que vous n'avez pas écouté et que vous étiez en SI. Vous avez donc dupé votre interlocuteur, qui sera immédiatement plus méfiant lors du prochain tour de parole. Inconsciemment, vous avez encouragé son SI au lieu de son SA (GO écoute). Pour se défendre, il déclenchera immédiatement un SI, faisant en sorte que vous parlerez dans le vide lors du prochain tour de parole. Ce que vous direz ne sera pas encodé par lui et vous « brûlerez » vos arguments et vos propos.

Plus une personne se vulnérabilise, plus il est important d'attendre avant de commencer à parler (GO expression). Si elle vous raconte des événements qui suscitent peu d'émotions et de vulnérabilité, vous pouvez laisser passer 0,5 seconde seulement avant de prendre la parole. Par contre, si le contenu implique davantage de vulnérabilité, attendez davantage avant de répondre. Si vos habiletés d'écoute et d'empathie sont bien développées, cela se produira naturellement, sans que vous ayez besoin d'y réfléchir consciemment.

4. Si votre interlocuteur passe de SA à SI pendant que vous parlez, arrêtez immédiatement et activez votre GO écoute.

Quand vous parlez (GO expression), il faut vous assurer que votre interlocuteur maintient le SA + GO écoute. Typiquement, une personne qui n'est pas entraînée à la communication écoute peu, souvent entre 1 et 3 secondes. Elle a de la difficulté à maintenir son attention soutenue pendant un dialogue et déclenche facilement son SI. Aussitôt que celui-ci est activé, elle cesse de vous écouter. Il est alors risqué de continuer à parler comme si de rien n'était, car ce que vous direz sera «brûlé», ainsi que votre crédibilité. Par exemple, alors que vous partagez une opinion, votre interlocutrice est en SA (GO écoute). Elle hoche la tête et cligne des yeux, son attention vers vous est soutenue, bref, tout va bien: l'énergie augmente et la relation se développe. Toutefois, en plein milieu d'une de vos phrases, vous remarquez qu'elle prend une inspiration, crispe la bouche et que son visage devient immobile: elle est en SI et a soudainement cessé de vous écouter. Il vous faut résister à la tentation de terminer votre phrase ou votre propos. Je vous suggère plutôt de vous taire immédiatement. Vous passez donc de GO expression, jugé maintenant inefficace par votre système d'adaptation, à No-GO expression. Le No-GO, responsable du maintien de l'énergie dans le dialogue, vous incite maintenant à adopter une nouvelle stratégie et à passer en GO écoute. Grâce au No-GO, vous avez utilisé une nouvelle stratégie mieux adaptée au maintien de l'énergie du dialogue.

Cette stratégie a des retombées immédiates et importantes. Le rapide passage de GO expression à No-GO, puis à GO écoute, enseigne plusieurs choses au cerveau de votre interlocutrice:

- Si elle n'est pas en SA + GO écoute, vous ne parlez pas. Vous lui apprenez donc à prendre la responsabilité de ses processus de communication.

- Si elle veut vous entendre et vous respecter, elle doit, elle aussi, prendre conscience de la façon dont elle gère son attention consciente.
- Elle se rend compte qu'elle interrompt la communication et qu'elle est peu respectueuse. Cette prise de conscience autonome l'amènera à vouloir écouter les autres (dont vous !), plutôt que de les couper aussitôt qu'elle est contrariée ou dérangée par une émotion.

Ainsi, de façon naturelle, vous augmentez votre autorité, votre crédibilité et vous enseignez le respect à votre interlocuteur, et ce, sans violence et sans affecter son autonomie.

5. Contrôlez les fluctuations d'énergie dans le dialogue et menez la conversation en ralentissant le tempo.

Soyez le facteur ralentissant. Évitez toute forme d'accélération dans les tours de parole, dans le débit et dans le transfert de l'attention consciente. Ne répondez pas rapidement. Ne comprenez pas rapidement. La façon idéale de ralentir la communication est de faire un choix de communication conscient à chaque instant du dialogue.

Plus une personne est impulsive, réagit sur le coup de l'émotion et se comporte de façon automatique, plus elle accélérera la communication et diminuera l'accès à l'énergie du dialogue. En d'autres mots, plus nous accélérerons, plus nous serons anxieux, plus le SI sera facilement activé et plus les émotions des deux interlocuteurs deviendront instables. Plus nous ralentirons, plus la vulnérabilité se développera, plus nous serons capables de maîtriser nos choix de communication, mieux nous contrôlerons notre attention consciente, moins les traits de personnalité propres au névrotisme dicteront notre communication, plus les traits de conscienciosité prendront de la force. Surtout, meilleures seront la relation et l'énergie.

NOTES

1. Gray, J. A. (1975). *Elements of a two-process theory of learning*. Academic Press.
2. Gray, J. A. (1982). *The Neuropsychology of Anxiety*, 13-38.
3. Gray, J. A., & McNaughton, N. (2000). *The Neuropsychology of Anxiety*. Oxford University Press. New York, 72-82.
4. Calvo, M., & Esteves, F. (2005). Detection of emotional faces: Low perceptual threshold and wide attentional span. *Visual Cognition*, 12(1), 13-27.
5. Rogan, M. T., & LeDoux, J. E. (1996). Emotion: systems, cells, synaptic plasticity. *Cell*, 85(4), 469-475.
6. Eastwood, J. D., & Smilek, D. (2005). Functional consequences of perceiving facial expressions of emotion without awareness. *Consciousness and Cognition*, 14(3), 565-584.
7. Balconi, M. (2011). Frontal brain oscillation modulation in facial emotion comprehension: The role of reward and inhibitory systems in subliminal and supraliminal processing. *Journal of Cognitive Psychology*, 23(6), 723-735.
8. Gray, J. A., & McNaughton, N. (2000). *The Neuropsychology of Anxiety*. Oxford University Press. New York, 72-82.
9. Corr, P. J. (2004). Reinforcement sensitivity theory and personality. *Neuroscience & Biobehavioral Reviews*, 28(3), 317-332.
10. McNaughton, B. L., Battaglia, F. P., Jensen, O., Moser, E. I., & Moser, M. B. (2006). Path integration and the neural basis of the 'cognitive map'. *Nature Reviews Neuroscience*, 7(8), 663-678.
11. Corr, P. J., & McNaughton, N. (2012). Neuroscience and approach/avoidance personality traits: A two stage (valuation-motivation) approach. *Neuroscience & Biobehavioral Reviews*, 36(10), 2339-2354.
12. Cooper, A. J., Perkins, A. M., & Corr, P. J. (2007). A confirmatory factor analytic study of anxiety, fear, and behavioral inhibition system measures. *Journal of Individual Differences*, 28(4), 179.
13. Wacker, J., Chavanon, M. L., Leue, A., & Stemmler, G. (2008). Is running away right? The behavioral activation-behavioral inhibition model of anterior asymmetry. *Emotion*, 8(2), 232.
14. Biederman, J., Rosenbaum, J. F., Hirshfeld, D. R., Faraone, S. V., Bolduc, E. A., Gersten, M., ... & Reznick, J. S. (1990). Psychiatric correlates of behavioral inhibition in young children of parents with and without psychiatric disorders. *Archives of General Psychiatry*, 47(1), 21-26.
15. Fox, N. A., Henderson, H. A., Marshall, P. J., Nichols, K. E., & Ghera, M. M. (2005). Behavioral inhibition: Linking biology and behavior within a developmental framework. *Annual Review of Psychology*, 56, 235-262.
16. Dickerson, S. S., & Kemeny, M. E. (2004). Acute stressors and cortisol responses: a theoretical integration and synthesis of laboratory research. *Psychological Bulletin*, 130(3), 355.
17. Van Eck, M., Berkhof, H., Nicolson, N., & Sulon, J. (1996). The effects of perceived stress, traits, mood states, and stressful daily events on salivary cortisol. *Psychosomatic Medicine*, 58(5), 447-458.
18. Melamed, S., Ugarten, U., Shirom, A., Kahana, L., Lerman, Y., & Froom, P. (1999). Chronic burnout, somatic arousal and elevated salivary cortisol levels. *Journal of Psychosomatic Research*, 46(6), 591-598.

19. O'leary, A. (1990). Stress, emotion, and human immune function. *Psychological Bulletin*, 108(3), 363.
20. Bremner, J. D. (1999). Does stress damage the brain?. *Biological Psychiatry*, 45(7), 797-805.
21. McEwen, B. S., & Sapolsky, R. M. (1995). Stress and cognitive function. *Current Opinion in Neurobiology*, 5(2), 205-216.
22. Judge, T. A., & Bono, J. E. (2001). Relationship of core self-evaluations traits—self-esteem, generalized self-efficacy, locus of control, and emotional stability—with job satisfaction and job performance: A meta-analysis. *Journal of Applied Psychology*, 86(1), 80.
23. Borkovec, T. D. (1994). The nature, functions, and origins of worry. In G. C. L. Davey & F. Tallis (Eds.), *Wiley series in clinical psychology. Worrying: Perspectives on theory, assessment and treatment. 1994, p.* 5-33.
24. Eysenck, M. W., & Van Berkum, J. (1992). Trait anxiety, defensiveness, and the structure of worry. *Personality and Individual Differences*, 13(12), 1285-1290.
25. Eysenck, M. W., Derakshan, N., Santos, R., & Calvo, M. G. (2007). Anxiety and cognitive performance: attentional control theory. *Emotion*, 7(2), 336.
26. Rubin, K. H., Asendorpf, J. B., & Asendorpfz, J. (Eds.). (2014). *Social withdrawal, inhibition, and shyness in childhood.* Psychology Press.
27. Judge, T. A., Bono, J. E., Ilies, R., & Gerhardt, M. W. (2002). Personality and leadership: a qualitative and quantitative review. *Journal of Applied Psychology*, 87(4), 765.
28. Keltner, D., Gruenfeld, D. H., & Anderson, C. (2003). Power, approach, and inhibition. *Psychological Review*, 110(2), 265.
29. Inzlicht, M., & Kang, S. K. (2010). Stereotype threat spillover: how coping with threats to social identity affects aggression, eating, decision making, and attention. *Journal of Personality and Social Psychology*, 99(3), 467.
30. Balconi, M., Brambilla, E., & Falbo, L. (2009). BIS/BAS, cortical oscillations and coherence in response to emotional cues. *Brain Research Bulletin*, 80(3), 151-157.
31. Tomarken, A. J., Davidson, R. J., Wheeler, R. E., & Kinney, L. (1992). Psychometric properties of resting anterior EEG asymmetry: Temporal stability and internal consistency. *Psychophysiology*, 29(5), 576-592.
32. Hundt, N. E., Mitchell, J. T., Kimbrel, N. A., & Nelson-Gray, R. O. (2010). The effect of behavioral inhibition and approach on normal social functioning. *Individual Differences Research*, 8(4), 246-256.
33. Wacker, J., Chavanon, M. L., Leue, A., & Stemmler, G. (2010). Trait BIS predicts alpha asymmetry and P300 in a Go/No-Go task. *European Journal of Personality: Published for the European Association of Personality Psychology*, 24(2), 85-105.
34. Gable, S. L., Reis, H. T., & Elliot, A. J. (2000). Behavioral activation and inhibition in everyday life. *Journal of Personality and Social Psychology*, 78(6), 1135.
35. McNaughton, N., & Gray, J. A. (2000). Anxiolytic action on the behavioural inhibition system implies multiple types of arousal contribute to anxiety. *Journal of Affective Disorders*, 61(3), 161-176.
36. Wingrove, J., & Bond, A. J. (1998). Angry reactions to failure on a cooperative computer game: The effect of trait hostility, behavioural inhibition, and behavioural activation. *Aggressive Behavior: Official Journal of the International Society for Research on Aggression*, 24(1), 27-36.

37. Wallace, J. F., Newman, J. P., & Bachorowski, J. A. (1991). Failures of response modulation : Impulsive behavior in anxious and impulsive individuals. *Journal of Research in Personality*, 25(1), 23-44.

38. Depue, R. A., & Iacono, W. G. (1989). Neurobehavioral aspects of affective disorders. *Annual Review of Psychology*, 40(1), 457-492.

39. Mitchell, J. T., & Nelson-Gray, R. O. (2006). Attention-deficit/hyperactivity disorder symptoms in adults : relationship to Gray's behavioral approach system. *Personality and Individual Differences*, 40(4), 749-760.

40. Newman, J. P., MacCoon, D. G., Vaughn, L. J., & Sadeh, N. (2005). Validating a distinction between primary and secondary psychopathy with measures of Gray's BIS and BAS constructs. *Journal of Abnormal Psychology*, 114(2), 319.

41. Duckworth, A. L., & Seligman, M. E. (2005). Self-discipline outdoes IQ in predicting academic performance of adolescents. *Psychological Science*, 16(12), 939-944.

42. Kreek, M. J., Nielsen, D. A., Butelman, E. R., & LaForge, K. S. (2005). Genetic influences on impulsivity, risk taking, stress responsivity and vulnerability to drug abuse and addiction. *Nature Neuroscience*, 8(11), 1450-1457.

43. Slobodskaya, H. R. (2007). The associations among the Big Five, Behavioural Inhibition and Behavioural Approach systems and child and adolescent adjustment in Russia. *Personality and Individual Differences*, 43(4), 913-924.

44. Digman, J. M. (1990). Personality structure : Emergence of the five-factor model. *Annual Review of Psychology*, 41(1), 417-440.

45. McNaughton, N., & Gray, J. A. (2000). Anxiolytic action on the behavioural inhibition system implies multiple types of arousal contribute to anxiety. *Journal of Affective Disorders*, 61(3), 161-176.

46. Elliot, A. J., & Thrash, T. M. (2002). Approach-avoidance motivation in personality : approach and avoidance temperaments and goals. Journal of *Personality and Social Psychology*, 82(5), 804.

47. Hirsh, J. B., & Inzlicht, M. (2008). The devil you know : Neuroticism predicts neural response to uncertainty. *Psychological Science*, 19(10), 962-967.

48. Gray, J. A., & McNaughton, N. (2000). *The Neuropsychology of Anxiety*. Oxford University Press. New York, 268.

49. Gray, J. A., & McNaughton, N. (2000). *The Neuropsychology of Anxiety*. Oxford University Press. New York, 268.

50. Eysenck, M. W., & Van Berkum, J. (1992). Trait anxiety, defensiveness, and the structure of worry. *Personality and Individual Differences*, 13(12), 1285-1290.

51. Gunthert, K. C., Cohen, L. H., & Armeli, S. (1999). The role of neuroticism in daily stress and coping. *Journal of Personality and Social Psychology*, 77(5), 1087.

52. Loewenstein, G. F., Weber, E. U., Hsee, C. K., & Welch, N. (2001). Risk as feelings. *Psychological Bulletin*, 127(2), 267.

53. Purvis, A., Howell, R. T., & Iyer, R. (2011). Exploring the role of personality in the relationship between maximization and well-being. *Personality and Individual Differences*, 50(3), 370-375.

54. Kinnunen, U., Vermulst, A., Gerris, J., & Mäkikangas, A. (2003). Work-family conflict and its relations to well-being : The role of personality as a moderating factor. *Personality and Individual differences*, 35(7), 1669-1683.

55. Hirsh, J. B., & Kang, S. K. (2016). Mechanisms of identity conflict : Uncertainty, anxiety, and the behavioral inhibition system. *Personality and Social Psychology Review*, 20(3), 223-244.
56. DeYoung, C. G., Grazioplene, R. G., & Peterson, J. B. (2012). From madness to genius : The Openness/Intellect trait domain as a paradoxical simplex. *Journal of Research in Personality*, 46(1), 63-78.
57. DeYoung, C. G., Grazioplene, R. G., & Peterson, J. B. (2012). From madness to genius : The Openness/Intellect trait domain as a paradoxical simplex. *Journal of Research in Personality*, 46(1), 63-78.
58. DeYoung, C. G., Cicchetti, D., Rogosch, F. A., Gray, J. R., Eastman, M., & Grigorenko, E. L. (2011). Sources of cognitive exploration : Genetic variation in the prefrontal dopamine system predicts Openness/Intellect. *Journal of Research in Personality*, 45(4), 364-371.
59. DeYoung, C. G. (2006). Higher-order factors of the Big Five in a multi-informant sample. *Journal of Personality and Social Psychology*, 91(6), 1138.
60. Hirsh, J. B., DeYoung, C. G., & Peterson, J. B. (2009). Metatraits of the Big Five differentially predict engagement and restraint of behavior. *Journal of Personality*, 77(4), 1085-1102.
61. DeYoung, C. G., Cicchetti, D., & Rogosch, F. A. (2011). Moderation of the association between childhood maltreatment and neuroticism by the corticotropin-releasing hormone receptor 1 gene. *Journal of Child Psychology and Psychiatry*, 52(8), 898-906.
62. DeYoung, C. G., Quilty, L. C., & Peterson, J. B. (2007). Between facets and domains : 10 aspects of the Big Five. *Journal of Personality and Social Psychology*, 93(5), 880.
63. Meier, B. P., Robinson, M. D., & Wilkowski, B. M. (2006). Turning the other cheek : Agreeableness and the regulation of aggression-related primes. *Psychological Science*, 17(2), 136-142.
64. DeYoung, C. G. (2010). Personality neuroscience and the biology of traits. *Social and Personality Psychology Compass*, 4(12), 1165-1180.
65. Gomez, R. (2003). Underlying processes in the poor response inhibition of children with attention-deficit/hyperactivity disorder. *Journal of Attention Disorders*, 6(3), 111-122.
66. Iaboni, F., Douglas, V. I., & Baker, A. G. (1995). Effects of reward and response costs on inhibition in ADHD children. *Journal of Abnormal Psychology*, 104(1), 232.
67. O'Brien, B. S., & Frick, P. J. (1996). Reward dominance : Associations with anxiety, conduct problems, and psychopathy in children. *Journal of Abnormal Child Psychology*, 24(2), 223-240.
68. Quay, H. C. (1988). The behavioral reward and inhibition system in childhood behavior disorder. In L. M. Bloomingdale (Ed.), *Attention Deficit Disorder*, n° 3. 1988, 176-186.
69. Weisberg, Y. J., DeYoung, C. G., & Hirsh, J. B. (2011). Gender differences in personality across the ten aspects of the Big Five. *Frontiers in Psychology*, 2, 178.
70. Judge, T. A., Bono, J. E., Ilies, R., & Gerhardt, M. W. (2002). Personality and leadership : a qualitative and quantitative review. *Journal of Applied Psychology*, 87(4), 765.
71. Ostrov, J. M., & Keating, C. F. (2004). Gender differences in preschool aggression during free play and structured interactions : An observational study. *Social Development*, 13(2), 255-277.

72. Lagerspetz, K. M., Björkqvist, K., & Peltonen, T. (1988). Is indirect aggression typical of females? Gender differences in aggressiveness in 11-to 12-year-old children. *Aggressive Behavior*, 14(6), 403-414.
73. Markon, K. E., Krueger, R. F., & Watson, D. (2005). Delineating the structure of normal and abnormal personality: an integrative hierarchical approach. *Journal of Personality and Social Psychology*, 88(1), 139.
74. Roberts, B. W., Chernyshenko, O. S., Stark, S., & Goldberg, L. R. (2005). The structure of conscientiousness: An empirical investigation based on seven major personality questionnaires. *Personnel Psychology*, 58(1), 103-139.
75. Mount, M. K., Barrick, M. R., Scullen, S. M., & Rounds, J. (2005). Higher-order dimensions of the big five personality traits and the big six vocational interest types. *Personnel Psychology*, 58(2), 447-478.
76. Eagle, D. M., Bari, A., & Robbins, T. W. (2008). The neuropsychopharmacology of action inhibition: cross-species translation of the stop-signal and go/no-go tasks. *Psychopharmacology*, 199(3), 439-456.
77. Schachar, R., Logan, G. D., Robaey, P., Chen, S., Ickowicz, A., & Barr, C. (2007). Restraint and cancellation: multiple inhibition deficits in attention deficit hyperactivity disorder. *Journal of Abnormal Child Psychology*, 35(2), 229-238.
78. Evenden, J. L. (1999). Varieties of impulsivity. *Psychopharmacology*, 146(4), 348-361.
79. Soubrié, P. (1986). Reconciling the role of central serotonin neurons in human and animal behavior. *Behavioral and Brain Sciences*, 9(2), 319-335.
80. Winstanley, C. A., Theobald, D. E., Cardinal, R. N., & Robbins, T. W. (2004). Contrasting roles of basolateral amygdala and orbitofrontal cortex in impulsive choice. *Journal of Neuroscience*, 24(20), 4718-4722.
81. Harrison, A. A., Everitt, B. J., & Robbins, T. W. (1997). Central 5-HT depletion enhances impulsive responding without affecting the accuracy of attentional performance: interactions with dopaminergic mechanisms. *Psychopharmacology*, 133(4), 329-342.
82. A. Meneses, 5-HT system and cognition." Neuroscience & Biobehavioral Reviews 23, n° 8. 1999, p. 1111- Meneses, A. (1999). 5-HT system and cognition. *Neuroscience & Biobehavioral Reviews*, 23(8), 1111-1125.
83. Crockett, M. J., Clark, L., Tabibnia, G., Lieberman, M. D., & Robbins, T. W. (2008). Serotonin modulates behavioral reactions to unfairness. *Science*, 320(5884), 1739-1739.

VII

L'OR, OU L'ÉQUATION UNIVERSELLE DES DIALOGUES

Notre coffre-fort

Le but implicite de toute communication humaine est l'augmentation de la croissance et de l'énergie. Nous pouvons avoir accès à cette énergie par la conscience et le contrôle de processus mentaux tels que l'attention et les systèmes non conscients (SI et SA) et conscients (GO et No-GO). Le contrôle de ces facteurs influencera le contenu qui sera verbalement abordé dans la communication. C'est ce que nous appelons les « sujets de conversation ». Leur accès et leur sélection constituent une autre étape stratégique du développement de l'énergie dans un dialogue.

Les sujets de conversation sont des boîtes virtuelles qui contiennent des parties de nous, notre identité, notre nature, notre sens. Les sujets de conversation, ainsi que les informations que nous imaginons et exprimons parfois, sont des reflets imagés de ce que nous portons en nous.

Ce ne sont pas des histoires, des images, des opinions ou des arguments classés uniformément ou aléatoirement. Pour notre cerveau, pour nos différents systèmes cognitifs, c'est une matière qui comporte une valeur, de l'énergie, un sens. Il existe donc une hiérarchie énergétique inhérente aux sujets de communication. Certains ont plus de valeur, plus d'importance et plus d'énergie que d'autres. Ils possèdent donc un potentiel d'énergie supérieur ; ils sont alors très vulnérables.

Plus la valeur d'une marchandise est grande, mieux elle sera protégée, plus elle sera difficilement accessible. L'énergie et le sens des sujets de communication sont aussi classifiés dans notre esprit de manière à préserver leur énergie potentielle.

Dans une banque ou un musée, par exemple, les biens et les œuvres de grande valeur sont gardés dans des endroits isolés, surveillés, constamment gardés. Des coffres-forts épais, presque indestructibles et impossibles à forcer, protègent ce qu'il y a de plus rare. Seuls quelques individus autorisés, hyper qualifiés, rigoureux et conscients de la valeur de ces possessions détiennent les codes d'accès, mais ils ne peuvent les ouvrir que lorsque certaines conditions précises sont réunies. Plus nous progressons vers la chambre forte, plus la sécurité s'accentue. Les gardes de sécurité, les droits d'accès, les scanneurs, les systèmes d'alarme se multiplient, sont de plus en plus sensibles. Plusieurs portes doivent être franchies, chacune d'elles nécessitant un code précis. Se tromper de mot de passe ou de chiffre à l'une des entrées entraîne l'annulation de tous les accès qui mènent au coffre.

Les humains n'ont pas inventé les systèmes de sécurité. Les systèmes de protection de l'énergie font partie du système hiérarchique inhérent à la nature. De la même façon, notre cerveau protège la valeur de son contenu. Les sujets de conversation sont une marchandise comportant une valeur intrinsèque, soit une masse d'énergie. Les sujets de grande valeur sont peu accessibles. Ils sont protégés par de multiples systèmes de sécurité conscients et non conscients. Le but des communications est d'accéder aux sujets à grand potentiel énergétique, ceux qui sont porteurs de sens. Ce sont les matériaux dont nous avons besoin pour construire le sens.

Où est l'or ?

Les sujets à faible teneur énergétique ne révèlent le potentiel ni d'un individu, ni d'une conversation, ni d'une relation. Mais il faut savoir où ils sont. Encore plus important, nous avons besoin des codes d'accès. De *tous* les codes. C'est là que la communication devient intéressante. L'or se situe dans les sujets intermédiaires, sécurisés et profonds. Les sujets de surface sont, essentiellement, une perte de temps si nos conversations s'y attardent.

Structure intrapsychique des thèmes : la matriochka

La façon dont les sujets de conversation sont structurés à l'intérieur d'un humain ressemble à la configuration d'une matriochka, la célèbre poupée russe. Sous son apparence amusante, sa construction est une sage représentation de la façon dont les sujets sont imbriqués les uns dans les autres. Cette poupée traditionnelle renferme de multiples versions d'elle-même, jusqu'à son centre. Plus les poupées sont près de l'extérieur, plus elles sont grossières, épaisses et résistantes. Malgré leur apparence et leurs couleurs vives, elles agissent comme des boucliers. Plus on va vers l'intérieur, plus les poupées sont délicates, précieuses et vulnérables. Chacune est donc une protection pour la suivante. La poupée du centre contient la plus grande concentration d'énergie. De la même manière, les sujets de conversation les moins accessibles se trouvent au centre, et peu de gens y ont accès.

Il existe quatre types de sujets de conversation : de surface, intermédiaires, sécurisés et profonds.

Les sujets **de surface** sont facilement accessibles avec peu d'efforts, car ils sont superficiels. Ils nous assurent une certaine forme d'interactions sociales tout en restant presque immunisés contre les émotions négatives et les interventions de notre interlocuteur. Nous recourons à ce type de sujets pour tester les premières phases de dialogue et les contacts initiaux. Ils comportent un indice de vulnérabilité très faible (1-2/10) et sont très résistants aux attaques, aux chocs, aux désaccords, à la désapprobation sociale et au rejet interpersonnel. Tout comme la poupée extérieure de la matriochka, ils permettent d'être en contact avec les autres tout en servant de bouclier.

Les sujets de surface constituent le point de départ de la plupart des conversations. L'avantage, c'est qu'ils sont toujours disponibles, qu'ils permettent de créer rapidement un contact initial et qu'ils génèrent peu ou pas d'anxiété. Leur désavantage est que, comme ils impliquent peu ou pas de vulnérabilité, ils génèrent une relation faible avec les interlocuteurs.

Ils occupent malheureusement une place disproportionnée dans les activités humaines, car le sens et l'énergie qu'ils comportent sont généralement trop faibles pour les objectifs que nous avons. Plus une personne est socialement anxieuse, plus elle réduira sa vulnérabilité en restant dans la zone des sujets de surface, ce qui empêchera le développement de la relation, confirmant ainsi l'anxiété d'être rejetée et maintenant le cercle vicieux de l'anxiété sociale. La surutilisation des sujets de surface est une stratégie d'évitement.

Les sujets de surface sont des pièges, car ils agissent comme des bouées de sauvetage. Il est vrai qu'il est impossible de se noyer avec des flotteurs attachés aux bras, mais il est également vrai que cet accessoire gêne le développement de nos habiletés à nager, entretenant implicitement notre anxiété d'être vulnérables. En les utilisant, nous enseignons à notre cerveau que les relations profondes et authentiques ne sont pas accessibles pour nous, que nous ne les méritons pas. Il est donc important de développer suffisamment de conscience et d'habiletés pour ne pas dépendre uniquement des sujets de surface pour être en interaction avec les autres.

Les sujets **intermédiaires** (vulnérabilité 3-4/10) sont nettement plus vulnérabilisants et révèlent davantage d'éléments personnels ou importants pour soi. Ce sont des sujets porteurs de sens et d'énergie. Ils ne se rapportent pas à de simples anecdotes ou événements, ils concernent la personne elle-même. Ils sont peu souvent abordés, car nous n'avons habituellement pas les conditions relationnelles, émotionnelles et cognitives pour que notre cerveau autorise l'accès à ce type de sujets avec notre interlocuteur. Ils ne deviennent accessibles qu'avec des personnes avec qui la relation est suffisamment développée pour que la vulnérabilité soit bien tolérée. Nous nous situons donc déjà à des couches cachées de l'extérieur. Si on reprend l'image de la matriochka, les sujets intermédiaires commencent sous la première poupée.

Les sujets **sécurisés** sont rarement abordés dans notre quotidien, car la vulnérabilité qui y est associée est élevée (5-7/10). Ce sont habituellement des sujets qui touchent des enjeux sensibles et susceptibles de provoquer des émotions négatives fortes, comme la culpabilité, le regret, le désespoir et la colère. Le système psychique protège ces sujets parce qu'une très grande concentration d'énergie et un potentiel de sens élevé y sont liés. Il est sage d'avoir une infrastructure qui permet de contenir et d'utiliser cette énergie de façon constructive dans la conversation de manière à servir les objectifs que nous recherchons. Les sujets sécurisés correspondent aux petites matriochkas, celles qui se situent près du cœur de la poupée. Ils sont difficiles à manier dans la conversation, car ils sont aussi délicats que puissants. Une conscience dynamique et des habiletés de communication très développées sont nécessaires pour pouvoir accéder à ce genre d'énergie et l'utiliser. Par contre, le potentiel de gain de croissance et de mouvement est gigantesque.

Les sujets **profonds** correspondent à la matriochka du centre. Ils entrent dans une catégorie différente, car la vulnérabilité qui y est associée est au niveau maximum (8-10/10). Je dirais que ce niveau de vulnérabilité n'est pas réellement accessible de façon autonome ni nécessaire dans nos communications personnelles ou professionnelles. Il est généralement en lien avec des sujets qui sont hors de notre propre conscience, et leur accès nécessite la présence d'un spécialiste, car il faut y accéder progressivement et en toute sécurité. Le cerveau humain possède des mécanismes de protection extrêmement perfectionnés. La psyché humaine est en effet conçue pour filtrer les éléments qui sont susceptibles d'émerger à notre conscience et que nous ne pourrions tolérer sans nous faire du mal.

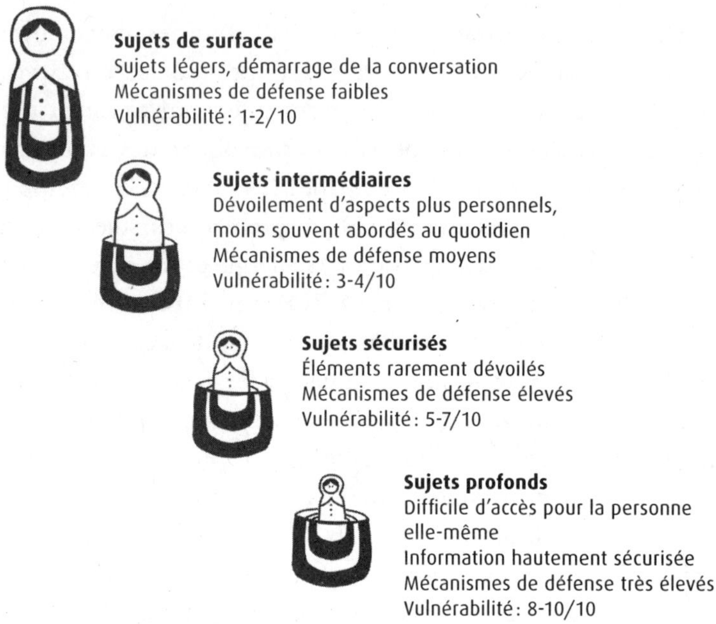

Les conditions d'accès

Les sujets de surface sont des matériaux de faible qualité : la vulnérabilité est faible, l'impact relationnel est faible, la qualité du contenu est faible. Dans la mesure où on souhaite créer une relation forte avec une personne, réaliser de grands projets ou s'attaquer à des défis importants pour soi, il faut rapidement s'en écarter pour aller vers les types de sujets davantage vulnérabilisants. L'objectif des conversations à haut potentiel d'énergie consiste à accéder aux sujets intermédiaires, sécurisés et profonds.

Toutes les stratégies de communication doivent donc servir cet accès.

Comme il est impossible de forcer un coffre-fort, il est également impossible de forcer un sujet de conversation. La psychologie de la communication consiste à créer les conditions qui accélèrent l'accès aux sujets porteurs. Il s'agit de franchir les barrières permettant de dépasser les sujets de surface pour obtenir l'autorisation d'accéder aux sujets intermédiaires. Lorsque davantage d'énergie est nécessaire, il faut recevoir de nouvelles autorisations pour avoir accès aux sujets sécurisés.

Notre cerveau ne nous laisse jamais aborder un sujet vulnérable sans qu'il serve un objectif d'une valeur proportionnelle. Il y a donc des mécanismes qui déterminent les autorisations. Même si nous faisons preuve de la plus grande volonté, notre cerveau protégera notre valeur et n'autorisera l'accès aux sujets qu'en fonction de la préservation de celle-ci.

Il existe une ambivalence inhérente aux humains quant aux éléments qu'ils souhaitent rendre accessibles. Ils sont constamment partagés entre leur besoin de sécurité ainsi que leur volonté d'éviter la souffrance, la déception et l'anxiété, d'une part, et leur désir de se dévoiler et ainsi de courir la chance d'accéder à davantage d'énergie, d'autre part. Le dévoilement de soi s'inscrit dans un processus de croissance et il est aussi attrayant que terrorisant. Consciemment ou non, nous sommes donc constamment placés devant un choix : prendre le risque de nous ouvrir ou non. Le SI participe à ce type d'évaluation. Le cerveau doit prendre des décisions à chaque instant d'une communication. S'il ne détecte pas de risque, il poursuivra le processus de vulnérabilité et autorisera l'accès aux sujets plus sensibles. Si des menaces sont perçues, il prendra la décision d'empêcher l'accès aux sujets plus vulnérables et forcera, consciemment ou non, le retour aux sujets de surface. Pour que notre cerveau donne accès aux sujets de conversation porteurs de sens et d'énergie, certaines conditions doivent absolument être remplies.

Les règles d'or de l'or

Alors que nous communiquons avec une personne, notre cerveau pèse, à chaque milliseconde, les risques inhérents à ce que nous dévoilons. Les deux règles les plus importantes quant aux sujets que nous abordons dans nos communications sont les suivantes :

1. Un humain doit, en tout temps, rester l'unique propriétaire de son or.

Un humain doit toujours être assuré que personne ne tentera d'emprunter, de modifier ou de voler son contenu de grande valeur. Tout le système psychique est conçu pour protéger la propriété de cette marchandise inestimable, et ce, en tout temps et dans toutes les interactions humaines.

- Est-ce que l'attention de l'interlocuteur est unifiée et conjointe ?
- Est-ce que les comportements physiques de l'interlocuteur montrent bien une activation SA ?

Le SA de la personne qui écoute garantit le système d'intérêt à l'égard du contenu exprimé. Il est associé au maintien de sa valeur, par opposition au SI qui, lui, réduit le contenu de son interlocuteur à de la simple information qui peut être évaluée et utilisée pour servir ses propres fins. Le SI enverra alors un signal de danger à la personne qui s'exprime, inhibant automatiquement la progression de la vulnérabilité. Elle reviendra rapidement à un sujet de surface dont la vulnérabilité et le risque sont faibles.

2. La psyché empêche l'humain de gaspiller son or ou de permettre une diminution de sa valeur.

- Est-ce que la personne qui écoute est capable de suivre la progression de la valeur des sujets ?

Pendant qu'une personne s'exprime et se dévoile, sa vulnérabilité tend à s'accroître progressivement, augmentant donc les risques qu'elle prend. Son interlocuteur doit adapter la précision de son écoute de manière à lui montrer la conscience qu'il a de la valeur du contenu dévoilé. Si ses comportements d'écoute ne vont pas dans ce sens, encore une fois, il y aura rétraction et retour à des sujets de surface.

Plus les sujets abordés sont vulnérables (intermédiaires, sécurisés et profonds), plus la personne qui parle et qui, par conséquent, se vulnérabilise réagit aux erreurs de communication. Par exemple, lorsqu'une personne s'exprime sur un sujet de surface, la vulnérabilité est très faible. Le cerveau tolère alors beaucoup d'erreurs de communication, par exemple diviser son attention, être en activation SI, être interrompu, se faire poser une question hors contexte ou au mauvais moment. Comme il s'agit de la couche externe de la poupée, les impacts sont minimes. Par contre, le cerveau a très clairement détecté ces erreurs de communication, et la décision de ne pas aller vers un sujet de type intermédiaire est déjà claire. Il n'est pas question d'augmenter sa vulnérabilité face à autant de risques.

Tout or doit avoir comme destinée de croître. On sort l'or du coffre uniquement pour le mettre dans un meilleur coffre, ou pour augmenter sa valeur dans un système qui prendra soin de son développement. En d'autres mots, se dévoiler sur un contenu de grande valeur doit servir un but, un projet ou une destinée dont la valeur est au moins égale, ou idéalement supérieure, à celle de l'or initial. Bref, on ne parle de sujets importants et vulnérables que lorsque c'est justifié par l'objectif.

Notre cerveau ne nous donne accès à des éléments vulnérables que s'il en voit l'utilité pour lui-même. Sinon, le dévoilement d'une telle marchandise ne sert que l'autre, ce qui équivaut à être désapproprié de sa valeur et peut être comparé, sur certains aspects, à un viol.

Plus le but de la communication est clair, plus les permissions d'accès aux sujets importants et vulnérables sont accordées, car la destinée qui donnera de la valeur à l'or est confirmée. Notre cerveau doit pouvoir évaluer en quoi une ressource ou un contenu de valeur auquel il pourrait donner accès sera protégé et utilisé plutôt que perdu et gaspillé. La clarification du but trace un vecteur dès le début de l'interaction, offrant déjà une destinée à cette marchandise.

Notre système et celui de notre interlocuteur sont conçus pour protéger les sujets intermédiaires, sécurisés et profonds. Comme ces derniers comportent de plus en plus de vulnérabilité, le système est de plus en plus strict quant aux conditions qu'il exige pour y accéder. L'accès à ces sujets n'est possible que lorsque toutes les conditions de sécurité sont remplies. Si certaines sont absentes, notre système bloque l'accès à ce type de contenu.

Comme l'illustre le graphique ci-dessous, il est impossible d'accéder directement à des sujets profonds sans préalablement passer par les sujets de surface et intermédiaires.

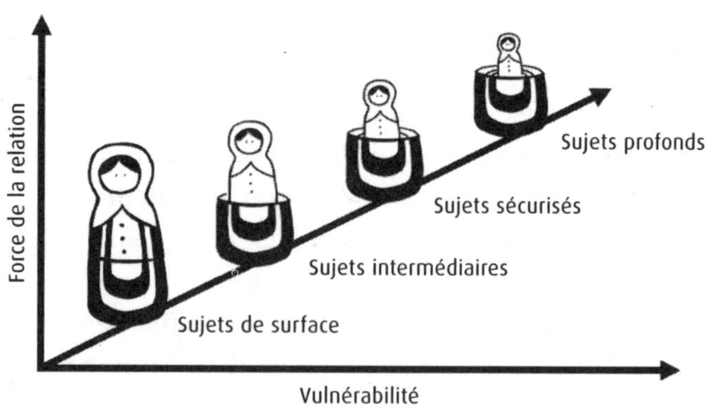

L'équation universelle des dialogues

Au cours d'une communication ou d'une conversation, différentes forces agissent sur nous. Certaines créent le mouvement, comme la relation, le sens et les objectifs que nous poursuivons. D'autres, comme l'anxiété, ont plutôt tendance à inhiber le mouvement et à créer des états statiques.

Le défi d'une communication est semblable à celui d'un cycliste. S'il n'arrive pas à avancer, il perdra l'équilibre. Il a donc intérêt à se mettre en mouvement, c'est bien ce qu'il veut. Ce sport est ainsi fait; les règles sont claires. Le cycliste a pour objectif de générer un mouvement vers l'avant, imprimant à son vélo une vitesse qui lui permet de vaincre les forces qui s'opposent à ce dernier. L'anxiété est une force qui peut être comparée à la gravité. Sans mouvement, elle est un problème plus difficile à affronter; on risque de tomber. Les émotions positives, le sens et la relation elle-même sont des forces qui peuvent être comparées à l'énergie cinétique du vélo.

Il y a donc une vitesse minimale pour pouvoir rester en équilibre. Plus nous ralentissons, plus nous devons ajuster la position de notre guidon pour compenser la perte de vitesse et éviter la chute. Plus notre vitesse est grande, plus le vélo est stable, en équilibre. Il s'agit de maintenir suffisamment de vitesse pour préserver un mouvement vers l'avant, c'est-à-dire nous assurer que la gravité n'a aucune chance de nous faire tomber.

La vitesse cinétique, produisant le mouvement, crée la stabilité et l'équilibre.

La sensation d'équilibre est le résultat d'une interaction étroite entre plusieurs forces dynamiques.

Plus un vélo roule à grande vitesse, plus il est stable, et inversement. Sa vitesse minimale correspond au point de chute, à un point de bascule clair. Les mêmes facteurs s'appliquent aux dialogues.

L'équation suivante met en relation l'énergie du dialogue, la force de la relation et l'anxiété du dialogue. L'énergie résultante sera considérée comme l'« indice d'équilibre » de la relation.

$$\text{Énergie du dialogue} = \frac{\textit{Force de la relation}}{\textit{Anxiété du dialogue}}$$

L'énergie vectorielle

Comme je l'ai expliqué précédemment, en matière de relations humaines, l'énergie correspond au potentiel de mouvement développé par la communication. Une communication doit créer de l'énergie, investie vers un but, ainsi que le rehaussement de la qualité de la relation. Plus l'énergie d'une communication est élevée, plus les interlocuteurs auront le sentiment qu'elle a été positive, constructive, porteuse de résultats, utile et énergisante, et qu'elle a porté la relation à un niveau supérieur. C'est bien ce que nous voulons, n'est-ce pas ?

Une communication peut générer un niveau d'énergie élevé sans que le sujet soit positif. Une discussion portant sur un conflit ou une mésentente peut dégager une quantité d'énergie importante. La valence émotionnelle des sujets de communication n'a donc rien à voir avec les retombées énergétiques. Ce qu'il y a de positif dans la communication, c'est l'énergie et le mouvement. À l'inverse, la communication est négative lorsqu'elle crée de la stagnation.

L'énergie obtenue grâce à un dialogue est proportionnelle à la force de la relation, et inversement proportionnelle à l'anxiété.

Cela veut dire que plus un sujet implique des émotions et de l'anxiété, plus il nécessite une relation forte pour créer de l'énergie.

Évaluation de l'anxiété globale

Il est important de se demander comment on se sent à l'idée d'aborder un sujet de conversation en particulier avec quelqu'un. Est-ce que ce sujet me fait peur? M'inquiète? Est-ce que je crains les répercussions? Si oui, comment expliquer ce haut niveau d'anxiété?

Cette évaluation est importante, car elle nous permet de prendre conscience qu'une forte activation émotionnelle peut rapidement entraver des processus de communication importants, entre autres les processus attentionnels nécessaires au succès d'une communication de haut niveau. En effet, l'activation du cerveau limbique, lequel est fortement lié à l'activation émotionnelle, inhibe l'efficacité du lobe frontal et du cortex préfrontal qui sont nécessaires à la prise de décision consciente, à la direction attentionnelle, à l'organisation et à la mise en place des choix de communication à chaque étape du dialogue. Si un sujet de conversation suscite des émotions intenses, le lobe frontal perd près de 50 % de son efficacité et de son acuité. Dans ces conditions, le cerveau peine à rester vigilant à chaque instant et est moins performant pour faire des choix de communication précis. Par exemple, si je suis émotionnellement activé par un sujet de conversation important pour moi, je dois absolument ralentir tous les tempos de communication, diminuer les tours de parole, attendre davantage avant chacune de mes interventions, déterminer mes choix attentionnels, etc. Tous ces éléments sont conscients et gérés par les parties frontales du cerveau, dont l'efficacité est diminuée en raison de l'activation limbique.

Cela signifie que même certaines habiletés de communication bien développées seront ralenties par les émotions, qui ont un impact sur le reste du fonctionnement du cerveau. Lorsque je suis en colère ou anxieux, ma capacité à appliquer mes connaissances et mes habiletés de communication est réduite.

C'est normal, car il me faut tenir compte des émotions et de leur impact.

L'évaluation de l'anxiété d'une personne demande un certain entraînement et de l'expérience. En appliquant des stratégies de communication, on peut être surpris par le niveau de résistance de son interlocuteur face à un sujet que l'on avait évalué comme facile. Trois facteurs principaux influencent l'anxiété associée au sujet de conversation : la perception d'une menace, le degré de spécificité et la chronicité.

Perception d'une menace

La plupart des sujets de conversation importants impliquent de l'anxiété. C'est normal. Comme toute communication comporte une vulnérabilité plus ou moins grande, elle génère aussi une anxiété potentielle. Le niveau d'anxiété engendré par un sujet de conversation n'est pas lié au sujet lui-même, mais plutôt à ce que ce sujet ou ses enjeux représentent pour la personne. Par exemple, l'anxiété peut être causée chez elle par la peur :

- d'être rejetée par l'interlocuteur (rejet) ;
- de se voir bloquée dans l'obtention d'une ressource (anticipation d'une limite d'expansion, impuissance) ;
- de se voir rétrogradée dans une position sociale (rétrogradation d'énergie, impuissance) ;
- de voir son autonomie diminuer dans l'instant présent ou dans le futur (rétrogradation d'énergie) ;
- de se faire imposer une idée ou un choix (impuissance).

Plus le sujet de conversation est associé à une menace, plus il génère de l'anxiété.

La plupart du temps, un sujet sera anxiogène pour les deux interlocuteurs impliqués : leurs cerveaux savent pertinemment de quoi il faut parler ! Et ils savent aussi que les risques les concernent tous les deux.

Dans le cas où les interlocuteurs occupent des positions différentes dans la hiérarchie, celui en infériorité hiérarchique sera généralement plus anxieux que l'autre. Les habiletés d'écoute sont donc essentielles pour faire une évaluation appropriée de l'anxiété liée à un sujet de conversation.

Degré de spécificité

Plus un sujet de conversation est global, plus il représentera une menace, et plus il suscitera de l'anxiété et mettra les deux interlocuteurs sur la défensive ; et l'inverse est vrai dans le cas d'un sujet spécifique et précis.

Prenons un exemple : la performance au travail. La « performance » est un sujet très général. Recourir à ce terme dans une rencontre avec un de ses employés est donc risqué. En revanche, « le résultat des ventes de la dernière semaine » est une formulation directement liée au thème de la performance, mais est nettement plus spécifique. Formulé ainsi, le sujet générera beaucoup moins d'anxiété.

Autre exemple. Il arrive fréquemment qu'un psychologue soit amené à évaluer un enfant de manière à déterminer sa capacité à s'intégrer à une classe ou à un niveau en particulier.

Les tests d'intelligence sont parfois utilisés comme outil de mesure. Or, « intelligence » est un terme hautement anxiogène, car il concerne le potentiel général de l'enfant, rendant le parent très anxieux au sujet du résultat du test. De plus, toute dévalorisation de l'enfant est automatiquement perçue comme une attaque personnelle à l'endroit du parent. Plusieurs psychologues choisissent donc délibérément de donner les résultats des sous-tests, par exemple celui de lecture, plutôt qu'un résultat global. Il est alors plus facile pour le parent de discuter de façon constructive des habiletés de lecture de son enfant que de parler de son intelligence au sens large.

Chronicité de l'enjeu

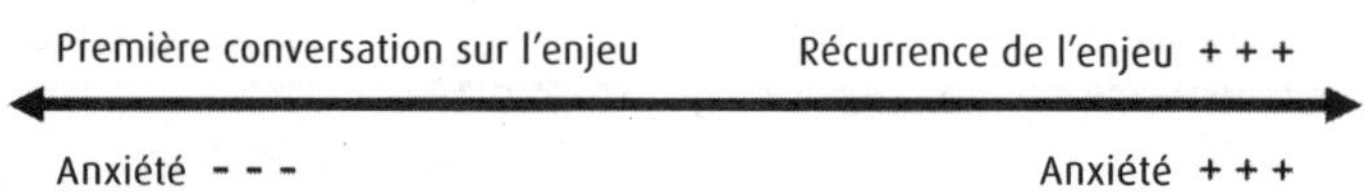

Est-ce que vous avez participé à plusieurs occasions à une conversation portant sur ce sujet ? En d'autres mots, est-ce un sujet récurrent pour vous ou est-ce la première fois que vous l'abordez ? Dans le premier cas, comment ces conversations se sont-elles déroulées ? Est-ce que la communication a permis de créer un vecteur vers un objectif commun ? Ou alors la conversation s'est-elle envenimée, rendant le sujet tabou et augmentant son caractère anxiogène ?

Plus un sujet est récurrent, plus il est anxiogène et générateur d'impuissance.

Aborder un sujet de conversation est réellement un acte de courage, comme le fait d'abattre un dragon.

L'interdépendance

Le niveau d'interdépendance entre deux individus influence l'intensité des émotions dans la relation. En général, plus cette interdépendance est forte, plus les émotions négatives sont susceptibles de ressurgir au cours de la conversation. En d'autres mots, l'interdépendance peut rendre un sujet de conversation plus émotionnellement instable.

L'**interdépendance forte** est caractérisée par des liens de sang ou familiaux qu'il est impossible de défaire. La conversation peut susciter beaucoup d'impuissance liée au fait que, peu importe la façon dont la communication se passera, nous ne pourrons briser nos liens. Nous ne sommes jamais neutres ou indifférents face à nos parents, à nos frères et sœurs et à nos enfants. C'est ce qui explique que les conversations importantes avec les membres de notre famille sont souvent plus difficiles et anxiogènes.

Une **interdépendance moyenne** peut être associée à des relations professionnelles où d'importants enjeux se jouent quotidiennement. Sans toutefois être des liens de sang indestructibles, les relations professionnelles sont relativement stables et il est difficile d'y mettre fin. Nous ne choisissons pas nos collègues. Or, nous devons fonctionner efficacement avec eux, atteindre des objectifs communs, mais les comportements de certains peuvent nous affecter.

L'**interdépendance faible** est souvent associée à une personne ayant un impact limité dans notre vie, ou encore à une personne dont la fonction est remplaçable, une relation impliquant peu de travail d'équipe significatif ou peu de tâches complexes.

Évaluation de la force de la relation

Nous devons augmenter notre capacité à évaluer la force d'une relation humaine. Elle peut être très forte, très positive et très stable, tout comme elle peut être neutre, faible et négative, ou même forte et négative. Deux angles sont donc à évaluer : la **connotation émotionnelle** de la relation et son **intensité émotionnelle**.

La **connotation émotionnelle** est la façon dont nous nous sentons par rapport à une personne. La relation peut être positive : nous percevons l'autre favorablement. Elle peut être neutre : nous sommes plutôt indifférents par rapport à l'autre. Elle peut être négative : nous percevons l'autre comme une menace ou comme quelqu'un ayant un impact négatif pour nous et vice versa.

L'**intensité émotionnelle** concerne la puissance de ces émotions : faible, moyenne, élevée. Une relation positive de forte intensité sera une relation très positive, correspondant à un haut niveau de vulnérabilité et à un grand sentiment de sécurité relationnelle. Une relation positive peut aussi être de faible intensité, ce qui veut dire que les émotions impliquées sont certes positives, mais de faible intensité. Une relation peut également être négative mais de faible intensité : nous n'aimons pas trop cette personne, mais nous n'en faisons pas tout un plat. Nous pouvons aussi vivre une relation négative avec une forte intensité émotionnelle. Dans ce cas, nous n'avons qu'à penser à cette personne pour serrer les poings !

La combinaison de la connotation et de l'intensité permet d'évaluer la force d'une relation.

De manière à mieux comprendre les implications concrètes de ces facteurs, positionnons-les dans l'équation d'énergie du dialogue :

$$\text{Énergie du dialogue} = \frac{\textit{Connotation + Intensité}}{\textit{Menace + Spécificité + Chronicité + Interdépendance}}$$

$$\text{Énergie du dialogue} = \frac{\textit{Force de la relation}}{\textit{Anxiété du dialogue}}$$

Puisqu'il s'agit d'une division, considérons les règles suivantes en appliquant la logique mathématique :

Lorsque la force de la relation est égale à l'anxiété,
on obtient la valeur 1.
Lorsque la force de la relation est supérieure à l'anxiété,
on se situe dans des valeurs supérieures à 1.
Lorsque l'anxiété est supérieure à la force de la relation,
on se situe dans des valeurs entre 0 et 1,
c'est-à-dire, dans notre cas, des fractions d'énergie.

La valeur 1 correspond au point de chute de la relation. Toute valeur inférieure à 1 signifie que la relation n'est pas en mouvement. Lorsqu'on obtient une valeur supérieure à 1, on produit un mouvement.

Explorons concrètement l'application de cette équation. Pour ce faire, nous postulerons que la force de la relation et l'anxiété globale ont une masse réelle, mesurée en kilogrammes (kg).

Premier exemple

Sujet : Vous êtes insatisfait d'un comportement de votre conjoint. Vous devez aborder cette question avec lui.

Niveau d'anxiété du sujet : 2000 kg (sujet moyennement délicat, moyennement anxiogène dans le moment présent).

Force de la relation avec votre conjoint : 4000 kg (relation positive, assez forte dans le moment présent).

Énergie du dialogue = $\frac{4000}{2000}$ = 2, une valeur supérieure à 1. Vous êtes en mouvement.

Cet exemple représente une situation où on peut envisager un dialogue positif qui vous permettra d'être réceptifs l'un envers l'autre. L'énergie du dialogue vous aidera à faire face à un sujet de conversation vulnérable et comportant de l'anxiété sans que celui-ci vous garde statiques. Comme la relation avec votre collaborateur est bonne et supérieure au poids de l'anxiété du sujet, la conversation aura tendance à être constructive, à générer l'ouverture et une compréhension mutuelle ; vous serez capables d'être empathiques l'un envers l'autre, d'apprendre de la situation et de dégager une solution.

Vous roulerez sur votre vélo à un bon rythme, et même si la pente est un peu difficile et qu'il y a des obstacles à contourner, votre vitesse sera suffisante pour maintenir le mouvement directionnel et garder l'équilibre. Il vous faudra donc être vigilant, mais vous ne serez pas envahi par la peur du rejet ou par la détresse.

Deuxième exemple

Sujet : Vous devez aborder avec votre partenaire la question de la sexualité et de vos préférences en cette matière.

Niveau d'anxiété du sujet : 2000 kg.

Force de la relation avec votre partenaire : 2000 kg.

Énergie du dialogue = $\frac{2000}{2000}$ = 1. La relation est à son point de chute.

Cette conversation sera probablement difficile. Le sujet est aussi lourd que la force de la relation, rendant l'échange délicat. Il arrive régulièrement dans le couple et les relations amoureuses que les enjeux ou les sujets de conversation suscitent beaucoup d'anxiété. C'est normal dans la plupart des relations à forte interdépendance.

Le vélo sera au point de chute. Votre vitesse sera trop basse pour maintenir efficacement un équilibre, et le moindre coup de vent pourrait vous faire tomber. Il vous faudra accélérer !

Troisième exemple
Sujet : Vous devez aborder avec votre ex la question de la garde partagée de vos enfants.
Niveau d'anxiété du sujet : 2000 kg.
Force de la relation avec votre ex : 100 kg.

Énergie du dialogue = $\frac{100}{2000}$ = 0,05. Cette valeur décimale représente une relation stagnante.

Étant donné la relation faible combinée à un enjeu de communication hautement anxiogène, la conversation sera très difficile. Lorsque la relation est dégradée, faible ou négative, celle-ci ne tolère que des sujets de surface, relativement légers. Aborder un sujet important nécessite une force relationnelle beaucoup plus grande.

Cela reviendrait à vouloir faire de la bicyclette sans aucune force dans les jambes. La gravité vous maintiendrait sur place.

•••

Cette équation générale se veut une façon de nous rendre conscients du dynamisme et de l'énergie d'une communication humaine. Ses variables ne sont évidemment pas mathématiques, et les mesures en kilogrammes ne sont bien sûr jamais utilisées. Par contre, avec un peu d'entraînement, il est relativement facile de déterminer d'avance le potentiel dynamique d'un dialogue ou sa tendance statique. De manière générale, si l'anticipation d'une conversation provoque peu d'anxiété, il est fort probable que le ratio anxiété-relation soit favorable. Si, en revanche, l'idée d'aborder un sujet précis avec une personne en particulier nous rend anxieux, au point même que nous voudrions l'éviter, c'est que ce ratio anxiété-relation est défavorable.

ÉCHELLE D'ÉNERGIE DU DIALOGUE

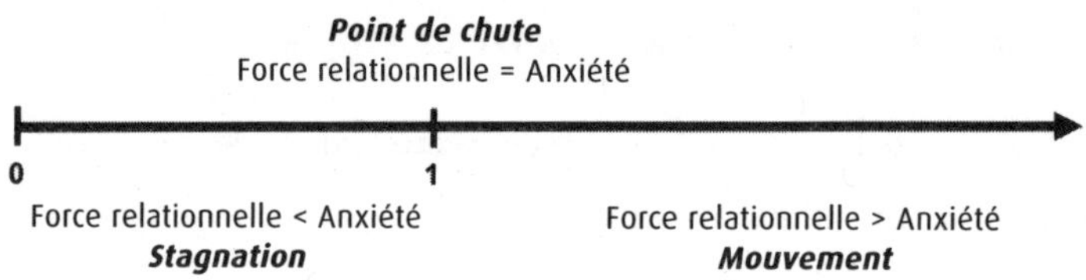

La maison, ou les règles de vulnérabilité

Un sujet de conversation est une porte qui permet d'accéder à une pièce de l'esprit d'une personne. Chaque sujet dévoile des éléments importants, lesquels sont associés à des niveaux de vulnérabilité qui varient.

Quelle est la manière normale de nous comporter lorsque nous sommes en visite chez quelqu'un ? La première chose à faire est de lui montrer que nous allons respecter ses règles : personne ne laisse entrer quelqu'un qui représente un danger. Les premières étapes de l'interaction sont donc importantes.

Alors que nous entrons, nous saluons notre hôte en utilisant les formules de courtoisie propres à notre culture, pour dire : « Je suis là ! » Jamais nous ne le devançons dans la maison ; ce serait non seulement un affront, mais aussi un signe d'impulsivité, de comportement antisocial et de danger. Il s'agit ici de démontrer notre conscience de la zone de confort de notre hôte en nous adaptant à son rythme et à ses actions. Pour ce faire, nous le suivons physiquement. Nous allons là où il va. S'il se dirige vers le salon et s'assoit, nous faisons de même. Il veut nous faire visiter sa maison? Nous lui emboîtons le pas. Lorsqu'il attire notre attention sur un élément précis, nous y portons aussi notre attention et nous l'écoutons. Nous nous montrons intéressés par ce qu'il nous fait voir. Bref, nous sommes avec lui.

En visite chez une personne, il n'est pas possible d'accéder à toutes les pièces dès notre arrivée. Certaines sont accessibles, selon les invités et ce que souhaite l'hôte. La bienséance et le respect exigent que l'invité reste dans les zones de la maison qui sont supervisées ou autorisées par la personne qui reçoit. Il s'agit généralement des espaces communs, soit l'entrée, le salon, la salle à manger et parfois la cuisine. Certaines salles de bain sont évidemment accessibles, mais d'autres, non. C'est la raison pour laquelle un invité respectueux demande toujours où se trouve cette pièce. Il a évidemment une très bonne idée de la réponse, mais sa question implique deux considérations: 1. «À quelle salle de bain ai-je accès?» et 2. «Tu as l'autorité ici, et c'est toi qui décides où je peux aller.»

Lorsque nous avons passé un peu de temps ensemble au salon, de nouveaux accès deviennent parfois possibles. Grâce au développement de la relation, nous pourrions, par exemple, obtenir la permission d'aller dans une pièce différente de celle où se trouve notre hôte.

Nous sommes dans une maison qui n'est pas la nôtre. Nous ne pouvons pas nous comporter comme si nous étions chez nous ou que notre hôte nous devait quoi que ce soit. Ce n'est pas une dictature. Ce n'est pas une hiérarchie abusive. Cela s'appelle le respect et c'est universel. La perte de contrôle d'un invité rendrait son hôte anxieux. Ce dernier, au lieu d'apprécier sa compagnie, devrait travailler à le maîtriser tout en essayant de garder le sourire.

En visite chez une personne, nous faisons attention à tout. Pouvons-nous entrer avec nos chaussures ? Toucher à ceci ou à cela ? Nous observons la décoration, le mobilier, les couleurs et les accessoires. Mais nous ne pouvons pas entrer chez quelqu'un, regarder l'environnement et émettre une opinion : « Tu sais, je n'aime pas vraiment la couleur de tes murs. La décoration ne me convient pas vraiment non plus. Mais je te dis ça pour t'aider… » Si un commentaire semblable était fait par un invité, jamais il ne serait convié à nouveau.

Tout ce qui précède s'applique intégralement à chaque comportement de communication, qu'il soit conscient ou non. Comme une demeure en dit long sur ses occupants, chaque mot prononcé, chaque phrase formulée, chaque idée exprimée par une personne révèle un peu plus qui elle est. Je propose donc de voir la communication comme la visite d'un lieu qui ne nous appartient pas, que nous ne connaissons pas, et qui comporte des pièces dans lesquelles des éléments de différentes valeurs sont rangés. Un humain est constitué d'une infinité de pièces. Plusieurs sont fréquemment visitées, d'autres, très rarement. D'autres encore demeurent parfaitement inconnues. Certaines contiennent des éléments dont l'hôte est fier, d'autres dont il a honte et dont il aimerait bien se débarrasser. Il veut oublier certains objets et ira même jusqu'à les cacher ou à les enterrer dans le jardin !

Lorsqu'une personne parle, elle se vulnérabilise forcément, puisque chaque mot ou geste révèle qui elle est et ce qui l'anime dans l'instant présent. Dès les premiers comportements de communication, on établit le processus de vulnérabilisation avec des sujets de surface, lesquels visent à activer la relation. La visite commence alors. Nous pouvons comparer ce moment à l'accueil dans l'entrée de la maison. Il s'agit d'un endroit sécuritaire, près de la porte, au cas où nous serions obligés d'expulser un invité dangereux ou irrespectueux. Le niveau de vulnérabilité associé à cette phase de communication est faible.

Si la conversation se poursuit à cet endroit, la vulnérabilité restera faible et, par conséquent, la relation le demeurera également. Pour augmenter la force de la relation, il faut progresser vers un endroit plus vulnérable. En d'autres mots, si la conversation porte uniquement sur des sujets superficiels, peu vulnérabilisants, aucun impact relationnel ne sera constaté.

Dans une maison où nous sommes invités, non seulement certains éléments importants sont rangés, mais plusieurs d'entre eux sont fragiles et précieux. Les objets rares, même s'ils sont couverts de poussière, sont attrayants. Nous sommes tous portés à nous en approcher pour les prendre dans nos mains. Mais il est sage de nous rappeler qu'ils ne nous appartiennent pas. Nous ne pouvons y toucher que si nous en avons la permission.

Obtenir cette permission, c'est l'art d'accéder aux bons sujets de communication.

Conditions favorables et défavorables au dialogue

Avant même que la communication commence, des conditions déterminent la tangente initiale de l'interaction. Meilleure est la disposition psychologique des interlocuteurs, meilleures sont les chances de créer un mouvement dans la communication.

Des conditions favorables au dialogue:

- Croire que les personnes impliquées sont déterminées à avancer, à aller vers davantage de vérité. Voilà probablement le facteur le plus important dans tout dialogue.
- Avoir l'intention d'apprendre quelque chose qui augmentera notre conscience.
- Avoir l'intention de créer quelque chose qui n'était pas là avant le dialogue.

Des conditions défavorables au dialogue :

- Émettre une opinion et être fermé à toute remise en question.
- Adhérer aveuglément à des idéologies et les défendre avec conviction plutôt que de développer un processus de réflexion et de dialogue personnel.
- Croire que notre interlocuteur est mal intentionné ou qu'il nous veut du mal.
- Croire que notre interlocuteur nous ment ou nous manipule.

Les deux dernières conditions défavorables sont typiques des personnalités paranoïaques ou des personnes fortement méfiantes. Elles caractérisent les gens dont la vision du monde est construite sur la croyance que l'interlocuteur est le porte-parole d'un système social et hiérarchique fondamentalement malveillant et tyrannique qui, indépendamment de la discussion, leur veut du mal. Il ne doit donc pas être écouté. Il s'agit des conditions de dialogue les plus difficiles, car tout ce qui est exprimé par la personne associée à l'oppresseur n'a aucune crédibilité.

L'écoute en conscience dynamique

Le sentiment d'efficacité en communication est souvent lié à notre capacité d'expression et d'affirmation. L'affirmation, largement popularisée en psychologie humaniste dans les années 1970 et 1980, était alors un but en soi. C'était en réponse à l'inhibition sociale qui créait un sentiment d'inefficacité interpersonnelle, un sentiment d'impuissance face aux situations qui nous rendaient malheureux. Le besoin d'affirmation est venu avec la volonté de réduire l'impuissance, de reprendre le contrôle. D'exister. On a appris à exprimer des demandes, à manifester son désaccord, à partager la façon dont on se sentait. Les mécanismes du dialogue étaient à l'époque moins bien connus, particulièrement sur les plans neuro-anatomique et cognitif. Cette perception de l'importance de l'affirmation est toujours dominante aujourd'hui, bien que l'accent soit davantage mis sur le contenu du message : que faut-il dire précisément pour atteindre un objectif ?

En fait, l'atteinte d'un objectif ne dépend pas uniquement de l'expression en soi ou de la construction du message. Comme nous l'avons vu jusqu'à maintenant, la portée de notre expression dépend de multiples variables. Pour avoir de l'impact, il faut exprimer les bons contenus, de la bonne façon et au bon moment. Or, c'est l'écoute qui nous donne toutes ces informations.

L'écoute est souvent associée à une tâche bienveillante et nécessaire. Nous devons la pratiquer pour être vus comme « de bonnes personnes ». Ce qui, au fond, est une forme d'évitement de la culpabilité est considéré comme une vertu.

Nous ne savons pas quoi écouter, de quelle façon, ni comment générer un gain partagé. Tout le gain de l'interaction prend sa source dans les habiletés d'écoute. Je dirais même que ces dernières sont à l'origine de l'essentiel des interactions de haut niveau. Plus l'écoute est efficace et précise, plus notre interlocuteur nous donne les clés pour faire avancer le dialogue. Lorsque l'écoute devient la priorité, nous parlons très peu tout en augmentant notre efficacité. Écouter est un réel défi, et j'aime bien comparer cette activité à un sport. Mais c'est aussi un plaisir et un énorme pouvoir. L'écoute, contrairement à l'impression que nous en avons, est à l'opposé de la passivité.

Personne n'est contre l'écoute ; nous nous entendons sur le fait que c'est « important ». Or, nos habiletés d'écoute sont influencées par plusieurs facteurs psychologiques et personnels, mais aussi par notre culture et la société dans laquelle nous vivons. Après avoir observé dans une centaine de pays la façon dont les humains s'écoutent, j'estime que la pire qualité d'écoute est présente dans les sociétés industrialisées. Dans ces cultures, les mécanismes d'écoute sont très instables. Dans les sociétés plus traditionnelles, on montre des signes d'écoute parfaits pendant plusieurs heures.

Les sociétés modernes sont fortement associées à la pression et à la valorisation sociales qui contribuent à l'anxiété de performance. Nos sociétés offrent des possibilités presque infinies. L'identité personnelle est un concept de plus en plus malléable et complexe, ce qui contribue aussi à la confusion quant à nos buts et à ce dans quoi nous voulons nous engager. La peur de rater une occasion favorable (FOMO, terme populaire qui signifie *fear of missing out*) est de plus en plus grande et elle nous paralyse, car la crainte de regretter est omniprésente. Faire des choix et en assumer les conséquences est hautement anxiogène. Par ailleurs, les relations sociales, familiales et amoureuses sont fragiles, voire accessoires. J'ai remarqué que la combinaison de ces facteurs crée des tendances stéréotypées en matière de communication interpersonnelle. Le but implicite de gagner quelque chose, d'accéder à une ressource à court terme, d'éviter une perte, de garder ses options ouvertes, d'éviter l'échec et la déception de soi, tout cela influence la façon d'écouter et de créer des relations.

Gagner à court terme est un but qui a tendance à favoriser une écoute moins efficace que la volonté de construire des relations fortes à long terme.

Je propose donc une écoute qui vise à mettre en lumière le potentiel des personnes impliquées, ce qui alimentera le vecteur « sens » que les personnes qui communiquent veulent créer dans l'interaction. Pour y arriver, il s'agit de s'entraîner, comme pour n'importe quel sport.

Plusieurs ingrédients sont nécessaires pour favoriser une écoute qui produira un mouvement vers l'avant, qui augmentera la qualité de la relation et qui permettra d'atteindre des objectifs importants. Lorsque les conditions préalables sont remplies (la distance interpersonnelle et l'inclinaison corporelle sont respectueuses et favorisent la relation, les buts sont clairement définis, une intention consciente d'écoute-GO écoute est activée, etc.) et qu'une personne prend la parole, l'écoute commence.

Elle débute par une activation SA + GO écoute. Cette attitude est fondée sur la croyance que la recherche de nouvelles informations, d'apprentissages et de découvertes permettra d'induire un mouvement vers un objectif commun ou qui augmentera l'énergie commune. La décision volontaire d'écouter est l'un des facteurs qui maximisent le maintien des conditions d'écoute tout au long de la conversation.

La façon habituelle d'écouter consiste à être attentif aux mots, aux phrases et aux concepts exprimés. C'est déjà bien ! Or, dans nos sociétés modernes, nous cessons d'écouter notre interlocuteur après 1 à 3 secondes ; notre SI s'active et notre attention consciente est rapidement redirigée vers nos propres pensées. Cela se produit lorsque nous ne savons pas exactement quoi écouter, outre les mots. Les mots, en tant que variables fixes, contiennent peu d'informations. Combien de fois nous est-il arrivé de dire : « Tu ne m'écoutes pas ! » et que notre interlocuteur nous réponde : « Bien sûr que je t'écoute ! », en répétant mot à mot notre dernière phrase.

C'est vexant car, malgré sa réponse, nous ne nous sentons pas écoutés. Mais nous ne pouvons pas expliquer rationnellement ce sentiment et démontrer à l'autre son manque d'écoute. Alors, puisqu'il a été en mesure de nous citer textuellement, est-ce que cette impression serait le fruit de notre imagination ? Non, ce n'est pas le cas. Répéter des mots ne nécessite qu'un effort mental minime, tandis qu'écouter *réellement* exige une implication cognitive et émotionnelle nettement plus importante.

La conscience dynamique implique non seulement la prise en charge d'une multitude d'informations verbales et non verbales, mais aussi le mouvement dans le discours d'une personne. Le sens.

Saisir le sens comme le courant d'un ruisseau

On vous montre la photo d'un magnifique ruisseau. Il y a beaucoup de détails à remarquer : le soleil qui miroite, les remous, les pierres. Comme elle est riche en informations, vous pourriez l'observer et la décrire longuement. En même temps, vous savez ce qu'est un ruisseau, vous en avez déjà vu plusieurs.

Toutefois, il ne vous est pas possible de voir dans quel sens il coule ni de sentir comment il se comporte, alors que, lorsque vous vous trouvez près d'un ruisseau, vous fermez les yeux, vous sentez l'eau passer à travers vos doigts, pousser sur votre main. Vous pouvez sentir le ruisseau en mouvement, le comprendre, comprendre d'où il vient et où il va. Vous savez dans quel sens il coule.

Chaque phrase, chaque idée exprimée par notre interlocuteur est comme un ruisseau. Notre rôle est de suivre la direction du courant. C'est cela, la conscience dynamique : être conscient du mouvement et accepter d'être guidé par les mots, les phrases et les comportements non verbaux. Il y a donc une conscience des mots, des concepts et des idées en tant que variables fixes. Mais avec toutes ces informations statiques, il est aussi possible de détecter la direction du mouvement dans l'expression.

Plus une personne s'exprime en rendant le mouvement de son discours clair, plus le sens sera accessible, et plus il nous sera facile de voir le mouvement dans l'idée qu'elle exprime. Saisir le sens ne se fait habituellement pas de façon progressive. Nous passons soudainement de la noirceur à la clarté : nous nous reconnaissons ! Ces moments sont probablement parmi les plus enrichissants et les plus valorisants pour deux personnes qui communiquent. Il s'agit de petits succès d'équipe qui augmentent le sentiment commun d'efficacité.

Écouter le sens de ce qu'une personne communique mobilise pratiquement toutes nos ressources mentales dans l'instant présent. Au cours d'une telle écoute, il est impossible d'avoir une attention divisée, de penser à autre chose en même temps. Capter le sens est une tâche qui sollicite l'ensemble de nos capacités cognitives, émotionnelles et relationnelles. Rien de moins.

Écouter réellement consiste non seulement à comprendre les mots et les expressions faciales de notre interlocuteur, mais aussi à nous servir de ces informations et de ces indices pour inférer la direction du mouvement. Que vise son discours ? En quoi cette expression ou ce message traduit-il le mouvement ? Si je me mets à sa place, complètement à sa place, si je suis cette personne, quel ruisseau m'habite dans l'instant présent et comment se déplace-t-il ? Vers où me pousse son courant ?

Il existe une stratégie qui permet d'activer l'écoute en conscience dynamique et de vérifier à quel point nous avons saisi le sens de ce qu'une personne exprime. Il s'agit du reflet.

Le reflet

Chaque sujet de conversation est associé à une vulnérabilité différente et à une quantité d'énergie qui varie d'une personne à l'autre. Le reflet est une stratégie de communication verbale qui permet non seulement de saisir le mouvement dans ce que l'autre exprime, mais aussi de lui démontrer que nous avons bien saisi le sens de ce qui a été communiqué, et pas seulement les mots. Il s'agit de nous assurer que lui et nous-mêmes nous trouvons dans le même cours d'eau, dans l'instant présent. C'est une condition fondamentale pour nous comprendre, augmenter la vulnérabilité et la relation et glisser vers d'autres sujets de conversation qui comportent davantage d'énergie.

Le reflet n'est pas une simple et banale reformulation en deux dimensions qui consiste à répéter les mots de l'autre. Il s'agit de l'opération de communication la plus complexe et la plus difficile à réaliser ; elle implique une conscience elle-même en mouvement qui vise la détection du mouvement à l'intérieur du discours. La qualité d'un reflet n'est pas dichotomique, c'est-à-dire réussie ou échouée, bonne ou mauvaise. Plus notre écoute du sens se développe, plus nos reflets sont précis, efficaces et nous permettent d'accéder à une quantité d'énergie humaine énorme avec peu d'efforts. Le reflet est un sport hautement technique.

Voici la définition que je propose : le reflet est une reformulation de ce que nous avons compris de ce que l'autre a voulu nous communiquer.

- Une reformulation…
  Une partie du reflet concerne les mots. Mais ces derniers doivent servir le sens du propos, et non constituer uniquement la répétition de ce que l'autre a dit. Il n'est pas nécessaire de reprendre ses mots. En fait, plus notre capacité à écouter le sens se développera, plus nous

aurons tendance à utiliser des mots différents, les nôtres, sans altérer le sens de ce qui a été exprimé. Cela nous permettra d'augmenter notre capacité à faire ressortir le sens du propos, qui vient avec l'entraînement.

- … de ce que nous avons compris…
  Nous devons impérativement tenir pour acquis qu'il est impossible de saisir exactement la réalité de l'autre et le sens absolu de ce qu'il a communiqué. Nous ne pouvons faire qu'une tentative humble, honnête, et nous rapprocher le plus possible de ce sens. Le reflet représente donc une volonté de comprendre plutôt qu'une bonne ou une mauvaise réponse théorique.
- … de ce que l'autre a voulu communiquer.
  Le mot « voulu » implique une intentionnalité consciente. Il est de première importance, car il permet de distinguer notre *perception* du message de son *intention*, laquelle appartient à notre interlocuteur. Il s'agit donc de faire état du *message intentionnel.*

L'une des fonctions les plus importantes du reflet est d'autoriser le passage d'un sujet à un autre, plus vulnérable et comportant plus d'énergie. Il sert en quelque sorte de mot de passe. Le cerveau a besoin d'autorisations, de codes qui ouvrent des sujets de conversation plus près du centre de la matriochka. Comment progresser vers ces sujets ? Le reflet constitue la preuve que nous avons saisi le sens de ce qui a été exprimé. Après confirmation du sens par les deux interlocuteurs en dialogue, la poupée suivante peut s'ouvrir, naturellement, sans forcer. La personne glisse alors vers un sujet de conversation dont la vulnérabilité est supérieure et qui comporte plus d'énergie. La conversation devient plus précise, plus importante et plus valorisante.

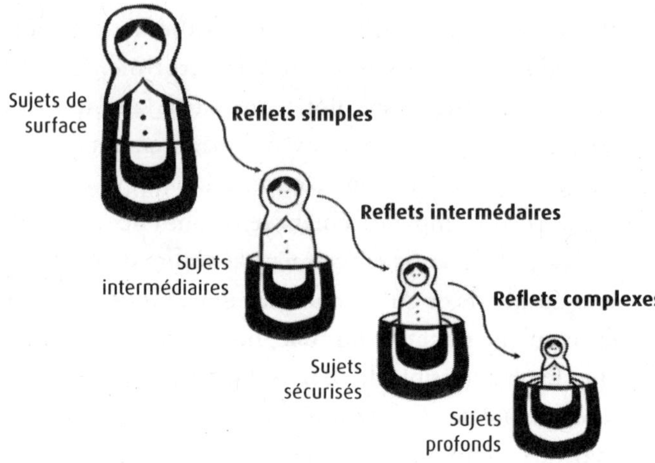

Plus concrètement, si une personne s'exprime à propos d'un sujet qui se situe, disons, à un niveau de surface, et que son interlocuteur lui renvoie un reflet efficace, elle reconnaîtra le sens de ce qu'elle a voulu exprimer et son cerveau passera à un niveau de vulnérabilité plus élevé.

Il est fascinant de voir l'effet d'un reflet réussi. Il en existe effectivement des signes clairs et visuellement observables dans une communication. Lorsqu'un reflet parvient à faire ressortir le sens de ce qui a été exprimé par une personne, sa réaction ne tarde pas: peu à peu, son visage s'éclaire; elle écarquille légèrement les yeux et hausse les sourcils; sa bouche s'entrouvre de manière détendue; un relâchement se produit, une détente dans sa posture et dans son visage, une douce énergie en émane. C'est une réaction dopaminergique. Lorsque le cerveau est renforcé, la dopamine établit une correspondance entre une attente et l'atteinte d'un objectif, d'où l'augmentation visible de l'énergie. En d'autres mots, le cerveau y voit un succès: il a réussi à se faire comprendre, à transmettre un sens. Bien que subtils, ces signes sont détectables avec un peu d'entraînement. Il y a aussi un autre indice, cette fois très explicite : une confirmation verbale qui se produit typiquement en deux temps. D'abord, la personne confirme qu'elle reconnaît le sens de ce qu'elle vient d'exprimer ; ensuite, elle poursuit la conversation à un niveau de vulnérabilité plus élevé et comportant davantage d'énergie.

C'est la récompense que nous recherchons dans notre écoute : tenter de saisir le sens de ce qui est dit puis de le démontrer à l'autre, avoir sa confirmation, et enfin avancer ensemble vers de plus en plus de sens, d'énergie et de précision dans ce que nous voulons exprimer.

Même avec la meilleure écoute, il est théoriquement impossible d'avoir accès au sens parfait de ce qui est exprimé. Un reflet ne peut donc jamais être à 100 % exact. Comme le sens est un mouvement permanent, la personne qui écoute vise à s'en approcher le plus possible jusqu'à la satisfaction de celle qui s'exprime.

Rappelons que la personne qui s'exprime a, en tout temps, pleine autorité sur ses propos. C'est elle qui est la mieux placée pour déterminer le sens de ce qu'elle souhaite communiquer à son interlocuteur. L'écoute du sens est une tentative bienveillante et éclairée de s'intégrer dans le sens de ce qu'une personne énonce. Il ne s'agit donc jamais de donner une bonne réponse ou, encore pire, d'avoir raison.

Lorsqu'une personne s'exprime, elle se dévoile et se vulnérabilise. Elle met une marchandise de valeur sur la table. Elle prend un risque. Quant à celle qui écoute, elle doit soutenir et sécuriser ce processus. Elle assure l'interlocuteur que le contenu qu'il dévoile est non seulement compris, mais qu'il est également en sécurité. Pour une personne qui s'exprime, il n'y a rien de plus important que de savoir que l'or mis sur la table n'est ni perdu, ni volé, ni dévalorisé, mais bien protégé.

C'est le reflet qui crée cet effet. Il garantit que la prise de risque en vaut la peine. Il donne aux personnes impliquées l'assurance qu'elles avancent sur un terrain solide, un pas à la fois, et que le risque est bien géré.

Le reflet est une stratégie de communication qui permet :

- d'accéder aux sujets de conversation les plus importants ;
- d'aller vers les sujets de conversation comportant plus de vulnérabilité et donc plus d'énergie ;
- d'augmenter la responsabilité ;
- d'augmenter la force de la relation ;
- de nous assurer (et d'assurer l'interlocuteur) que nous nous trouvons consciemment sur un même vecteur de sens ;
- d'augmenter la vulnérabilité et la force de la relation ;
- de préciser les éléments les plus importants, ceux qui sont les plus porteurs de sens ;
- de créer un terrain de compréhension commun entre nous et l'interlocuteur ;
- à la personne qui s'exprime de confirmer, d'infirmer et de clarifier son message et son sens ;
- à la personne qui s'exprime de prendre la pleine responsabilité de ses mots, de son message et de son sens ;
- à la personne qui s'exprime d'accéder à une plus grande autonomie puisqu'elle n'est pas contrôlée, mais soutenue par la personne qui écoute.

Le reflet est la seule stratégie verbale connue permettant l'atteinte simultanée de ces objectifs. Il s'agit également de la seule stratégie verbale toujours au service de l'écoute.

Les clés d'un reflet de qualité

Toutes les informations exprimées n'ont pas la même importance ni la même charge émotionnelle. Par exemple, certaines font partie de la mise en contexte, d'autres sont des précisions, d'autres encore sont lourdement chargées de sens puisqu'elles représentent le centre névralgique du message. Le reflet doit mettre l'accent sur les éléments qui sont les plus significatifs, les plus chargés en émotions et en énergie. L'écoute doit donc permettre la sélection de ces informations si nous cherchons à dégager le sens du message. De plus, le contenu de notre reflet et les mots qui l'expriment devront être sélectionnés pour faciliter la compréhension du sens. Ceux-ci doivent être reconnus par notre interlocuteur.

Alors qu'une personne nous parle, elle transmet des milliers d'informations verbales et non verbales. Nous devons lui montrer qu'à travers tous ces éléments nous avons saisi le sens de ce qu'elle a communiqué, donc nous poser certaines questions:

- Comment construire mon reflet?
- Comment faire ressortir le sens de ce que j'ai saisi à travers tous ces mots et toutes ces informations?
- Quels mots dois-je utiliser pour formuler mon reflet?
- À quel moment précis dois-je retourner un reflet à mon interlocuteur?
- Quels sont les impacts recherchés d'un reflet?
- Comment déterminer la qualité d'un reflet?

Pour répondre à ces questions, il faut comprendre comment notre conscience gère les informations.

Pendant qu'une personne nous parle et que nous sommes exposés à des informations, à des perceptions et à des opinions livrées pêle-mêle, nous devons déterminer sur quels éléments porter notre attention. Lesquels sont vraiment importants? Utiles? Sécuritaires? Pour ce faire, il nous faut évaluer quelles informations sont exprimées de manière intentionnelle et consciente, et lesquelles le sont de façon non consciente. Ce n'est pas suffisant de percevoir les émotions. Il est aussi nécessaire de déterminer le niveau de conscience de notre interlocuteur par rapport à ce qui est exprimé.

Imaginons qu'alors que nous communiquons, il y a une table entre nous et notre interlocuteur. Ce qu'il pose dessus représente ce qui est conscient, ce qui est consciemment communiqué et ce qu'il veut consciemment partager, par exemple des idées, des arguments ou des sujets de conversation accessibles, dont il est possible de parler entre nous.

Les éléments partagés non consciemment sont ceux qui ont été exprimés par notre interlocuteur, mais qui n'ont pas été mis sur la table. Nous les avons peut-être détectés, mais il n'est pas possible d'y toucher. Si nous tentons de mettre l'accent sur eux, le cerveau de notre interlocuteur se mobilisera pour les garder hors d'atteinte, hors de danger. Il les éloignera encore davantage de nous. Nous venons de créer un sujet dit « tabou ».

Cela nous renvoie directement à l'une des règles fondamentales de la communication: un humain doit toujours rester propriétaire de son contenu, de sa marchandise, qui a pour lui une grande valeur. Cette loi est particulièrement importante lorsque nous tentons de recourir à la stratégie du reflet. S'il porte sur des éléments que notre interlocuteur n'a pas consciemment et volontairement communiqués, son cerveau en conclura que nous tentons de contrôler son contenu sans aucune autorisation, contenu qui sera alors bloqué et encore plus difficile d'accès. Concrètement, cela peut se manifester par le déni. Le cerveau fera abstraction de ce qui a été suggéré dans le reflet et le niera, tout simplement. Un exemple: « Non, non. C'est juste que... (changement de sujet). » Le déni est une façon d'éviter les éléments qui n'ont pas été mis sur la table. Argumenter ou se mettre en colère sont d'autres moyens de le faire. Un tel reflet maladroit fera immédiatement chuter la vulnérabilité et la confiance entre les interlocuteurs.

Voici un tableau qui résume ce qui est relatif aux éléments conscients et non conscients.

Éléments conscients	Éléments non conscients
Sont volontairement communiqués.	Sont involontairement communiqués.
Sont accessibles aux deux interlocuteurs.	Sont inaccessibles pour la personne qui écoute, et parfois même pour celle qui s'exprime.
Sont présents dans le contenu d'un reflet.	Ne doivent pas faire partie du contenu d'un reflet.
Sont élaborés directement.	Sont impossibles à aborder directement.
Augmentent la confiance de l'interlocuteur.	Diminuent la confiance.
Affectent positivement la relation si le respect est présent.	Affectent négativement la relation s'ils sont directement abordés.
Sont émotionnellement plus stables.	Sont émotionnellement instables.
Sont moins liés à l'impuissance et à la détresse.	Sont davantage liés à l'impuissance et à la détresse.
Sont directement utilisables dans la conversation.	Ne peuvent être directement utilisés dans la conversation.

Un reflet peut prendre la forme affirmative simple et proposer à notre interlocuteur, directement et sans détour, ce que nous avons compris dans ce qu'il a voulu nous communiquer. On peut l'entamer *mentalement* par la phrase suivante : « Ce que tu dis, c'est que… » ou « Ce que je comprends, c'est que… » Par exemple, il nous parle de ce qui l'a amené à s'engager dans un projet. Après environ une minute trente, il fait une pause. Un silence de deux secondes nous montre qu'il est allé au bout de sa pensée et que son cerveau ne lui permet pas de continuer de parler. Un reflet est la meilleure intervention.

Un reflet sous forme d'affirmation, bien qu'il paraisse simple, est un réel défi, pour deux raisons:

1. Nous avons peur que notre interlocuteur désapprouve notre tentative de reflet, peur de nous tromper, d'être mis devant notre incompétence à comprendre le sens de ce qu'il veut communiquer. Nous craignons d'échouer, de déplaire et d'être rejetés. En d'autres mots, un reflet est une réelle prise de risque qui peut augmenter notre anxiété, surtout lorsque nous nous entraînons à développer cette stratégie.
2. Pour nous éviter un échec et nous protéger, notre cerveau remplacera le reflet par d'autres formes d'interventions plus sécurisantes. Ces dernières visent à éviter l'anxiété, ou encore à satisfaire notre curiosité personnelle, en déviant le sens de ce que notre interlocuteur a tenté de communiquer.

Plus le contenu exprimé par une personne est complexe, plus le discours contient d'éléments (concepts, idées, événements, etc.) et porte sur un sujet vulnérable (intermédiaire et sécurisé), plus le reflet est nécessaire pour faire ressortir le sens des éléments les plus importants. L'équilibre entre la complexité du contenu exprimé et celle du reflet est crucial. Un contenu complexe nécessitera un reflet long et élaboré, et inversement. C'est logique. Plus un contenu est complexe et vulnérable, plus il est impératif de le protéger en en faisant ressortir le sens; c'est notre responsabilité face à tout ce qui a de la valeur. Plus nous serons conscients des subtilités et de la complexité du contenu, meilleur sera notre reflet.

Un reflet exagérément développé pour un contenu peu complexe n'est pas la preuve d'une bonne écoute. Il révèle plutôt la volonté d'être «profond» alors que ça ne s'applique pas réellement dans l'instant présent. Ce déséquilibre sera immédiatement interprété comme une forme de manipulation de la part de l'interlocuteur. Dans un tel cas, la personne suspicieuse arrêtera de parler et pourrait même se moquer en demandant: «Joues-tu au psychologue?» Utiliser la conversation et son contenu comme une occasion de se valoriser revient à voler l'or de notre interlocuteur pour nous enrichir.

Ceci n'est pas un reflet

Le reflet est une stratégie bien connue, surtout dans le domaine de l'intervention, de la relation d'aide, de la psychothérapie, de la résolution de conflit et même dans les différentes approches de vente.

Le reflet, que certains appellent «reformulation», est souvent inefficace et frôle parfois la caricature. Il semble forcé, se résumant à une répétition de mots dénués de réelle utilité dans la conversation. Il peut alors nuire à la communication puisqu'il met l'interlocuteur sur ses gardes, inhibant par le fait même sa vulnérabilité.

De plus, cette stratégie est socialement brûlée, d'une part parce que le reflet a été, et est encore, mal utilisé, ce qui a entraîné des conséquences négatives dans la communication, d'autre part parce qu'il est associé à des stéréotypes, par exemple: «Ce que j'entends, c'est…» ou «Ce que je sens, c'est…» Une intervention qui commence par ces mots éveille immédiatement un soupçon chez l'interlocuteur, car ces tournures sont fortement associées à une démonstration de nos prouesses d'écoute, mais ne correspondent pas nécessairement à une écoute réelle.

Lorsque nous voulons développer nos habiletés d'écoute, nous devons éviter certains pièges. Comme notre système d'éducation favorise la compréhension rapide, la capacité à offrir en peu de temps des réponses et des solutions, la résolution efficace des problèmes et l'anxiété de performance, notre cerveau a beaucoup de mal à résister à certaines interventions stéréotypées associées au sentiment d'efficacité.

Voici six types d'interventions auxquelles nous recourons tous régulièrement et qui ne constituent pas un reflet.

1. **Une opinion**

   « Je pense que… »

   Un reflet ne doit jamais commencer par « Je » puisqu'il ne s'agit pas de nous, mais bien de l'autre. Émettre une opinion ne constitue pas un reflet. Il s'agit plutôt de ce que nous pensons à propos de ce que notre interlocuteur a exprimé, et non de notre compréhension de ce qu'il a voulu communiquer.

2. **Une question**

   « Est-ce que… ? »

   « Pourquoi… ? »

   Lorsque nous posons une question, nous voulons satisfaire notre propre curiosité, donc servir nos propres intérêts. Ce type d'intervention ne sert pas l'écoute ni le sens de ce que l'autre a communiqué. Il ne fait que ramener l'attention et le dialogue sur nous. Les seules questions acceptables sont celles qui visent à aller chercher une information qui rendra notre écoute plus efficace ou qui nous empêchera de nous égarer.

3. **Une hypothèse**

   « Se pourrait-il que… ? »

   À mi-chemin entre la question et l'opinion, ce type d'intervention hybride prend naissance dans la curiosité personnelle et la volonté d'influencer indirectement l'interlocuteur. Il consiste à exprimer une opinion personnelle, mais sans la formuler directement, tout en suggérant que l'autre peut être d'accord ou non. Même si la personne qui s'est exprimée peut théoriquement manifester son accord ou son désaccord, la formulation d'une hypothèse nuira à son autonomie (l'une des trois composantes de la motivation) et sera immédiatement interprétée comme du contrôle. Cela affectera la qualité de la relation (donc l'affiliation, l'une des trois composantes de la motivation) en plus de ne pas protéger la valeur de ce que la personne a voulu exprimer. Ce type d'intervention est fortement lié à des attitudes passives-agressives qui visent le contrôle des autres pour éviter la responsabilité et l'anxiété personnelles.

4. **Un résumé**
   « Tu as dit : A, B, C, D, E, F, G, etc. »
   Le résumé est une liste des éléments du matériel verbal communiqué par notre interlocuteur. Il est comparable à un rapport d'information en deux dimensions qui ne fait ressortir ni les éléments importants ni le sens.
5. **Une interprétation**
   « La façon dont je vois ça… »
   L'interprétation est un type d'intervention qui consiste à ajouter un sens supplémentaire à ce qui a été communiqué par notre interlocuteur. Il s'agit d'une extrapolation de sens qui, en réalité, est détachée du sens initial. En d'autres mots, c'est la fusion entre ce que l'autre a voulu nous communiquer et ce que nous pensons, une forme de manipulation non intentionnelle permettant de concilier deux réalités subjectives.
6. **Une déduction**
   « Donc… »
   La déduction est associée aux habiletés de résolution de problème qui nous font automatiquement décrocher du

> mode écoute. Les gens dont c'est la force ou dont la profession exige de bonnes habiletés en cette matière surutilisent cette stratégie dans le but d'aider les autres. Il ne s'agit toutefois pas d'écoute. À partir du moment où l'on entre en mode déduction, le système réflexif s'active, le SI est déclenché et la personne qui s'adressait à nous devient une priorité secondaire. Nous ne sommes plus au service de la compréhension du sens de ce qu'elle exprime. Nous avons, en quelque sorte, quitté le monde du dialogue pour aller dans celui de la résolution de problème.

•••

L'écoute est une activation SA fortement associée à la dopamine. Il s'agit d'aller vers l'autre et de saisir le sens de ce qu'il dit. Pendant la phase d'écoute, il faut résister à l'impulsivité qui nous fait décrocher pour prioriser nos propres émotions, idées ou besoins. Les types d'interventions présentés plus haut découlent d'une confusion entre l'attention consciente entièrement tournée vers l'interlocuteur qui nous parle et nos processus et besoins internes. Si notre écoute n'est pas consciente et ferme, notre SI s'activera automatiquement sous le coup d'une émotion et nous empêchera de produire un reflet.

Tous les types d'interventions précédents entraîneront des conséquences relationnelles similaires :

- augmentation du sentiment d'être contrôlé, voire manipulé ;
- diminution de l'autonomie chez l'interlocuteur ;
- diminution immédiate de la volonté de se vulnérabiliser ;
- diminution de la qualité de la confiance interpersonnelle ;
- cessation de l'approfondissement des sujets importants ;

- inhibition de l'accès aux informations et aux sujets ayant le plus de valeur ;
- tendance au retour à des sujets de surface.

En d'autres mots, ces façons d'intervenir dans une communication provoqueront la fermeture et la rigidité chez notre interlocuteur.

Illustration du concept de reflet

Illustrons maintenant les différents types d'interventions et leurs conséquences. Voici pour ce faire une discussion entre Sophie et Ines à propos du futur professionnel de Sophie.

Sophie : Cette entrevue est stressante parce que je sais que je peux obtenir ce poste. Et je veux l'obtenir ! Mais, en même temps, si je ne l'ai pas, je ne sais pas comment je vais me sentir… tu sais… de retourner dans mon ancien travail comme si de rien n'était. Mais si je l'ai, je dois laisser mon emploi ici. Et je sais que je vais décevoir tellement de gens. Je ne sais pas… Parfois, je me demande si c'est une bonne chose de postuler pour ce poste.

(Bref silence)

Ines, qui a tenté d'écouter son amie de son mieux, a le choix entre plusieurs types d'interventions. Celles qui suivent ne sont pas le fruit d'un processus d'écoute du sens. Elles auront des impacts relationnels négatifs, diminuant la vulnérabilité et augmentant les dispositions SI de Sophie.

Intervention 1 : Opinion

« Je ne pense pas que tu devrais t'en faire avec ça. Ça va bien aller, tu verras. »

Cette intervention n'a rien à voir avec ce que Sophie a exprimé. Ines n'est pas disponible pour son amie. Elle utilise plutôt ce que Sophie dit pour se rassurer elle-même en émettant une opinion positive. Sophie aura tendance à interrompre la vulnérabilisation, à se taire ou à changer de sujet en souriant, par exemple : « Ouais ! En tout cas… Et toi, comment ça va ? » Sophie hésitera davantage avant de revenir sur ce sujet hautement vulnérable avec Ines ; elle sera méfiante la prochaine fois qu'elle osera le faire.

Intervention 2 : Question

« Est-ce que ça vaut vraiment la peine, tout ce travail ? Quels sont les avantages de ce nouvel emploi ? »

Ines veut assouvir sa curiosité personnelle, satisfaire une vision du monde qui lui appartient. Elle tente d'influencer Sophie pour qu'elle change sa façon de voir les choses, afin de pouvoir retourner à sa propre zone de confort. Cette intervention transfère entièrement le sujet de conversation sur une préoccupation d'Ines, c'est-à-dire la remise en question du gain potentiel de l'initiative de Sophie, combinée à une deuxième préoccupation concernant les avantages de l'emploi. Ces deux aspects n'ont même pas été abordés par Sophie.

Forcée de décrocher de ce qu'elle voulait communiquer, Sophie doit maintenant satisfaire Ines en répondant à des questions qui suggèrent des pensées qu'elle ne reconnaît pas. Pire, pour plaire à son amie et éviter d'être rejetée par elle, elle se sent obligée d'y répondre. Pour Sophie, l'intervention d'Ines est la preuve que son contenu de valeur est en danger entre les mains de son amie. Pour des raisons de sécurité, Sophie reviendra progressivement à des sujets de surface moins émotionnellement risqués.

Intervention 3 : Hypothèse

« Est-ce que c'est possible que tu t'en fasses un peu trop ? »

Ines utilise l'hypothèse comme stratégie d'influence passive-agressive. Elle n'assume pas complètement son opinion ; elle tente plutôt de la suggérer tout en essayant de faire correspondre la réponse de Sophie à la vision qui l'accommode. L'hypothèse n'est pas une marque d'écoute du sens ; Ines propose donc un sujet de conversation qui n'a rien à voir avec ce que Sophie a voulu communiquer.

Intervention 4 : Résumé

« Tu es stressée par ce qui s'en vient, tu veux avoir ce poste, tu ne sais pas comment tu te sentiras si tu reviens à ton emploi initial, tu vas décevoir des gens et tu te demandes si c'est une bonne chose. »

À la décharge d'Ines, c'est de loin sa meilleure intervention : elle ne s'est pas mise au premier plan et est demeurée à l'écoute de Sophie. C'est déjà très bien, même mieux que ce que beaucoup de gens font dans leurs conversations quotidiennes. Toutefois, la répétition d'éléments statiques (mots, phrases) n'amènera que peu d'énergie à la communication, car le sens de ce que Sophie a exprimé est absent. Il n'y a donc pas beaucoup de gain énergétique généré quand on fait un collage de mots et qu'on le présente à la personne qui s'est exprimée. Rationnellement, Sophie ne pourra pas nier qu'elle a effectivement prononcé ces mots, mais elle ne pourra répondre que par un simple « Oui ».

Mon expérience et mon intuition me permettent de dire que Sophie s'arrêtera tout simplement de parler. Ce résumé est extrêmement décevant pour elle, car son cerveau et ses émotions ont travaillé fort pour mettre ce qu'elle vit en mots et oser le dire à Ines. Lorsqu'un processus de vulnérabilisation reçoit pour réponse un résumé d'éléments statiques, cela engendre une irritation ou une déception, ce qui décourage la personne qui s'exprime de poursuivre la communication.

Pour protéger la relation avec son amie, Sophie pourra sourire et discrètement changer de sujet pour le ramener à Ines. Elle bloquera ainsi un autre processus de vulnérabilisation qui n'aboutirait qu'à une déception, car son or n'a pas été protégé.

Intervention 5 : Interprétation

- « Il y a des dangers dans ce genre de changement d'emploi. »
- « Tu pourrais te mettre beaucoup de personnes à dos et le regretter. »
- « Dans le fond, il y a toujours des avantages et des inconvénients dans les choix qu'on fait. »
- « Tu as toujours été stressée à l'idée de déplaire aux autres. Alors, c'est difficile pour toi. »
- « Tu as peur d'être déçue de toi, là-dedans. »
- « On pense souvent que le gazon est plus vert chez le voisin : c'est un classique. »
- « Je comprends. Dans le fond, tout est un peu négatif en ce moment. »
- « Je comprends. C'est comme un peu obsessif, tout ça. »
- « Je comprends. Il y a quand même des risques que ça se passe mal. »
- « Je comprends. Tu as de la difficulté avec le deuil. »

Les interprétations sont courantes dans nos dialogues. Pour un même contenu, elles sont infinies. Mais elles sont inefficaces dans l'accès au sens. Dans toutes les interprétations précédentes, ce que Sophie a voulu communiquer n'est jamais vraiment pris en compte. Ines n'a pu retenir son activation SI et s'empêcher de formuler une interprétation de ce que son amie a communiqué. Il est intéressant de constater que les interprétations ont souvent un « certain sens ». Une personne qui interprète propose généralement du contenu logique. Toutefois, celles d'Ines ne font pas ressortir le sens réel de ce que son amie a exprimé.

Par ailleurs, il est conseillé d'éliminer de ses conversations les « Je comprends ». La volonté de comprendre, oui ; la volonté de saisir le sens, oui ; mais il est théoriquement impossible de réellement et totalement comprendre quelqu'un. Cette expression est socialement brûlée, et elle est généralement suivie d'un changement de sujet plus accommodant pour la personne qui exprime sa compréhension.

Intervention 6 : Déduction

« Donc, tu vas prendre le temps de penser à tout ça et bien peser les pour et les contre ? »

Ines aime bien jouer au détective et tenter de prédire la suite des choses. Étant donné les informations partagées, elle prévoit déjà une solution et fait une prévision pour le futur. Or, il n'est jamais possible de prendre de l'avance sur le contenu de ce qu'une personne exprime. Si nous avons l'impression que notre interlocuteur tente de le faire, nous nous sentons utilisés, nous percevons que notre contenu est devenu son jouet et nous calculons que le risque de dévoilement est trop grand.

•••

Dans une discussion comme celle-là, les conflits naissent quand :

- notre interlocuteur nomme quelque chose que nous n'avons pas communiqué consciemment ;
- nous obtenons une réponse négative qui exprime son désaccord ;
- il persévère en s'obstinant et en argumentant sur sa réalité.

Par exemple :

Ines : Je te reconnais là-dedans parce que tu es toujours stressée quand tu dois faire un choix.

Sophie : Euh ! Non, je ne suis pas toujours comme ça.

Ines : Ben oui. Parce que tu hésites et, la plupart du temps, tu finis par abandonner et c'est tout.

Sophie: …

Ines: Quoi? Tu le sais. La même chose s'était passée…

Sophie: Laisse faire.

Ines: Ne le prends pas comme ça. Mais, à un moment donné, il faut que tu t'en rendes compte.

Il est fort possible que les éléments apportés par Ines dans le dialogue précédent soient pertinents et véridiques dans les faits, mais les processus de communication mis en place violent les règles de base de l'écoute. Dans un scénario où Ines aurait connu le principe du reflet, elle aurait écouté Sophie en tentant de sentir le sens de ce qu'elle disait. Comme vous le verrez dans les exemples suivants, certains reflets sont plus longs que d'autres. Le vocabulaire utilisé par Ines n'est pas le même, mais il y a de fortes chances que son amie reconnaisse le sens de ce qu'elle a voulu communiquer.

Reflet 1:

« Il y a des conséquences désagréables des deux côtés. »

Reflet 2:

« Les conséquences possibles des deux côtés de la médaille te font même douter de passer cette entrevue. »

Reflet 3:

« Tu es assez partagée entre ces deux options. »

Reflet 4:

« Tu es consciente des conséquences, que tu décroches l'emploi ou non, et ça te remet en question. »

Reflet 5:

« Il y a des émotions positives intenses liées à cet emploi que tu veux et que tu sens que tu peux avoir, mais c'est aussi très stressant en termes de conséquences. »

Tous ces reflets comportent une partie importante du sens que Sophie a voulu communiquer. Au fur et à mesure qu'Ines formule son reflet, Sophie peut percevoir le sens, le mouvement à travers son amie. Elle reconnaît son propre message. Elle se reconnaît elle-même. Ines lui montre qu'à cet instant précis elle n'est pas seule : elle et son amie sont unies dans le même vecteur. La solitude de Sophie vient d'être brisée : Ines va dans la même direction qu'elle, ce qui a un impact dopaminergique immédiat. Sophie hochera la tête, son visage s'éclairera, ses yeux s'ouvriront, ses sourcils se hausseront légèrement, et elle s'exclamera : « Oui, et... »

Ce que Sophie dira par la suite se trouvera à un niveau de vulnérabilité supérieur. Elle précisera son propos et se dirigera vers des sujets plus profonds, de l'ordre des sujets sécurisés. Ines aura accès à l'or de son amie, ce qui est important pour Sophie et pour le sens de ce qui l'anime et de ce qu'elle vit dans cette situation.

C'est l'écoute qui aura permis à Ines de trouver le filon du reflet. Plutôt que d'émettre une opinion, de poser une question ou de faire une interprétation, elle aura écouté le contenu, observé les expressions faciales et perçu les émotions, mais c'est sa conscience en mouvement qui lui aura permis de saisir ce qui dépasse les mots.

Il ne faut pas forcer un reflet. Généralement, la volonté et le plaisir de montrer à l'autre que nous avons compris le sens de son message font naître une impulsion naturelle au bon moment. Il ne faut pas non plus interrompre la personne qui s'exprime pour renvoyer un reflet, sauf si le contenu est tellement dense et complexe qu'il est plus sage de nous assurer que nous saisissons ce que notre interlocuteur exprime.

C'est l'intention qui compte

Un reflet n'a pas à être parfait. La bonne nouvelle, c'est qu'en cette matière l'intention compte pour beaucoup. Si vous faites de votre mieux pour écouter le sens de ce qu'une personne exprime et que vous renvoyez un reflet qui ne correspond pas parfaitement à ce qu'elle a voulu communiquer, c'est loin d'être dramatique. Elle verra que vous essayez de faire ressortir de façon authentique le sens de ce qu'elle a voulu dire. Elle pourra alors vous corriger, préciser sa pensée et développer son message. C'est déjà un impact positif. Vous pourrez ainsi utiliser de nouveau cette stratégie à la lumière de sa réaction.

Tout au long des chapitres précédents, j'ai expliqué plusieurs techniques de communication ainsi que les mécanismes émotionnels, relationnels, cognitifs, attentionnels et d'activation SI et SA. Peut-être avez-vous le sentiment qu'amalgamer toutes ces notions de manière à mieux communiquer est difficile, voire irréaliste. Les mécanismes, les lois et les règles sont détaillés, comme dans certains sports ou certaines disciplines, et il peut sembler impossible de maîtriser le tout de façon naturelle. Je vous rassure. C'est tout à fait possible ; il s'agit de vous entraîner et surtout de le faire avec passion. Vous intégrerez les mécanismes graduellement.

La technique du reflet, une notion centrale de ce livre, est probablement la plus importante à développer. Le reflet est un outil verbal puissant ; pour qu'il soit efficace, nous devons, dans l'instant présent :

- donner à notre interlocuteur 100 % de notre attention consciente unifiée ;
- prendre le contrôle de notre SA et activer une intention consciente d'écouter (GO écoute) ;
- mettre à profit notre capacité à reconnaître les émotions en temps réel ;
- exercer notre capacité à détecter les expressions faciales et les mouvements oculaires ;

- exercer notre capacité à intégrer une grande quantité d'informations transmises ;
- saisir le sens.

Pour avoir enseigné la stratégie du reflet pendant les 17 dernières années, je peux vous assurer que la volonté de renvoyer un reflet efficace synchronise l'ensemble des fonctions cérébrales requises dans la communication. Plus vous vous entraînerez, plus vos reflets seront efficaces, et plus vous en verrez les résultats, ce qui vous encouragera à écouter davantage. Plus vos reflets seront efficaces, meilleures seront vos relations. Plus les gens partageront leur or avec vous, plus vous pourrez utiliser cette énergie précieuse pour atteindre des objectifs de grande valeur.

Certains pourraient penser que le reflet est une technique que seuls les thérapeutes peuvent utiliser. Détrompez-vous. Si votre qualité d'écoute se développe, si vous possédez les habiletés d'accéder au sens, les gens voudront s'exprimer avec vous. Plus ils accéderont au sens avec vous, plus l'énergie et la valeur seront accessibles. Cela aura des répercussions non seulement sur le plan relationnel, mais également sur les plans professionnel et financier. Par expérience, je peux affirmer que les personnes qui ont acquis de grandes habiletés de communication les ont aussi utilisées afin de faire croître leur entreprise, de développer leur carrière et leurs relations. Lorsque je rencontre des gens d'affaires, il est maintenant facile pour moi d'évaluer leur succès financier en me basant uniquement sur leur façon d'écouter. Je sais ce que leur cerveau fait pendant qu'ils écoutent. L'écoute est assurément liée à la création de valeur, au sens large. Je le répète : l'écoute n'est pas une activité passive.

L'expression vectorielle : l'art de créer du mouvement

Nous parlons des centaines de fois par jour. Certaines fois sont plus déterminantes que d'autres. Il y a des moments où toute l'attention est sur nous. Notre auditoire, notre collaborateur, notre client ou notre partenaire amoureux est prêt à nous écouter : notre interlocuteur est en SA. C'est le moment d'exprimer notre pensée. De faire valoir notre point, dirons-nous. Nous voulons que notre expression ait un impact, qu'elle provoque quelque chose de positif. Plus ce que nous voulons dire est important, plus nous sommes susceptibles d'être anxieux. C'est normal, malgré d'excellentes habiletés de communication. Il est presque impossible de ne pas ressentir d'anxiété lorsque nous disons quelque chose d'important à des gens qui comptent pour nous. Mais la balle est dans notre camp.

La peur de demander

Exemple 1. La réunion commence. Quinze personnes sont rassemblées autour de la table. Celle qui animera cette réunion d'équipe se présente, après quoi elle transmet des messages importants concernant les nouvelles orientations de l'année. Elle en parle pendant 20 minutes, alors que plusieurs participants regardent leur téléphone et que d'autres sont complètement en SI, perdus dans leurs pensées. Elle demande s'il y a des questions. Personne ne se manifeste. Elle fait une blague. Personne ne rit. Un premier participant pose alors une question, puis un deuxième. Soudain, tous soulèvent des oppositions, ils ne semblent pas du tout convaincus. Les questions, les commentaires et les désaccords fusent de toutes parts pendant près d'une heure.

Exemple 2. Un homme divorcé doit rencontrer son ex-femme, la mère de ses enfants. La relation n'est pas très bonne depuis plusieurs années déjà. Il trouve qu'elle a des demandes injustes, irréalistes et qu'elle les fait à la dernière minute. Il craint cette rencontre, comme toutes les précédentes. Mais, cette fois-ci, il s'est préparé. Il a des arguments solides. Beaucoup, en plus. Il a l'intention de se défendre. La rencontre a lieu. Il a pu exprimer tous ses arguments. Quant à son ex, elle est restée silencieuse. Elle paraissait irritée. Il se demande si la rencontre s'est bien passée.

Exemple 3. Un entrepreneur rencontre un banquier. Il a besoin d'un prêt pour démarrer un projet spécial qui lui tient à cœur. Il a apporté des papiers, préparé un fichier informatique avec toutes les données qu'il possède pour appuyer son dossier et ainsi être convaincant. Il est très emballé par son idée et la partage du mieux qu'il le peut. Le banquier, lui, paraît un peu confus. Il regarde les documents que l'entrepreneur a déposés sur le bureau tandis que celui-ci parle. Tout en souriant, il l'interrompt, lui dit que c'est un gros projet, difficile à financer, et qu'il y aura beaucoup d'étapes d'analyse. L'entrepreneur est instantanément refroidi. Le banquier ne semble pas voir le potentiel de son projet.

•••

Nous prenons la parole et exprimons une idée, une opinion ou une demande pour laquelle nous recherchons la collaboration, l'écoute empathique, l'appui. Nous voulons faire voir aux autres ce que nous voyons. De la même manière, des gens nous parlent, nous proposent des choses, partagent leurs idées et ont, eux aussi, des demandes à nous faire. Demander rend anxieux. Pourquoi les gens ont-ils de la difficulté à faire des demandes, particulièrement ceux qui possèdent un fort trait d'agréabilité ? Pourquoi minimisent-ils leurs demandes, quitte à ne pas réellement obtenir ce dont ils ont besoin, pour ne pas déranger ?

Nous avons peur de nous faire dire non, car nous devons vivre avec les conséquences émotionnelles des refus. Avec le temps, notre cerveau développe une phobie du refus, du rejet. Pour lui, ce « non » peut vouloir dire plusieurs choses. *Non*, parce que nous sommes personnellement rejetés, ce qui prouve que nous ne méritons pas ce que nous demandons. *Non*, parce qu'on ne croit pas en nous. *Non*, parce qu'on ne croit pas en nos idées, en nos projets. *Non*, parce que notre interlocuteur ne voit pas pourquoi il sacrifierait de précieuses ressources pour une demande pareille. *Non*, parce qu'il aurait peut-être envie de dire oui à quelqu'un d'autre que nous, qu'il préfère, qui est meilleur que nous.

Demander constitue une prise de risque. Chaque fois.

Demander est souvent associé au fait de quêter ; c'est donc faire la preuve que nous manquons de quelque chose. Il nous arrive de penser que pour demander, il faut commencer à parler en nous excusant. C'est mendier. C'est la pauvreté. C'est vouloir obtenir une faveur. Une faveur coûte quelque chose à l'autre. Une faveur est un privilège que nous ne méritons peut-être pas vraiment, mais que l'autre nous accorde par gentillesse. Demander, c'est déranger l'autre en raison de notre incompétence.

Si l'une de ces perceptions est active dans notre tête et que nos communications visent la collaboration, obtenir de l'aide et du soutien sera toujours difficile.

Nos standards de compréhension

Dans notre culture, comprendre vite est fortement valorisé. La lenteur est, pour nous, symptomatique d'un manque de vivacité d'esprit. Notre cerveau tente de se convaincre qu'il a compris, évitant les émotions négatives. Mais qu'avons-nous compris exactement ?

Nous pouvons comprendre les mots, les phrases, les idées de base. C'est assez facile. Mais ces éléments fixes ne créent pas d'énergie, et il ne s'agit pas du sens non plus. Lorsque la personne à qui nous parlons tente, consciemment ou non, de comprendre seulement nos mots, elle ne ressent rien. C'est la raison pour laquelle elle ne boit pas nos paroles, que ses yeux ne brillent pas, qu'elle n'a pas le goût d'aller plus loin ni d'en savoir plus. Elle ne *vit* rien. Comprendre les mots est le standard normalement appliqué pour déterminer si nous avons compris ce qu'une personne vient de dire, mais ce n'est pourtant pas ce que nous devons rechercher, car un message n'est pas une liste de mots.

Lorsqu'une personne comprend réellement le sens d'une idée, d'une opinion, d'un projet, d'une intention, elle est transportée. Son système attentionnel est éveillé, son SA est activé. Lorsqu'elle perçoit le sens, qu'elle le comprend, elle voit le mouvement, elle ressent quelque chose, elle est stimulée. Encore plus important, elle veut en faire partie.

Certaines stratégies de communication suscitent rapidement des refus et des résistances, résultant en une faible mobilisation de notre interlocuteur. Pour se protéger, il devra dire non. D'autres stratégies entraînent plutôt des « oui », ou encore des « comment », un type plus nuancé de réponse affirmative. J'ai aussi remarqué que, indépendamment du contexte, les impacts que nous recherchons peuvent se résumer à quelques objectifs qui sont tous des effets du mouvement et de l'énergie : la mobilisation, les émotions positives et le goût d'avancer, de stimuler l'intérêt, d'avoir le sentiment que nous nous sommes exprimés avec clarté.

La difficulté à livrer une idée importante nous rend incroyablement seuls. Un projet que nous ne pouvons partager ou communiquer n'est pas en mouvement et se transforme vite en poids que nous devons traîner. Les artistes sont les premiers à faire état de cette lourdeur lorsqu'ils ne peuvent créer, s'exprimer par leur art. Ils ont un besoin viscéral d'être en processus de création. Mais encore faut-il se sentir entendu et compris.

La façon de choisir et d'ordonner les idées, les phrases et les arguments change complètement l'impact de notre message. Si nous avions à illustrer les informations transmises lorsque nous parlons sans planification, nous pourrions recourir à un nuage de points. Chacun d'eux représente une information que notre interlocuteur doit absorber, comprendre, et surtout dont il doit extraire le sens, car tous les humains cherchent instinctivement le sens.

CONFUSION ET ÉCOUTE DIFFICILE POUR UN INTERLOCUTEUR DANS UNE COMMUNICATION SANS PLANIFICATION

Lorsque nous communiquons en mettant l'accent sur les mots et les informations, le cerveau de notre interlocuteur doit tracer lui-même le chemin pour accéder au sens et à l'énergie.

Il doit encoder et analyser séparément les informations tout en les maintenant actives dans la mémoire à court terme, alors qu'elles continuent à arriver. Sur le plan cognitif, une telle opération se compare à jongler sans échapper de balles tandis que quelqu'un en ajoute sans arrêt.

L'écoute exige déjà beaucoup sur le plan cognitif. Pour notre interlocuteur, le fardeau de créer lui-même un vecteur en assemblant les morceaux d'information multiplie les coûts en termes d'énergie mentale, ce qui déclenche immanquablement son SI et son anxiété.

Si nous voulons mobiliser une personne, nous ne pouvons pas lui demander d'allouer ses ressources mentales à la conversion des données statiques de notre discours en vecteur. Non seulement toute son énergie y passera, mais elle se découragera rapidement. Son cerveau devra trouver une raison d'interrompre l'écoute. Préparer un contre-argument, changer de sujet, poser une question ou recourir à toute autre forme de décrochage constitue un symptôme d'une attention divisée. En d'autres mots, l'énergie que notre interlocuteur investit à replacer les morceaux de notre discours épuise sa capacité à être mobilisé. C'est ce qui explique que certains orateurs et professeurs sont de véritables somnifères ou qu'ils rendent l'assistance anxieuse, car elle ne se sent pas compétente pour comprendre ce qu'ils disent.

Plus nous parlons, au sens où nous prononçons des mots sans générer d'énergie, plus notre impact diminue. Nos mots, des variables fixes, se transforment alors en poids. À ce moment, nous voyons chez notre interlocuteur les signes qui révèlent qu'il est en SI, et nous nous sentons de plus en plus anxieux.

En résumé, la communication non planifiée basée uniquement sur les données statiques a un effet sur le SI et l'anxiété des personnes impliquées ; elle augmente la charge mentale de celle qui écoute et sa résistance face à l'idée exprimée, en plus de favoriser l'attention divisée et la tendance à interrompre la communication.

Notre interlocuteur recherche l'énergie et le sens. Lorsque nous nous exprimons, c'est à nous de créer un vecteur qui sera facile à saisir pour lui.

Les composantes de l'expression vectorielle

Le choix des éléments que nous exprimons combiné à la séquence d'expression de ces éléments crée un vecteur. Lorsque nous voulons exprimer une idée complète, porteuse de sens et d'énergie, cinq composantes sont nécessaires. Comme dans une histoire bien racontée, celles-ci suivent une chronologie précise.

1. Les éléments du contexte

Il faut présenter les éléments qui constituent la toile de fond qui a provoqué l'émergence de votre idée. Quels sont les éléments contextuels qui permettent de comprendre la genèse de votre vecteur, celui qui a mis la table aux composantes qui suivront? Il faut soigneusement choisir les plus pertinents, ceux qui sont en lien avec la finalité de votre message. Je propose d'en préciser au maximum trois et de les expliquer clairement. S'ils sont trop nombreux, la mémoire de travail de votre interlocuteur sera surchargée et les données statiques deviendront rapidement trop lourdes, stimulant le SI. Vous devez au contraire maintenir le SA de votre interlocuteur à chaque étape. Vous pourrez ensuite vous servir des éléments du contexte comme tremplin.

2. L'événement déclencheur

Il est important de faire le lien entre les éléments du contexte présentés et un événement précis qui a provoqué un changement pour vous, pour la situation, ou qui vous a affecté.

L'événement déclencheur se distingue des éléments du contexte parce qu'il a agi directement sur vous, stimulant par le fait même votre vulnérabilité et votre implication dans votre message. Il n'a pas besoin d'être exceptionnel, mais il doit être authentique et personnel. Il peut s'agir d'un événement majeur ou banal en apparence. Dans tous les cas, il doit avoir changé quelque chose pour vous, être le domino qui a déclenché la suite d'événements qui justifie votre message important.

3. La prise de conscience

L'événement déclencheur a eu un impact sur vous. Il a entraîné une prise de conscience qui doit être soigneusement expliquée. Il s'agit ici de faire le lien entre le contexte et vous. C'est le moment de dévoiler la façon dont vous avez été touché.

Lorsque les éléments du contexte, l'élément déclencheur et la prise de conscience ont été bien choisis et exprimés de façon précise, les chances sont très grandes pour que le vecteur de sens soit déjà actif et que vos interlocuteurs soient en SA, montrant alors tous les signes d'écoute et d'intérêt. La prise de conscience est l'un des moments les plus importants du message, car il porte votre vulnérabilité à un autre niveau. Plus vous êtes précis, explicite et posé, plus votre vecteur gagnera en sens.

4. Les buts et les objectifs

Un vecteur prend tout son sens lorsqu'il est connecté à un but important. Après avoir partagé les éléments du contexte, l'élément déclencheur et la prise de conscience avec votre interlocuteur, il vous faut « sceller » le vecteur en définissant votre but ou, encore mieux, un but commun avec lui. Il s'agit pour vous de confirmer la direction du mouvement, la raison d'être de ce que vous faites. Plus le but est précis, important et à long terme, plus le vecteur est puissant et justifie la finalité de votre propos. Avant de terminer votre message, il faut vous assurer de ramener votre interlocuteur à la raison d'être de votre propos.

5. La finalité de l'idée

La finalité de votre message est la demande, le point central, la pensée, l'argument principal, bref, ce pour quoi vous voulez mobiliser votre interlocuteur. Cette partie doit être la plus simple et la plus courte. Si les autres composantes ont été présentées dans le bon ordre, votre interlocuteur attendra impatiemment de connaître la finalité de votre idée. Il voudra connaître son rôle dans la poursuite de votre vecteur. Le sens véhiculé par votre vecteur à travers les quatre composantes précédentes s'intégrera automatiquement à la dernière.

1. Les éléments du contexte
2. L'événement déclencheur
3. La prise de conscience
4. Les buts et les objectifs
5. La finalité de l'idée

Les effets de l'expression vectorielle

La force de votre idée ne proviendra pas des détails fournis ni du nombre d'informations véhiculées, mais plutôt du vecteur qui aura gagné progressivement en sens par le biais des liens que vous aurez établis. Si le vecteur a été bien construit, si chaque élément a été exprimé avec précision et si les liens entre les différentes composantes ont été bien noués, votre interlocuteur n'encodera pas uniquement une série de données disparates ; il sera transporté par une sorte de flot, il comprendra le sens de votre message. Vous écouter sera facile pour lui. Il aura absorbé l'information et y accordera une crédibilité. L'expression vectorielle stimule un tout autre type d'écoute. À ce moment, votre interlocuteur sera changé par votre idée. Cela ne veut pas nécessairement dire que la discussion sera terminée ou qu'il sera d'accord avec vous en tout point. Mais il sera maintenant dans une position qui lui permettra de contribuer au mouvement et, en posant une question, en exprimant un argument constructif, il pourra s'intéresser davantage à votre idée et faire des liens avec les siennes. Le dialogue sera alors en mouvement.

Vous passerez des maillons à la chaîne.

En résumé, l'expression vectorielle permet de réduire les divisions attentionnelles, augmente le SA et le maintient en action plus longtemps, accroît l'empathie naturelle, permet de transmettre le sens de votre message et renforce la mobilisation.

L'expression vectorielle à l'œuvre

De manière à illustrer plus concrètement la différence entre l'expression statique et l'expression vectorielle, prenons l'exemple d'une personne qui désire exprimer une idée et faire une demande à sa supérieure hiérarchique. Ce qui suit est le verbatim d'un cas réel. J'ai demandé à Emmanuelle de s'exprimer à deux reprises, comme elle le ferait devant sa patronne : la première fois spontanément, sans aucune préparation, la seconde, en structurant son message en vecteur.

Pendant votre lecture des passages suivants, notez comment vous vous sentez. Plus particulièrement, prenez conscience de l'énergie mentale nécessaire pour comprendre ce dont il est question ; soyez attentif à la concentration que cela exige ou, au contraire, à votre intérêt.

Demande d'Emmanuelle sans préparation

« Donc, mon projet et ce que j'aimerais, ce serait de faire des rencontres pédagogiques avec les éducatrices. Probablement en sous-groupes. Pour permettre d'augmenter la qualité des services offerts aux enfants… dans le CPE. On sait qu'il y a des manques de connaissances dans plusieurs domaines. Je voudrais donc combler un besoin de formation et de connaissances des éducatrices. De créer une sorte de… partage entre les éducatrices… pour que les solutions viennent d'elles, pour qu'on discute du développement des enfants, de divers sujets et connaissances, mais aussi pour qu'elles les mettent en application dans le CPE. Ça pourrait nous aider à, justement, nous distinguer. Ma demande, c'est de pouvoir avoir des moments dans l'année, ou par exemple une fois par mois, pour tenir des rencontres pédagogiques avec les éducatrices, en sous-groupes. »

Faisons maintenant quelques observations. Emmanuelle se tenait très penchée vers l'avant, bougeait sur sa chaise, gardait ses poumons gonflés, souriait beaucoup et gesticulait avec ses mains. Sur le plan verbal, nous pouvons remarquer qu'elle énonce d'emblée sa demande et que le reste du message est utilisé pour la justifier et la détailler. Formuler le point central du message dès le début crée une anxiété immédiate qui transparaît tout au long de la communication. S'ensuit une liste d'informations entrecoupées d'hésitations et de répétitions de mots et de concepts (CPE, sous-groupes, rencontres pédagogiques, éducatrices, etc.). Emmanuelle n'a pas de plaisir à faire sa demande, elle se sent mal et ne paraît pas maîtriser son sujet. Son anxiété est fortement liée à la stratégie qu'elle utilise : une expression basée sur des données statiques.

Mettez-vous à la place de sa supérieure hiérarchique et imaginez ses réflexions et ses questions : « Ai-je réellement compris le sens fondamental de l'idée d'Emmanuelle, exprimée de cette façon ? Cette idée semble-t-elle claire pour elle ? Est-ce qu'elle semble maîtriser son sujet et sa proposition ? Est-ce que je me sens interpellée, conscientisée à l'importance de cette demande au point que j'ai envie de consacrer un budget à cette initiative ? »

Dans un deuxième temps, j'ai demandé à Emmanuelle de se préparer pendant 20 minutes. Je l'ai invitée à écrire les cinq composantes fondamentales de son message selon l'ordre correspondant au vecteur. Je lui ai ensuite suggéré de s'exercer à exprimer ses idées à voix haute. Une fois à l'aise, elle a de nouveau formulé sa demande verbalement.

Demande d'Emmanuelle revue et corrigée

« Nous sommes une nouvelle équipe d'éducatrices qui ont beaucoup d'expérience, mais c'est aussi une équipe qui est en développement, particulièrement pour les processus de développement des enfants. Au début de l'année, l'horaire et notre programme d'accompagnement ont été révisés pour permettre une meilleure application des interventions.

Pendant notre dernière réunion d'équipe-direction, nous avons tous observé qu'il y avait des manques importants dans l'application de notre programme d'intervention.

J'en suis venue au constat que les éducatrices ont grandement besoin de soutien en ce qui concerne leurs connaissances et aussi dans l'application de ces connaissances pour rendre les interventions plus efficaces. C'est ce qui est nécessaire pour qu'elles puissent généraliser les acquis avec tous les enfants. C'est fondamental de pouvoir lier la théorie à la pratique.

Il faut amener la réflexion et l'analyse de nos interventions à un autre niveau pour réellement servir chaque enfant avec ses besoins uniques. Les interventions que nous cherchons à faire doivent être soutenues et rigoureuses. De cette façon, nous pourrons nous distinguer comme organisation par un service de qualité.

Ce que je veux faire, ce sont des rencontres pédagogiques régulières avec les éducatrices pour les soutenir à la fois dans leurs connaissances et leurs interventions. »

Plus un message est important, plus il comporte d'éléments, et plus il faut consacrer de temps pour le préparer. Je recommande une préparation suffisante pour écrire les éléments du message, le structurer soigneusement, le peaufiner et s'assurer que les liens entre les cinq composantes sont adéquats.

Nous ne pouvons pas exprimer une idée importante en improvisant.

La communication à distance

Nous sommes des êtres de chair et de sang. La présence physique a assurément un impact sur nos communications. En plus d'augmenter notre énergie, elle influence la prise de risque, la vulnérabilité et la vitesse de sa progression. De plus, la proximité physique peut permettre de repousser le plafond de vulnérabilité.

Au téléphone, il peut être plus difficile de nous vulnérabiliser, car nous ne pouvons pas distinguer le SI du SA, toutes les informations relatives aux expressions faciales n'étant pas accessibles. Pour optimiser nos communications, nous devons compenser l'absence d'informations visuelles par l'augmentation des informations auditives afin de faire entendre à notre interlocuteur qu'il est réellement écouté. En effet, la personne qui écoute doit s'assurer de montrer à l'autre qu'elle est en mode SA par le biais de rétroactions auditives plus fréquentes que dans une conversation en face à face. Les reflets sont aussi particulièrement importants et doivent être plus fréquents.

Pour déterminer les tours de parole, nous laisserons légèrement plus de temps entre eux de manière à nous assurer, avant de parler, de l'activation SA de notre interlocuteur. Il est parfois possible d'entendre la respiration de l'autre et de déduire son activation cognitive. Par exemple, si vous parlez et que vous l'entendez ouvrir la bouche ou prendre une inspiration, considérez que son SI vient de s'activer et qu'il ne vous écoute plus. Les mêmes mécanismes qu'en conversation en face à face sont présents, quoiqu'ils nécessitent d'être inférés à partir des indices auditifs.

En communication à distance, la visioconférence est une façon d'accéder aux informations visuelles et auditives. Il s'agit d'une communication assez proche de ce que nous vivons en présence réelle. Plus la qualité de l'image est élevée, plus la perception des micro-expressions faciales est précise et s'approche de la réalité. La fréquence de rafraîchissement de l'écran, c'est-à-dire le nombre d'images s'affichant par seconde, est aussi une variable importante. Plus celle-ci est élevée, plus la précision de l'image s'approche de ce que nous voyons dans la vie réelle, augmentant ainsi la précision des mouvements faciaux de façon significative.

Lorsqu'une conversation importante doit avoir lieu, nous devons vérifier ces facteurs pour atteindre les résultats attendus. Si l'image est de faible qualité, qu'elle est fortement pixellisée et qu'elle se fige, l'impact de la communication en sera forcément diminué. J'irais même jusqu'à éviter de gaspiller un sujet de conversation important dans ces conditions.

Les limites de la communication

Il arrive que, malgré nos efforts les plus sincères, nous n'arrivions pas à établir une bonne communication : la relation ne s'améliore pas significativement, l'autre ne semble pas nous comprendre – en fait, il n'est même pas intéressé à nous comprendre, et inversement – et les émotions négatives sont de plus en plus intenses.

Les relations peuvent donner énormément d'énergie, tout comme elles peuvent drainer toute celle que nous possédons. Les relations humaines sont rarement neutres. Nous vivons tous des situations où, peu importe nos efforts, notre énergie chute et notre détresse augmente. Il arrive que nous investissions beaucoup de temps et d'énergie avec une personne, que nous voulions de tout notre cœur faire progresser la confiance et la relation, assurer l'atteinte d'objectifs. Mais parfois, pour une raison ou pour une autre, les choses sont stagnantes et deviennent émotionnellement nocives. Lorsque nous vivons un tel scénario, il est important d'être très prudents. Une communication peut facilement pomper toute notre énergie, jusqu'à nous rendre stagnants. Les relations malsaines ou négatives ont des effets dangereux. Il peut alors être sage de considérer l'arrêt des communications et une rupture. Décider de rompre une relation ou non peut être une préoccupation hautement anxiogène aussi bien dans le cadre des relations personnelles et amoureuses que sur le plan professionnel. Il s'agit de voir si le retour sur l'investissement en énergie est profitable. Notre cerveau le sait. Les émotions négatives servent d'avertissement. Il est peut-être temps de communiquer pour redresser la situation et créer davantage d'énergie et de sens.

Qu'ai-je fait de mal? Est-ce moi? Est-ce l'autre? Comment déterminer s'il faut soutenir l'investissement dans une relation?

Il n'y a aucune formule magique en communication humaine pour améliorer une relation. Même si nous faisons de notre mieux, il est possible que nous ne puissions pas aller de l'avant avec une autre personne. Pour le savoir, il faut prendre le temps d'analyser les éléments suivants afin de déterminer si un investissement d'énergie supplémentaire dans le dialogue pourrait être utile.

Retour sur notre responsabilité personnelle

La première chose à faire est de déterminer notre part de responsabilité. Il est capital de différencier les éléments sur lesquels nous avons le contrôle de ceux que nous ne pouvons pas maîtriser. Nous contrôlons nos comportements, des stratégies et un certain nombre de connaissances (dont celles que contient ce livre).

Voici un exercice d'autoévaluation et d'introspection sur la façon de communiquer qui pourrait éclairer votre décision : continuer à investir dans la relation ou y mettre fin. Si, après réflexion, vous sentez qu'il y a de la place pour l'amélioration, je vous recommande de persévérer et de vous lancer le défi d'améliorer votre prochaine communication.

- Est-ce que chaque communication a été préparée avec des buts clairs, spécifiques et importants pour moi ?
- Est-ce que j'ai abordé les communications avec une attitude SA + GO écoute ?
- Est-ce que j'ai pris soin d'orienter mon attention consciente ?
- Est-ce que j'ai été vigilant quant aux signaux non verbaux de mon interlocuteur (posture, expression faciale, SI *vs* SA, etc.) ?
- Alors que mon interlocuteur s'exprimait, est-ce que mon écoute visait à saisir le sens de son message ?
- Lorsque je me suis exprimé, ai-je fait de mon mieux pour mettre en mots, à chaque instant, ce qui est vrai et ce qui a le plus de sens pour moi, ou n'ai-je que répondu rapidement ?

- Ai-je laissé de courts silences entre les tours de parole?
- Ai-je ralenti le rythme de la conversation, ou l'ai-je accéléré sans m'en rendre compte?
- Ai-je pris le temps de choisir consciemment ce que j'allais dire avant de m'exprimer?

Une communication a immanquablement un coût. Il faut donc évaluer subjectivement sa motivation à investir dans une communication ou une collaboration. Si le gain potentiel est grand, sous une forme ou sous une autre, il vaut la peine d'y consacrer des efforts, car ils sont nécessaires lorsqu'on veut réaliser des projets d'envergure ou vivre des relations signifiantes. Même quand on possède les meilleures habiletés de communication, il faut beaucoup investir.

Plusieurs signes peuvent indiquer qu'une situation interpersonnelle se trouve dans un cul-de-sac, une situation caractérisée par un niveau d'impuissance élevé faisant augmenter l'anxiété et diminuer la sérotonine, effets qui influencent significativement la qualité de vie. Dans un tel cas, il est plus sage de rompre les liens plutôt que de vivre de la violence, de la détresse ou des troubles psychologiques. Généralement, ces situations sont le signe d'une relation complètement dégradée qui est très difficile à redresser.

Voici cinq indices révélateurs qui montrent qu'une rupture doit sérieusement être envisagée.

1. Le ratio coût-bénéfice

Il s'agit d'évaluer si les interactions, les communications et la relation avec une personne entraînent des coûts immenses en énergie mais une absence de retours positifs. Si le gain potentiel est faible, inexistant ou a perdu sa valeur à nos yeux, c'est inévitablement que le coût net est supérieur au retour.

Cela entraînera une autodévalorisation qui laisse présager une relation de plus en plus faible, négativement cristallisée.

2. La détresse

La détresse peut survenir lorsque la relation a atteint un niveau toxique qui nuit à notre fonctionnement quotidien ou à l'exécution de tâches importantes pour nous (travail, sommeil, humeur, appétit, etc.). Elle se fait également sentir lorsque la relation est à ce point détériorée que, quand nous y pensons, nous ressentons des émotions négatives significatives.

3. L'évitement des responsabilités

L'évitement des responsabilités personnelles est probablement le plus grand prédicteur de la dégradation des relations et l'obstacle majeur à la création et au maintien des relations.

Affronter des responsabilités personnelles est un acte de courage : il faut faire face à nos peurs, à ce que notre cerveau tente d'éviter et de fuir. Nos peurs sont liées à des éléments que nous n'aimons pas de nous ou que nous ne savons pas comment aimer et valoriser. Si notre cerveau est mis face à une vision de soi négative, il tentera d'éviter tout ce qui stimule ces pensées et les fortes émotions qui y sont associées : comportements, situations, sujets de conversation et personnes.

Plus une personne a recours à des stratégies conscientes et inconscientes d'évitement, plus il sera difficile pour elle de créer un dialogue porteur de sens et une relation forte et positive. Voici quelques types d'évitement.

Évitement direct

La relation est détériorée au point où nous voulons éviter de croiser l'autre et d'interagir avec lui, quitte à laisser passer des occasions.

Évitement des sujets de conversation

Éviter systématiquement d'aborder un sujet de conversation ou créer un environnement défavorable à une discussion sur un sujet en particulier est une façon de cacher l'anxiété qui y est associée, et ainsi de ne pas attirer l'attention sur celui-ci.

Évitement par le déni

Certaines personnes ont développé, au fil des années, la capacité de nier des faits et de combiner une série d'évitements pour éviter des conversations. Le déni des faits observables est une stratégie d'évitement parmi les plus extrêmes et les plus agressives. Elle court-circuite à la source la légitimité du dialogue, ce qui a pour effet de créer une impuissance immédiate et élevée chez l'interlocuteur qui tente de communiquer. Nier des faits générera immanquablement une forte réponse émotionnelle négative chez lui. Il voudra se défendre, avec raison, et réaffirmer les faits avec vigueur et intensité. La personne qui nie systématiquement des faits n'en est pas à sa première danse en matière d'évitement, et elle a plus d'un tour dans son sac. Par exemple, elle pourra éviter complètement la conversation en adoptant le rôle de la victime. Sa nouvelle stratégie consistera à pointer du doigt l'attitude violente de son interlocuteur, à mettre l'accent sur son agressivité. Le transformer en oppresseur justifie alors l'évitement de la conversation au nom du manque de respect, de la sécurité ou d'une autre forme d'excuse. Cette situation de communication est l'une des plus difficiles qui existent.

Évitement multiple par les systèmes hiérarchiques

En milieu de travail, l'évitement est presque une façon normale de fonctionner et est difficilement évitable dans un système où les cachettes sont nombreuses. Cela est compréhensible car, à l'intérieur d'une entreprise, la compétition est féroce : chacun veut gravir les échelons et mettre la main sur les meilleurs postes. Même si les leaders en place tentent du mieux qu'ils peuvent d'instaurer un climat de collaboration et un esprit d'équipe, la compétition fait partie de la réalité. La structure inhérente au milieu de travail favorise le camouflage de manière inouïe. Dans les systèmes impliquant une hiérarchie, il est fréquent d'observer des stratégies visant à mettre sur le dos d'autrui le blâme qui nous revient. Faire porter la responsabilité d'un échec à une autre personne, déléguer ses tâches ou se protéger avec une armée de « CC » en courriel sont autant de stratégies pour éviter d'assumer ses responsabilités.

L'évitement est facilité par les multiples services, équipes et les différents niveaux de hiérarchie. Lorsqu'une personne est anxieuse face à une conversation ou à un enjeu de communication, plusieurs options s'offrent à elle. Par exemple, elle peut éviter l'anxiété en transférant ses responsabilités à une autre personne ou éviter l'enjeu qui l'effraie. Comme les gens se connaissent à l'intérieur d'un service, ils sont au courant des déplacements habituels des uns et des autres et peuvent facilement éviter la personne associée à l'enjeu conflictuel. Il s'agit, en fait, d'éviter la responsabilité qui pourrait les mettre à risque. Les nombreux services et la hiérarchie sont utilisés comme des déflecteurs. Ce sont des boucliers virtuels qui peuvent orienter l'attention vers quelqu'un d'autre que soi. Certaines stratégies consistent alors à attendre de prendre cette personne en défaut. Cela peut sembler exagéré ou même caricatural. Ce ne l'est pas. Il est connu que le « poignardage dans le dos » (*back stabbing*), consistant à affecter négativement une réputation de manière indirecte, est une stratégie commune dans les organisations. C'est un tabou dont on ne parle pas ouvertement dans ces milieux. Cette forme d'évitement de l'anxiété vise à protéger ses intérêts en tout temps.

Évitement par victimisation pathologique

La victimisation est un processus par lequel une personne définit la réalité en narratif d'oppresseur-opprimé. Elle peut spontanément se déclarer la victime d'une autre personne, d'un groupe ou d'un événement. Contrairement aux victimes réelles qui souffrent ou ont souffert d'actions ou d'événements réels, la particularité des victimes pathologiques est qu'elles ne sont pas victimes de faits tangibles et démontrables. Il s'agit plutôt d'histoires qui prennent naissance dans leur impuissance. Cela les mène à la construction d'une vision du monde dans laquelle elles ne sont pas responsables de ce qui leur arrive. Le statut de victime est donc une façon insidieuse et inconsciente d'éviter les défis, les échecs et les responsabilités. Ce type d'évitement est l'un des plus résistants, car il est renforcé par des effets de groupe.

4. La rigidité

La rigidité empêche une personne de modifier ses comportements, ses émotions, ses opinions et ses attitudes malgré les efforts investis dans les communications. On l'observe chez les personnalités dites « difficiles » ou qui souffrent de troubles de personnalité, avec lesquelles il est très ardu d'interagir.

Rigidité émotionnelle

Malgré les communications, la disposition émotionnelle de l'interlocuteur ou son attitude par rapport au sujet et à la relation ne semblent pas changer ni évoluer.

Rigidité dans les propos et les arguments

Les points, les arguments, bref, tout ce que la personne exprime est récurrent et se répète d'une rencontre à l'autre, d'une conversation à l'autre. Ce comportement entretient chez son interlocuteur une impression d'impuissance et d'inflexibilité, donc de statisme.

Stagnation
Les conversations et la relation semblent ne pas avancer, aucun élément nouveau et significatif n'est apporté. Le sentiment de perdre son temps et de faire du surplace règne chez les deux parties.

5. Les puits sans fond

Il arrive également que la communication entre deux personnes se passe plutôt bien, créant ainsi une énergie encourageante. Toutefois, la vie continue comme si aucune conversation n'avait eu lieu. D'autres échanges similaires suivent et s'enchaînent, sans rien de concret par la suite. Ce cycle répétitif entraîne des pertes de temps et d'énergie énormes, augmentant graduellement l'impuissance et diminuant progressivement la qualité de la relation.

6. La divergence des vecteurs

Si les buts importants divergent trop, sont irréconciliables, ou s'ils imposent que l'un ou l'autre sacrifie la totalité de ses objectifs personnels, il faut soit revoir les attentes mutuelles, soit ajuster le niveau d'énergie investie, ou encore reconsidérer la viabilité de la relation. Mettre fin à une relation pour cette raison n'est pas un échec. C'est plutôt un signe de courage, puisqu'il faut reconnaître que le chemin que nous voulons prendre implique de faire le deuil d'une relation et d'aller tout de même de l'avant.

Les deuils relationnels

Une vie humaine ne dure au maximum qu'une centaine d'années. Il n'y a que 24 heures dans une journée, et certaines ressources en temps et en énergie sont limitées. Dans l'absolu, je crois qu'il est possible d'accéder au potentiel humain et au potentiel relationnel. Par contre, il est important de déterminer l'investissement en énergie nécessaire pour atteindre cet objectif. Si nous sentons que nous avons honnêtement et consciemment tout essayé pour établir une relation constructive avec une personne et que les résultats restent négatifs, mieux vaut tout arrêter. La vie passe et le temps est compté. C'est une question de survie.

Le deuil fait partie des habiletés relationnelles et de survie émotionnelle que nous n'avons pas le choix de développer. Sans les habiletés conscientes de communication et les habiletés de gestion de deuil, nous restons condamnés à dépendre des relations négatives, communément appelées « toxiques ».

Vivre un deuil relationnel confirme que nos standards et nos exigences en matière de relations et de communication ont changé. Mais il n'est jamais réellement possible de savoir si les choses auraient pu se passer autrement avec une personne. C'est précisément ce qui est difficile avec un deuil relationnel.

PARTIE IV

LE CHERCHEUR D'OR MIS AU DÉFI

VIII

JE SUIS TOUJOURS UN CHERCHEUR D'OR

Expéditions en Papouasie

Tari, Papouasie-Nouvelle-Guinée, 2007

La Papouasie-Nouvelle-Guinée (PNG) est l'une des zones de la planète ayant subi le moins de transformations au cours des derniers siècles.

Junior Sap, un Papouan-Néo-Guinéen qui avait accepté de m'accompagner et de me guider, avait laissé son emploi de garde de sécurité dans la capitale, Port Moresby. Il voulait revenir dans la région sauvage où il était né, disait-il. Nous avions fait une partie de la route ensemble et avions déjà visité plusieurs villages. Comme il parlait pidgin, la langue générique en PNG, il avait facilité mon premier contact avec la population.

À Tari, au centre du pays, il tenait à rester un moment avec des membres de sa famille qu'il n'avait pas vus depuis plusieurs années. Nous avons donc convenu que je me rendrais à la prochaine destination sans lui. Il y avait une petite communauté qui vivait de manière assez isolée des autres villages.

Cela sonnait bien à mes oreilles: j'avais envie de leur rendre visite. Plus un village est isolé, plus grandes sont les chances que les rites cannibales soient encore pratiqués. C'était l'une des choses que je cherchais, aller à la rencontre d'humains initiés à ces pratiques.

Mon voyage comportait deux objectifs. Le premier était de tourner un documentaire sur l'anthropophagie dans les tribus de Papouasie-Nouvelle-Guinée. Le second visait à tester l'universalité de certains mécanismes impliqués dans la communication humaine.

J'avais 24 ans et je travaillais à mettre en lumière des mécanismes de communication cachés qui expliqueraient précisément l'interaction humaine, l'établissement des relations positives et durables. Paul Eckman, un scientifique pionnier dans le domaine de la communication non verbale, a démontré en 1971, grâce à une expérimentation dans des communautés reculées de Papouasie-Nouvelle-Guinée, que les expressions faciales sont provoquées par six émotions de base observables partagées par tous les humains. Depuis ce temps, les recherches scientifiques ont permis de découvrir une multitude de phénomènes sociaux en lien avec les comportements de communication verbale et non verbale.

Avant de partager les méthodes que j'avais développées au fil des ans, je devais acquérir des certitudes quant à l'applicabilité concrète de ces mécanismes. Je tenais donc à les tester moi-même, et ce, dans des conditions difficiles où les émotions sont fortes.

L'une des choses qui ressortaient de la littérature scientifique et de mon expérience était le lien entre les problèmes de communication et l'intensité des émotions négatives. Si, au cours d'une communication, les émotions ressenties par une personne sont positives ou que les émotions négatives sont de faible intensité, les enjeux de communication ne sont même jamais soulevés, car ils sont fluides et tout se passe sans problème.

La peur est une émotion qui, activée à une haute intensité, peut facilement nuire à la communication et aux relations. Je voulais donc tenter de créer un premier contact qui comporterait des contraintes particulières de manière à volontairement accentuer mon sentiment de peur. En allant à la rencontre de ces gens, j'étais dans une situation de vulnérabilité extrême :

- aucun langage commun ;
- aucune ressource externe pour faciliter la mise en place de la relation (traducteur ou guide) ;
- aucune arme ;
- une relation négative au début de l'interaction : être initialement perçu comme un intrus ou une menace ;
- peu ou pas de moyens d'évitement de la situation anxiogène (en d'autres mots, impossibilité de fuite rapide).

Mon raisonnement était le suivant : si je réussissais à créer rapidement des relations positives même dans ces conditions émotionnelles, les mécanismes de communication que je prétendais être fondamentaux auraient été expérimentés dans des conditions impliquant une activation émotionnelle significative.

« *Follow this road. This way. For a few hours. Cross the bridge. It's on the other side* », m'avait indiqué Junior. Cela paraissait facile…

La « *road* » était une ligne d'herbes aplaties de 10 cm de largeur dans la jungle.

« *For a few hours* », avait-il dit. Habituellement, les références temporelles dans les sociétés traditionnelles sont très approximatives. Je savais, par expérience, que « *few* » signifiait que je devrais me préparer à marcher entre deux et 12 heures.

Après cinq ou six heures à suivre l'étroit sentier à peine visible, je suis arrivé à un pont suspendu fabriqué avec des lianes et des racines qui faisait le lien entre les deux rives d'un cours d'eau d'environ 30 mètres de largeur. On aurait dit le décor d'un film d'Indiana Jones. Aussitôt que j'y ai délicatement posé le pied, toute la structure a craqué. J'ai commencé à avancer lentement, tentant inutilement de diminuer le poids de mon corps à chaque pas. Le pont balançait de droite à gauche au-dessus des rapides. M'agrippant le plus fort que je pouvais, je suis lentement arrivé de l'autre côté. J'appréhendais déjà le retour...

•••

En levant les yeux, je vois un homme dissimulé derrière les buissons. Mon cœur veut sortir de ma poitrine. L'anxiété est au rendez-vous.

L'homme, immobile, m'observe sans broncher. Il tient une machette. Il arbore de la peinture rouge et jaune sur le visage et des plantes sont accrochées à ses cheveux. Irréel. Il se trouve à environ 70 mètres de moi. Même à cette distance, ma peur est probablement très visible. La rigidité et l'immobilité corporelles sont des signes de SI. Mais je sais ce que je dois faire.

Si je reste figé, j'enverrai immédiatement le signal que je suis anxieux et que je refuse de me vulnérabiliser. Je dois faire le contraire : montrer ma vulnérabilité.

Il me faut déclencher le processus intentionnellement, mais ma vulnérabilisation doit être progressive pour ne pas créer de choc émotionnel chez moi et chez l'homme qui m'observe. Je dois attendre que la relation se développe proportionnellement à cette vulnérabilité et m'assurer que mon interlocuteur se vulnérabilise également pour éviter que la relation ne soit trop asymétrique. Nous devons mutuellement contribuer à la relation. Si ma vulnérabilité augmente trop rapidement par rapport à la sienne, mon anxiété sera dévoilée. En d'autres mots : ne pas en faire trop. Une vulnérabilité qui progresse trop rapidement de façon unilatérale est une forme de stratégie d'évitement de l'anxiété qui vise à précipiter artificiellement le développement de la relation. Cette tentative est immédiatement interprétée comme une forme de manipulation anti-relationnelle. Une vulnérabilisation trop rapide de ma part augmenterait également l'anxiété de l'homme parce que son système déterminera précisément le niveau de vulnérabilité acceptable pour lui : je ne dois pas dépasser sa tolérance maximum.

Mon équation relationnelle me permet d'évaluer que l'énergie dans le dialogue avec cet homme est presque nulle. Ma seule présence est déjà un message : « Je veux m'approcher. »

Force de la relation = 1 kg
Anxiété du dialogue = 500 kg
Énergie du dialogue = $\frac{1}{500}$ = 0,002. C'est une relation statique, car elle comporte peu d'énergie.

L'homme est debout, droit et figé, en SI. Je me remets à bouger. Tout mouvement comporte une dose de vulnérabilité, puisqu'il est une forme de dévoilement de soi. Je dépose lentement mon sac à dos, je le regarde, le salue très discrètement de la main. Je veux qu'il sache que je l'ai vu et qu'il comprenne que je tiens compte de sa présence. L'objectif n'est pas de le fixer, cela le rendrait encore plus anxieux. De plus, cela diminuerait son autonomie, l'un des trois piliers fondamentaux de la motivation et donc de l'énergie humaine. Je dois au contraire augmenter son autonomie en ne le surveillant pas.

Ne pas toujours le regarder envoie un message du genre: je te vois, tu me vois, mais nous sommes tous les deux libres et en sécurité. Tous mes gestes sont lents, mais je reste toujours en mouvement. Le fait de bouger me vulnérabilise. Je fouille dans mon sac à dos, je me gratte, je le regarde un instant, je replace ma casquette, j'observe autour de moi.

Après quelques minutes, je prends la chance d'augmenter légèrement ma vulnérabilité: je le regarde et je lève une main à nouveau pour le saluer, dans un geste un peu plus grand. Je m'assure toujours qu'il m'a vu. C'est important. Je dois lui montrer que je fais le choix conscient d'être vu par lui. Je m'assois sur mon sac à dos. Je peux maintenant me permettre de le regarder plus fréquemment. Je m'aperçois qu'il commence lui aussi à bouger. C'est le premier signe d'une vulnérabilisation de sa part. Notre relation progresse, son anxiété diminue! C'est encourageant. Ma propre anxiété baisse également. C'est une conséquence de l'énergie relationnelle qui augmente.

Force de la relation = 10 kg
Anxiété du dialogue = 300 kg
Énergie du dialogue = $\frac{10}{300}$ = 0,033. Cette valeur décimale représente une relation toujours stagnante.

Un deuxième homme sort des buissons et vient rejoindre le premier. Il est vêtu de façon similaire et tient également une longue machette. Sa présence est un excellent signe. Lui et peut-être plusieurs autres étaient cachés tout ce temps-là, attendant. Ils se permettent maintenant de se vulnérabiliser à leur tour en quittant leur cachette et en s'exposant. Le fait que les deux hommes soient côte à côte solidifie leur vulnérabilité et leur relation, ce qui leur offre un avantage considérable sur moi, qui suis seul.

Je me lève, très lentement, et je mets mon sac à dos sur mes épaules. Je les regarde un instant de manière à les assurer que je suis toujours conscient de leur présence et que je tiens compte d'eux à chaque instant.

Le fait que notre interlocuteur voit que nous sommes à l'écoute et que nous sommes capables de nous adapter à lui rapidement diminue son anxiété et lui donne un sentiment de contrôle et d'autonomie. Dans ce cas-ci, je leur envoie le message que, s'ils montrent un inconfort, je le percevrai et j'en tiendrai compte. Je leur laisse le contrôle. Je ne suis pas chez moi. Cette forêt, c'est leur maison. Je me suis invité, c'est donc à moi à m'adapter, et non l'inverse.

Avant de faire quelques pas vers eux, je lève la main à nouveau. Puis, je dis « Allô ! » en souriant. J'attends leur réponse. Ils ne font rien, ils sont figés. Je sens que nous sommes à un niveau de vulnérabilité maximum. L'anxiété doit redescendre chez eux avant que je pense à entreprendre quoi que ce soit d'autre. Je les salue de la main une fois de plus : « Allô ! » Toujours rien de leur côté. C'est normal. Il faut rester dans cette disposition jusqu'à ce que leur anxiété redescende. Alors, ils bougeront, parleront discrètement entre eux, chuchoteront sans se regarder ou, mieux, en se regardant. En général, dans une situation comme celle-ci, on parcourt les étapes suivantes dans cet ordre :

1. On se vulnérabilise envers soi-même, c'est-à-dire qu'on s'expose.
2. On se vulnérabilise avec des personnes avec qui il y a déjà une relation positive établie.
3. On se vulnérabilise avec des personnes nouvelles, avec qui aucune relation n'est encore construite.

Tout en les regardant, je continue de les saluer en levant la main et en souriant. Après quelques minutes, je sens que les deux hommes sont plus détendus : ils transfèrent leur poids d'une jambe à l'autre. Ils travaillent à redevenir à l'aise. Ils pensent à eux, progressivement. Super ! Je les salue encore et j'avance de cinq pas dans leur direction. L'un d'eux se met à bouger ; je m'arrête aussitôt et je lève la main. À cette étape, nous devons établir un travail d'équipe. Je dois montrer que je suis à l'écoute. Cette écoute instaure notre dynamique d'équipe. Je suis à 60 mètres.

J'entends un cri.

Oiii !

Le renfort arrive. Sans me quitter du regard, les deux hommes crient en retour, puis disent quelque chose :

Oiii !

La voix répond. Quelques instants plus tard, trois autres hommes viennent les rejoindre. Ils sont maintenant cinq. Les deux premiers parlent aux trois autres, leur expliquant vraisemblablement l'état de la situation. Avec l'arrivée de ce trio, les deux premiers hommes se détendent davantage. Je les salue encore. Ils échangent quelques mots, puis éclatent de rire tous ensemble. Ils se sont sans doute dit quelque chose comme : « Il fait ça depuis 15 minutes ! »

Comme les larmes, un éclat de rire dévoile un état de vulnérabilité élevé. Ce rire est une bonne nouvelle, mais il est aussi un signe d'instabilité émotionnelle. Je ne dois donc pas utiliser cette fenêtre pour forcer quoi que ce soit. La lenteur reste toujours la meilleure option stratégique. Il faut être patient, laisser la relation se solidifier avant de se permettre une communication plus engagée. Étant donné qu'ils rigolent, qu'ils sont supérieurs en nombre et qu'ils sont tous armés d'une longue machette, je juge qu'il est opportun de marcher dans leur direction. Je lève la main et je commence à hocher la tête en fermant les yeux en même temps. La récurrence de ces gestes montre ma réceptivité, et de tels signaux sont à l'antipode de l'anxiété, de la colère ou de toute intention d'agression. Les cinq hommes me fixent, ils ne bougent pas. Puis, je fais un pas de plus, et l'un d'entre eux s'enfuit ! Je ne m'attendais pas à cela. L'instabilité émotionnelle est vraiment dans l'air. Je m'arrête aussitôt et je les salue à nouveau. Il est vrai que jusqu'à maintenant personne n'a répondu à mon salut, mais la fuite de l'un d'eux pourrait facilement provoquer celle des autres et ainsi miner le travail relationnel accompli jusqu'à présent. Patience. Je suis à 30 mètres.

Cette réaction de peur extériorisée risque d'affaiblir la relation avec le groupe en autorisant mentalement une façon d'éviter l'anxiété causée par ma présence. Ce n'est pas ce que je veux : je veux que la relation augmente. Pour ce faire, je ne dois donner aucune chance à l'anxiété d'augmenter et ne pas donner aux hommes la possibilité de m'éviter.

Je redépose mon sac à dos sur le sol et je m'assois sur un tronc d'arbre. Je m'occupe de ma propre anxiété et j'y fais face. Je ne succombe pas à des moyens à court terme de la réduire en me sauvant ou en en faisant trop.

Je vais donc stratégiquement les forcer à faire face à leur anxiété en maintenant la vulnérabilité stable jusqu'à ce qu'il y ait habituation, c'est-à-dire, dans ce cas, une diminution progressive de leur anxiété. Ce n'est qu'une question de temps.

Je les regarde avec un très léger sourire, je hoche légèrement la tête de temps en temps et je lève parfois ma main. J'attends l'un des signes suivants :

- Un mouvement de l'un des quatre hommes témoignant de l'augmentation de la vulnérabilité de l'ensemble du groupe. Un groupe a des règles de fonctionnement précises, les membres ont développé des relations positives et significatives entre eux. Si l'un d'eux, par exemple, me salue directement, tous les autres seront affectés par cette vulnérabilisation, leurs cerveaux en seront complices, et ce sera un peu comme si chacun m'avait salué individuellement. L'action d'un seul membre d'un groupe fait augmenter la relation avec l'ensemble du groupe.

- Un rapprochement physique d'un ou de plusieurs des hommes. Plus la distance diminue entre deux personnes, plus l'indice de vulnérabilité augmente, ce qui est positif.
- L'arrivée d'autres membres du groupe qui se joindront aux quatre personnes déjà présentes.
- L'arrivée du chef. La hiérarchie joue un rôle important dans la régulation des émotions et des relations d'un groupe. Si j'établis une relation avec leur chef, par ricochet, ma relation sera automatiquement augmentée avec toute la tribu.

J'attends.

Les hommes se sentent de plus en plus libres de bouger, de se déplacer, de discuter entre eux, restant toujours à environ 20 à 25 mètres de moi. D'autres membres de la tribu arrivent, des femmes avec leurs bébés. Jusqu'ici, aucune communication intentionnelle n'a été établie avec moi. Je continue de répéter les mêmes gestes. Des rires très discrets se font entendre.

À un certain moment, un homme plus vieux arrive. Contrairement aux autres, vêtus de façon traditionnelle avec des feuilles et des jupes en lianes, il porte un chandail de sport vert avec le numéro 06 inscrit en jaune. Le groupe est plus silencieux que jamais. Cela me laisse croire qu'il s'agit du chef. Lorsque nous imaginons un chef de tribu, nous croyons que c'est celui qui portera les plus beaux vêtements traditionnels, qui sera le plus grand et le plus fort. J'ai souvent été surpris de constater que ce n'était pas le cas et que leur apparence n'est pas du tout celle véhiculée par le cinéma.

L'homme perce le groupe, qui compte maintenant une douzaine d'individus, hommes, femmes et enfants. Il marche dans ma direction et s'arrête à 10 mètres de moi, la plus courte distance qui me sépare de l'un d'eux jusqu'à présent.

Que dois-je faire? Écouter. C'est tout. Aucun geste particulier, aucune communication complexe. Simplement garder mon attention sur le chef et lui montrer que, malgré mon incompréhension, elle est avec lui. Mon regard n'est ni insistant ni fixe. Mon attention est là, et je lui fais voir que je reçois ses signaux. Je lui laisse le pouvoir.

Il se met alors à crier après moi. Ne comprenant pas sa langue, je me dis qu'il manifeste son mécontentement. Il est fâché que je sois là. Son comportement est un mélange d'anxiété et de colère. D'anxiété, car je suis un intrus. Il ne me connaît pas, il ne sait pas ce que je viens faire ici, il se demande si je suis une menace. De colère, parce qu'il sent que je ne respecte pas son territoire. La colère remplit une fonction différente de l'anxiété: elle vise à protéger l'intégrité d'un territoire, son propre territoire. À se faire respecter. Il crie après moi, mais au moins il fait quelque chose, il se dévoile. Il se vulnérabilise! Eh oui, la vulnérabilisation agit même si je suis la source de son émotion négative. Entre chaque tirade colérique, il prend une pause pour vérifier l'impact de son comportement sur moi. J'ai le choix. Soit je maintiens mon attention sur lui, en continuant à hocher la tête calmement jusqu'à ce que l'intensité de ses émotions diminue, soit je lui parle, même s'il ne comprend pas ma langue, pour lui montrer que je suis, moi aussi, prêt à m'engager davantage dans la conversation.

Après cinq minutes, il semble se calmer et retourne vers le groupe. Il y reste quelques instants et revient me crier dessus. Il effectue ce va-et-vient plusieurs fois pour s'assurer que le reste du groupe est derrière lui.

Il veut quelque chose de moi. Il a besoin que je lui fournisse quelque chose. Il a besoin de davantage de vulnérabilité.

Dans cette situation, c'est le chef qui a eu le courage de se vulnérabiliser. Il l'a fait plus que moi. Et comme la vulnérabilité n'est pas réciproque ou qu'elle est mal équilibrée, la relation n'évolue pas. Si un humain souffre devant une personne qui, elle, ne souffre pas, il aura tendance à la faire souffrir pour éviter d'être seul, afin d'équilibrer la vulnérabilité. Il nous arrive même de faire mal à ceux que nous aimons. Ce n'est pas parce que nous aimons le faire. C'est plutôt qu'on priorise la relation par-dessus tout autre enjeu. Cela fait ressortir un aspect fondamental de l'humain : il souffre davantage de la solitude ou de l'absence de connexion que de n'importe quelle autre douleur.

Le chef a besoin de mon aide. Je vais rééquilibrer la vulnérabilité. Pour ce faire, je dois atteindre une intensité émotionnelle relativement équivalente à celle qu'il m'a démontrée.

Toujours assis sur mon tronc d'arbre, j'interromps sa tirade en criant avec la même intensité :

« J'ai marché des heures et investi toutes mes économies pour venir vous rencontrer ! Et c'est comme ça que vous m'accueillez ? »

Le chef fige et m'écoute attentivement. Cela répond exactement à ce qu'il voulait. Je continue :

« Je comprends que vous n'avez pas demandé à ce que je débarque, mais il va falloir relaxer ! Ça fait une heure que je suis ici à ne rien faire ! Ça ne vous fait rien qu'on fasse le tour de la Terre pour venir ici ? Vous n'êtes pas juste un peu curieux de savoir qui je suis ? »

En lui lançant tout ça, je sais consciemment qu'il s'agit de la bonne stratégie : ce que je lui dis est vrai. J'ai pensé en moi-même quelque chose comme : « Ah oui, tu n'es pas content ? Eh bien, moi non plus ! » J'ai mis toute mon attention sur moi et j'ai accédé à ce qu'il y avait de plus vrai pour moi à cet instant. Je l'ai mis en mots et je me suis assuré que le chef voyait cette partie de moi. Et il l'a vue. Et il est devenu très calme, instantanément. Lui, moi et les autres plus loin, nous nous sommes tus. Après une trentaine de secondes, l'anxiété du chef a disparu, celle des autres et la mienne également.

La colère est une émotion puissante. En apprenant à bien nous en servir, nous pouvons augmenter significativement la force d'une relation.

Le chef se tourne vers les autres membres du groupe, restés quelques mètres plus loin. Il leur dit quelque chose et tous éclatent de rire. Il s'avance alors vers moi, les autres le suivent. Tous semblent plus détendus.

Un autre volet de ce premier contact s'amorce, un début de dialogue. Même si nous ne comprenons pas la langue de l'autre, cela n'empêchera pas la progression de la relation. Je continue à dire quelques mots de manière à poursuivre le processus de vulnérabilisation. Le chef s'approche de moi, je reste assis. Ces gens sont petits et je ne veux pas les intimider ou leur faire peur, je dois les laisser avancer. Le chef se met à m'observer : mes chaussures, mon sac, ensuite mes bras, mes cheveux. C'est la première fois qu'il ne se soucie pas de ce que je peux faire. Les autres s'approchent également, tous sont maintenant autour de moi. Le chef est le premier à me toucher. Il est fasciné par les poils blonds sur mes bras ! Pour poursuivre la progression de la relation, je dois moi aussi me vulnérabiliser en faisant comme eux. Je m'avance donc pour toucher les mains qui me touchent. Si l'un d'entre eux touche mon bras, je touche son bras également. Mes cheveux blonds attirent l'attention, ils les touchent. Je me permets de toucher les leurs. Pendant cette exploration, nous nous sourions mutuellement. Il est très important de se rappeler qu'il faut garder la vulnérabilité équilibrée entre eux et moi.

Nous avons passé deux heures à nous rencontrer, à nous toucher, à nous parler, à rire.

Il s'agit là de moments importants et uniques. J'ai fait plusieurs rencontres avec des communautés isolées dont certaines, comme celle-ci, étaient d'abord plus réfractaires à ma présence. Le chef d'un village d'une tribu Hamer d'Éthiopie avait même commencé à me pousser physiquement pour me provoquer! Mais la beauté dans ces rencontres est de constater que, même devant notre apparence, notre langue et notre culture différentes, nous sommes conçus pour devenir amis. Nous sommes conçus pour être coéquipiers. Nous sommes conçus pour collaborer. Les stratégies de communication permettent de faire ressortir l'équipe que nous sommes.

La nuit tombe. Je ne suis pas seulement le nouvel ami du chef, je suis aussi sa nouvelle fierté. Alors que les membres du groupe s'en retournent dans la jungle, le chef m'indique qu'il faut rentrer au village. Il pointe la forêt et m'invite à le suivre. C'est ainsi que je l'accompagne sur près d'un kilomètre. Créer une bonne relation avec le chef des communautés auxquelles j'ai rendu visite m'a souvent donné un meilleur accès aux autres membres de la tribu. C'est le cas cette fois-ci encore.

Les repas sont toujours des moments importants avec un groupe ou les membres d'une tribu. Lorsqu'ils m'invitent à partager un repas avec eux, j'interprète ce geste comme une importante marque de vulnérabilisation de leur part. Partager sa nourriture vulnérabilise.

Lorsque je me trouve dans une tribu et qu'on m'offre à manger, les membres me regardent avec une grande attention. Ils observent chacun de mes gestes. Ils veulent savoir si j'apprécie leur nourriture. Il y a donc un risque, celui de refroidir sérieusement la relation si elle est immangeable et que je n'arrive pas à le cacher.

L'une des femmes m'offre une sorte de lait de chèvre caillé servi dans une demi-courge séchée en guise de plat de service. L'odeur qui s'en dégage est immonde. Je me rends compte qu'une quinzaine de personnes me fixent. C'est simple : je n'ai pas le choix de boire ce truc. Comme ma relation avec les membres de la tribu n'en est qu'à ses débuts, je ne peux me permettre de refuser ce plat. Rejeter la nourriture d'une communauté revient littéralement à la rejeter, elle. Alors, je prends une grande inspiration, je souris et je porte la boisson infâme à ma bouche. L'odeur, combinée au goût de la première gorgée, me fait vomir sur le sol, et j'éclabousse l'homme à côté de moi avec le reste du précieux liquide blanc. Surpris, tous s'écrient en même temps : « Ooooh ! »

Je pointe mon ventre et mime la douleur le plus clairement possible, sous les yeux attentifs de mes nouveaux amis. Ils se tournent les uns vers les autres et imitent mon geste, jusqu'à ce que l'un d'entre eux comprenne ce que je tente d'exprimer. Je suppose qu'il a alors dit aux autres : « Oh ! Il a mal au ventre ! Il ne peut pas boire de lait. » Ils se tournent vers moi en touchant leur ventre : « Ooooh ! » Ouf ! Ils ont accepté l'explication...

•••

Le dégoût, la pire forme de rejet, est l'une des émotions les plus dévastatrices pour une relation parce que non seulement c'est rejeter l'autre, mais c'est aussi le rejeter précisément parce que sa nature est contaminée. Vomir, ou avoir un haut-le-cœur, est un signe universel, même chez les animaux. J'avais appris cela à mes dépens lors de mon premier passage dans une tribu, les Massaïs, dans le sud du Kenya. Après une semaine passée tous ensemble, notre relation avait progressé et ils désiraient faire un rituel avec moi, le Walashé. Celui-ci consiste à saigner une vache du troupeau pour en extraire un ou même deux litres de sang. Avec un arc et une flèche spécialement conçue pour percer la carotide sans toutefois qu'elle s'enfonce trop profondément dans le cou de l'animal, on prélève le sang qui coule comme un robinet. Lorsque la quantité voulue est obtenue, une sorte de bouchon est placée dans l'artère pour arrêter le saignement. La vache retourne alors dans le troupeau. Il s'agit d'une pratique fréquente chez les Massaïs, particulièrement en temps de sécheresse, quand la nourriture se fait rare ou que la chasse est difficile. Boire du sang frais fournit une base de protéines qui compense le manque de nourriture.

Devant tous les membres du village, Symouel, le chef, m'avait tendu le bol contenant un litre de sang qui commençait déjà à coaguler.

Symouel : *You. Now.*

Tous me regardaient attentivement boire le sang. La première gorgée m'a donné un haut-le-cœur, le sang a éclaboussé mon chandail. Les villageois ont alors éclaté de rire. « Le Blanc ne sait pas boire convenablement ! » Je crois qu'ils avaient associé cet éclaboussement à de la maladresse plutôt qu'à du dégoût, ce qui était avantageux pour moi.

J'ai redonné le bol à Symouel, en le remerciant. Il a cessé de sourire et me l'a immédiatement remis.

Symouel : *You finish.*

Il ne plaisantait pas. Personne ne plaisantait. Je n'avais pas le choix. Je devais boire *tout* le sang. J'ai donc entrepris de prendre de petites gorgées en me concentrant pour ne pas me laisser aller au dégoût ou à un haut-le-cœur. Cela m'a pris plus d'une heure. Ils devaient brasser le contenu régulièrement pour en extraire les grumeaux qui empêchaient le sang de couler. Ces morceaux de sang coagulé collés au bout des bâtons étaient donnés aux enfants qui suppliaient pour en avoir et les mangeaient comme des friandises. (Comme quoi tout est une question de perception, d'éducation, d'habituation!)

•••

Je suis invité dans différentes huttes et présenté à plusieurs familles. Pour optimiser l'impact positif de ces rencontres, j'établis des relations avec chaque personne.

Pendant que les hommes s'absentent durant le jour pour aller dans les plaines, chasser et discuter, les femmes et les enfants sont en interaction constante. Les mères ne se vulnérabilisent pas. Elles ne recherchent pas la proximité; au contraire, elles ont plutôt tendance à l'éviter. Créer une relation avec une femme est beaucoup plus difficile qu'avec un homme, et la conscience de la vulnérabilité est cruciale. Chez mon hôte, la femme de la maison se tient loin de moi, évite les contacts visuels, me tend des choses sans me regarder. Cette résistance peut être surmontée, mais elle nécessite une écoute et une forte empathie.

Chaque fois qu'un membre de la tribu me présente à une famille, cela attire l'attention et plusieurs villageois se joignent à nous. La plupart du temps, nous nous plaçons en cercle, la forme énergétique la plus stable dans la nature. Le cercle et les sphères sont naturellement priorisés, car ils permettent de répartir également la vulnérabilité entre les gens. C'est visible dans les configurations sociales des communautés traditionnelles.

Dans une des maisons, je prends place dans le cercle à moins d'un mètre de la mère et de son bébé d'environ un an. À ma grande surprise, celui-ci ne pleure pas en me voyant. Dans la plupart des tribus que j'ai visitées, les enfants en bas âge se mettent à pleurer aussitôt qu'ils m'aperçoivent. S'ils peuvent marcher, ils fuient en hurlant de terreur. Je les comprends. Pour eux (comme pour certains adultes), je suis un extraterrestre monstrueux! Plusieurs cultures traditionnelles croient aux fantômes, et il est déjà arrivé qu'on m'associe à un ancêtre revenant parmi eux pour les punir.

Même si aucun signe n'est perceptible, notre équipe (la mère et moi) commence déjà à s'établir. Il est important que je ne la regarde pas. Un contact visuel est beaucoup trop puissant. Si, à ce moment, je tentais de lui parler, de la regarder, d'être gentil, de lui sourire, ou encore si je posais un quelconque geste pour attirer son intention, ces comportements auraient pour effet d'augmenter sa résistance. Il ne faut donc pas céder à la tentation de réduire ma propre anxiété d'être rejeté par elle en en faisant trop. Patience.

Je reste donc à côté d'elle et je laisse le temps passer.

Le temps ajouté à la proximité augmente automatiquement la relation tant et aussi longtemps qu'aucun comportement maladroit ne l'inhibe. Pour éviter l'anxiété suscitée par cette situation, la femme s'agite, s'affaire à des tâches diverses: elle offre encore du thé, des boissons, de la nourriture, nettoie la hutte, s'occupe de son enfant.

Si elle se détend, qu'elle s'assoit, qu'elle cesse de s'occuper, cela montrera que son anxiété a diminué. Je pourrai alors tenter une vulnérabilisation en me rapprochant légèrement. Toutefois, elle ne doit pas percevoir ce rapprochement. Je dois donc profiter d'un mouvement naturel pour me replacer, juste un peu plus près d'elle, et regarder sa réponse. S'il n'y a pas de réponse ou de comportement associé à l'anxiété, par exemple une augmentation de son agitation ou carrément un éloignement physique, cela voudra dire que la relation progresse lentement.

Il arrive souvent que, dans l'impatience de créer une relation avec une personne ou pour diminuer notre anxiété de ne pas être aimés et acceptés, nous voulions inconsciemment prendre des raccourcis.

Attention aux bébés. Un bébé est un humain à part entière et indépendant en soi, mais il est aussi une partie du parent. Interagir avec le bébé reviendrait à interagir avec la mère. La vulnérabilité serait donc directement transférée à la relation entre moi et la mère.

Alors que je me trouve à côté de cette femme, avec qui la relation évolue lentement, son bébé, toujours indifférent à ma présence, rampe maladroitement jusqu'à moi, qui suis assis en tailleur. Il pose sa main sur mon mollet et lève les yeux vers moi, constatant à qui il appartient. Il me fixe. C'est un moment important. Nous serions portés à croire qu'il faut interagir fortement avec un bébé et saisir cette occasion pour nous intégrer davantage, montrer que nous créons un lien positif avec l'enfant, que la mère peut nous faire confiance. Erreur. Il faut considérer un enfant comme une prolongation de la mère, surtout quand il est petit.

Tandis que l'enfant me touche, sa mère, malgré son apparente nonchalance, le surveille de près. Comme le petit est sous sa supervision, sous son contrôle, sous sa responsabilité et qu'elle veille sur lui comme sur la partie la plus importante d'elle-même, elle a le choix de tolérer qu'il me touche ou non. Le fait qu'il le fasse la vulnérabilise, elle, avant tout. Je dois respecter l'enfant comme je la respecte, elle. Ainsi, je le laisse grimper sur moi, me toucher, me tirer les cheveux. Je ne fais aucun mouvement vers lui. Je me contente de m'assurer qu'il ne tombe pas, qu'il est en sécurité.

Le fait que plusieurs villageois voient que la mère laisse son bébé grimper sur moi augmente ma relation avec elle, car le regard des autres la force à assumer son choix, ce qui la dévoile. Par contre, ce mécanisme est sensible. Si j'ai trop de plaisir à m'amuser avec l'enfant et que la mère sent que je joue avec lui sans tenir compte d'elle, son anxiété reviendra en quelques secondes. Pour la faire redescendre, elle recommencera à s'agiter et reprendra son bébé.

Alors que le bébé me sourit, je le dépose dans les bras de sa mère, qui le prend en souriant. Il s'agit de la première communication intentionnelle positive dirigée vers moi. Super! Nous pourrions croire que ça y est, que notre relation est démarrée et que je peux m'adresser à elle. Eh non! Il est trop tôt. Il est préférable d'attendre encore et de cumuler de petites victoires.

Les gens vivant traditionnellement adorent parler et se raconter des histoires lorsqu'ils sont en cercle. La plupart du temps, je ne comprends pas grand-chose. Si un interprète est avec moi, il me traduit ou me résume les discussions. Sinon, comme c'est le cas en ce moment, je me contente d'écouter les émotions et de tenter de lire le sens. Ce n'est pas facile, car il me manque beaucoup d'informations. Mais mon cerveau reste en interaction avec le groupe et j'évite de décrocher.

Après quelques heures, les relations ont évolué, non seulement avec la femme et l'enfant à côté de moi, mais également avec tous les gens présents. Nous sentons tous la différence entre le début et la fin de cette interaction. Nous sommes plus proches. Je fais de plus en plus partie de leur équipe. Au fur et à mesure que l'après-midi passe, les rires et les taquineries augmentent dans le groupe. La relation avec la femme se développe aussi. Elle commence à m'observer directement. Elle regarde le dessous de mes pieds, qui sont lisses, et les compare aux siens.

La nuit tombe. La journée s'achève. Alors que le chef et moi sommes prêts à partir vers notre hutte, la femme se tourne vers moi et, en se pointant du doigt, elle dit: «Arka.» Je fais le même geste et je me présente: «Guillaume.» Elle hoche la tête et sourit.

•••

Il est facile d'établir un certain niveau de connexion. Mais créer une relation forte, stable et le plus rapidement possible est un autre art. On ne peut forcer une relation. Il y a une vitesse maximum à laquelle on peut développer la confiance. Bien sûr, j'aurais pu me passer de toutes ces petites attentions. Je n'en serais pas mort pour autant. Mais l'expérience humaine aurait été complètement différente. Lire l'énergie devient une façon de vivre.

Une relation humaine est un phénomène puissant. Voici deux histoires qui illustrent l'importance d'être sensible et attentif aux enjeux relationnels.

« Nous te surveillons lorsque tu dors »

Telefomin, Papouasie-Nouvelle-Guinée Ouest, 2007

Je poursuivais le tournage de mon film documentaire sur les rituels cannibales de Papouasie-Nouvelle-Guinée. Pour récolter des informations et des témoignages pertinents sur le sujet, j'allais de village en village pour questionner les gens à propos de ce sujet délicat. Je ne devais jamais oublier que, dans ce type d'aventure, ma survie ne dépendait pas de ma capacité à me nourrir, de ma force, de mon endurance physique ou de ma capacité à me défendre, mais bien de mes relations avec les membres des tribus. Une seule mauvaise relation peut contaminer les autres en moins d'une journée. Si une mésentente survenait avec un membre d'une communauté, cela pouvait devenir un grand danger pour moi, car cette seule et unique personne pouvait ramener les autres dans son camp et forcer les indécis à se ranger aussi de son côté, c'est-à-dire celui de la majorité, de manière à éviter d'être rejetée.

J'avais atteint le minuscule village de Telefomin, dans l'ouest du pays, là où la famille d'un vieil homme que j'avais rencontré plus tôt à Port Moresby, la capitale, avait accepté de me recevoir.

Cette famille très sympathique comprenait la raison de ma visite dans la communauté. Par contre, on m'a averti rapidement que le cannibalisme et la sorcellerie étaient des sujets tabous et qu'il n'était pas souhaitable d'en parler trop fort. J'ai quand même entamé une série d'interviews avec les locaux qui avaient accepté de répondre à mes questions. Que se passe-t-il dans ce village ? Comment les gens meurent-ils ? Qui sont les cannibales ? Comment fonctionnent les rituels ?

J'ai compris que, depuis des décennies, les villageois vivaient dans la terreur constante d'être attaqués, capturés et tués par les sorciers cannibales, appelés « sanguma ». D'après leurs confidences, les sanguma rôdaient la nuit, enlevaient et tuaient les gens qui étaient restés dehors. On m'a aussi raconté qu'il était dangereux de laisser la porte d'entrée déverrouillée la nuit parce que des sanguma entraient dans les maisons et assassinaient leurs victimes dans leur sommeil.

Les gens s'ouvraient à moi, s'autorisaient à parler de ces peurs qui les hantaient depuis toujours, en silence. Même si leurs histoires étaient effrayantes, je ne pouvais m'empêcher de les comparer aux légendes et aux histoires de croquemitaines que l'on raconte aux enfants pour qu'ils se plient aux exigences des parents. Ayant toujours le souci de respecter leurs croyances et leur culture, je restais très intéressé par leurs témoignages, quoique émotionnellement détaché.

Pendant la première semaine, mes relations étaient assez bonnes avec l'ensemble de la communauté. Lorsque je marchais dans la rue, les gens me saluaient, je les saluais en retour. Mais, après deux semaines, j'ai commencé à me sentir comme l'« étranger qui dérange ». Le vent avait tourné. On me saluait de moins en moins. Certains changeaient même de direction lorsqu'ils me voyaient marcher vers eux. Bientôt, je n'ai plus vu personne. Les humains semblaient avoir disparu du village.

Les nuits sont froides et noires dans ce village en montagne, isolé par les nuages. Je dormais sur un petit matelas, à même le plancher de la maison, emmitouflé dans mon sac de couchage.

Une nuit, vers 2 h du matin, je me suis réveillé en sursaut.

J'ai allumé ma lampe frontale, que je gardais toujours à mon cou. Par la fenêtre, deux yeux m'observaient. La tête était haute, c'était un adulte. Je ne voyais pas bien le contour de son visage, étant donné que sa peau était noire. J'étais terrorisé.

Les yeux se sont éloignés lentement pour se fondre dans la noirceur de la nuit. Puis, j'ai entendu des pas, quelqu'un faisait le tour de la maison. J'ai éteint ma lampe frontale et j'ai saisi mon couteau. Mon cœur battait à en sortir de ma poitrine. Mes hôtes semblaient toujours dormir.

Je ne me souvenais pas d'avoir verrouillé la porte d'entrée. J'ai rampé jusqu'à ce que j'atteigne un mur d'où je pouvais la voir. Je me suis assis dos au mur, mon couteau à la main. Je ne bougeais pas. Je fixais la porte.

Les pas se sont éloignés.

Le lendemain, mes hôtes m'ont confirmé que je n'étais plus le bienvenu dans le village. Ils m'appréciaient mais, pour mon bien et le leur, ils m'ont incité à partir. Ce que j'ai fait.

Je ne saurai jamais si les sanguma existent bel et bien et s'ils pratiquent les rites qu'on m'a racontés. Toutefois, cet événement illustre la puissance de l'évitement combiné aux pressions du groupe.

Dans un groupe déterminé, si la proportion de personnes qui évitent un sujet anxiogène est significativement plus grande que celle qui veut y faire face, le premier sous-groupe supprimera le discours du deuxième comme stratégie d'évitement.

La dégradation de ma relation avec les gens du village résultait d'un évitement émotionnel collectif. Bien que j'aie pu amener plusieurs individus à ne pas éviter le sujet des sanguma, la masse de gens, particulièrement les personnes les plus influentes, qui continuaient à le faire était nettement supérieure à celle qui avait accepté d'en parler. Les mécanismes d'évitement se sont fait sentir avec une grande intensité et ont mené à l'élimination de l'agent perturbateur qui amenait le groupe à faire face à la cause de son anxiété, créant ainsi un soulagement à court terme.

La frontière irakienne

Frontière irakienne, mai 2009

J'avais traversé la Turquie en faisant de l'auto-stop en direction de Silopi, l'une des dernières villes au sud-est du pays. Lorsqu'on voyage en vagabond, il est préférable de viser les frontières un peu crades et bordéliques, comme celles de Silopi, parce que les autorités sont généralement moins pointilleuses et plus flexibles. Par exemple, on peut réussir à y obtenir un visa, même si ce n'est pas possible officiellement. Par contre, les douaniers sont plus susceptibles de succomber à leur inspiration du moment que d'obéir aux directives officielles...

Mon objectif était de traverser à pied en Irak par la frontière de la Turquie. J'avais évalué que ce serait probablement le meilleur point d'entrée dans ces circonstances. Je devais toutefois obtenir un visa irakien. Comme je n'en avais pas, le défi était de me le procurer à la frontière même, ce qui était loin d'être gagné d'avance.

Lorsqu'on voyage à pied et qu'on prend le risque d'arriver à une frontière sans visa, il est difficile de prévoir ce qui va se passer. J'ai vécu cette situation une cinquantaine de fois, et chaque pays, chaque frontière, chaque douanier détenant le pouvoir de tamponner un passeport est unique. La communication joue alors un rôle crucial. Ce qui se passe à une frontière est influencé par plusieurs facteurs. La situation économique du pays joue un rôle majeur. Plus un pays se trouve dans une situation économique précaire, plus la crise sociale ou politique est grave, plus les chances d'être victime d'extorsion sont élevées. Les douaniers savent qu'ils ont le pouvoir. Ils sont sur leur territoire, la loi est de leur côté. Certains d'entre eux, malhonnêtes, peuvent en profiter et utiliser leur autorité pour mettre de la pression sur les voyageurs peu avertis et leur soutirer de l'argent. Notre façon de communiquer peut faire en sorte qu'ils finissent par nous accorder un visa au prix normal, sans faire d'histoire. Par contre, commettre certaines erreurs de communication, aussi subtiles soient-elles, et laisser transparaître certaines émotions au mauvais moment peut nous faire passer un mauvais quart d'heure et même nous mener en prison. Cela a d'ailleurs failli m'arriver à plusieurs reprises, entre autres à la frontière du Soudan et à celle du Zimbabwe.

J'ai vécu ces situations parce que je n'ai jamais aimé être trop préparé en voyage. Moins nous sommes préparés, plus l'instant présent est important. Et surtout, plus les communications ont le pouvoir de transformer le cours des événements.

Rejip, un homme d'une cinquantaine d'années d'origine irakienne, avait accepté de m'emmener jusqu'à la frontière. Il y allait pour visiter sa famille à Mossoul, l'une des plus grandes villes du nord de l'Irak. Nous roulions dans sa BMW 1994. La peinture noire de la voiture était brûlée par le soleil, la température quotidienne atteignant les 60 degrés Celsius. Elle était égratignée par les rafales de vent transportant le sable abrasif du désert, de plus en plus vaste à mesure que nous approchions de l'Irak.

Nous sommes arrivés à Silopi vers 11 h. Le mercure s'élevait déjà à 44 degrés. Je suis sorti de la voiture et j'ai pris mon sac à dos. Je me suis tourné vers Rejip.

— *My chances to cross to border without a visa?*

— *Hum ! Let's say... Very good.*

— *How very good ?*

— *Fifty fifty.*

Ce qui est évalué comme étant un bon pronostic varie beaucoup d'une culture à l'autre.

La frontière se trouvait à 300 mètres. Nous avons marché dans sa direction. Inutile de dire que j'étais le seul Nord-Américain dans le coin. Tout le monde semblait peu s'en soucier, je n'attirais pas les regards. C'était une bonne chose.

Des files immobiles de camions-remorques et de camions-citernes s'étendaient à perte de vue. Je passerais la journée là, voire la semaine, si j'attendais mon tour.

Rejip : *Let's go there. Direct.*

Toujours à pied, Rejip et moi avons dépassé la file de camions pour nous rendre jusqu'au poste de douane.

D'autres avaient eu la même idée. Pour entrer dans la zone neutre, c'est-à-dire le kilomètre qui sépare la Turquie de l'Irak, je devais d'abord passer les douanes turques. Il s'agissait d'une simple ligne de guérites extérieures, comme à la frontière canado-américaine. Toutefois, un seul des 30 postes était en fonction. Des dizaines de personnes se battaient pour y passer en premier. Il n'y avait pas de file d'attente. Les gens s'agitaient et bourdonnaient autour du douanier.

Mon compagnon et moi avons foncé dans la masse pour tenter d'avoir l'attention du douanier. Rejip m'a demandé mon passeport. J'ai hésité un instant, puis je le lui ai donné. J'évaluais qu'il était mieux placé que moi pour négocier efficacement en arabe. De plus, j'avais développé ma confiance en lui au cours des quelques heures qu'on avait passées ensemble. Un Égyptien m'avait dit, au Caire, quelques années auparavant: « *You must always try to trust!* »

Rejip a réussi à atteindre le douanier et même à attirer son attention. Il était super, ce Rejip! Ils ont discuté un instant et le fonctionnaire a estampillé son passeport de sortie. Il pouvait donc traverser. Il a ensuite montré mon passeport et tenté de convaincre le douanier de le tamponner également. Il me pointait du doigt et continuait de parler, mais il était interrompu toutes les dix secondes par d'autres voyageurs turcs et irakiens. Le douanier m'a regardé, il a froncé les sourcils, lui a posé des questions du genre: « Qui est-il? Est-ce qu'il est avec toi? » Cela s'annonçait bien. Rejip a continué de discuter. L'agent des douanes se concentrait un instant, me regardait de nouveau, feuilletait mon passeport. J'en ai déduit qu'il avait vu que je n'avais pas de visa irakien. Il a parlé encore une fois à mon ami. D'après son air, j'ai compris qu'il lui donnait des explications ou qu'il faisait une mise en garde. C'était moins bon… Il a continué de feuilleter mon passeport. Il a jeté un coup d'œil à la zone neutre. Il a regardé mon passeport à nouveau. Il réfléchissait. C'était un indice évident que même si j'obtenais le visa, quelque chose de plus compliqué encore m'attendait. Rejip patientait sans rien dire. Le douanier a haussé les sourcils, a secoué la tête et a estampillé mon passeport. Assurément, de nouveaux défis se dresseraient devant moi plus tard. Ce qui était difficile à savoir, c'était de quel type de défis il s'agirait.

Mais nous avions tout de même complété une étape. Bravo à l'équipe Rejip-Dulude!

Rejip est revenu vers moi et m'a redonné mon passeport. Il a pointé la zone neutre.

— *Now, you pass, visa is later. Over there.*

OK. Je pouvais sortir de Turquie. Mais je n'avais toujours pas de visa…

— *Where?*

Rejip a hésité, puis a montré du doigt la zone neutre.

— *You walk.*

Nous avons passé la frontière de la Turquie et nous sommes entrés dans la zone neutre. Sur ce kilomètre sinueux au beau milieu du désert, plusieurs postes de vérification sont placés jusqu'à l'arrivée officielle en Irak. Comme Rejip avait déjà un visa, il pouvait aller directement à la frontière irakienne. Je lui ai serré la main. Nous nous sommes regardés un instant pour nous dire au revoir, et il est monté dans un taxi qui a vite disparu sur la route brûlante.

J'étais seul en zone neutre sans visa pour l'Irak, et je ne pouvais pas non plus espérer retourner en Turquie. Mon visa turc était une « simple entrée » qui m'avait permis de traverser le pays. Il était expiré. Si je n'arrivais pas à passer en Irak, il serait difficile de rebrousser chemin et de négocier un nouveau visa turc à cette frontière. J'étais à cet instant dans un *no man's land*, j'étais un sans-papiers. Je devais absolument obtenir un visa irakien.

C'est précisément lorsque nous nous sentons seuls dans un territoire inconnu que nous reconnectons avec le besoin fondamentalement biologique d'avoir des relations. Un humain seul ne peut pas survivre longtemps.

J'ai marché.

Au loin, il y avait un premier poste avec une clôture barbelée. Quatre soldats armés de mitraillettes montaient la garde. Quand ils m'ont vu, ils se sont mis à se parler tout en me regardant.

Ce moment était à la fois terrorisant et délicieusement excitant. Je ne pouvais m'empêcher de sourire. Comment pouvais-je sourire dans ces circonstances ? me demanderez-vous.

Aussi invraisemblable que cela puisse paraître, après avoir surmonté toutes sortes de risques et d'épreuves physiques, émotionnelles et même judiciaires dans plus de 80 pays, je sais que mes chances de mourir sont statistiquement assez faibles. Dans les faits, la pire chose qui puisse m'arriver est d'être mal à l'aise, d'avoir mal, de souffrir. Et je suis capable d'accepter cette éventualité.

De plus, la prise de risques en voyage devient une espèce de but en soi. Vivre des choses que je vais me rappeler toute ma vie, cela m'intéresse beaucoup ! Et à ce moment-là, j'étais en train de vivre une expérience dont j'allais me souvenir pour le reste de mes jours, et je trouvais la vie belle. Cette conscience m'apaisait et me donnait justement toute la force de concentration pour garder mon calme et continuer d'avancer, coûte que coûte. J'ignorais ce qui allait se passer, mais je savais qu'il y aurait des humains. Et les humains, je les aime bien. Je sais comment ils fonctionnent. Je sais comment leur parler.

Trois des soldats sont montés dans une camionnette de l'armée et ont foncé vers moi.

Je continuais de marcher, droit vers eux. Je ne devais pas ralentir ni m'arrêter. Je devais les regarder comme si j'étais content qu'ils viennent enfin m'aider. Sans sourire, les regarder comme s'ils étaient mes amis que je connaissais bien et qui arrivaient enfin…

Les soldats sont sortis de la camionnette. Ils ne pointaient pas directement leurs armes sur moi, mais ils les tenaient fermement et gardaient leurs distances. Ils m'ont parlé en arabe d'un ton sec et fort. J'avais du mal à comprendre. Ils m'ont fait signe de ne pas avancer.

« Je suis un touriste, je suis étudiant. »

L'impact de ma communication se faisait peu sentir. Cependant, mes démarches seraient transférées dans la discussion à venir, c'est-à-dire celle qu'il y aurait inévitablement entre la personne en autorité à cette frontière et moi. Un supérieur qui pourrait potentiellement m'accorder un visa. C'était mon plan. J'ai ouvert mes mains et les ai écartées très légèrement de mon corps, pas trop haut. Je ne devais pas donner l'impression d'avoir peur, ce qui aurait pour effet d'augmenter immédiatement l'anxiété des soldats et prouverait donc que j'étais une menace et non un ami. Le soleil m'aveuglait. Je ne voyais pas leurs visages. Ce n'était pas si important pour l'instant.

Les soldats se sont approchés de moi : « Passeport ! »

Je l'ai pris lentement dans ma poche et je l'ai tendu devant moi. Un des hommes s'est approché, l'a saisi et a reculé. Il l'a feuilleté, ne trouvant évidemment pas de visa. Il m'a fait signe de monter dans la camionnette. Ce que j'ai fait, accompagné de deux soldats. Je ne devais pas leur parler. Leur grade hiérarchique était trop bas. Cela se voyait par leur niveau d'anxiété élevé, qu'ils essayaient de dissimuler par leurs armes, leur rigidité et leur supériorité en nombre. Je devais montrer que tout cela était voulu. Que j'étais venu ici de mon plein gré. Mieux, que j'étais venu délibérément rencontrer le patron. C'est avec lui que je voulais parler. La raison pour laquelle j'étais venu ici était importante. Je voulais parler à quelqu'un d'important. Je n'avais pas la moindre peur des soldats. J'étais nerveux, oui. Mais ce n'était pas un problème parce que j'avais un plan.

Commencer une discussion avec les soldats aurait eu pour effet d'augmenter leur anxiété et la mienne, car cela aurait été de l'évitement émotionnel visant à me rassurer, ce qui aurait été la pire chose à faire dans de telles circonstances. Ce n'était pas le temps de communiquer, c'était le temps de réfléchir à la raison qui me poussait à aller en Irak. Je devais me concentrer là-dessus et activer le meilleur vecteur de sens auquel je pouvais accéder. J'avais un objectif. Et j'avais le droit d'avoir un objectif. Et avec un objectif de la plus haute importance, nous avons le droit de déranger un peu.

Notre camionnette a passé la clôture barbelée, qui s'est refermée derrière nous. Nous nous sommes arrêtés à un poste de contrôle. On m'a conduit dans une petite pièce sans fenêtre. Je me suis assis à une table sur laquelle des piles de papiers étaient étalées. Mes deux gardes restaient debout dans le coin, silencieux. Ils m'observaient. Je demeurais silencieux, moi aussi. Ma position sur la chaise était importante. Je restais mentalement concentré sur mon objectif : entrer en Irak. Je devais me rappeler que j'avais le droit de vouloir être là. J'avais le droit d'être intéressé à découvrir l'Irak. J'avais le droit de vouloir connaître la culture et la langue irakiennes. C'était un objectif dont le sens était extrêmement important pour moi.

•••

Quelques minutes plus tard, celui que je voulais voir entre dans la pièce, mon passeport à la main. Il s'immobilise devant moi. J'ignore son nom, son rang et ses fonctions officielles. Mais c'est celui que j'attendais. L'autorité.

Généralement, plus une personne a de pouvoir ou transige de l'énergie, ou a accès à des vecteurs de sens forts, plus elle dégage une sorte de calme. Une autorité naturelle. Lorsqu'on possède un pouvoir hiérarchique, il faut le considérer comme un trône. Il faut simplement s'asseoir dessus. On ne démontre pas son autorité ou son pouvoir. Une telle démonstration reviendrait à souligner quelque chose qui est déjà évident. On perdrait alors toute crédibilité.

L'énergie comprend l'énergie et répond à l'énergie. Tout comme la richesse comprend la richesse. Une personne porteuse de beaucoup d'énergie voudra en aider une autre pourvue d'une énergie équivalente. C'est comme ça.

•••

Cet homme possède apparemment un pouvoir hiérarchique important et il peut décider de ce qui se passera pour moi. C'est une partie de son pouvoir. De mon côté, j'ai aussi un pouvoir. Pas hiérarchique ni financier, mais j'ai un vecteur. Et un vecteur peut changer bien des choses.

Contrairement aux soldats vêtus de tenues de combat camouflage, cet homme porte un uniforme beige pâle, confirmant son statut hiérarchique supérieur. Je n'ai jamais connu son titre réel, mais dans ma tête, je l'ai toujours appelé « le Général ». En le voyant, j'ajuste ma position corporelle. Mon angle de dos ne peut pas être trop avancé, car il sentira que je tente de le convaincre et donc de le contrôler. En plus de diminuer son autonomie, cela entraînera une réaction forte typique d'une supériorité hiérarchique, avant que son cerveau envisage de me parler ; il s'assurera que la hiérarchie est respectée en me rabaissant ou en recourant à la force. Par exemple, il voudra me faire sentir que mon sort est entre ses mains ou m'intimider d'autres façons. Je ne veux pas qu'il utilise sa force hiérarchique, laquelle nuirait à la relation et à sa réceptivité à ma demande. Parce que, oui, je veux lui demander de m'aider. Je dois donc avoir une position parfaitement respectueuse tout en montrant mon intérêt à le rencontrer: ni trop avancée ni trop reculée. Je dirais quelques degrés vers l'avant, pas plus. Juste assez pour le respecter, juste assez pour montrer mon sérieux et mon intérêt.

Le Général s'assoit sur la chaise de l'autre côté de la table. Il me jette un coup d'œil et allume une cigarette tout en ouvrant un dossier qui ne semble pas avoir le moindre rapport avec ma présence. Comme il possède l'autorité, c'est lui qui doit commencer l'échange; moi, je dois suivre son tempo.

Il brise le silence en anglais: « *You don't have a visa. You can't cross the border.* »

Je hoche la tête très légèrement. Ne pas en faire trop, ne pas parler trop. Cela serait immédiatement interprété comme une manipulation.

Je laisse un silence. Il doit parler et se vulnérabiliser. Si je parle trop, je me vulnérabilise, et pas lui. Ma position hiérarchique inférieure me rend déjà beaucoup plus vulnérable. La situation est trop déséquilibrée pour que je puisse le sensibiliser à ma demande. Je dois attendre quelques instants. Après trois secondes, il ne parle pas. Je peux tenter quelque chose pour le stimuler à parler.

Moi: *Can I buy a visa?*

Général: *You have to get it in advance.*

Merde! Il semble très inflexible. De plus, les réponses courtes augmentent l'autorité et la vulnérabilité de l'interlocuteur. Il s'assure de rester plus fort que moi. Il protège son autorité, c'est une habitude pour ce genre de poste hiérarchique officiel. Il n'a pas peur de moi du tout. En fait, il est très près de l'indifférence, ce qui est la pire chose, car il y a peu d'énergie à manier. Je dois le forcer à parler, sans qu'il sente que je le contrôle. C'est précisément ce qui est le plus difficile dans les situations interpersonnelles avec une forte asymétrie de vulnérabilité, typique des hiérarchies.

Moi : OK.

Il feuillette mon passeport dont les pages sont couvertes des visas et des tampons des pays que j'ai visités. Il fronce les sourcils, essayant d'en déchiffrer certains écrits dans des langues inconnues de lui. Ce froncement de sourcils est un bon premier signe. Toute émotion exprimée augmente la vulnérabilité. Il s'agit donc de s'écarter de l'indifférence le plus rapidement possible. Sans lever les yeux, il continue de me parler.

Général : *What do you do?*

(Émotion + Question = SA)

Moi : *I am a student, Sir.*

Général : *What are you studying?*

Moi : *Psychology.*

Il lève les yeux.

Général : *Why are you here?*

Moi : *I want to see Iraq.*

Général : *For what reason?*

C'est un piège. Son SA est présent, mais trop faiblement actif pour l'importance du contenu que je veux exprimer. Je le brûlerais. Par ailleurs, si je parle trop ou si je me vulnérabilise trop pour notre niveau relationnel, il deviendra anxieux. Le ratio relation-anxiété est assurément entre 0 et 1. Il faut progresser.

Moi : *To visit, Sir. As a tourist.*

Il me regarde sans parler.

Général : *Visit.*

Moi : *Yes, Sir.*
Général : *You want to do tourism.*
Moi : *Yes, Sir.*
Général : *In Iraq.*
Moi : *Yes, Sir.*
Général : *So you just thought that you would visit, no visa, no nothing, like that, walking around at the border… And that's it.*

Les choses commencent à bouger. C'est le bon moment d'augmenter ma vulnérabilité parce qu'il m'en donne l'occasion. Je dois donc le renforcer. Le piège classique ici serait de me justifier, diminuant ainsi ma vulnérabilité, et une telle justification le forcerait à utiliser son autorité pour réaffirmer que les règles sont les règles. Une justification est une conséquence de l'anxiété. Même si, dans les faits, je suis anxieux, je ne communique pas pour diminuer mon anxiété. Je communique pour atteindre un but. L'anxiété est seulement une variable collatérale. Je ne peux me permettre deux refus consécutifs, car il ne pourrait plus revenir sur sa décision dans le futur sans éviter de se contredire et donc de faire la démonstration qu'il représente une autorité bidon. Je dois à la fois l'aider à préserver son statut et, parallèlement, empêcher son cerveau d'utiliser certaines armes défensives. Je dois faire attention à partager des choses complètement vraies et senties.

Même si ses questions semblent avoir pour but de me ridiculiser, c'est une bonne chose. Plus nous posons de questions, plus nous nous vulnérabilisons. Celles-ci sont la preuve que nous cherchons quelque chose. Chaque question que nous posons parle de nous, de notre curiosité. Cet homme me parle de lui. Et moi, je sais écouter.

Je prends le temps de réfléchir, je baisse les yeux. Il attend ma réponse, il est en SA. Ça avance. J'ai trouvé ce que je veux vraiment répondre, ce qu'il y a de plus vrai dans l'instant présent :

Moi : *Well... I must admit that yes, Sir. I thought it would be possible.*

Après un court moment, il ne peut s'empêcher de pouffer de rire. Il s'étale sur sa chaise, puis se retourne vers l'un des soldats qui sourit. Ils se mettent à parler entre eux en arabe, mais je comprends ce qu'il dit, car je me débrouille dans cette langue :

Général : « Le gars arrive ici en sandales, pas de visa, rien, juste comme ça ! »

Les soldats qui m'ont arrêté sourient ou rient avec lui.

Voilà enfin le moment que j'attendais. Il s'est vulnérabilisé sans le vouloir en s'ouvrant aux soldats, se pensant protégé par la barrière de la langue. Je me joins alors à la conversation en arabe.

Moi : Je suis content d'être ici.

Je sais maintenant que, peu importe ce qui m'arrivera, ce moment est magique. Je souris.

Le général se retourne, perdant immédiatement son sourire : son SA vient de monter d'intensité pour atteindre 1000 %. C'est parti !

Général : Tu parles arabe ?

Moi : Un peu.

Général : Hum !

Moi : L'arabe classique, mais pas bien. J'ai de la difficulté à comprendre. Mais je veux devenir meilleur.

Silence. Il prend une bouffée de sa cigarette (SI).

Général : Où as-tu appris ?

Moi : Seul, avec un livre.

Général : Non.

Moi : Oui.

Je souris. Il sourit.

C'est une conversation unique. Le seul fait d'être dans cette situation est complètement extraordinaire. Je suis en train de vivre un rêve. En ce moment même.

Général : Hum !

Moi : Je l'ai ici.

Excité, j'oublie complètement le contexte et je me concentre pour échanger avec cet homme. Je prends le livre et le minidictionnaire d'arabe dans ma poche de pantalon. Je les pose sur la table, devant lui. Il me regarde, curieux. Il prend le livre. Il l'ouvre. À gauche, des phrases en arabe ; à droite, la traduction en français. Il fronce les sourcils.

Général : Quelle langue ici ?

Moi : Français.

Il jette un regard à mon passeport.

Général : Au Canada, vous parlez français ?

Moi : Au Québec, oui. Et anglais aussi.

Général : Français, c'est ta première langue ?

Moi : Oui.

Il regarde le livre et les phrases rudimentaires, esquisse un léger sourire. Il referme le livre.

Général : Pourquoi tu es ici ?

Voilà. C'est le moment que j'attendais, pour lequel j'ai travaillé patiemment au cours des dernières minutes. C'est le moment d'exprimer mon idée principale. Et j'avais préparé ces phrases en arabe depuis longtemps.

Moi : Ici, en Irak, c'est la Mésopotamie, c'est le berceau de la civilisation. Tout a commencé ici. Même l'écriture. Le monde ne s'en souvient pas, mais ici, c'est un endroit important. L'an dernier, j'ai vu Bagdad, Erbil, Mossoul à la télé. Et j'entendais les gens parler l'arabe irakien. Je trouve que l'arabe est une des plus belles langues du monde. Et je voulais, moi aussi, parler cette langue. J'ai acheté ce livre. Je veux voir l'Irak. Par moi-même. Pas à la télé. Je veux parler l'arabe ici, avec des Irakiens. C'est pour ça que j'ai besoin d'un visa.

L'homme et les deux soldats m'écoutent, la bouche détendue. La fumée de la cigarette monte, parfaitement droite. L'atmosphère est d'une quiétude et d'une stabilité parfaites. Ils sont maintenant tous en SI, en train de traiter les informations que je viens de leur fournir. Comme s'ils n'avaient jamais entendu un Occidental parler de leur pays comme cela, en des termes positifs et élogieux. Un discours d'extraterrestre, dans la langue qu'ils connaissent.

Long silence. Il sort de sa tête.

Général : Tu connais quelqu'un en Irak ?

Moi : Oui, j'ai un ami médecin à Erbil.

L'homme baisse les yeux, il prend une grande inspiration et expire lentement. Il revient à l'anglais. Continuer en arabe serait trop vulnérabilisant pour lui, il veut remettre de la distance. C'est correct. Il y a quelque chose qui est monté en lui, que je ne peux pas connaître, une pensée, un souvenir qu'il veut garder pour lui.

Général : *Irak today has changed. I don't know if you will like it. But… nobody comes here by foot to learn arabic.*

Moi : *I know.*

Il hoche la tête. Il sourit légèrement, avec des yeux qui expriment une forme de tristesse. J'écoute ce que son visage me dit. Il voit que je le vois. Nous avons accédé à de l'or pendant un instant. C'était un moment touchant. Mais il ne faut pas trop que ça paraisse. Je baisse les yeux pour le laisser seul avec sa pensée et son or, pour que son cerveau ne pense pas que je veux le voler. En baissant le regard, je réussis à créer quelque chose avec lui, mais je lui laisse son pouvoir hiérarchique.

Silence.

Il éteint sa cigarette, qu'il n'a pas terminée. Il se lève et quitte la pièce. Il revient dix minutes plus tard et me tend mon visa.

Général: *You have 30 days.*

Lorsque la relation se développe et que le ratio relation-anxiété dépasse la valeur 1, les choses se mettent à bouger, le vecteur s'intensifie. Éviter les erreurs majeures est plus important que de faire les choses parfaitement.

La confiance en soi est une aberration. La confiance dans les mécanismes humains, dans les règles du jeu, est amplement suffisante.

L'amour et la mort en Éthiopie

Éthiopie, août 2018

J'ai créé un programme spécialisé en développement de la conscience dynamique et du leadership. En août 2017, six participants achevaient cette formation et avaient prévu faire un « stage d'adaptation ». Il s'agit d'un exercice qui consiste à accroître sa capacité à développer et à maintenir des relations sans repères culturels et sans langue commune. Ultimement, mon programme permet de travailler des habiletés de communication interpersonnelle à un autre niveau et ainsi d'amener le respect de l'autre et de soi à un niveau supérieur.

Comment s'intégrer à une tribu, à une communauté, à un village, à une famille ? C'est probablement la question qu'on me pose le plus souvent au sujet de mes voyages. Car nous savons très bien qu'il est difficile de se faire accepter, d'être intégré et apprécié dans un nouveau groupe. La création de relations et l'évitement du rejet sont les premières préoccupations de tout étranger. Mais bien que l'intégration soit effectivement un défi important, le plus grand défi reste (au risque d'en surprendre plus d'un) de quitter la communauté sans faire de dommages.

Quitter une tribu de façon positive et sécuritaire est très difficile ; c'est ce qui demande le plus d'habiletés relationnelles. Notre sécurité en dépend.

Je l'avais oublié.

J'avais décidé d'emmener mon groupe dans une tribu où j'étais déjà allé plusieurs années auparavant. En quittant la capitale, Addis-Abeba, nous devions faire trois jours de Jeep pour nous rendre le plus près possible d'un village de la tribu des Karos. La saison des pluies était commencée et les courtes averses qui s'abattaient plusieurs fois par jour avaient ramolli le sol. La Jeep s'est alors enlisée dans des marécages et des sables mouvants.

Nous ne pouvions pas aller plus loin.

Nous devions parcourir le reste du trajet à pied, soit environ une journée de marche. Un enfant qui avait grandi dans la région allait nous guider à travers la savane et les forêts. En prévision de notre retour, j'avais donné rendez-vous au chauffeur de la Jeep à l'endroit même où nous nous trouvions, dans sept jours exactement.

C'était un rendez-vous que nous ne pouvions pas nous permettre de manquer.

Nous avons marché du matin jusqu'au soir, à la file indienne. Nous nous suivions de près. L'enfant était en avant et nous guidait sur le chemin ; j'étais à l'arrière pour être sûr que personne ne traîne. La région n'était pas reconnue pour être peuplée de grands prédateurs, ce qui était déjà une bonne nouvelle.

À la nuit tombante, les gens de mon groupe étaient fatigués et de plus en plus nerveux. Finalement, nous avons aperçu quelques lueurs orange. C'étaient les feux de cuisson que nous pouvions voir à travers les murs de petites huttes.

J'étais aussi fébrile que les participants. Je m'étais rendu dans cette tribu neuf ans auparavant. Je me souvenais que j'avais passé beaucoup de temps avec le chef du village, mais encore davantage avec son fils, Rignabok. Ce dernier était très respecté dans sa communauté et inspirait naturellement confiance. Il était habité par une sorte de sagesse et il avait du leadership. Il ne parlait jamais trop, écoutait beaucoup, était détendu, présent. J'avais remarqué une grande puissance dans ce jeune homme de près de 2 mètres.

J'avais créé des relations dans ce village ; je saurais maintenant si elles avaient résisté au temps.

Rapidement, les enfants, les adolescents et les adultes sont venus à notre rencontre pour nous saluer, nous souhaiter la bienvenue. Les sourires étaient sur toutes les lèvres. Nous étions tous émerveillés de ce premier contact. J'observais la scène avec la plus grande joie. « Tout va bien », me suis-je dit. En moins d'une minute, nous étions entourés d'une centaine de personnes souriantes. Surtout des hommes et des enfants, les femmes n'étant habituellement pas celles qui accueillent dans les communautés traditionnelles.

J'avais choisi cette tribu pour ce stage parce que je connaissais sa « personnalité ». Certaines tribus sont très difficiles d'accès, voire hostiles. Ici, c'était tout le contraire.

Rignabok s'est lentement dirigé vers moi avec son sourire détendu et chaleureux que j'ai reconnu immédiatement. Il semblait aussi se souvenir de moi. J'ai marché vers lui et j'ai vu son visage s'illuminer : « Will ! » (Will, diminutif de William, la version anglaise de Guillaume, est plus facile à prononcer que mon prénom français. Depuis maintenant 15 ans, c'est mon nom de voyageur.)

Notre relation était intacte, parfaite, comme lorsque nous nous étions quittés des années auparavant. Nous nous sommes serrés dans nos bras, je n'ai pas pu retenir mes larmes. Nous avons pris le temps de nous regarder. Nous nous sommes serrés à nouveau. Ça a été l'un des plus beaux moments de ma vie. Je ne parle pas karo. Il ne parle ni français ni anglais. Cela n'avait jamais eu d'importance avant, cela n'en avait toujours pas aujourd'hui.

On nous a accompagnés, les participants et moi, jusqu'au centre du village. Nous nous sommes laissé guider, tout simplement, et on nous a indiqué où nous allions dormir : par terre, entre deux huttes.

Il ne faut jamais arriver les mains vides dans une tribu. Nous avions apporté des cadeaux, essentiellement des choses que ces gens utilisent déjà dans leur quotidien : huile, sorgo (une variété de céréales), sel, coques de café, savon. Nous les avons déposés au centre du village. Il ne faut jamais donner les cadeaux soi-même, de façon aléatoire. Ils doivent être remis par une autorité, souvent le chef, qui les distribuera selon les subtilités de la hiérarchie, qui doit être respectée en tout temps.

•••

L'argent ou les objets de valeur sont les pires cadeaux que l'on puisse offrir aux membres d'une tribu. Introduire une nouvelle variable qui n'est pas naturellement prise en charge par une culture crée le chaos, la jalousie et la confusion dans le groupe. De plus, souvent la distribution de l'argent n'est pas faite dans le respect de la hiérarchie en place. Il en résulte une déstructuration sociale progressive. Les membres de la tribu valorisent de moins en moins ce qu'ils avaient toujours valorisé depuis des milliers d'années. Une culture de la possession et de la compétitivité s'installe au détriment de la qualité des rapports sociaux. L'image de la corruption des humains par le capitalisme peut paraître très cliché. Il n'y a pourtant rien de plus vrai et de plus désolant. Les tribus visitées et payées par les touristes perdent rapidement leur authenticité, les valeurs morales qui les distinguaient, et aucun retour en arrière n'est possible. On appelle ce phénomène les «safaris humains». Les communautés victimes de ce type de tourisme se reconnaissent facilement par leur manque d'intérêt à rencontrer et à connaître les visiteurs. Elles n'ont pas peur des touristes, elles sont désabusées. Pour elles, un étranger est un distributeur d'argent et de bijoux. Au fil du temps, les membres des communautés visitées par des touristes irrespectueux vont directement vers eux et tendent la main. Le développement d'une relation humaine n'est plus intéressant pour eux. Contourner les règles de la communication humaine, de la structure sociale et égoïstement penser que tout s'achète, même les relations humaines, n'est pas sans conséquence. Les gens qu'on engage pour conduire, interpréter ou faire d'autres tâches sont corrompus de la même façon, on les paie sans établir de relation avec eux. Résultat, ils arrivent en tendant la main et s'agitent tant et aussi longtemps qu'il n'y a pas une récompense.

•••

La survie dans une tribu est une affaire de relations, c'est vrai. Mais, encore plus important, il faut tenir compte du système hiérarchique dans lequel s'inscrivent les relations qui y sont développées. La tribu existe et survit depuis des milliers d'années grâce à son organisation sociale. Cette hiérarchie doit être respectée en tout temps.

Les membres de communautés vivant traditionnellement ont un sens de la hiérarchie très aiguisé. Cela contraste avec nous, Occidentaux. Actuellement, les hiérarchies n'ont pas la cote chez nous. Nous sommes dans un tournant de l'histoire où de nouveaux courants de pensée laissent entendre que la hiérarchie sociale est l'une des causes importantes de la détresse humaine. Plusieurs soutiennent que celle-ci correspond à la droite, voire à l'extrême-droite. L'oppresseur est alors le roi et l'opprimé, la victime qui doit être défendue. On tente en ce moment de nous faire croire que le système hiérarchique est une forme de dictature et que l'absence de hiérarchie ferait émerger la collaboration et le partage. Or, cette vision du fonctionnement social basée sur des idéologies opposées ne peut être plus caricaturale et plus fausse.

Par contre, nous intégrons facilement cette vision dans nos clichés concernant les tribus vivant traditionnellement. Nous imaginons un grand chef fort et sage, respecté de tous les membres du village. Nous voyons aussi des chamans guérisseurs, également respectés, qui se situent au sommet de la hiérarchie sociale. C'est l'image typique d'une hiérarchie tribale vigoureuse dans laquelle il y a des rôles aussi stéréotypés que nécessaires. Nous imaginons aussi les membres de la tribu se soutenant les uns les autres, vivant harmonieusement, discutant et prenant des décisions en cercle autour du feu avec sagesse. Nous avons l'image d'une structure hiérarchique forte, claire et admirable dans laquelle les membres collaborent, se soutiennent et vivent en paix.

Or, la structure sociale n'a rien à voir avec les concepts dichotomiques bon-mauvais ou oppresseur-opprimé. Elle constitue une stratégie de survie pour les humains, celle-là même qui a fait ses preuves depuis des millions d'années, chez les grands singes avant nous et chez des millions d'autres organismes infiniment plus simples. Les communautés traditionnelles n'ont pas créé des hiérarchies pour des raisons idéologiques, mais plutôt en testant graduellement les meilleures façons d'évoluer en groupe.

Le groupe n'est pas à la mode en ce moment. Les courants de pensée et les médias sociaux promeuvent la survalorisation, pour ne pas dire la glorification instantanée et superficielle de l'individu comme jamais dans notre histoire. À cela s'ajoute une prépondérance de l'expression individuelle sans filtre ou retenue permettant, entre autres, l'émergence de nouvelles pseudo-idéologies à l'emballage pro-environnement, pro-égalité, pro-vie, anti-différence, pro-parité, pro-tout-ce-qui-est-à-la-défense-de-quelque-chose.

Pour certains individus, il s'agit de tenir à bout de bras l'idéal, le concept – trop souvent abstrait – d'égalité, selon lequel il est possible de vivre en communauté humaine sans structure sociale. Les gens au sommet de la hiérarchie sociale doivent être le plus discrets possible, quitte à se faire momentanément oublier. Cela a d'importantes conséquences sur la valorisation de la compétence. La plupart des cultures et des sociétés apprécient et valorisent le succès des autres, leurs bons coups. Les gens sont fiers d'être dans un groupe où des personnes ont de grandes qualités, des talents spéciaux et connaissent du succès, car des gens inspirants ont une influence positive importante sur les autres. Ils leur donnent le goût d'aller plus loin, de se développer, de travailler, de relever des défis, de se découvrir. Par contre, d'autres cultures sentent qu'elles doivent se défendre contre ceux qui réussissent, ce qui justifie de les bouder, de leur trouver des défauts et de travailler à les rendre ordinaires le plus rapidement possible. On fait tout pour leur montrer qu'ils ne sont pas importants et qu'ils n'ont pas d'emprise sur nous. Certains vont jusqu'à prétendre que tous les humains sont semblables, qu'ils ont les mêmes forces et faiblesses, les mêmes besoins, que tous sont capables des mêmes exploits et qu'ils ont les mêmes habiletés. Cette vision des choses s'accompagne d'une stratégie d'évitement de groupe, car reconnaître la différence, c'est expliquer et justifier l'inégalité, l'abus, la persécution, et c'est l'excuse parfaite pour utiliser tous les mots qui finissent par -iste. Il faut aplatir la pyramide par tous les moyens possibles!

La biologie et l'histoire montrent pourtant qu'aucune société humaine fonctionnelle, passée ou présente, n'est dépourvue de structure hiérarchique et des responsabilités que cela entraîne pour tous les humains qui y participent.

Actuellement, dans notre culture, la hiérarchie est culpabilisée, mal assumée et évitée. Elle doit être cachée.

Mais à des milliers de kilomètres des sociétés modernes, la structure sociale est impossible à éviter. Nous devons faire face à ce que la survie en groupe implique réellement, avec ou sans électricité, avec ou sans argent, avec ou sans Internet. Je crois d'ailleurs que les plus fervents défenseurs des idéologies d'extrême gauche auraient grand intérêt à sortir de leurs multiples manifestations pour aller se ressourcer quelques mois dans des communautés traditionnelles.

Dans une tribu où personne ne nous connaît, où il n'y a pas de moyen rapide de recouvrer la sécurité, nous pouvons vite nous trouver en grand danger. Si, consciemment ou non, nous ignorons l'ordre social, nous ne pouvons pas capter les signes et les indices qui nous permettraient de bien collaborer, de faire les bons gestes au bon moment et avec les bonnes personnes, d'éviter de faire un geste en apparence banal, mais qui peut nuire dramatiquement à notre intégration; et, pire, nous ne pouvons pas recevoir l'assentiment de nos hôtes. Sans conscience de la hiérarchie et de la structure sociale, il est impossible de créer de bonnes relations sans déstabiliser le système, le forçant à éliminer l'intrus perturbateur.

En fait, dans une tribu, nier la hiérarchie est dangereux parce que cela revient à affaiblir les stratégies de survie du groupe.

•••

Pour les Karos, il est aussi acceptable de dormir dans une hutte qu'à l'extérieur. Nous installons nos matelas de sol directement sur la terre.

Avant de m'endormir, j'ai jeté un coup d'œil aux dix participants émerveillés, éclairés par la pleine lune. Couchés sur le dos, ils observaient en silence les étoiles filantes, n'arrivant pas à croire où ils étaient. Le contact avait été si fluide et à ce point dépourvu d'anxiété qu'aucun participant n'avait remarqué que tous les hommes qui nous entouraient portaient une mitraillette en bandoulière. Dans cette tribu, on a lentement délaissé les arcs et les flèches comme moyen de défense et de chasse au profit de la célèbre Kalachnikov russe. Les Karos appellent leur arme « klash ».

J'étais aux côtés des dix participants en tout temps pour m'assurer du bon déroulement de cette expérience et aussi pour veiller à ce que la hiérarchie soit toujours respectée, peu importe nos actions. Pendant une semaine, ils se sont efforcés quotidiennement de nouer des liens avec les membres du village. Jour après jour, malgré les multiples et incessants défis personnels d'adaptation, ils devaient créer des relations.

De jour en jour, la relation entre notre groupe et la tribu était de plus en plus forte. C'était palpable. L'énergie, la confiance, le plaisir augmentaient, propulsés par une vulnérabilisation progressive, respectueuse de part et d'autre. C'était beau. J'étais fier d'avoir pu enseigner ces habiletés et heureux de voir leur fierté d'avoir créé des liens avec ces gens. Comme c'était la première fois que je testais ce genre d'habiletés sur le terrain, l'expérience était nouvelle pour moi aussi.

La relation a donc progressé jusqu'à son paroxysme, soit la dernière journée.

C'était en après-midi. Nous étions assis en cercle sous un abri fait de paille, sur le bord de la rivière Omo, le berceau de l'humanité. Des humains si différents qui, en quelques jours, arrivent à oublier leurs différences et partagent des rires, des touchers, des taquineries, des jeux, de la nourriture, c'était irréel. Touchant. Marquant.

Le soleil commençait lentement à descendre. La fin de la journée s'annonçait.

J'avais remarqué que, malgré sa prestance et sa neutralité habituelles, Rignabok s'assoyait souvent à côté d'Isabelle, l'une des participantes. J'avais rapidement constaté qu'il l'aimait bien. Isabelle, tout comme le reste du groupe, ne semblait pas s'en rendre compte. Elle faisait de son mieux pour s'intégrer, écouter, collaborer et interagir le plus respectueusement possible. Au sixième jour, la relation entre notre groupe et le village ayant évolué, l'attachement de Rignabok pour Isabelle avait également augmenté significativement. Dès la troisième journée, tout le monde connaissait les noms de nos hôtes, et vice versa, ce qui témoignait encore une fois du progrès relationnel. N'ayant que bien peu de possibilités de communiquer verbalement, Rignabok s'amusait à dire le nom d'Isabelle à haute voix: «Isabelle!» Ce à quoi elle répondait: «Rignabok!» Dire et répéter les noms est quelque chose de fréquent et même de positif. Cela témoigne du fait que nous nous reconnaissons et que nous acceptons la présence de l'autre avec joie.

Vers 16 h, l'atmosphère, qui avait été à la fête toute la journée, semblait changer, diminuer en énergie. Cela aurait pu être attribuable à la fatigue bel et bien présente après cette semaine unique chargée en émotions et en défis. Mais mon analyse me portait à croire que cette baisse d'énergie n'était pas de nature physique, mais bien relationnelle.

À 17 h, nous nous sommes levés pour retourner là où nous dormions habituellement, là où nous laissions chaque jour nos sacs à dos et notre matériel. Le lendemain matin, nous devions regagner le point de rencontre où notre chauffeur nous attendrait avec la Jeep, à une journée de marche du village. Il avait été prévu que nous serions debout avant le lever du soleil et que Rignabok nous conduirait jusqu'à la Jeep. Nous dépendions donc entièrement de lui.

Nous préparions nos sacs à dos pour notre départ. Vers 18 h, en marchant dans le village, je sentais que l'atmosphère émotionnelle était différente de celle des autres soirs. Moins joyeux, les gens restaient davantage dans leur hutte. Les enfants, qui habituellement couraient nus un peu partout, étaient ce soir moins nombreux. Il n'y avait rien de flagrant qui clochait; d'ailleurs, personne d'autre que moi n'avait remarqué quoi que ce soit de particulier. Notre groupe était plutôt enthousiaste, mais je sentais quelque chose dans l'air. Au cours des dernières années, j'ai remarqué à quel point ma sensibilité est fine. Je me connais, lorsque j'ai ce genre de sensation, de sentiment, c'est qu'il se passe quelque chose.

Je sentais que le village n'était pas content. Une sorte de «pas content» très subtil mais profond. Je dirais même «pas content de nous». J'ai commencé à avoir peur. Je savais que j'avais raison d'avoir peur parce que ce n'est pas mon genre d'éprouver cette émotion pour rien.

Ma peur était alimentée par le contraste important entre l'atmosphère émotionnelle dans notre groupe et celle dans la tribu.

Il faisait de plus en plus noir et la lune nous éclairait de sa lumière bleue. Je marchais dans le village parmi les huttes de paille, je continuais d'observer, de chercher précisément ce qui nourrissait mon inquiétude. C'est à ce moment que j'ai aperçu Rignabok assis avec Isabelle et deux autres villageois. Je me suis arrêté pour les regarder. Quelque chose dans cette image me dérangeait profondément. Mais je n'arrivais pas à synthétiser les variables qui expliquaient que je me sente de la sorte. Par contre, j'ai soudainement eu une idée claire: «Nous ne sommes plus en sécurité.»

Peu importaient toutes les variables conscientes ou non conscientes que mon cerveau analysait, j'avais la certitude que nous étions en danger.

Dans la hiérarchie de mon groupe, c'était moi le leader. Je devais donc rétablir la sécurité tout en sachant que la hiérarchie qui dictait réellement les règles, c'était celle de la tribu. Les règles de leur leader à eux: Rignabok.

— Isabelle?

— Oui?

— Ça va?

— Oui, oui!

— Nous allons nous coucher. Est-ce que tu pourrais venir nous rejoindre, s'il te plaît?

— Oui, j'arrive.

Rignabok m'a regardé et m'a souri: «Will!»

Je n'ai pas aimé son sourire. Je ne dis pas que Rignabok était consciemment mal intentionné. Toutefois, je savais que des processus psychologiques étaient en marche et que plusieurs sont plus puissants que l'intention consciente. L'humain est beaucoup plus qu'un sourire ou qu'un discours verbalisé. L'humain est un océan habité par des forces qu'il ne maîtrise pas lui-même.

J'ai répondu par courtoisie en souriant faiblement: « Rignabok! »

Au cours des derniers jours, j'avais encouragé les participants à dormir dans différents coins du village et à accepter les invitations de nos hôtes. Pour cette dernière nuit, je devais rassembler tout le monde au même endroit. Isabelle était avec nous, le village était silencieux. Je m'efforçais de rester détendu pour n'inquiéter personne.

J'avais négligé un détail important dans ce voyage. J'avais concentré mon attention sur la capacité de notre groupe à s'intégrer, à établir la confiance, à créer des relations. Lors de la préparation, j'avais donc mis l'accent sur l'intégration et le développement des relations. Évidemment, dans ce type d'expédition, c'est ce que tout le monde veut savoir. Comment s'intégrer? Comment ne pas être rejeté? C'est ce qui intéresse les gens et c'est ce qu'on me demande constamment. Cependant, comment mettre fin à une relation, ou comment préserver des relations positives lors d'un départ ou lorsque les routes se séparent, n'est pas un sujet facile à aborder.

Nous étions prêts à nous coucher lorsque Rignabok est arrivé près de moi avec quatre hommes âgés. Avec le chef et Rignabok, les personnes âgées sont les plus respectées. Chacun tenait un petit flacon.

Rignabok avait toujours été très conscient de l'environnement, très empathique, très respectueux et avenant. Ce soir-là, j'avais peine à le reconnaître. Il savait très bien que nous devions nous coucher tôt. Il savait aussi que nous partions le lendemain matin. Il savait que nous avions besoin de lui pour rentrer. Il savait que, sans lui ou sans son consentement, nous n'irions nulle part.

Rignabok: *Up!*

Mon groupe s'est réveillé en sursaut.

Rignabok: *Up!*

Le groupe: Qu'est-ce qui se passe, Guillaume?

Les participants étaient confus, mais ont senti immédiatement que quelque chose n'était pas normal.

Moi: Je ne sais pas encore. Tout va bien. On s'assoit et on reste calmes. Expirez. Ne retenez pas votre souffle.

Le fait de retenir sa respiration est associé à plusieurs autres signes non verbaux en lien avec l'anxiété. Nous ne voulions pas montrer de signes d'anxiété, car ce comportement rejetterait Rignabok et aggraverait la situation.

Le groupe: Pourquoi Rignabok nous réveille-t-il? Qu'est-ce qui se passe?

Moi: Il se passe que nous allons apprendre quelque chose d'important ce soir. Faites ce que Rignabok dit. Et pour l'instant, souriez. Expirez.

Ils sentaient que quelque chose n'allait pas. Effectivement, il se passait quelque chose, et même deux choses.

La première, c'est que nous avions réussi à créer des relations avec les membres de la communauté, conséquences du développement de la vulnérabilité. Les villageois s'étaient dévoilés dans leur quotidien pendant une semaine. La relation est un système de compensation de la vulnérabilité, de manière à protéger ce qui a été révélé de soi. Lorsqu'une personne s'en va avec ce que nous lui avons montré, elle emporte avec elle ce qui nous appartient. Elle part en arrachant les hameçons qui se sont logés en nous. C'est ce qu'on appelle l'« attachement ». En partant, nous tirions d'un coup sec sur ces multiples hameçons. Or, les villageois appréhendaient ce moment. Notre départ les rendait tristes. Je sais que cela peut paraître farfelu ou exagéré. « Voyons, vous n'avez été là qu'une semaine! » Oui, c'est vrai, mais la force des relations n'est pas seulement une question de temps passé ensemble, elle est aussi basée sur des actions qui ont généré la vulnérabilité. Les membres de la tribu savaient pertinemment qu'ils n'allaient plus nous revoir de toute leur vie. Leur processus de deuil était enclenché, et cela faisait en sorte qu'ils se distanciaient de nous pour tenter de reprendre le contrôle du deuil et du rejet. Oui, le rejet. Lorsqu'une personne souffre, si son interlocuteur montre des émotions de nature opposée, elle se sent non seulement incomprise, mais aussi rejetée. C'était justement le cas. Alors que l'atmosphère du village était triste, notre groupe montrait des émotions de joie, de satisfaction, de fierté et de détente.

Les membres du village se sentaient rejetés, chez eux.

J'avais contribué à cette situation. J'avais aussi créé un précédent. J'étais venu dans ce village auparavant, j'y étais resté pendant un mois. Ensuite, pendant dix ans, je les avais laissés sans nouvelles. Un scénario semblable se répétait, avec plus de personnes impliquées encore.

Les humains détestent les départs, les bris de contact. Surtout lorsqu'ils se répètent. Pour nous, venir chez eux, c'était une activité, un défi d'adaptation, du tourisme responsable, un voyage inoubliable. Malgré toutes nos bonnes intentions, les précautions prises, nos valeurs et notre philosophie, il reste que nous étions venus chercher quelque chose. Nous voulions une expérience, nous l'avions obtenue, et nous repartions chez nous comme si de rien n'était. Nous retournions dans notre vraie vie. Nous étions chez eux, dans leur village, dans leur vie réelle. Pour eux, ce n'était pas un exercice de fraternité occidentale. C'était la vraie vie. Les relations qu'ils avaient créées avec nous étaient réelles, ce n'était pas une activité ou un défi personnel.

La seconde chose dont je devais tenir compte, c'était que l'homme le plus puissant de la tribu était amoureux d'Isabelle. Oui, c'était maintenant évident. N'était-ce pas mignon ? Ça aurait pu l'être. Mais dans les circonstances, disons que ça tombait mal.

Le phénomène du coup de foudre ou de l'amour passionnel est complexe, mais résumons en disant que tomber amoureux de quelqu'un est l'ultime drogue. Rien n'est plus puissant. C'est aussi simple que ça. Je pense qu'on se rappelle tous ce que c'est que d'être amoureux par-dessus la tête. Et surtout, on se souvient de la sensation associée à une peine d'amour. C'est de loin la plus grande douleur qu'il est possible de ressentir comme humain.

Rignabok était amoureux d'une femme qui s'en allait le lendemain matin. Non seulement elle s'en allait, mais c'est lui-même qui devait la mener hors du village et donc s'assurer qu'elle partait. Rignabok se trouvait complice de sa propre douleur, qu'il appréhendait avec la plus grande frayeur. Il était psychologiquement déchiré. Le lendemain, il perdrait Isabelle. Et pas seulement elle. Il perdrait aussi les autres participants avec qui il avait créé des liens. Et il me perdrait, moi, Will, à nouveau.

•••

Comme un enfant, Rignabok ne veut pas aller se coucher : il cherche à éviter le plus longtemps possible d'arriver au lendemain matin. Mais il n'est pas un enfant. Il n'a pas le corps ni la force d'un enfant. Surtout, il est au sommet de la hiérarchie. Cela signifie qu'il possède l'autorité, l'entièreté des ressources du système et l'appui social pour dicter et faire appliquer sa volonté. Notre retour et notre sécurité dépendent presque uniquement de son état d'esprit.

Rignabok se comporte de façon très différente avec nous. Lui qui a montré un intérêt et une attention bienfaisants envers nous, lui qui a toujours tenu compte de nous et nous a donné un sentiment de sécurité et de bien-être dans sa tribu, il nous impose maintenant sa volonté, ne nous regarde pas dans les yeux et cherche à nous contrôler.

Il prend une gorgée de l'alcool de l'un des aînés, puis nous laisse avec eux, qui nous tendent le flacon de Rignabok. Du regard, les participants me demandent comment agir dans les circonstances.

Je dois mettre en branle un plan pour nous sortir de cette situation et maximiser nos chances de revenir au point de rencontre le lendemain matin. Mon plan vise essentiellement à intervenir sur deux variables qui concernent notre hôte. D'abord, je dois faire en sorte que Rignabok puisse contacter pleinement la douleur causée par le départ d'Isabelle, de notre groupe et de moi-même. Je dois donc veiller à ce qu'il ait les conditions psychologiques adéquates pour faire face à cette situation et ne pas l'éviter.

La deuxième variable, encore plus explosive, est le rejet de Rignabok à travers l'amour qu'on lui refuse. La peine d'amour, la vraie, est une forme particulière de deuil et est probablement, je le répète, la douleur la plus vive que l'on puisse ressentir en tant qu'humain. La mort est généralement plus facile à accepter parce qu'elle est implacable, irréversible, et que nous n'y pouvons rien. La plupart du temps, la mort ne découle pas de nos actions et n'est pas associée à notre valeur. Mais l'amour, nous voulons croire que c'est nous qui le fabriquons. L'un des facteurs qui rendent la peine d'amour insupportable est l'idée de pouvoir faire quelque chose de plus pour l'éviter, l'espoir qu'un miracle survienne et que l'amour soit encore possible.

L'évitement mental de ce deuil amplifie la détresse et les tentatives désespérées de repousser la séparation. Avec l'amour, il y a toujours le sentiment de *ne pas être assez* pour mériter celui de l'autre. Le rejet ressenti est profond.

C'est précisément ce qui se passe en ce moment. Le rejet est justement l'élément le plus dangereux dans la situation. Si Rignabok détecte un signe de rejet de la part d'Isabelle ou de l'un de nous, cela pourrait déclencher chez lui des émotions négatives si grandes qu'il voudra réduire cette douleur immédiatement en nous rejetant en premier. Et il a le pouvoir absolu de le faire.

Rappelons-nous qu'un humain ne supporte jamais de souffrir davantage que les autres, particulièrement ceux avec qui il est en relation. Un humain endure mieux une souffrance extrême partagée qu'une souffrance moins grande vécue seul. S'il se sent rejeté, il diminuera le rejet ressenti en en prenant le contrôle, soit en rejetant l'autre avant ou en le dominant. De cette façon, la souffrance à court terme sera légèrement réduite. C'est un mécanisme normal et répandu utilisé dès l'enfance.

La non-acceptation d'un degré de souffrance inégal chez soi et chez une personne chère à nos yeux peut mener au crime passionnel. Tuer une personne que nous aimons et que nous allons perdre est la façon ultime de dominer le rejet et, par ricochet, de nous assurer qu'elle nous « appartient ».

Dans le contexte où nous nous trouvons, étant donné les émotions ressenties par Rignabok, étant donné qu'il est Dieu sur terre dans ce village, étant donné qu'il est entouré de mitraillettes, j'évalue qu'une étincelle pourrait entraîner l'irréparable.

Les aînés rient et blaguent. Ils boivent leur alcool et tentent de nous entraîner dans une atmosphère festive. Ils nous tendent leurs flacons. Voulant bien faire, l'une des participantes avance la main pour accepter. C'est généralement le bon comportement, mais cette fois-ci, exceptionnellement, il faut refuser, car leur offre vise à nous rendre complices de l'évitement du rejet lié à notre départ. Contribuer à cet évitement ne ferait que repousser le problème d'acceptation de la situation pour la tribu et augmenterait forcément l'évitement de Rignabok. L'évitement est un processus qui se répand rapidement.

Je dis alors : « N'accepte pas l'alcool, Caroline. Refuse gentiment avec le sourire, en hochant la tête une fois et en fermant les yeux. »

La combinaison de ces gestes aidera à faire accepter notre refus de participer sans provoquer un rejet violent. Le message est le suivant : « Merci beaucoup. Nous aimerions bien fêter avec vous, mais, comme vous le savez, il se fait tard et nous devons nous lever tôt. » De cette façon, nous nous assurons de ne pas contribuer au *high* et, ainsi, au fait de le prolonger. Nous ne pouvons pas contrôler la façon dont ils consomment, mais nous pouvons agir de manière que cet état s'estompe de lui-même le plus vite possible.

L'ambiance est superficiellement à la fête, l'atmosphère n'est pas joyeuse.

Nous entendons un bêlement. C'est Rignabok qui revient en tirant une chèvre par la patte. Son frère Asafa le suit. Ils sont sérieux et n'établissent aucun contact visuel avec nous. Je sais très bien ce qui s'en vient. Un sacrifice. La chèvre sera tuée devant nous et nous devrons la manger.

Isabelle : Qu'est-ce qui se passe ?

Moi : Bon ! Préparez-vous mentalement, il va sacrifier cette chèvre en l'égorgeant avec son couteau. Je suggère de vous forcer à regarder et de ne pas montrer que vous êtes dégoûtés ou que vous avez peur. Faites semblant d'être soit contents, soit intéressés. Un sacrifice est toujours un cadeau important pour des invités.

Valérie : Je ne serai pas capable de regarder. Je vais vomir…

Moi : Pour ceux qui ne peuvent pas regarder, regardez ailleurs, mais conservez un léger sourire.

D'autres hommes Karos que nous n'avons jamais vus, tous munis d'une mitraillette, arrivent autour de nous. Un sacrifice ne se produit pas tous les jours. C'est un moment spécial. Une chèvre de leur propre troupeau sera tuée, ce qui représente beaucoup pour Rignabok et pour les Karos en général. Ces habitants d'un village voisin ont entendu dire qu'il y aurait un sacrifice ce soir et ils sont probablement venus en profiter. Du moins, c'est mon interprétation…

Mon groupe est terrorisé à la vue des dizaines d'hommes faisant leur entrée.

J'essaie de les rassurer : « Tout va bien. Expirez, souriez. Il faut seulement être patients. »

L'objectif, maintenant, est de ne pas faire d'erreur majeure, c'est-à-dire montrer des signes de peur et de rejet envers la tribu, envers la chèvre, envers les hommes qui viennent d'arriver, envers Rignabok. La peur envahissante : voilà assurément l'ennemie à contrôler.

D'un point de vue psychologique, le sacrifice que Rignabok est sur le point d'accomplir est une bonne nouvelle : il organise une célébration, ce qui fait partie de l'initiation du dernier repas, donc d'une fin.

Asafa immobilise la chèvre sur le côté, à un mètre de nous, tandis que Rignabok sort son couteau. Il amorce le rituel en crachant des phrases divines devant nos yeux écarquillés. Asafa tourne la bête sur le dos et l'empêche de crier en serrant son museau. Rignabok plonge la lame dans la gorge de la chèvre et, d'un coup sec, ouvre son ventre de haut en bas, faisant gicler les gouttes de sang jusque sur nous.

Les participants sont figés. Malgré leur semblant de sourire, je vois qu'ils tentent de retenir leur haut-le-cœur.

Un participante: Je ne me sens pas bien.

Une autre participante: Moi non plus.

Moi: Étendez-vous, comme si vous étiez fatiguées, fermez vos yeux. Les autres, continuez de faire la même chose. Pas de dégoût.

La chèvre ne meurt pas instantanément; la gorge et le ventre ouverts, elle continue de se débattre silencieusement tandis qu'Asafa serre toujours son museau. Rignabok détache le cœur qui bat encore et le retire. Le tenant dans ses mains, il lève les yeux vers nous. Il veut, par ce regard, créer un contact, donc un premier signe de vulnérabilité envers nous. Il cherche à voir si nous sommes bien avec lui. Il est capital de lui montrer que, oui, nous le sommes.

Je m'adresse alors à mon groupe: «Sourire, tout le monde!» Tous les participants s'exécutent. Rignabok baisse à nouveau son regard vers la bête qui fait ses derniers soubresauts. Essoufflé, il semble se calmer légèrement. Quant à nous, notre communication est tout à fait appropriée. Mais ce n'est pas fini.

— Je ne pourrai pas manger ça, Guillaume.

— Moi non plus.

— Moi non plus.

Je leur dis: «Eh bien, dans la vie, il faut parfois faire des choix difficiles. Je vous propose le suivant: manger cette chèvre ou risquer de ne pas pouvoir rentrer demain. Il n'est pas possible, dans les circonstances, de laisser Rignabok sacrifier une de ses chèvres pour nous et ne pas honorer son geste. Lever le nez là-dessus, surtout dans les circonstances actuelles, nous mettrait en danger non seulement cette nuit, mais je peux vous garantir que nous ne reviendrions pas à la Jeep demain, car il ne nous y accompagnerait pas. Alors, vous allez, encore une fois, sourire, dire merci chaque fois que vous en avez l'occasion et vous forcer à manger un peu de chèvre. Si c'est impossible pour vous, faites semblant d'en manger et de vous régaler. »

Rignabok et Asafa apportent la bête près du feu et la découpent en quartiers, qu'ils piquent verticalement sur des branches plantées sur le côté d'une ligne de braise. Plusieurs villageois se joignent aux autres hommes nouvellement arrivés. Tous sont assis autour de nous, près du feu, en silence.

Une fois la viande jugée cuite, Rignabok nous offre les meilleurs morceaux. Les animaux étant assez maigres sur cette terre aride, ils donnent peu de viande et le gras est convoité. Il pose devant nous un plat en écorce rempli d'os et de morceaux de gras.

J'adresse mes remerciements à Rignabok avec mon plus beau sourire, suivi par les participants qui sont complètement découragés devant un tel festin. Rignabok rejoint les autres hommes de la tribu, un peu plus loin, où une part de viande les attend. La chèvre a été répartie dans plusieurs plats autour desquels de cinq à huit personnes sont installées. Nous nous efforçons de manger, assis en cercle. Je remarque que Rignabok et Asafa nous observent. Ils vérifient que nous mangeons bel et bien. Ils semblent satisfaits de notre performance. Je continue d'encourager mon groupe.

« Tout va bien. On continue les petits sourires, on mange, miam miam ! »

Après une vingtaine de minutes, je remarque que Rignabok ne nous regarde plus, il est concentré sur sa nourriture. Il semble avoir changé d'état d'esprit. Il paraît triste et atterré. Dans ce contexte, la tristesse est une émotion beaucoup plus appropriée que l'anxiété, le rejet ou la colère. Elle survient lorsque l'acceptation commence à agir. Étant donné cette nouvelle ligne directrice émotionnelle, j'évalue que nous pouvons maintenant ajuster la stratégie de communication. Je m'adresse alors à mon groupe.

— OK. Tout va bien. Vous avez bien agi. Il y a un changement de plan. Regardez discrètement Rignabok. Il est différent maintenant. Nous pouvons aller le rejoindre. Nous irons nous placer à ses côtés et nous coller sur lui. N'hésitez pas à le toucher, sauf toi, Isabelle. Tu ne dois pas t'asseoir directement à côté de lui et essaie de ne pas croiser son regard. Nous n'avons plus besoin de sourire, maintenant.

— Pourquoi n'avons-nous plus besoin de sourire?

— Parce que ce n'est plus nécessaire. Parce que nous n'avons pas envie de sourire. Parce que, maintenant, nous devons contacter notre tristesse à nous. Nous avons le droit de vivre notre deuil, nous aussi. Celui que Rignabok est maintenant capable de vivre. Dans un deuil, il faut nous soutenir et continuer de maintenir la relation, même si nous sommes tristes. Dans trois jours, lorsque nous serons revenus dans la capitale, nous prendrons le temps de reparler de tout ça. Je suis conscient qu'il s'est passé beaucoup de choses avec peu d'explications. Nous reverrons chaque maillon de ce qui s'est passé ce soir. Pour l'instant, sachez qu'il n'y a pas de danger, vous n'avez pas à avoir peur. Ça fait beaucoup de gymnastique émotionnelle pour vous, mais il faut maintenant vous concentrer sur votre peine à vous. Vous expérimentez probablement la dernière nuit de votre vie dans une authentique tribu. Et vous ne reverrez jamais Rignabok ni tous les gens qui vous ont accueillis ici. Il faut nous concentrer sur nous maintenant et sur notre propre tristesse. Prenez deux minutes pour réfléchir là-dessus. Lorsque vous serez prêts, venez me rejoindre aux côtés de Rignabok. »

Toujours en faisant de leur mieux pour manger la viande de chèvre, les participants prennent le temps de se connecter à leur expérience. Aux relations qu'ils ont créées. Au fait que c'est la fin de cette aventure. Un à un, ils se lèvent et rejoignent Rignabok. Je suis déjà à ses côtés.

Les expressions faciales des participants sont maintenant différentes. Même s'il y a des sourires, on peut lire sur leur visage la conscience d'une fin. Rignabok est entouré de notre groupe, collé tout contre lui. Je mets mon bras autour de ses épaules. Nous restons là longuement. Nous ne le regardons pas, mais nous sommes revenus ensemble, avec tout le courage de vivre ensemble cette fin.

À ce moment, je sens que le danger est passé. Rignabok est triste, mais il a eu le courage de revenir avec nous, tout comme nous avons eu le courage de rester avec lui.

Le lendemain matin, à 4 h, il pleut. Nous sommes prêts à nous enfoncer dans la savane obscure, nos lampes frontales éclairant les quelques mètres devant nous. Rignabok nous guide sur le chemin. Notre leader est de retour.

Je me souviens de chaque détail de cette nuit. C'est l'une des rares fois où j'ai eu peur dans une tribu. Je suis capable d'accepter les risques que je prends pour moi-même. La mort ne me fait pas peur. Mais dans ce cas-ci, la sécurité de mon groupe, de ma tribu, était ma priorité. J'avais donc le défi de coordonner une grande quantité de variables relationnelles entre deux tribus.

J'avais oublié à quel point les départs sont difficiles et j'avais négligé cette partie de la communication : les fins. Je m'en voulais. C'est très caractéristique de notre société, le besoin de performer et d'obtenir quelque chose pour soi. Nous étions préoccupés par la réussite de notre expérience culturelle, c'était notre priorité. Je voulais absolument aider les participants à réussir cette expérience. Nous avions tous été absorbés par cette tâche.

Réussir.

C'est notre pression quotidienne : devenir quelqu'un, être quelqu'un. Être fier de soi. Penser à soi.

CONCLUSION

Avec le temps et l'entraînement, notre empathie devient aiguisée. Rapidement, sans nous en rendre compte, nous arrivons à sentir et à comprendre réellement ce que vit la personne en face de nous, ou même un groupe. En quelques secondes, avant même qu'elle ait parlé, des dizaines d'informations nous sont déjà parvenues. Et, sans la juger, sans la décrire ou la catégoriser, sans prononcer le moindre mot dans notre tête, nous la comprenons. Comprendre une personne est la façon la plus facile de l'aimer, car elle nous fait moins peur. En retour, elle voit dans nos yeux que nous la comprenons. Ce n'est pas seulement une façon de parler ; des processus concrets sont à l'œuvre, qui ont des impacts relationnels immédiats tout aussi tangibles.

L'objectif de ce livre était de partager ma vision des mécanismes relationnels permettant d'accéder plus facilement au potentiel des conversations et des relations que nous avons tous les jours.

Il est impossible de communiquer parfaitement. Il n'y a pas, dans un échange humain, de performance parfaite, tout comme dans la pratique d'un sport. La perfection ne s'applique qu'aux variables statiques. Le mouvement, quant à lui, n'a pas à être parfait ; il n'a qu'à exister, qu'à être mis en marche. Une communication efficace commence par l'intention d'avancer ; ensuite, il s'agit d'être prêt à faire une série d'ajustements.

Savoir bien communiquer, c'est savoir s'ajuster, donc faire une succession de choix.

Si, au cours d'une communication, vous sentez que les émotions positives sont au rendez-vous, qu'elles sont ressenties de part et d'autre, que l'interaction est naturellement constructive, il est approprié de « laisser les choses aller comme elles viennent ». L'énergie est là, accessible, disponible. Si le plaisir partagé est présent, on ne se casse pas trop la tête. Par contre, si le plaisir diminue ou est absent, et que des émotions négatives surgissent, il faut ralentir la conversation et revenir à une approche plus technique. C'est la conscience technique des mécanismes de communication qui permettra de redresser la situation, d'accéder à l'énergie et au sens. Plus les émotions négatives sont intenses, plus la technique en matière de communication est importante.

Il m'a fallu une dizaine d'années pour mettre le doigt sur les lacunes dans notre façon de décrire les processus cognitifs conscients, c'est-à-dire la façon dont le cerveau utilise l'information consciente. Lorsque j'enseignais la communication, il était évident pour moi que la simple conscience d'une information était insuffisante pour expliquer les interactions sociales efficaces. Le nombre d'opérations cognitives impliquées étant extrêmement élevé, il y avait assurément un processus métacognitif, ou même méta-métacognitif, responsable du sens et de l'énergie de la communication. La conscience dynamique se veut une tentative de nommer et de décrire ce phénomène conscient complexe. Je suis persuadé que la recherche en psychologie cognitive et en neuropsychologie cognitive permettra de mieux comprendre la façon dont notre cerveau orchestre le sens. La conscience dynamique influence notre communication puisqu'elle change notre façon d'écouter. L'écoute ne porte plus sur les mots, mais sur l'énergie et le mouvement. Inévitablement, cela fait naître une forme d'empathie, laquelle accélère l'accès au sens.

D'aussi loin que je puisse me souvenir, l'épineuse question du sens de la vie m'a toujours habité. Déjà, vers 3 ou 4 ans, je demandais à mes parents: «Qu'est-ce que je vais faire quand je vais être grand?» Ce à quoi ils répondaient: «Ne t'en fais pas, tu as bien le temps d'y réfléchir.» Par cette question, j'exprimais le besoin – je dirais même l'urgence – que j'éprouvais de définir le sens. À 15 ans, la même interrogation me hantait. À ce moment-là, j'étais presque un homme. Presque *grand*. Toutefois, les réponses n'arrivaient pas, en dépit du temps qui passait.

Cette quête de sens s'est accompagnée d'une quête de vérité. Accéder à ce qu'il y a de vrai, un fil conducteur qui menait possiblement au sens. La vérité en communication et dans le dialogue constitue l'authenticité la plus pure. Très tôt, j'ai été réfractaire aux mots. Non pas en raison des mots eux-mêmes, mais à cause de la façon dont les humains s'en servent pour se protéger plutôt que pour avancer. Pour éviter leurs responsabilités plutôt que d'aller vers la croissance et l'apprentissage. Les beaux grands discours. J'ai développé un radar instinctif pour détecter ce qui est fabriqué, ce qui n'est pas authentique, ce qui sonne faux, incohérent, le manque de respect de soi et des autres. Le mensonge, intentionnel ou non, m'a de plus en plus répugné. Mon dégoût pour l'incohérence, l'absence de direction et de vecteur et le mensonge est une preuve flagrante de l'écart que je vois chez une personne entre son potentiel et son fonctionnement réel. La façon dont quelqu'un communique révèle aisément cet écart. Et je n'ai pas la force d'être complice d'une dévalorisation. Consciente ou non, la dévalorisation est un crime contre soi que je tolère mal.

Hugues Bonenfant a été mon professeur de philosophie lorsque j'avais 17 ans. Il m'a orienté dans la recherche de cette vérité, entre autres par le biais des écrits des grands philosophes grecs. Héraclite est probablement celui qui me parlait le plus, car il rendait explicite l'idée d'unification des éléments de l'Univers dans le mouvement perpétuel, les choses étant en constant devenir. Ainsi, tout est dans tout, en mouvement. Selon lui, le découpage du monde en boîtes par le langage verbal est une aberration qui nourrit l'outrecuidance typique de l'humain qui croit tout créer. À mon point de vue, cette façon de voir les choses s'écarte très certainement du mensonge et se rapproche d'une saine humilité. Mieux, si vérité il y a, elle ressemble fort probablement à cette vision de l'Univers. Les discussions avec Hugues à ce propos m'ont profondément réconforté et apaisé à l'époque : je découvrais que d'autres semblaient ressentir la même chose que moi ; et avec leur sagesse, ils avaient réussi à l'exprimer.

Il était alors évident pour moi que la façon dont les humains utilisent les mots et les ressources n'a rien à voir avec le réel fonctionnement du monde. Mais comment vivre le plus près de la vérité si l'ensemble de nos paradigmes, de nos réflexions, de nos pensées, de nos mots est une aberration ?

« Peut-être est-ce une bonne idée de se conduire comme un serpent, m'avait expliqué mon professeur. Le serpent est flexible, il bouge sans arrêt. Mais, encore plus important, il grandit constamment et devient rapidement contraint dans sa propre peau. Il doit alors muer, changer de peau. Une peau nouvelle, brillante, qui montre là où il en est dans sa croissance. Pour réussir sa mue, un serpent doit se frotter contre les roches rugueuses, de manière que son ancienne peau tombe. Une mue ne se fait pas sans égratignures. Ce n'est pas un processus agréable, mais le serpent sait que cette friction fera apparaître sa nouvelle peau. Sinon, il étouffera dans une peau qui ne lui convient plus. »

La nouvelle peau a toujours été là. Les pierres rugueuses sont des points d'appui, des moyens de se propulser, d'accéder à quelque chose de plus fort. De se valoriser. L'or ne se trouve jamais dans la poupée externe de la matriochka, mais près du centre. Le serpent l'a bien compris car, tout au long de sa vie, il mue et se rapproche de lui-même.

La compréhension – ou du moins l'acceptation – du fait que l'énergie constitue quelque chose à écouter et à utiliser permet, selon moi, une nouvelle interprétation du monde et de soi. Et là, les fonctions cérébrales semblent avoir du sens dans un ballet de comportements et d'interactions entièrement cohérent.

La conscience de notre planète et de ses richesses nous pousse à réfléchir à la façon dont nous consommons. Nous prônons l'économie durable et la gestion durable des ressources. Ainsi, nous associons spontanément les notions d'écologie et de durabilité. Mais l'écologie et la durabilité du comportement humain, de la psychologie humaine, de la conscience humaine et de notre système de croissance sont des concepts rarement abordés. Par conséquent, nous inversons causes et conséquences. Nous avons créé le monde selon notre conscience des choses. Peut-être devrions-nous mettre davantage l'accent sur la façon dont les humains actualisent leur croissance plutôt que d'en gérer les conséquences.

La croissance est remise en cause et considérée comme la source de plusieurs maux. Certains courants de pensée proposent donc la décroissance, économique ou dans un sens plus large, comme solution à la surconsommation et à la destruction de l'environnement. Or, la décroissance proprement dite est impossible. J'associe plutôt ce mouvement à la volonté de stopper les dommages, mais sans comprendre les enjeux de fond. La décroissance réelle n'existe pas, simplement parce qu'elle va à l'encontre de l'Univers lui-même. Il faudrait plutôt déterminer avec précision sur quoi la croissance devrait porter, quelle forme elle devrait prendre et quelles stratégies nous devrions utiliser. Pour ce faire, nous n'avons d'autre choix que de réapprendre à voir le monde, c'est-à-dire de passer d'une vision basée sur les éléments statiques à une vision essentiellement dynamique. La croissance en termes matériels est effectivement limitée, car les variables statiques comme les mots ou les objets doivent toujours être renouvelées. Par contre, la croissance du mouvement et de l'énergie, de la conscience, des relations et du sens est illimitée, ce qui est selon moi un bon point de départ.

On me pose souvent cette question : « Comment fais-tu pour te faire accepter de ces communautés, de ces villages, de ces tribus ? » Cette question sous-entend que l'acceptation, les relations et la communication sont difficiles, voire impossibles, lorsqu'on n'a pas été invité. On pense que c'est encore plus ardu lorsque les membres d'un groupe ne nous connaissent pas, qu'ils sont différents de nous physiquement ou culturellement, qu'ils pensent, s'expriment et s'habillent différemment. J'ai visité une cinquantaine de communautés et on ne m'en a jamais refusé l'accès, je n'ai jamais été rejeté. Pas une seule fois. J'explique ce taux de succès par la façon dont je conçois l'interlocuteur en face de moi et dont j'interagis avec lui.

Je ne vois pas les humains selon le filtre des catégories. Je ne les classe pas. Je ne vois pas d'hommes, de femmes, de Congolais, d'homosexuels, de Noirs, de Blancs, de Mexicains ou de lesbiennes. Ces caractéristiques sont, à mes yeux, des détails sans aucune importance. Le mouvement et l'énergie sont communs aux humains, et cela n'a rien à voir avec les catégories que nous avons créées. L'énergie est la seule langue universelle. Je m'efforce donc de me concentrer uniquement sur l'unicité de l'individu devant moi et sur sa façon d'être en mouvement. La personne en face de moi le sent : je la vois au-delà d'un ensemble de boîtes fixes. Cette attitude augmente toutes les habiletés de communication et les habiletés relationnelles.

Les humains sont des machines complexes qui ont continuellement besoin de se définir. Une société est composée de plusieurs groupes qui, par l'utilisation du langage, sont définis par des catégories. Celles-ci doivent se multiplier au rythme de l'émergence des groupes. Plus il y a de groupes, plus le nombre de catégories augmente. Je suis convaincu qu'Héraclite serait d'accord avec moi pour dire que plus les humains utilisent la catégorisation comme moyen de survie sociale, plus la division sociale augmente. Cette vision tribale de la société est malheureusement exploitée par certains leaders politiques pour mieux diriger l'électorat. Cela crée un cercle vicieux de rejet intergroupe : un groupe se sentira rejeté par l'autre ; il formulera des demandes spécifiques et des exigences dans le but d'éviter d'être rejeté et aussi de remporter une guerre de pouvoir, etc. Un tel processus entraîne une augmentation spectaculaire du nombre de nouvelles variables statiques, toujours plus précises, visant à définir l'identité avec encore plus de précision. Plus les catégories sont nombreuses et utilisées comme bouclier, plus l'anxiété augmente, plus le rejet est présent et inhibe les relations et les processus dynamiques. Ce sont pourtant eux qui nous unissent. L'autocatégorisation, qui aboutit la plupart du temps à une sur-catégorisation, est un système de défense. C'est la raison pour laquelle un groupe qui place en priorité son autodéfinition identitaire plutôt que la définition de buts a rapidement tendance à développer un narratif d'oppression qui augmente l'opposition de type minorité-majorité. L'apologie de la catégorisation crée de la violence. Bien que ce phénomène ait toujours été présent dans l'histoire moderne, nous pourrions assurément passer à une autre façon de fonctionner ensemble.

L'appartenance à une catégorie nous donne le sentiment que nous avons la permission de nous définir, d'exister. Mais une identité basée sur une catégorie ne crée pas davantage d'énergie, de collaboration, de relations positives et encore moins de sens. Une catégorie ne crée pas d'identité. La solution ne réside donc pas dans la catégorisation, que ce soit en fonction de la couleur de la peau, de la religion, de l'orientation sexuelle ou d'un autre critère. La catégorie sert simplement à nous sécuriser et nous donne la permission d'être qui nous voulons être. Notre identité individuelle ou de groupe ne pourra jamais se résumer à des mots ou à des catégories, peu importe leur nombre. Néanmoins, nous continuerons d'utiliser le langage verbal et les mots tout en gardant à l'esprit que nous sommes des étoiles filantes, des particules en mouvement.

Notre identité est la somme de tous les vecteurs qui nous habitent.

C'est donc ce qu'il faut montrer, décrire, faire sentir : de quels mouvements nous sommes habités, vers où nous nous dirigeons. Les rencontres deviennent alors stimulantes, valorisantes, car il s'agit de déterminer comment faire converger nos vecteurs et devenir partenaires. Les différences individuelles ont malheureusement mauvaise presse. Nous sommes à une époque où elles sont associées à une hiérarchie sociale, pire, à une hiérarchie de la valeur des individus. Mais les humains ne sont pas des copies les uns des autres. Ils ont surtout des ressemblances, mais ils sont également différents d'un groupe à l'autre, d'un individu à l'autre. Prenons, par exemple, une équipe d'athlètes. Leurs différences ne les empêchent pas de jouer au même jeu. Mais surtout, cela ne les empêche pas de poursuivre un but commun, un but qui leur donne le goût de trouver le meilleur en eux.

REMERCIEMENTS

À mes parents, Cécile Dansereau et Pierre Dulude, qui m'ont toujours poussé à aller plus loin, à persévérer, à me relever. Vous m'avez appris à croire en mes rêves et à travailler pour les réaliser. Merci de m'avoir encouragé à être moi.

À Danielle Fichaud, mon amie, qui m'a permis d'aller là où je le voulais à des moments clés de ma vie. Merci pour toutes ces discussions qui reflètent le vrai amour et le profond respect que nous avons pour les êtres humains.

À Étienne Beaulieu, mon ami, qui m'a fait découvrir le développement organisationnel en mettant les humains au centre du processus. Merci pour ton respect, ta passion et ton courage de faire face à ce qui est déjà là, devant toi. Merci de me rappeler de ne jamais baisser les bras.

À Marie-Ève Scarfone, que j'aimerai toujours. Merci de m'avoir soutenu et encouragé durant toutes ces années. Je n'y serais jamais arrivé sans toi.

À Marc-André Bédard, Ph. D., merci de m'avoir accompagné tout au long de mon doctorat et d'avoir poussé sans relâche la précision de ma pensée, de mon raisonnement ainsi que la rigueur de mon expression écrite.

À Greg Arkhurst, mon ami et mon entraîneur de natation. Merci d'avoir toujours mis l'athlète, l'humain avant la performance. Nager avec toi a changé ma vie.

Aux collaborateurs

À Meghmik Aghourian, Ph. D., neuropsychologie, collaboration aux références scientifiques. Merci pour ta précieuse collaboration scientifique. C'est un plaisir de discuter de science, de psychologie et du sens de la vie avec toi. Merci de tes encouragements et de ton soutien tout au long de ce cheminement.

À Ariel Desjardins-Charbonneau, pht, Les Cliniques Physioactif, collaboration aux références et collaboration scientifique. Je suis content de t'avoir comme ami et d'avoir bénéficié de tes connaissances sur la physiologie de la respiration. Elles m'ont été utiles pour écrire ce livre. Merci également d'avoir traité mes multiples blessures d'expédition !

À Stéphanie Dupuis, consultante THEMA Stratégie, collaboration aux illustrations. Chère Stéphanie, une image vaut mille mots, et tu l'as bien compris. Merci d'avoir mis tes talents d'illustratrice au service de la compréhension des éléments importants de ce livre.

À Matisse Larocque, collaboration scientifique. Merci d'avoir contribué au processus d'écriture final et d'avoir poussé la réflexion concernant la structure de ce livre et plusieurs aspects scientifiques. Ton aide a été précieuse.

À Jennifer Tremblay, éditrice. Merci de t'être proposée pour travailler sur ce premier livre avec moi. Ton écoute, ton respect et ton humour ont fait de ce périple une expérience extrêmement satisfaisante et constructive sur tous les plans. Elle m'a permis de confirmer que j'aime écrire et que je veux le faire encore. Et aimer quelque chose de nouveau, ça n'a pas de prix.

TABLE DES MATIÈRES

Suivez-nous sur le Web et
les réseaux sociaux!

EDITIONS-HOMME.COM
EDITIONS-JOUR.COM
EDITIONS-PETITHOMME.COM
EDITIONS-LAGRIFFE.COM
RECTOVERSO-EDITEUR.COM
QUEBEC-LIVRES.COM
EDITIONS-LASEMAINE.COM

Imprimé chez Marquis Imprimeur inc. sur du Rolland Enviro.
Ce papier contient 100% de fibres postconsommation,
est fabriqué avec un procédé sans chlore
et à partir d'énergie biogaz.